Jürgen Moltmann · Der gekreuzigte Gott

Jürgen Moltmann

Der
gekreuzigte Gott

Das Kreuz Christi
als Grund und Kritik christlicher Theologie

Chr. Kaiser

CIP-Kurztitelaufnahme der Deutschen Bibliothek

Moltmann, Jürgen:
Der gekreuzigte Gott: d. Kreuz Christi als Grund
u. Kritik christl. Theologie / Jürgen Moltmann. –
5. Aufl. – München: Kaiser, 1987.
  (Kaiser-Traktate; N. F., 16)
  ISSN 0931-7732
  ISBN 3-459-01698-1
NE: GT

© 1972 Chr. Kaiser Verlag München.
Alle Rechte vorbehalten, auch die des auszugsweisen Nachdrucks,
der fotomechanischen Wiedergabe und der Übersetzung.
Umschlagentwurf: Ingeborg Geith, München
Satz: Buch- und Offsetdruckerei Georg Wagner, Nördlingen.
Druck und Bindung: Clausen & Bosse, Leck
Printed in Germany

Inhalt

Zur Verständigung über das Thema

Das Kreuz wird nicht geliebt und kann nicht geliebt werden. Und doch verschafft nur der Gekreuzigte jene Freiheit, die die Welt verändert, weil sie den Tod nicht mehr fürchtet. Der Gekreuzigte galt in seiner Zeit als Ärgernis und Torheit. Es ist auch heute unzeitgemäß, ihn in den Mittelpunkt des christlichen Glaubens und der Theologie zu stellen. Und doch befreit nur die unzeitgemäße Erinnerung an ihn Menschen von der Macht gegenwärtiger Fakten und den Gesetzen und Zwängen der Geschichte und öffnet sie für eine Zukunft, die nicht wieder dunkel wird. Es kommt heute darauf an, daß sich Kirche und Theologie auf den gekreuzigten Christus besinnen, um der Welt seine Freiheit zu zeigen, wenn anders sie werden wollen, was sie zu sein behaupten: nämlich die Kirche Christi und christliche Theologie.

Seit den Anfängen meines Theologiestudiums beschäftigt mich die Kreuzestheologie. Wenn auch Freunde der »Theologie der Hoffnung«, die ich 1964 veröffentlichte, sie nicht immer so deutlich bemerkt haben wie ihre Kritiker, so glaube ich doch, daß sie der rote Faden meines theologischen Denkens ist. Das geht wohl zurück auf die Zeit meiner ersten Beschäftigung mit den Fragen des christlichen Glaubens und der Theologie in der Existenz eines Kriegsgefangenen hinter Stacheldraht. Das verdanke ich sicher den unvergeßlichen Vorlesungen meiner Lehrer *Hans Joachim Iwand, Ernst Wolf* und *Otto Weber* 1948/49 in Göttingen über reformatorische Theologie. Erschüttert und zerschlagen kamen damals die Überlebenden meiner Generation aus den Lagern und Lazaretten in die Hörsäle. Eine Theologie, die nicht im Angesicht des gottverlassen Gekreuzigten von Gott gesprochen hätte, hätte uns damals nicht erreicht. Ob wir mit unseren Erfahrungen den gekreuzigten Christus besser verstanden haben als andere, bleibt natürlich dahingestellt. Erfahrungen sind nicht wiederholbar. Man spricht von ihnen persönlich auch nur, um zu erklären, warum man von der Sache fasziniert ist, die man mitteilen möchte. Nicht die Erfahrungen sind wichtig, sondern der, den man in ihnen erfahren hat. Jene Kreuzestheologie, die uns damals erreichte und uns Boden unter die Füße gab, kam mir wieder in Erinnerung, als die Hoffnungsbewegungen der sechziger Jahre auf übermäßig harte Widerstände und Widersacher stießen und viele die Hoffnung fahren ließen, um sich aus halber Resignation wieder an den gewöhnlichen Lauf der Dinge anzupassen oder

aus ganzer Resignation in die innere Emigration zu gehen. Ich spreche
nur für mich selbst, aber in den Enttäuschungen über das Ende des
»Sozialismus mit dem menschlichen Gesicht« in der ČSSR und das
Ende der civil-right-movement in den USA und dem hoffentlich nur
vorläufigen Stillstand der Reformen in der ökomenischen Bewegung
und der katholischen Kirche, die mit dem 2. Vaticanum und der Konferenz in Uppsala 1968 so zuversichtlich begannen, trat in das Zentrum
der Hoffnung und des Widerstandes wieder das, was doch der treibende Grund aller Horizonteröffnungen in Gesellschaft und Kirche ist:
das Kreuz Christi.

Die soziologisch, psychologisch und ideologisch berechtigte Kritik an
Kirche und Theologie, die wir zum Glück erlebt haben, kann nur durch
eine kritische Theologie des Kreuzes aufgenommen und radikalisiert
werden. Es gibt ein inneres Kriterium jeder Theologie und Kirche, die
christlich zu sein beansprucht, und dieses Kriterium geht weit über
alle politische, ideologische und psychologische Kritik von außen hinaus: das ist der Gekreuzigte selbst. Berufen sich Kirchen und Theologien und Glaubensweisen auf ihn – und das müssen sie, wenn sie
christlich sein wollen –, dann berufen sie sich auf ihren härtesten Richter und ihren radikalsten Befreier aus Lüge und Eitelkeit, aus Macht-
streben und Angst. Man muß die Kirchen, die Glaubenden und die
Theologien beim Wort nehmen. Und dieses Wort ist »das Wort vom
Kreuz«. Es ist das Kriterium ihrer Wahrheit und darum die Kritik
ihrer Unwahrheit. Die Krise der Kirche in der gegenwärtigen Gesellschaft ist nicht nur eine Krise ihrer Anpassung oder ihrer Ghettoisie-
rung, sondern eine Krise ihrer eigenen Existenz als Kirche des gekreuzigten Christus. Jede sie wirklich treffende Kritik von außen ist nur ein
Hinweis auf ihre innere christologische Krise. Die Kirchenfrage, so un-
angenehm sie für Konservative und Progressive sein mag, ist nur ein
kleines Vorspiel ihrer inneren Krise, denn nur an Christus selbst entscheidet sich, was eine christliche Kirche ist und was keine christliche
Kirche ist. Ob eine Christenheit in einer entfremdeten, geteilten und
bedrückenden Gesellschaft selbst entfremdet, geteilt und zum Kompli-
zen der Unterdrückung wird, entscheidet sich zuletzt daran, ob der
Gekreuzigte ihr ein Fremder oder der ihre Existenz bestimmende Herr
ist. Man hat eingewandt, es sei noch zu früh, diese Frage in den Kirchen
und Kirchengesellschaften aufzuwerfen, die Kirchen hätten noch nicht
einmal jene Weltoffenheit gewonnen, die die Gesellschaft erreicht hätte,
sie seien ideologisch und praktisch noch nicht einmal auf das Recht säkularer Freiheitsbewegungen und ihrer Kritik eingegangen, und schon
wolle man sie bei ihrem eigenen Grundsatz behaften. Ich verstehe das
Recht dieser taktischen Frage, glaube allerdings nicht, daß sie weiter als
bis zur Anpassung veralteter Formen der Kirche an neuere führt.

Christliche Kirche und christliche Theologie werden für mich nur dann für die Probleme der modernen Welt relevant, wenn sie den »harten Kern« ihrer Identität im gekreuzigten Christus offenbaren und durch ihn selbst zusammen mit der Gesellschaft, in der sie leben, in Frage gestellt werden. Ideologische und politische Kritik von außen können Theologie und Kirche nur dazu zwingen, ihr Eigenes zu offenbaren und sich nicht länger hinter Fremdem aus Geschichte und Gegenwart zu verstecken. Glaube, Kirche und Theologie sollen zeigen, was sie von jenem Mann aus Nazareth, gekreuzigt unter Pontius Pilatus, eigentlich glauben und erhoffen und welche praktischen Konsequenzen sie daraus ziehen wollen. Der gekreuzigte Christus ist selbst die Herausforderung der christlichen Theologie und Kirche, die sich nach seinem Namen zu nennen wagen.

Welche Kreuzestheologie aber entspricht ihm und ist heute notwendig? Kreuzestheologie hat zwar eine gewisse Tradition, aber sie war nie beliebt. Sie geht von Paulus aus, dem man mit Recht ihre Begründung zuschreibt, springt über zu Luther, bei dem sie expressis verbis auftaucht, war und ist in den verfolgten Gemeinden der Armen und Unterdrückten präsent. Sie kam auf eigene Weise bei Zinzendorf wieder ins Leben. Sie prägte den besseren Teil der frühen Dialektischen Theologie und der Lutherrenaissance der zwanziger Jahre. Martin Kähler hat in einer berühmten Vorlesung von 1911 das Kreuz Christi zum »Grund und Maß für die Christologie« erklärt, selbst aber diesen Grundsatz leider nicht durchgehalten. Kreuzestheologie wurde bei den Genannten immer nur im Rahmen des menschlichen Elends und des Heils relevant, wenngleich es auch Ansätze darüber hinaus gibt.

Heute Kreuzestheologie wieder aufzunehmen heißt, die Einseitigkeiten der Tradition zu vermeiden und den Gekreuzigten im Licht und im Zusammenhang seiner Auferstehung und folglich der Freiheit und der Hoffnung zu begreifen.

Heute Kreuzestheologie aufzunehmen heißt, über die Grenzen der Heilslehre hinauszugehen und nach der fälligen Revolution im Gottesbegriff zu fragen. Wer ist Gott im Kreuz des gottverlassenen Christus?

Heute Kreuzestheologie weiterzuführen heißt, über die Sorge um persönliches Heil hinauszugehen und nach der Befreiung des Menschen und seinem neuen Verhältnis zur Realität der Teufelskreise in seiner Gesellschaft zu fragen. Wer ist der wahre Mensch angesichts des ausgestoßenen und in die Freiheit Gottes auferweckten Menschensohnes?

Heute Kreuzestheologie zu realisieren heißt endlich, die reformatorische Theologie in ihren kritisch-reformatorischen Ansprüchen ernst zu nehmen und sie über Kirchenkritik hinaus zur Gesellschaftskritik zu entfalten. Was bedeutet die Erinnerung des gekreuzigten Gottes in einer offiziell optimistischen Gesellschaft, die über viele Leichen geht?

Zuletzt aber geht es um die radikale Christlichkeit von Theologie und Kirche. Jesus starb mit dem Schrei nach Gott: »Mein Gott, warum hast du mich verlassen?« Jede christliche Theologie und jede christliche Existenz antworten im Grunde auf diese Frage des sterbenden Jesus. Auch der Atheismus der Proteste und der metaphysischen Revolten gegen Gott antwortet auf diese Frage. Entweder ist der gottverlassene Jesus das Ende jeder Theologie, oder er ist der Anfang einer spezifisch christlichen und darin kritischen und befreienden Theologie und Existenz. Je mehr man das »Kreuz der Wirklichkeit« ernst nimmt, um so mehr wird der Gekreuzigte zum Kriterium der Theologie überhaupt. Nicht um eine abstrakte Theologie des Kreuzes und des Leidens geht es, sondern um eine Theologie des Gekreuzigten.

Nun mag die Frage an mich gerichtet werden: Warum nach der »Theologie der Hoffnung« diese Wendung zur Theologie des Kreuzes? Ich habe dafür einige Gründe angeführt. Ist es aber der Sache nach ein Rückschritt? »Warum ist denn Moltmann von allzu lauttönender Bloch-Musik schrittweise zurückgegangen zu gedämpfterer eschatologia crucis?« fragte Wolf-Dieter Marsch zustimmend. Dieser Schritt ist für mich selbst jedoch kein Rückschritt von Osterposaunen zu Klageliedern am Karfreitag. Kreuzestheologie ist, wie ich zeigen will, nichts anderes als die Kehrseite christlicher Hoffnungstheologie, wenn anders diese in der Auferweckung des *Gekreuzigten* auf ihren springenden Punkt kommt. Die »Theologie der Hoffnung« war, wie dort zu lesen steht, selbst schon als eschatologia crucis entworfen. Es kann sich in diesem Buch deshalb nicht um einen Rückschritt handeln. Setzte die »Theologie der Hoffnung« mit der *Auferweckung* des Gekreuzigten ein, so kehrt sich jetzt der Blick zum *Kreuz* des Auferstandenen herum. Ging es damals um die Erinnerung Christi im modus der *Hoffnung* auf seine Zukunft, so geht es jetzt um Hoffnung im modus der *Erinnerung* seines Todes. Standen dort die *Antizipationen* der Zukunft Gottes in Verheißungen und Hoffnungen im Vordergrund, so geht es hier um das Verständnis der *Inkarnation* jener Zukunft durch die Leidensgeschichte Christi in die Leidensgeschichte der Welt. Ich nehme nach der Hoffnungsphilosophie von Ernst Bloch darum jetzt die Fragen der »Negativen Dialektik« und der »Kritischen Theorie« von Th. W. Adorno und M. Horkheimer, sowie die Erfahrungen und Einsichten der frühen Dialektischen Theologie und der Existenzphilosophie auf. Ohne die Wahrnehmung des Schmerzes des Negativen kann christliche Hoffnung nicht realistisch werden und befreiend wirken. Diese Kreuzestheologie geht mitnichten »schrittweise zurück«, sondern will vielmehr die Hoffnungstheologie konkreter machen und ihre mobilisierenden Visionen mit den notwendigen Widerstandshaltungen verbinden. In dieser Vertiefung der Hoffnungstheologie weiß ich mich einig mit Johann Baptist Metz, der seit einigen Jahren seine kritisch-politische Eschatologie immer stärker mit den »gefährlichen Erinnerungen« an das Leiden und Sterben Christi verbindet. Auch Ernst Bloch ist je länger je mehr von dem Problem des Bösen und der philosophischen wie theologischen Begriffslosigkeit in ihm beunruhigt. Es braucht sich auch niemand beruhigt zu fühlen, wenn jetzt das Thema der »Theologie der Revolution« nicht mehr in Überschriften auftaucht. Die Revolution aller religiösen, kulturellen und politischen Werte, die vom Gekreuzigten ausgeht, wartet noch auf ihre Zeit.

Einzelne Gedanken und Partien aus diesem Buch habe ich in Vorträgen an verschiedenen europäischen und amerikanischen Universitäten vorgetragen. Ich habe sie in Vorlesungen und Seminaren an der Universität Tübingen mit meinen Studenten diskutiert. Ich danke allen Gesprächspartnern für ihre kritischen Anregungen. Ich danke meinen Assistenten, die mich zur Ausarbeitung der Kreuzestheologie ermuntert haben: Dr. Karl-Adolf Bauer, Dr. Reiner Strunk, Dr. Rudolf Weth und Gerhard M. Martin. Ich danke Douglas Meeks, Daniel Louw, E. P. van de Beek, Rafael Severa, Herwig Arts und Martin Tripole, die Dissertationen über meine Theologie geschrieben haben und mich nötigten, über meinen Weg nachzudenken. Herr Michael Welker hat dieses Manuskript ständig mit kritischen Korrekturen begleitet. Ich bin ihm zu besonderem Dank verpflichtet.

Vor mir steht das Bild von Marc Chagall, das den Namen »Kreuzigung in Gelb« trägt. Es zeigt die Erscheinung des Gekreuzigten in einer apokalyptischen Situation: Menschen versinken im Meer, Menschen sind heimatlos auf der Flucht, gelb leuchtet das Feuer aus dem Hintergrund. Und mit dem Gekreuzigten erscheint der Engel mit der Posaune und der geöffneten Buchrolle des Lebens. Dieses Bild ist lange mit mir gegangen. Es symbolisiert das Kreuz im Horizont der Welt und mag als symbolischer Ausdruck für die folgenden Ausführungen gelten. Ein Symbol lädt zum Denken ein (P. Ricoeur). Das Symbol des Kreuzes lädt zum Umdenken ein. So will auch dieses Buch nicht Diskussionen dogmatisch abschließen, sondern wie ein Symbol zum Denken und zum Umdenken einladen.

Tübingen, Karfreitag 1972   Jürgen Moltmann

I. Identität und Relevanz des Glaubens

Findet die christliche Theologie ihr inneres Kriterium als *christliche* Theologie im Gekreuzigten, so kommen wir auf Luthers lapidaren Satz zurück: »Crux probat omnia.«[1] Im Christentum beweist das Kreuz alles, was christlich genannt zu werden verdient. Man wird hinzufügen dürfen: allein das Kreuz und nichts anderes beweist es, weil anders das Kreuz alles widerlegt und die synkretistischen Momente im Christentum ausscheidet. Diese These klingt hart. Ihr Ton ist für manche unsympathisch und unmodern, für andere rechtgläubig und orthodox. Ich werde mich bemühen, beide zu enttäuschen.

Wollen wir die christliche Theologie nötigen, sich als christliche zu offenbaren, so geschieht das nicht abstrakt und zeitlos oder aus dem bloßen Willen zur Selbstbehauptung, sondern hat einen bestimmbaren, begrenzten Ort in den heutigen Problemen. Die christliche Existenz von Theologien, Kirchen und Menschen steht heute mehr denn je in einer doppelten Krise: der *Relevanzkrise* und der *Identitätskrise*. Beide Krisen hängen komplementär zusammen. Je mehr Theologie und Kirche in den Problemen der Gegenwart relevant zu werden versuchen, um so tiefer werden sie in eine Krise ihrer eigenen christlichen Identität hineingezogen. Je mehr sie ihre Identität in traditionellen Dogmen, Riten und Moralvorstellungen zu behaupten versuchen, um so irrelevanter und unglaubwürdiger werden sie. Diese Doppelkrise kann zutreffender als das *identity-involvement-dilemma* bezeichnet werden. Wir wollen sehen, wie weit in diesen konkreten Erfahrungen der Doppelkrise die Reflexion auf das Kreuz zu einer Klärung dessen führt, was christliche Identität und was christliche Relevanz in kritischer Solidarität mit den Zeitgenossen heißen kann.

1. Die Relevanzkrise des christlichen Lebens

Die Kämpfe um eine Erneuerung der Theologie und der Kirchen begannen mit der allgemein und unabweisbar gewordenen Einsicht in die um sich greifende Relevanz- und Glaubwürdigkeitskrise des Christ-

---

1. WA V, 179, 31.

lichen. Nach einer gewissen Zeit ungestörter Selbstreproduktion der
Kirchen und der Theologie in der Nachkriegszeit unserer Gesellschaft
dämmerte bei vielen, besonders bei denen, durch die sich die Kirchen
reproduzieren wollen, den Theologiestudenten, die Erkenntnis, daß
diese ihre bisherige Gestalt und Ideologie nur fortsetzende Kirche den
Kontakt zur wissenschaftlichen, sozialen und politischen Realität ihrer
Umwelt zu verlieren im Begriff sei und in vielen Verhältnissen schon
verloren habe. Ihre Glaubwürdigkeit, die sie hierzulande in gewissem
Maße durch manchen Widerstand in der Zeit des Nationalsozialismus
und der »Deutschen Christen« gewonnen und durch ihre Beständigkeit
im Zusammenbruch der meisten öffentlichen Institutionen bei Kriegs-
ende und in der Nachkriegszeit bewiesen hatte, schwindet unaufhalt-
sam dahin. Kontaktverlust und Realitätsblindheit machen Theologie
und Kirchen zunehmend obsolet. Viele verlassen das Theologiestudium
oder die Pfarr- und Priesterämter und ihre Orden, studieren Soziologie, Psychologie oder die Revolution und arbeiten in den Elendsvierteln dieser Gesellschaft, weil sie das Gefühl haben, dadurch mehr zur
Lösung der Konflikte dieser zerrissenen Gesellschaft beitragen zu können[2]. Die alte Theologie, die sie gelernt haben, kommt ihnen wie eine
Versteinerung aus einer vergangenen Zeit vor. Der Fundamentalismus
versteinert die Bibel zur unbefragbaren Autorität. Der Dogmatismus
friert die lebendige christliche Tradition ein. Der übliche Konservativismus der Religion macht die Liturgie unbeweglich, und die christliche
Moral wird – oft wider besseres Wissen und Gewissen – zur tötenden
Gesetzlichkeit. Was als theoretische Diskussion über die Entmythologisierung der Bibel, die Säkularisierung der Tradition und die »Öffnung der Kirche zur Welt« (Aggiornamento) begann, führte darum an
vielen Orten zur Praxis des kirchlichen Ungehorsams, der Amtsnieder-
legung, des Kirchenaustritts, der Rebellion und auch der Resignation.
Aus der kritischen Theologie wurde der »kritische Katholizismus« und
die »kritische Kirche«, und alle drei führten dann rasch zu einer Kritik
an Theologie und Kirche überhaupt. Viele sind durch das Evangelium
und die – oft verdrängten – revolutionären Traditionen im Christentum auf die Leiden der Unterdrückten und Verlassenen in der Welt
aufmerksam geworden und haben die Leidenschaft des sozialen und
politischen Engagements kennengelernt. Wo sie dann diesen Weg gingen, fühlten sie sich oft genug genötigt, die vorhandenen Kirchen zu
verlassen, weil sie in ihren Institutionen keine Möglichkeiten fanden,
dieses Engagement zu realisieren, ja sich häufig gegen die Kirchengesellschaft engagieren mußten. Die totale Infragestellung von Kirche

---

2. Vgl. dazu das »offene Vorwort« von *H. Küng*, Unfehlbar? Eine Anfrage, 1970,
9 ff, und *R. P. McBrien*, Do we need the Church? New York 1969.

und Theologie entsprang bei ihnen der Wahrnehmung des »Kreuzes der Gegenwart« in der Situation derer, die in dieser Gesellschaft im Schatten des Kreuzes existieren, und dem Willen, dieses Kreuz der Wirklichkeit auf sich zu nehmen und in Solidarität mit jenen und für jene zu leben. Der Exodus aus einer verblendeten Gesellschaft, die psychologisch wie sozial den Schmerz am Leiden in der Welt verdrängt und leidende Menschen an den Rand drängt, um ihre Kreise ungestört ziehen zu können, führte darum auch zum Exodus aus einer Kirche, die nicht entschlossen genug mit diesen inneren und äußeren Abwehrmechanismen ihrer gesellschaftlichen Umgebung bricht, sondern sich selbst der religiösen Toleranz dieser frigiden Gesellschaft erfreut und um des eigenen Bestandes willen ihren faulen Frieden mit ihr gemacht hat und steril wurde.

Alle Bemühungen um eine Reform der Kirche zu einer glaubwürdigeren Lebensgestalt fanden ihre Grenzen dort, wo man die engen Verflechtungen zwischen dieser Kirche und dieser Gesellschaft erkannte und einsah, daß Kirchenreform ohne Sozialreform kaum zum Ziele führt. So wurden die Kirchenkritiker zu Sozialkritikern und sahen die Kirchen nur noch als hoffnungslose religiöse Teilbereiche der geteilten und konfliktreichen Gesellschaft an. Damit stellte sich dann auch die Frage nach den Quellen der Erneuerung der Welt in der Gesellschaft und ihren Kirchen neu: Werden die tödlichen Menschheitsprobleme am Ende dieses Jahrhunderts in Kontinuität mit den kritischen und befreienden Traditionen des Evangeliums angefaßt und gelöst, oder werden diese und kommende Generationen durch die Schuld von sektiererisch in sich selbst verschlossenen Kirchen und Theologien ihre Hoffnungen auf Leben und Gerechtigkeit aus anderen Quellen speisen, die ihnen weniger korrumpiert und besser zugänglich erscheinen?[3]

Obwohl der humanistische Marxismus durch seine stalinistische und nachstalinistische Praxis gründlich diskreditiert ist und zuletzt durch die Zerschlagung des »Sozialismus mit dem menschlichen Gesicht« in der ČSSR 1968 noch einmal blamiert wurde, ist seine ungebrochene Attraktivität erstaunlich. Seine Lebendigkeit scheint gegen alle Tatsachenbeweise in der analytischen Kraft seiner Kritik und noch mehr in der mobilisierenden Kraft seines »Traumes nach vorne« zu liegen. Die »Heimatlosigkeit« der Linken in West und Ost ist nur die Kehrseite ihrer Zukunftsgewißheit. Ähnliches ließe sich wohl auch vom authentischen christlichen Glauben sagen. Sein bester Gehalt scheint durch die Irrungen und Wirrungen der Kirchengeschichte bis heute widerlegt zu

---

3. *C.-D. Schulze,* Reformation oder Performation der Kirche? Versuch einer Typologie von Kirchenreform-Bestrebungen, MPTh 58, 1969, 106–122. Schulze beschreibt hier treffend die Ideen der »Traditionalisten«, der »Avantgardisten«, der »Progressiven« und der »jungen Linken« im Bereich des deutschen Protestantismus.

sein. Dennoch zeigt er seine Lebendigkeit in permanenten Reformationen und lebt trotz aller Gegenbeweise aus der Erfahrung von der unauslöschlichen Hoffnung. Gerade seine innere Heimatlosigkeit läßt ihn trotz aller gesellschaftlichen Etablierung seiner Institutionen perennieren.

Unter dem Druck, öffentliche Relevanz für die Probleme der Gesellschaft und der einzelnen Menschen in ihr zu zeigen, den Bezug zur veränderten Gegenwart neu herzustellen, entstand eine lange Reihe sehr veritabler theologischer Entwürfe. Sie alle versahen die christliche Theologie mit den Kennzeichen jenes Umweltbezuges, in dem sie relevant werden soll. Es entstand die existentiale Theologie, die hermeneutische, die ontologische, die kulturelle, die soziale, die einheimische, die religiöse und die politische Theologie, ferner die Theologie der Säkularisation, der Revolution, der Befreiung usw. Weil die Relevanz der christlichen Theologie unsicher geworden war, suchte und sucht man nach neuen fundamentaltheologischen Kategorien für christliche Theologie im Geist und in den Verhältnissen der Gegenwart. Offensichtlich findet die Theologie kein dauerhaftes Fundament mehr im allgemeinen Denken, Fühlen und Handeln der zeitgenössischen Gesellschaft. Das hat seinen Grund weniger in der Theologie als in der Tatsache, daß in einer pluralistischen Gesellschaft das, was jedermann unbedingt angeht, und das, was die Gemeinschaft unbedingt wollen muß, schwieriger zu erheben ist als in früheren homogeneren Gesellschaften. Eine »Theorie des gegenwärtigen Zeitalters« zu entwerfen, gilt zwar seit Hegel als Aufgabe der Metaphysik der Geschichte, die »ihre Zeit in Gedanken erfaßt«, ist aber praktisch schwer darzustellen, weil jeder alle möglichen Positionen umfassende Entwurf sich nur als entworfene Position darlegen kann[4]. Die Sehnsucht nach einer ideologischen Einheitsgesellschaft oder einem katholischen oder allgemeinchristlichen Einheitsstaat wächst, je weniger Menschen die Pluralität der Lebensentwürfe aushalten und ihre Differenzen zu produktiver und fruchtbarer Gestaltung nützen können. Jede Theologie muß deshalb über ihren eigenen Standpunkt in diesen Konflikten und ihre eigene soziale und politische Situation reflektieren[5]. Ein absoluter Standpunkt wäre gleichbedeutend mit Standpunktlosigkeit. Die Verabsolutierung des eigenen Standpunktes wäre nur borniert. Das bedeutet keinesfalls Relativismus. Wer die Relativität der Relativität einsieht, wird sich relational einstellen, d. h. sich ins Verhältnis zu anderen setzen, was nicht heißt,

---

4. Dazu *D. Rößler*, Positionelle und kritische Theologie, ZThK 67, 1970, 215–231.
5. *J. Moltmann*, Theologische Kritik der politischen Religion, in: *J. B. Metz/J. Moltmann/W. Oelmüller*, Kirche im Prozeß der Aufklärung, 1970, 14 ff. Ähnlich jetzt auch *D. Sölle*, Politische Theologie. Auseinandersetzung mit Rudolf Bultmann, 1971, 85 ff.

sich selbst aufzugeben. Die Relationalität des eigenen Standpunktes zu anderen bedeutet, in konkreten Verhältnissen zu leben und in Bezug auf anderes das Eigene zu denken. Verhältnislosigkeit wäre der Tod. Diese Relationalität kann dabei gut den Absolutismus der Einheitsideologie und das Totalitäre des Relativismus überwinden. In diesem Sinne hat die neuere »politische Theologie« den Versuch unternommen, das alte Verifikationsmodell der »natürlichen Theologie«, welche faktisch immer die herrschende Gesellschaftsreligion war, aus der Orthodoxie in ein neues Verifikationsmodell der Theologie in sozialer und politischer Orthopraxie zu überführen[6]. Verifikation kann heißen, daß eine besondere Erkenntnis an dem nachgewiesen wird, was jeder erfahren und durch Wiederholung kontrollieren kann. Sie betrifft dann aber nur die richtige Doxa (Orthodoxie). Verifikation kann aber auch heißen, durch das verum facere in die Tat und damit in die Erfahrung umzusetzen, was als noch nicht allgemein erfahrbar vorausgesetzt ist. Das ist der Weg der Orthopraxie.

Etwas in die Tat und Erfahrung umsetzen, wird aber nur in gelebten Beziehungen zu anderem möglich und sinnvoll. Die Relationalität der christlichen Theologie kann also ein sinnvoller Weg zwischen absolutistischer Theokratie und unproduktiver Toleranz sein und an die Stelle einer vorausgesetzten Einheit einer Gesellschaft treten. Jene Theologien, die auf den Umweltbezug entworfen werden, in welchem sie christliches Leben relevant machen wollen, müssen diese Relationalität beachten. Sonst entsteht mit Recht die kritische Frage nach dem Wert der vorgebauten Eigenschaftswörter dieser Theologien: Was ist christlich in diesen neuen theologischen Perspektiven, die die Theologie mit ihrem jeweiligen Umweltbezug kennzeichnen und charakterisieren wollen? Verliert die Theologie nicht ihre christliche Identität, wenn sie nur noch entschlossen bemüht ist, sich dem fortschreitenden »Geist der Zeit« anzupassen? Wird sie nicht zu einem Chamäleon, das immer die Farben seiner Umwelt annimmt, um sich anzupassen und nicht aufzufallen?

Ähnliche Bewegungen wie in der Theologie entstanden in den Kirchen selbst. Je mehr sich wache Glieder der Kirche von der zunehmenden sozialen Insulierung und kulturellen Selbstghettoisierung ihrer Kirchen bedroht fühlten, um so mehr suchten sie praktisch nach der Relevanz des christlichen Lebens »für die Welt«, »für andere«, und die Solidarität mit dem Menschen in seiner bedrohten und verratenen Menschlichkeit. Eine Kirche, die sich nicht ändern kann, um in veränderten Verhältnissen für die Menschlichkeit des Menschen da zu sein, versteinert und stirbt. Sie wird zu einer bedeutungslosen Sekte am Rande einer

---

6. *J. B. Metz*, Zur Theologie der Welt, 1968, 99 ff.

Gesellschaft, die im rapiden sozialen Wandel begriffen ist. Menschen fragen sich, welchen Unterschied es noch mache, zu dieser Kirche zu gehören oder nicht. Nur die alten, müden und resignierten Menschen, die die Welt nicht mehr verstehen, finden in solcher Kirche den Hort des Ewig-Bleibenden, des guten Alten und der religiösen Folklore. Zum alten religiösen Engagement der Kirchen, nämlich Glauben zu wecken, zu stärken und zu erhalten, treten darum schon seit dem neunzehnten Jahrhundert und heute verstärkt das diakonische Werk, das soziale Engagement in Rassen- und Klassenkämpfen, der Einsatz in Entwicklungshilfen und die Revolten gegen ökonomische und rassistische Tyrannei hinzu. »Will jemand Christ werden, so schicke ihn nicht in die Kirchen, sondern in die Slums. Dort wird er Christus finden«, sagt man. Das konfessionelle Zeitalter der gespaltenen Christenheit wurde in unserem Jahrhundert ökumenisch überwunden. Doch gewann dieser Aufbruch seine Breitenwirkung weniger durch dogmatische Verständigung über die traditionellen Kontroverslehren, als vielmehr ethisch und weltbezogen im Säkularökumenismus oder in der »indirekten Ökumene«, die sich aus Zusammenarbeit an neuen sozialen und ideologischen Problemen ergibt, für die keine der verschiedenen Traditionen die rechte Antwort parat hat[7]. Der Gedanke einer kritischen politischen Theologie realisierte die älteren Ideen der »Kirche für die Welt« und der »Kirche für andere«. Im Blick auf die Weltprobleme entstand in der Ökumene die Idee, eine vereinigte Christenheit als zukünftige Menschheitsreligion für eine zu einigende Menschheit und ihre Universalgesellschaft anzubieten. Im Örtlichen entstanden die Ideen, die Kirchen unter sozialtherapeutischen Gesichtspunkten einer konsequenten Effektivitätskontrolle zu unterziehen, um ihre möglichen Hilfsdienste für sozial Geschädigte zu maximieren und ihre Dienstleistungen für die Sozialisierung des einzelnen, die Sinngebung seines Lebens und die Humanisierung der Gesellschaft besser zu gestalten. »Wenn aber die Kirche diese Wege einschlägt – wozu dann die Kirche?« fragte R. Augstein im *Spiegel* 1968[8]. Führt der Aufbruch aus den traditionellen und etablierten Formen der Kirchen ins soziale und psychotherapeutische Engagement nicht zum Abschied von der Kirche selbst? Werden die sogenannten Progressiven eine neue Kirche, vielleicht »die kommende Kirche« gründen, oder gehen sie ins Niemandsland und werden im Laufe der Zeit von anderen Gruppen und Parteien vereinnahmt, weil nur sie jenes notwendige Engagement rational institutionalisieren und effektiv organisieren können? Dieselbe Frage stellt sich aber auch umgekehrt den sogenannten Konservativen.

---

7. *J. B. Metz*, Reform und Gegenreformation heute, 1969, 33.
8. *R. Augstein*, Das große Schisma, Der Spiegel Nr. 18, 1969, 166.

Halten sie, krampfhaft auf ihre Identität bedacht, an der von gestern
überkommenen Gestalt der Kirche fest, optieren sie für Religion gegen
Politik und verbünden sie sich mit sozial und politisch konservativen
Kräften, so haben sie eine bestimmte Relevanzform gewählt, von der
gleichermaßen niemand sagen kann, ob sie christlich ist oder nicht. Die
alte Religionskirche unterliegt den herrschenden gesellschaftlichen Interessen nach Selbstrechtfertigung und Bestätigung genauso wie ein
neues kirchenkritisches Bündnis mit sozialkritischen Kräften. Beide geraten durch die Weise ihrer Relevanzbehauptung in ihre *Identitätskrise.*

Wenn das soziale und politische Engagement notwendig ist, was ist
dann darin »christlich«? Wenn das religiöse Engagement zur Erfüllung der religiösen Bedürfnisse in einer Gesellschaft notwendig ist, was
ist daran »christlich« zu nennen? Im kritischen theologischen Denken,
das einer mit den kritischen Wissenschaften der Aufklärung teilt, als
historischer Kritiker in der Exegese, als Ideologiekritiker in der
Dogmatik, als Sozialkritiker in der Kirche, im politischen Engagement,
das einen mit Nichtchristen in Solidarität bringt, – warum ist einer
Christ, warum glaubt er? Oder ist er es im Grunde nicht mehr, machen
Glauben oder Nichtglauben darin keinen Unterschied? Die Kritik
macht es ja nicht, denn sie ist auch bei anderen lebendig. Das soziale
Engagement für die Elenden macht es auch nicht, denn es findet sich
zum Glück auch bei anderen. Die Rebellion gegen Unrecht macht es
nicht, denn es rebellieren auch andere, und sie protestieren oft viel ent-
schlossener gegen Unrecht und Diskriminierung als die Christen. Muß
man diese Aktionen überhaupt christlich begründen, oder genügt es,
das Vernünftige und Humane zu tun? Was aber ist vernünftig und
human?

Die Evangelische Studentengemeinde und die World Student Christian
Federation gelten in besonderer Weise als Experimentierfelder christlicher Existenz an einer der unruhigsten Stellen unserer Gesellschaft,
den Universitäten. Was für die Kirchen im allgemeinen auf nicht immer sichtbare Weise gilt, wird hier radikal versucht und erlitten. Das
genannte *identity-involvement-dilemma* wurde in den christlichen Studentengemeinden und -gruppen exemplarisch offenbar. Die Spannung,
die der christlichen Existenz selbst eigen ist, zwischen der Identität im
Glauben und der offenen Solidarität im Leben und Kämpfen mit anderen, führte hier zu Polarisationen und Spaltungen, die für viele Studentengemeinden einen paralysierenden Effekt hatten. Seit die weltweite
studentische Protestbewegung nach Deutschland übergriff – und das
datiert öffentlich vom Tage der Erschießung des Studenten Ohnesorg
in Berlin 1967 –, haben sich viele Studentengemeinden mit dieser
politischen Bewegung solidarisiert. Sie verstanden sich selbst als Teil

dieser Protestbewegung, gaben die traditionelle Kenntlichkeit ihrer christlichen Identität auf. »Die ESG hält es auf Grund ihres demokratischen Ansatzes für legitim, die ihr zu Gebote stehende Macht zu gebrauchen, um die Veränderungen durchzusetzen, die die kritische Analyse des Bestehenden als notwendig erweist.« Daraus folgt das Problem der Bündnispolitik: »Natürlich setzt die Inanspruchnahme von Macht voraus, daß man sich für bestimmte Ziele mit anderen verbündet, weil zumeist erst solch ein Bündnis die Macht verschafft, das Gewollte durchzusetzen. Grundlegende Veränderungen im Bereich der Hochschule können nur in Zusammenarbeit mit anderen Gruppen erreicht werden.« Diese Verwendung der freilich nur beschränkten Machtmittel wendet sich notwendigerweise auch gegen diejenigen, von denen die ESG die Machtmittel bekommt: »Die Veränderung politischer Institutionen bleibt eine Frage der Macht, weil sie immer nur gegen den Willen und die Macht der von ihnen Begünstigten durchgesetzt werden kann.«[9]

Dramatischer noch war der symbolische Akt der christlichen Studentenkampfgruppe an der Meiji-Gakuin-Universität in Japan. Die erste Barrikade in der Universität entstand in der Universitätskirche und löste den allgemeinen Konflikt aus. Die Studenten schrieben dazu:

»Darum haben wir unseren eigenen Glauben aufs Spiel gesetzt im Protest gegen die Universitätsleitung und haben die Kirche barrikadiert, obwohl wir selbst darunter leiden. Indem wir aus unserer Kirche einen Schutthaufen machen, wollen wir der Universitätsleitung und unseren Mitstudenten *verkünden*, daß Christentum und Gottesdienst Symbole der Abwesenheit und Verachtung der Menschlichkeit wurden. Wir möchten wahres Christentum schaffen mitten in diesem stürmischen Universitätskampf durch gemeinsames Handeln mit allen unseren Mitstudenten . . . Gott existiert nicht in dieser Kirche, sondern eher in den lebendigen Taten eines Menschen mitten im Vollzug der menschlichen Beziehungen. Wir möchten unsere Handlungsweise als Frage verstanden wissen, als Bitte, für die wir *unsere ganze Existenz riskiert* haben . . . Für uns Christen, die wir an Meiji Gakuin studieren, ist dies *unser Kreuz*.«[10]

---

9. ESG-Material, Neue Folge, Heft 3. Ich entnehme diese drei Zitate aus dem Aufsatz von *W. Kratz*, Wege und Grenzen christlicher Solidarität. Beitrag zu einer aktuellen Diskussion in den Evangelischen Studentengemeinden, in: Christliche Freiheit im Dienst am Menschen. Festschrift für M. Niemöller zum 80. Geburtstag, 1972, 199, 202. Die Weltumfrage des Sekretariats der World Student Christian Federation über die genannte Polarisation ist nur kurz zusammengefaßt von *R. Lehtonen*, The story of a storm. An ecumenical case study. Study Encounter 18, Vol. VIII, No. 1, 1972. Vgl. zum ganzen Problem auch *L. Gilkey*, How the Church can minister to the world without losing itself, New York 1964; *R. Ruether*, The Church against itself, New York 1967.
10. Vgl. *Toshikazu Takao*, An Alliance of Egoists, Japan Christian Quarterly, Fall 1969, 225, und *U. Luz*, Japanische Studenten und christlicher Glaube, EvTh 32, 1972, 70 ff, in dessen Übersetzung (90 f) ich dieses Zitat bringe. Das Urteil von *P. Beyerhaus*, Die gegenwärtige Krise von Kirche und Theologie in Japan, EMZ 29, 1972, H. 11, 13: »Dies ist in der Tat die Auflösung der Theologie in konsequenten Humanismus«, trifft nicht. Es ist vielmehr eine prophetische Symbolhandlung.

Die theoretische und praktische Solidarisierung mit der allgemeinen
studentischen Protestbewegung hat diese christlichen Studentengemeinden und -gruppen in der Tat zum relevanten Handeln in einer politischen Konfliktsituation gebracht. Sie hat ihre theologische Theorie
praktisch gemacht und ihren Glauben zu einem opferbereiten Existenz-
zeugnis geführt. Genau damit aber sind sie unausweichlich in ihre Identitätskrise geraten und haben das auch bewußt riskiert, wie die japanische Symbolhandlung der Zerstörung der christlichen Kapelle und das
»Aufsichnehmen des Kreuzes« in einer bestimmten Widerstandshaltung zeigt.

Diese Identitätskrise hat mehrere Schichten. Die Frage nach der Christlichkeit der Selbstpreisgabe durch Solidarisierung mit anderen in einer
bestimmten politischen Situation kann nicht die Frage derer sein, die
auf ihren vermeintlich sicheren Stühlen der Bibel, der Tradition und
der Kirche sitzen und kopfschüttelnd den Abfall der revolutionären
Jugend von allem, was ihnen selbst heilig ist, beklagen. So ist die Frage
nach dem vielberufenen »christlichen Proprium« pharisäisch gestellt
und würde nicht einmal Jesus selbst erreicht haben. Es ist eher schon
die Frage nach der eigenen, persönlichen Identität und Integrität, denn
jede Selbstentäußerung in geschichtlicher Handlung stellt ein Abenteuer dar und ist ein Weg in die Nichtidentität. Man gibt sich als den
preis, der man war und als den man sich wußte, und findet nach der
Entäußerung zu einem neuen Selbst. »Wer sein Leben behalten will,
der wird es verlieren; wer aber sein Leben hingibt, der wird es gewinnen«, lautet der eschatologische Spruch Jesu. Die moderne Anthropologie hat daraus ein Grundgesetz zur Menschwerdung des Menschen
gemacht nach der Strophe im Reiterlied Schillers: »Und setzet ihr nicht
das Leben ein, nie wird euch das Leben gewonnen sein.« Gehlen
nannte das »die Geburt der Freiheit aus der Entfremdung« und hielt
den Idealismus für einen Irrtum, der glaubt, die Idealität, die allerdings im Menschen liegt, sei in unmittelbarer Subjektivität lebbar[11].
Nur durch Entäußerung an das Fremde, Unbekannte und andere
kommt der Mensch zu sich selbst. Wenn sich Christen so in eine politische Konfliktlage entäußern, so geben sie in der Tat jene Traditionen
und Institutionen und Glaubensansichten und -empfindungen preis, in
denen sie bisher ihre Identität fanden. Dazu aber gehört, wie Christoph
Blumhardt einst sagte, die »unaufhörliche Bitte um den Geist der Be-
wahrung«. D. h. im Vertrauen auf die mit Christus in Gott verborgene
und geborgene Identität (Kol. 3,3) wird jene Selbstpreisgabe möglich,
der Weg in die Nichtidentität und Unkenntlichkeit, die sich weder an

---

11. *A. Gehlen,* Über die Geburt der Freiheit aus der Entfremdung, in: Studien zur
Anthropologie und Soziologie, 1963, 232 ff, bes. 244.

alte Identitätsformen klammert, noch ängstlich nach den Identitätsformen jener greift, mit denen der Kampf gemeinsam geführt wird. Das heißt dann wirklich, wie die japanischen Studenten sagten – ob in ihrem Fall zu recht oder zu unrecht, mag dahingestellt sein –, »sein Kreuz auf sich nehmen« in der Nachfolge dessen, der seine göttliche Identität aufgab und seine wahre Identität im Kreuz fand (Phil. 2).

»Daß der Christ in der Nachfolge seines Herrn ohne Vorbehalte seine eigene Identität aufs Spiel setzen soll, wenn es gilt, dem in Not geratenen Mitmenschen zu helfen – das ist unbestritten. Aber welche Grenzen die christliche Gemeinde ziehen muß, wenn sie sich mit anderen Gruppen verbünden will, um gemeinsam mit ihnen den in Not geratenen Menschen zu helfen, – das ist eine andere Frage. Mit ihr steht nicht nur die Identität des einzelnen Christen, sondern der christlichen Gemeinde, ihres Glaubens und ihres Ethos auf dem Spiel.«[12]

Man wird es wohl besser so ausdrücken, daß damit ihre Fremdheit und ihr Anderssein gegenüber alten und neuen Verbündeten auf dem Spiel steht. Solidarität mit anderen in relevanten Aktionen verliert ihren kreativen Charakter, wenn man gar nicht mehr anders sein will als jene anderen. Jenes vielbeschworene »Dasein für andere« (Bonhoeffer) wird sinnlos, wenn man gar nicht mehr anders ist als andere, sondern nur ihr Mitläufer. Nur wer den Mut findet, anders zu sein als andere, kann schließlich für »andere« da sein, sonst ist er nur mit gleichen da. Das aber hilft jenen nur wenig. Man muß darum sagen: »Als Ergebnis der (politischen) Organisationsdebatte stehen diese Gemeinden vor der theologischen Frage ihrer christlichen Identität als Gemeinde.«[13] Weil diese Frage nicht nur von den alten Traditionen und Institutionen kommt, von denen sie sich getrennt haben, sondern auch von jenen anderen, mit denen sie sich solidarisiert haben, muß sie ernst genommen und beantwortet werden. Die Identität, die hier in Frage steht, ist die Identität der geglaubten Sache selbst, um derentwillen einzelne und ganze Gruppen in die Entäußerung und die Nichtidentität und die nicht mehr unterscheidbare Solidarität gegangen sind. Wenn eine christliche Gemeinschaft sich genötigt weiß, sich in bestimmte soziale und politische Aktionen zu entäußern, so muß sie aufpassen, daß sie nicht ihre traditionelle religiös-politische Identität für eine neue religiös-politische Identität eintauscht, sondern ihre Nichtidentität aushält. Sonst wird eine Kirche, die sich identitätssüchtig und undifferenziert in eine sozial-politische Bewegung hineinbegibt, erneut zur »Religion der Gesellschaft«. Sie ist dann zwar keine konservative Gesellschaftsreligion mehr, sondern eine progressive der vielleicht besseren, zukünftigen Gesellschaft. Sie folgt dann denen, die die alte Religion politisch kritisieren,

12. W. Kratz, aaO. 197.
13. R. Thoma, zit. bei W. Kratz, aaO. 200.

um ihre neue Politik zur Religion zu machen[14]. Kann aber eine christliche Gemeinde oder Kirche je zur »politischen Religion« ihrer vorhandenen oder zukünftigen Gesellschaft werden, ohne den gekreuzigten Mann aus Nazareth zu vergessen und ihre Identität in seinem Kreuz zu verlieren? Die wahre christliche Existenz kann auch in der besten aller möglichen Gesellschaften, symbolisch gesprochen, nur »unter dem Kreuz stehen«, und sie wird ihre Identität mit dem Gekreuzigten nur in bezeugender Nichtidentifizierung mit den Forderungen und Interessen der Gesellschaft erweisen. Christen werden auch in der »klassenlosen Gesellschaft« Fremde und Heimatlose sein. Diese Differenz muß in allen Solidarisierungen beachtet werden. Sie ist die Kritik an den herkömmlichen Solidarisierungen der etablierten Kirchen mit Autorität, Gesetz und Ordnung der Gesellschaft. Sie wird aber auch zur Kritik an den neuen Solidarisierungsbemühungen mit demokratischen und sozialistischen Kräften. Sicherlich nicht auf dieselbe Weise, denn das Kreuz egalisiert die Welt nicht zur Nacht, in der alle Katzen grau sind, wohl aber in der Kritik und Distanzierung von neuen Idolisierungen und Totalisierungen partieller geschichtlicher Wirklichkeiten und Bewegungen.

Aus diesen Reflexionen über die konkreten politischen Probleme christlicher Existenz folgt, daß Identität nur im Bereich der Nichtidentität, der Entäußerung an das andere und der Solidarität mit anderen spruchreif wird. Man kann sie nicht an sich selbst festmachen, sondern nur am anderen offenbaren. In der Fremde fragt man nach Heimat. In der Entfremdung sucht man nach Identität. Im Haß wird Liebe und im Streit Frieden offenbar. Der Ort also, wo sinnvoll nach Identität gefragt wird, ist die Situation der Identitätskrise, in die man durch relevante Entäußerung und Solidarität gerät. »Die Anfechtung lehrt, auf's Wort zu merken«, sagte Luther. Diese Anfechtungen können passiv erlitten werden, wo, wie es in Luthers Lied heißt, Sünde, Hölle und Tod den Menschen verschlingen und des Menschen Existenz fraglich wird. Anfechtungen werden aber doch viel mehr aktiv erlitten. »Anfechtungen« gibt es wörtlich genommen nur im Gefecht, nicht in der Etappe, es sei denn, daß einen dort das Leiden anderer nicht in Ruhe läßt. Im Gefecht aber wird man angefochten, weil man selbst ficht, und sofern man selbst streitet, wird man bestritten. Wer nicht ficht, wird auch kaum angefochten. Wer nicht streitet, wird auch kaum bestritten werden. Erst wo einer mit der Einsicht und Konsequenz, die er hat, Christus auf dem Weg der Selbstentäußerung in die Nichtiden-

14. So wörtlich *L. Feuerbach*, Die Notwendigkeit einer Reform der Philosophie, 1842, Werke II, ed. Bolin/Jodl, 1969, 219: »Denn religiös müssen wir wieder werden – die Politik muß unsere Religion werden ...«

tität folgt, begegnen ihm Widersprüche, Widerstände und Widersacher. Wo einer aus dem Kreis der ihn bestätigenden Gleichgesinnten in der Kirche hinausgeht in die Anonymität der Slums und der Friedensaktionen in einer Gesellschaft »organisierter Friedlosigkeit«, wird er innerlich und äußerlich angefochten. Dann kommt unausweichlich jene Krise, in der die Identität der Sache, für die er sich einsetzt und hingibt, fraglich und spruchreif wird. Diese aktiven Anfechtungen lehren heute, auf das Wort vom Kreuz zu merken.

2. Die Identitätskrise des christlichen Glaubens

Wird Identität nur im Bereich der Nichtidentität fraglich und spruchreif, so wird Relevanz nur auf Grund erfahrener und geglaubter Identität aktuell. Wo eine Sache identifizierbar wird, fragt man nach ihrer Relevanz für anderes und ihren Beziehungen zu anderem. Wo die christliche Identität des Glaubens aufgegeben wird, entfällt diese Frage von selbst. Man ist dann nur Mitmensch oder Zeitgenosse oder Parteigänger anderer Institutionen und Gruppen und hat seine Identität bei ihnen gefunden. Wo aber die christliche Identität des Glaubens behauptet wird, muß nach seiner Relevanz gefragt werden.

Wo liegt diese Identität des christlichen Glaubens? Man kann äußerlich auf die Kirchenmitgliedschaft verweisen. Das führt jedoch nicht weiter, sondern verlagert nur das Problem, denn die christliche Identität der Kirche steht auf Grund ihrer von vielen anderen Interessen geprägten Gestalt selbst in Frage. Man kann auf das Glaubensbekenntnis verweisen. Aber auch die Wiederholung der Formeln des Apostolikums garantiert nicht die christliche Identität, sondern allenfalls Gemeinschaft mit den Vätern und der Tradition. Man kann auf bestimmte Erfahrungen der Berufung, Bekehrung und Begnadigung im eigenen Leben verweisen. Aber auch sie sichern nicht die Identität als Christ, sondern weisen im besten Fall auf den hin, dem man in solchen Erfahrungen zu glauben begonnen hat. Schließlich glaubt man nicht an seinen Glauben, sondern glaubt in seinen Glaubenserfahrungen und Entscheidungen einem anderen, der mehr ist als der eigene Glaube. Christliche Identität läßt sich nur als Akt der Identifizierung mit dem gekreuzigten Christus verstehen, weil und sofern einen die Verkündigung erreicht hat, daß in ihm Gott sich mit den Gottlosen und Gottverlassenen identifiziert hat, zu denen man selbst gehört. Ist dieses doppelte Identifizierungsgeschehen der Vorgang, in welchem christliche Identität entsteht, dann wird deutlich, daß man die Identität des christlichen Glaubens nicht an diesem selbst festhalten kann und sie

auch nicht durch richtige Lehrformeln, wiederholbare Rituale und
fixierte moralische Verhaltensmuster vor Verlust sichern kann.

Dem Verlust des Glaubens und seiner Identität durch Abfall in Unglauben und an eine andere Identität entspricht genau der Verlust des
Glaubens und seiner Identität in Christus durch Abfall in Kleinglauben und Furcht. Die Gefahr des Kleinglaubens ist es, wenn der Glaube
an sich selbst zu sterben beginnt, weil er sich festhalten will und nach
Sicherheiten und Garantien greift. Er nimmt sich damit dem aus der
Hand, der ihn festzuhalten versprochen hat, und verdirbt an seiner
eigenen Manipulation. Kleinglaube tritt meistens im Gewand der sich
bedroht fühlenden und darum besonders starren Orthodoxie auf. Er
tritt auf, wo man gegen die Unmoral des gegenwärtigen Zeitalters das
Evangelium der schöpferischen Liebe zu den Verlassenen mit dem Ge-
setz der angeblichen christlichen Moral und dem Strafrecht vertauscht.
Der Kleinglaube will sich selbst festhalten und schützen, weil er von
Angst besessen ist. Er will seine »heiligsten Güter«: Gott, Christus, die
Glaubenslehre und die Moral schützen, weil er offenbar nicht mehr
glaubt, daß diese kräftig genug sind, sich selbst zu erhalten. Wo die
»Religion der Angst« in die christliche Kirche eindringt, wird der
Glaube durch diejenigen, die sich für seine besten Hüter halten, ver-
gewaltigt und erstickt. Statt Zuversicht und Freiheit breiten sich dann
Ängstlichkeit und Apathie aus. Das hat für die Einstellungen von
Kirche, Glauben und Theologie zu den neuen Problemen der Geschich-
te weitreichende Konsequenzen. »Warum sperrt sich die Kirche vor
der kulturellen Entwicklung?«, fragte R. Rothe, dessen messianisches
Pathos der Neuzeit wir hier auf sich beruhen lassen können.

»O ich schreibe es mit Erröten nieder: aus Furcht für den Glauben an Christus. Das
ist mir ein Glaube an Christus, der für sich selbst und seinen Christus fürchten kann!
Das ist mir nicht Glaube, sondern Kleinglaube –. Aber das ist eben die Folge jenes
Unglaubens an die wirkliche, an die effektive Weltherrschaft des Heilands, und nur
bei diesem ist solche Furcht psychologisch möglich.«[15]

Christen, Kirchen und Theologien mit dem Pathos der wahren Gläu-
bigkeit, der reinen Lehre und der unterscheidbar christlichen Moral
stehen heute in der Gefahr, eben diesem Kleinglauben anheimzufallen.
Dann mauern sie sich defensiv im eigenen Kreise ein und nennen sich
apokalyptisch die »kleine Herde« oder den »treuen Rest« und liefern
die Welt draußen der von ihnen selbst beklagten Gottlosigkeit und
Unmoral aus. Sie beklagen dann die Assimilation des Christentums an
die säkularisierte, von der »guten alten Zeit« abgefallene Gesellschaft
und verklagen den Identitätsverlust jener, die theologisch und praktisch in die Konflikte dieser Gesellschaft hineingehen und an ihrer Lö-

---

15. *R. Rothe,* Vorträge, 1886, 21.

sung mit anderen zusammenarbeiten. Sie selbst aber geraten durch diese Reaktion in die Gefahr des Identitätsverlustes durch passive Anpassung. Sie akzeptieren die zunehmende Vereinsamung der Kirche zu einer bedeutungslosen Sekte am Rande der Gesellschaft und kommen ihr selbst durch sektiererische Abschließung entgegen. Symptome für die Zunahme solcher Sektenmentalität sind heute Traditionsbewahrung ohne Traditionsstiftung, Biblizismus ohne befreiende Predigt, wachsende Unwilligkeit, mit dem Evangelium und Glauben neue Erfahrungen zu machen, und die zelotisch geschärfte Sprache sowie das militante Gebaren bei innerkirchlichen Auseinandersetzungen[16]. Dann rühmt man gern die wachsende eigene Bedeutungslosigkeit und den Unverstand der Welt als das »Kreuz«, das man tragen müsse, und hält seine eigene starre Mutlosigkeit für Nachfolge. Weil die Verhältnisse so undurchsichtig und die eigene Identität so unsicher geworden sind, möchte man den gordischen Knoten mit dem Alexanderschwert der nackten Entscheidung durchhauen. Man drängt dann auf Spaltung der Kirche in die wahre »Jesuskirche« und die böse, politisierte »Barabbaskirche« oder die wahre »Mariakirche«, die allein des Herrn Wort hört, und die unnütz sozial geschäftige »Marthakirche«. Dann werden Freund-Feind-Bilder aufgerichtet, am besten mit Hilfe der gottlosen Kommunisten, damit die letzte Entscheidung endlich fällt und klare Verhältnisse einkehren. Man will dann über die missionarische Situation der »offenen Kirche« hinaus in die apokalyptische Situation der »geschlossenen Kirche«. Man ist es müde geworden, die offene Situation des Dialogs und der Kooperation mit anderen auszuhalten, in der die Grenzen immer fließend sind, und sucht die letzte Stunde, in der nur noch Ja oder Nein gelten.

In dieser nachchristlichen, gesetzlichen Apokalyptik wird die Gegenwart zur Zeit der großen Scheidung: die Welt geht unter im Seelenmord der Gottlosen, im Atomtod, im Haschtod der Jugend oder in ökologischer Selbstzerstörung. Das ist zugleich die Stunde, wo die wahre Kirche als sichtbarer Rettungsort im Untergang heraustreten soll: – »auf zum letzten Gefecht«. Es ist nicht zu bestreiten, daß es solche Zukunftsvisionen im Neuen Testament gibt und die Krisen der Geschichte ein solches kritisches Ende finden können. Aber nirgendwo im Neuen Testament bringt das »Ende der Welt« die Wiederkunft Christi hervor. Es ist nur der umgekehrte Fall ins Auge gefaßt, daß die Wiederkunft Christi der Welt das Ende von Not und Verfolgung verschafft. Wer die »Zeichen der Zeit« mit den Augen seiner eigenen Existenzangst liest, liest sie falsch. Sie können christlich, wenn über-

---

16. *J. B. Metz*, Gefährliche und befreiende Erinnerung. Zur Präsenz der Kirche in der Gesellschaft, Publik Nr. 41, 1970, 23.

haupt, nur mit den Augen der Hoffnung auf die Zukunft Christi gelesen werden. Anders glichen die apokalyptischen Deutungen der Zeit den nihilistischen Versuchen der »Dämonen« Dostojewskis, die die Welt zerstören wollen, um Gott zum Eingreifen zu zwingen, und aus romantischen Gründen das Chaos selbst für schöpferisch halten. Das aber hat mit dem Kreuz als Horizont der Welt nichts mehr zu tun, denn jenes Kreuz ist das Zeichen der Einheit der Liebe zu Gott und der Liebe zur Welt, die Gott nach dem Johannesevangelium (3,16) so »geliebt hat, daß er seinen eingeborenen Sohn gab«.

Dem Selbstverlust des christlichen Glaubens durch Assimilation ohne Kritik entspricht der Selbstverlust des christlichen Glaubens durch Selbstghettoisierung ohne Selbstkritik. Dem Abfall zum Unglauben entspricht der Abfall zum Kleinglauben und Aberglauben. Wie sehr sich beide entsprechen, zeigt die Fixierung der innerchristlichen Diskussionen auf falsche Alternativen. Je mehr die Studentengemeinden zum politischen Christentum in Befreiungskämpfen übergehen und sich als Teil jener Bewegung verstehen, um so mehr räumen sie den Platz der persönlichen Frömmigkeit und der existentiellen Sensibilität für den Sinn des Lebens und überlassen dieses Feld politisch konservativen oder unpolitischen studentischen Missionsgruppen. Die Spannung zwischen Identität im Glauben und Solidarität im Handeln wird von beiden Seiten nicht mehr ertragen. Es treten Polarisierungen auf, die jene produktive christliche Spannung zerreißen. Fromme Studenten und religiöse Menschen protestieren nicht. Sie werden von politisch konservativen Kräften darum geschätzt. Proteststudenten und politisch kritisch engagierte Menschen wollen meistens mit Glauben und christlicher Frömmigkeit nichts mehr zu tun haben. In vielen christlichen Kirchen sind entsprechende Polarisationen entstanden zwischen denen, die in Evangelisation und der Rettung der Seelen das Wesen der Kirche sehen, und jenen, die es in der sozialen Aktion zur Rettung und Befreiung des realen Lebens finden. Es gibt aber christlich keine Alternative zwischen Evangelisation und Humanisierung. Es gibt keine Alternative zwischen innerer Umkehr und der Veränderung der Beziehungen und Verhältnisse. Es gibt keine Alternative zwischen der sog. vertikalen Dimension des Glaubens und des Gebetes und der sog. horizontalen Dimension der Nächstenliebe und der politischen Veränderung. Es gibt keine Alternative zwischen Jesulogie und Christologie, zwischen der Menschlichkeit und der Göttlichkeit Jesu. Beide koinzidieren in seinem Kreuzestod. Wer immer hier trennt und Alternativen aufrichtet und auf Scheidung plädiert, trennt die Einheit von Gott und Mensch in der Person, in der Nachfolge und der Zukunft Christi.

Nicht weniger absurd sind diese Alternativen unter dem Gesichtspunkt der Praxis. Evangelisation müßte entweder zur Relevanzkrise oder unausweichlich zum Engagement in sozialen und politischen Problemen der Gesellschaft führen. Man beginnt mit der Verkündigung, steht dann aber vor den Fragen der Gemeinschaftsorganisation, der Kindererziehung und der Arbeit an Kranken und Armen. Die Humanisierung der Verhältnisse führt entweder zur Identitätskrise oder aber unausweichlich zu Evangelisation oder Seelsorge. Man beginnt mit der Verbesserung der sozialen Bedingungen in Elendsvierteln und mit der Befreiung von politischer Bedrückung, steht dann aber vor der Frage, wie die Erniedrigten und Unterdrückten aus ihrer inneren Apathie herauskommen und neues Selbstvertrauen gewinnen können, also vor der Frage, wie Glauben erweckt und die internalisierten Schemata der Knechtschaft seelisch überwunden werden können. Sicher muß nicht jeder alles zugleich tun, aber jeder muß wenigstens die anderen Charismen im Leibe Christi und die Notwendigkeit der anderen Arbeit anderer am Elend anerkennen.

»Ändert euch selbst«, sagen die einen, »dann ändern sich eure Verhältnisse auch.« Das Reich Gottes und der Freiheit soll es nur mit Personen zu tun haben. Unglücklicherweise tun ihnen die Verhältnisse nicht den Gefallen. Kapitalismus, Rassismus und unmenschliche Technokratie entwickeln sich ungerührt weiter. Die Ursachen des Elends sitzen nicht mehr nur in den inneren Einstellungen der Menschen, sondern sind längst institutionalisiert worden.

»Ändert die Verhältnisse«, sagen die anderen, »dann ändern sich auch die Menschen in ihnen.« Das Reich Gottes und der Freiheit soll es zuerst mit Verhältnissen und Strukturen zu tun haben. Unglücklicherweise tun ihnen aber die Menschen nicht den Gefallen. Ehekrisen, Drogensucht, Selbstmord und Alkoholismus gehen ungerührt weiter. Strukturen, die Menschen unglücklich machen, können abgebaut werden, aber eine Glücksgarantie ist für den Menschen damit nicht verbunden.

Also muß man beides zur gleichen Zeit tun. Personale, innere Veränderung ohne das Ändern der Verhältnisse und Strukturen ist eine idealistische Illusion; als wäre der Mensch nur eine Seele und nicht Leib zugleich. Veränderung äußerer Verhältnisse ohne innere Erneuerung ist eine materialistische Illusion; als wäre der Mensch nur ein Produkt seiner gesellschaftlichen Verhältnisse und nichts sonst. Die Diskussion der christlichen Praxis kann nicht hinter das Niveau der 3. These über Feuerbach von K. Marx zurückfallen: »Die materialistische Lehre von der Veränderung der Umstände und der Erziehung vergißt, daß die Umstände von den Menschen verändert und der Erzieher selbst erzogen werden muß ... Das Zusammenfallen des Ändern der Umstände und der menschlichen Tätigkeit oder Selbstveränderung kann nur als revolutionäre Praxis gefaßt und rationell verstanden werden.« Das gilt für alle geschichtliche Praxis, die auf Befreiung aus ist. Ist mit dem Titel »Christus« der Erlöser und Befreier gemeint, so kann »christliche« Praxis nur eine auf Befreiung des Menschen aus seiner Unmenschlichkeit ausgerichtete Praxis sein. Darum gilt für sie das »Zusammenfallen« des Änderns der Verhältnisse und der menschlichen Tätigkeit als Selbstveränderung in einem eminenten Maße. Jene Alternative zwischen Erweckung des Glaubens im Herzen und der Veränderung der gottlosen Verhältnisse des Unmenschen ist darum eine falsche, sowohl das eine wie das andere verhindernde, weil paralysierende Alternative. Die wirkliche Front der Befreiung Christi verläuft nicht zwischen Seele und Leib oder Person und Strukturen, sondern zwischen den Mächten der vergehenden und ins Vergehen stürzenden Welt auf der einen und den Kräften des Geistes und der Zukunft auf der anderen Seite. Die inneren Erfahrungen des Geistes in Glaubensfreiheit, Gewißheit und Gebet sind ebenso Antizipationen der Zukunft Christi und der befreiten Kreatur wie die Öffnung eines Ghettos, die Heilung eines Kranken, ein neues Recht auf soziale Gerechtigkeit oder eine erfolgreiche Revolte der Befreiung. Es steht keine vertikale Dimension des Glaubens einer horizontalen Dimension politischer Liebe entgegen, sondern die Kräfte der kommenden neuen Schöpfung stehen auf allen Lebensbereichen im Kampf mit den Mächten eines Weltschemas, das zum Tode führt. In Christus sind Gott und der Nächste eine Einheit geworden, und was Gott zusammengefügt hat, soll der Mensch nicht scheiden, am wenigsten der Theologe[17].

Christliche Theologie findet ihre Identität als christliche Theologie im Kreuz Christi. Christliche Existenz findet ihre christliche Identität in jenem doppelten Identifizierungsvorgang mit dem Gekreuzigten. Sein

---

17. Mit dieser These ist nicht gesagt, daß Gott der Nächste und der Mitmensch Gott sei. Die Behauptung des protestantischen Vulgärritschlianismus, daß im Christentum die Nächstenliebe an die Stelle der Gottesliebe und die Moral an die Stelle der Religion getreten sei, verdirbt die private und politische Moral und macht sie unfrei, gequält und säuerlich. Wenn für Paulus nach *E. Käsemann* (Gottesdienst im Alltag der Welt, in: Exegetische Versuche und Besinnungen II, 1964, 201) »die Lehre vom Gottesdienst mit der christlichen ›Ethik‹ notwendig zusammenfällt«, so bedeutet das nicht nur, daß Gottesdienst ethisch wird, sondern gleichermaßen umgekehrt, daß die Ethik zum Fest des Lebens wird, wie es dem Symbol der Hochzeit für Jesu Leben in der Nähe des Reiches Gottes und der »Freiheit der Kinder Gottes« in der Kreuzesnachfolge bei Paulus entspricht. Ist die Trennung von Gottesverhältnis und Nächstenverhältnis wirklich überwunden, dann kann auch die Ehtik nicht zur Religion werden. Im eschatologischen Fest des neuen Lebens stellt auch der Ethizismus von Kant und Ritschl eine Einseitigkeit und einen Rückfall dar. Mißfällt Gott nach den Propheten das Geplärr der Lieder und der Geruch der Opfer, so mißfällt ihm wohl noch mehr das schlechte Gewissen, das die christlichen Moralisten verbreiten, und die angequälte Nächstenliebe. Nächstenliebe ohne Nächstenfreude und Freude mit dem Nächsten in Gott ist eine schwache Sache. Vgl. dazu meinen Traktat: Die ersten Freigelassenen der Schöpfung, 1971.

Kreuz trennt den Glauben vom Unglauben und noch mehr vom Aberglauben. Die Identifizierung mit dem Gekreuzigten entfremdet den Glaubenden von den Religionen und Ideologien der Entfremdung, von der »Religion der Angst« und von den Ideologien der Rache. Christliche Theologie findet ihre Relevanz in der durchdachten und praktizierten Hoffnung auf das Reich des Gekreuzigten, indem sie an den »Leiden dieser Zeit« leidet und den Schrei der gequälten Kreatur zu ihrem eigenen Schrei nach Gott und Freiheit macht[18]. Jesus war Torheit für die Weisen und ein Ärgernis für die Frommen und ein Störenfried für die Mächtigen. Darum wurde er gekreuzigt. Wer sich mit ihm identifiziert, dem ist diese Welt »gekreuzigt«, wie Paulus sagte. Er wird der Weisheit, Frömmigkeit und Machtpolitik seiner Gesellschaft entfremdet. Der Gekreuzigte wurde zum Bruder der Verachteten, Verlassenen und Bedrückten. Die Bruderschaft mit seinen »geringsten Brüdern« gehört darum zur Bruderschaft Christi und der Identifikation mit ihm notwendig dazu. Christliche Theologie muß darum in diesem Volk und mit diesem Volk gedacht werden. Sie ist dann »zeitgenössische« Theologie, wenn sie in den Leiden dieser Zeit, und das heißt konkret, in und mit den Leidenden in dieser Gesellschaft denkt. Das genannte *identity-involvement-dilemma* der christlichen Existenz heute ist darum kein Dilemma, sondern die unausweichliche Spannung des christlichen Glaubens. Christliche Identifikation mit dem Gekreuzigten heißt Solidarität mit dem Leiden der Armen und dem Elend der Unterdrückten wie der Unterdrücker. Auf der anderen Seite ist jene Solidarität, wenn sie vorbehalts- und selbstlos ernst genommen wird, immer schon eine Identifikation mit jenem Gekreuzigten, der »arm wurde, um viele reich zu machen« (2. Kor. 8,9). Indem die christliche Identifizierung mit dem Gekreuzigten von den Zwangsläufigkeiten und Selbstverständlichkeiten der entfremdeten Welt entfremdet, bringt sie den Glaubenden notwendig in die Solidarität mit den Entfremdeten dieser Welt, mit den Entmenschten und den Unmenschen. Umgekehrt wird jene Solidarität nur dann radikal, wenn sie der Identifizierung des Gekreuzigten mit jenen Verlassenen nachfolgt, das Leiden der schöpferischen Liebe annimmt und nicht eigenen Omnipotenzträumen für eine illusionäre Zukunft nachläuft.

Relevanzkrise und Identitätskrise hängen komplementär zusammen, sagten wir. Wo Identität gefunden wird, wird Relevanz fraglich. Wo Relevanz erreicht wird, wird Identität fraglich. Wir können diese Doppelkrise jetzt im Blick auf den christlichen Glauben so präzisieren, daß jede dieser Krisen nur die Kehrseite der anderen ist und darum beide

---

18. Vgl. *E. Käsemann*, Der gottesdienstliche Schrei nach Freiheit, in: Paulinische Perspektiven, 1969, 211–236, und: Der Ruf der Freiheit, zuerst 1967.

Krisen auf einen Nenner gebracht werden können. Christliche Theologie ist Kreuzestheologie, wenn sie als christliche Theologie an Christus identifizierbar sein soll. Kreuzestheologie aber ist eine kritisch-befreiende Theorie Gottes und des Menschen. Christliche Existenz ist in der Nachfolge des Gekreuzigten eine den Menschen selbst und die Verhältnisse verändernde Praxis. Insofern ist Kreuzestheologie eine praktische Theorie.

3. Die Offenbarung im Widerspruch und das dialektische Erkennen

Eine der wesentlichen Schwierigkeiten der christlichen Existenz in der Welt heute ist offensichtlich die Unfähigkeit zur Identifikation mit anderen, Fremden und Widersprechenden. Diese Unfähigkeit führt zur Assimilation auf der einen und zur Sektenmentalität auf der anderen Seite. Psychologisch gesehen ist die mangelnde Sensibilität für den anderen und das eigene Profil an ihm und mit ihm wohl ein Zeichen von Ich-Schwäche. Man hält die eigene Fremdartigkeit gegenüber anderen nicht mehr aus und zieht sich darum in den Kreis der Gleichgesinnten zurück, oder man gibt die Fremdartigkeit der christlichen Existenz auf und paßt sich denen an, von denen man Anerkennung und Bestätigung erhofft. Solange die Kirche in einer »christlichen Welt« lebte, konnte sie auf Entsprechungen in Kultur, Gesellschaft und Politik rechnen und umgekehrt durch Erfüllung gesellschaftlicher Interessen Entsprechungen stiften. Kirche und Gesellschaft lebten wie in »konzentrischen Kreisen«, die sich in Abschattungen und Entsprechungsverhältnissen gegenseitig bestätigten[19]. Das allgemein geltende Gemeinschaftsprinzip lautete: »Gleich und gleich gesellt sich gern«, wie Aristoteles in der »Nikomachischen Ethik« ausführte. Einander Gleiche oder doch Ähnliche verstehen sich auf der Basis ihrer Gemeinsamkeiten und bestätigen sich gegenseitig. Auch die christlichen Gemeinschaften leben faktisch von diesem Prinzip. Stellt die christliche Kirche die Religion einer Gesellschaft dar, so stellt sie zugleich auch die Integrations- und Homogenitätsfunktionen in dieser Gesellschaft auf symbolische und rituelle Weise dar. Wenn aber die christliche Existenz eines einzelnen oder einer Kirche sich mit dem Gekreuzigten identifiziert, entfremdet sie sich von diesen Gleichheits- und Ähnlichkeitsprinzipien der Gesellschaft. Je mehr auf der anderen Seite jener äußere Entsprechungskreis der »christlichen Welt« zerfällt und die Gesellschaft »anders« wird, um so mehr verliert

---

19. So noch *K. Barth*, Die Kirche und die Kultur (1926), in: Die Theologie und die Kirche, 1928, 364 ff, und: Christengemeinde und Bürgergemeinde, 1946.

jenes analogische Denken und Handeln seine Kraft. Man muß dann aus dem einen und dem anderen Grunde zu einem dialektischen Denken und einer dialektischen Existenz übergehen und die eigene Identität im anderen und Fremden erkennen und darstellen.

Dem sozialen Grundsatz: »Gleich und gleich gesellt sich gern« entspricht auf der erkenntnistheoretischen Ebene der platonische Grundsatz: »Gleiches wird nur von Gleichem anerkannt« (par a pari cognoscitur)[20]. Erkennen geschieht am Leitfaden der Analogie und ist dann immer ein Wiedererkennen. Wird die Gleichheit strikt verstanden, so geschieht das Erkennen als Anamnesis im geschlossenen Kreis. Wird er auf Ähnlichkeiten in Verschiedenem erweitert, so kann das Erkennen zu einem offenen Lernkreis werden, in dem Neues apperzipiert und Fortschritte gemacht werden können. Die christliche Theologie hat schon sehr früh den erkenntnistheoretischen Grundsatz der platonischen Schule aufgenommen und das analogische Prinzip in ihre Lehre von der Erkenntnis Gottes eingeführt; sei es, daß der unsichtbare Gott an seinen Entsprechungen in der Ordnung der Schöpfung oder in den auf ihn zurückweisenden Taten der Geschichte erkannt wird, sei es, daß Gott in seiner Selbstoffenbarung nur im heiligen Geist Gottes erkannt wird. Wird der Gleichheitsgrundsatz strikt verstanden, so wird Gott nur von Gott erkannt. Wird aber Gleiches auf diese Weise nur von Gleichem erkannt, so wird eine Offenbarung im anderen, das nicht Gott ist, und im Fremden, das nicht göttlich ist, eigentlich unmöglich. Dann kann ein Gott auch nur über Gleichartige, nämlich über andere Götter herrschen, nicht aber über Menschen und Tiere. Wird Gleiches nur von Gleichem erkannt, so hätte der Sohn Gottes im Himmel bleiben müssen, weil er Irdischem doch unerkennbar ist.

---

20. Dieser Grundsatz geht auf *Empedokles* zurück: »So griff Süßes nach Süßem, Bitteres stürmte auf Bitteres los, Saures auf Saures, Warmes ergoß sich auf Warmes. Sie trieb das Feuer empor, das zum Gleichen gelangen wollte« (fr. 99, 100 in der Übersetzung von W. Capelle, Die Vorsokratiker, 1958, 217 f). Nach *Theophrast* (Von der Sinneswahrnehmung, 1) lassen »Parmenides, Empedokles, Platon ... die Sinneswahrnehmung auf Grund des Gleichen entstehen«: »Denn mit der Erde (in uns) sehen wir die Erde, mit dem Wasser das Wasser, mit der Luft die göttliche Luft, aber mit dem Feuer das vernichtende Feuer, mit der Liebe die Liebe, den Streit mit dem traurigen Streit« (Empedokles fr. 158, Capelle, aaO. 236). Unter Berufung auf Empedokles sagt *Aristoteles,* Metaphysik II, 4, 1000 b5: »Die Erkenntnis des Gleichen erfolgt durch das Gleiche« (ή δὲ γνῶσις τοῦ ὁμοίου τῷ ὁμοίῳ).
Goethe brachte den Satz auf das Lehrgedicht:
   »Wär nicht das Auge sonnenhaft,
   wie könnte es die Sonn' erblicken?
   Wär nicht in uns des Gottes eigene Kraft,
   wie könnt' uns Göttliches entzücken.«
Vgl. auch *A. Schneider,* Der Gedanke der Erkenntnis des Gleichen durch Gleiches in antiker und patristischer Zeit, in: Abhandlungen zur Geschichte der Philosophie des Mittelalters, Festschrift für Cl. Baeumker, 1923, 65–76.

Das analogische Erkenntnisprinzip wird einseitig, wenn es nicht um
das dialektische Erkenntnisprinzip erweitert wird. Dieses stammt aus
der Medizin und geht auf Hippokrates zurück und sagt: »Contraria
contrariis curantur«[21], oder wie Schelling sagte: »Jedes Wesen kann
nur in seinem Gegenteil offenbar werden. Liebe nur im Haß, Einheit
nur im Streit.«[22] Auf die christliche Theologie angewendet, heißt das:
Gott wird nur in seinem Gegenteil, in der Gottlosigkeit und Gottverlassenheit, als »Gott« offenbar. Konkret gesagt: Gott wird im Kreuz
des gottverlassenen Christus offenbar. Seine Gnade wird bei Sündern
offenbar. Seine Gerechtigkeit wird bei Ungerechten und Rechtlosen
offenbar und seine Gnadenwahl bei den Verdammten. Das erkenntnis-
theoretische Prinzip der Kreuzestheologie kann nur dieses dialektische
Prinzip sein: Gottes Gottheit wird im Paradox des Kreuzes offenbar.
Auch der Weg Jesu wird dann verständlicher: nicht die Frommen, sondern die Sünder, nicht die Gerechten, sondern die Ungerechten erkannten ihn, weil er das Gottesrecht der Gnade und das Reich bei ihnen
offenbarte. Er offenbarte seine Identität bei denen, die ihre Identität
verloren hatten, bei Ausgesetzten, Kranken, Verstoßenen und Verachteten, und erkennt sich als den Menschensohn bei denen, die ihrer
Menschlichkeit beraubt sind[23]. Die Kreuzestheologie des Paulus in seiner Rechtfertigungslehre wird dann verständlicher: in seiner Offenbarung im Kreuz rechtfertigt Gott die Gottlosen und immer nur sie (E. Käsemann). Man muß selbst gottlos werden und jede Selbstvergottung
oder Gottähnlichkeit fahren lassen, um den Gott zu erkennen, der sich
im Gekreuzigten offenbart. Man muß jede Selbstrechtfertigung fahren

---

21. ΠΑΡΟΙΜΙΩΝ ΣΥΜΟΓΗ, Gilberto Cognato collectore et interprete, quas Erasmus in suas Chiliadas non retulit, in: Des. Erasmi Roterodami Adagiorum chiliades
quatuor. Basileae, ex officina episcopiana, per Eusebium Episcopum et Nicolai Fr.
haeredes, 1574, 431 B: »CONTRARIA CONTRARIIS PELLUNTUR: Gregorius
Theologus lib. 2 Sententiarum: id est: Contrariis nam pellitur contrarium. Hominum
deinde sermone vulgatum. Blasius Hollerius in Hippocratis librum De natura homi-
nis, in fine: Sic enim curationem optime praescribet et adhibebit, iis videlicet auxili-
orum generibus, quae per contrarium morbis (id enim axioma est medicorum universale) facultatem vincant. Hieremias Triverus in primum Hippocratis aphorismum:
Nam quod contrarium curetur contrario, antiquum est et apud omnes in confesso.
Hinc Gallis est in proverbiis: Contre pechie est vertu medicine. Id enim prius tra-
ditum est ab Hippocrate de flatibus: Contraria contrariis remedio esse. Therapeu-
ticae autem medicinae communissimus scopus est: τὰ ἐναντία τῶν ἐναντίων ἰάματα:
Contraria contrariorum medicamenta.« Diesen Hinweis verdanke ich Herrn Dr.
W. Werbeck, Tübingen.
22. *F. W. J. Schelling*, Über das Wesen der menschlichen Freiheit (1809), Reclam
8913–15, 89. Auch *E. Bloch*, Tübinger Einleitung in die Philosophie II, 1964, 16,
fragt, »ob nur Gleiches Gleiches auffassen könne oder ob, umgekehrt, Ungleiches
dazu geeigneter wäre«.
23. *E. Peterson*, Was ist der Mensch?, in: Theologische Traktate, 1951, 227 ff, bes.
236: »Christus nennt sich den ›Menschensohn‹, weil er den Menschen transzendiert
hat. Der ›Menschensohn‹ ist der, der *sich* in den Krankheiten der Menschen *begreift*,
indem er sie auf sich nimmt.«

lassen, wenn man jene Offenbarung der Gottesgerechtigkeit bei den Ungerechten, zu denen man selbst im Grunde gehört, erkennt. Das dialektische Prinzip der »Offenbarung im Gegenteil« ersetzt nicht jenes analogische Prinzip: »Gleiches wird nur von Gleichem erkannt«, sondern macht es überhaupt erst möglich. Sofern Gott in seinem Gegenteil offenbar wird, kann er von den Gottlosen und Gottverlassenen erkannt werden, und eben dieses Erkennen bringt sie zur Entsprechung zu Gott und, wie der 1. Johannesbrief 3,2 sagt, sogar in die Hoffnung auf Gottähnlichkeit. Aber jene Dialektik ist der Grund und der Anfang für die Analogie. Ohne die Offenbarung im Gegenteil können die Widersprechenden nicht zu Entsprechungen kommen. Würde man dem Gleichheitsgrundsatz einseitig folgen, so müßte man eine theologia gloriae für den Himmel entwerfen. Erst die dialektische Erkenntnis Gottes in seinem Gegenteil bringt den Himmel auf die Erde der Gottverlassenen und öffnet den Gottlosen den Himmel.

Kreuzestheologie muß also mit dem Widerspruch einsetzen und kann nicht auf vorzeitigen Entsprechungen aufbauen. Ihre Dialektik in der Gotteserkenntnis hat weitreichende kritische Konsequenzen für den landläufigen religiösen Theismus im Christentum. Sie hat kritische Konsequenzen für die konstitutiven Elemente der christlichen Gemeinschaft. Wird ein Wesen nur in seinem Gegenteil offenbar, so kann eine Kirche des Gekreuzigten nicht aus einer Versammlung von Gleichen bestehen, die sich gegenseitig bestätigen, sondern muß konstitutiv aus Ungleichen bestehen. »Gleich und gleich gesellt sich gern« nach Aristoteles in der philia politike. Das Geselligkeitsprinzip des Gekreuzigten aber ist die Gesellung zu den anderen und die Solidarität mit denen, die zu Fremden wurden und zu anderen gemacht worden sind. Ihre Kraft ist nicht die Freundesliebe zum Gleichen und Schönen (philia), sondern die schöpferische Liebe zum anderen, Fremden und Häßlichen (agape). Ihr Rechtsgrundsatz ist nicht Gleichheit, sondern die Rechtfertigung des anderen (Hegel), das schöpferische Ins-Recht-Setzen der Ungerechten und das Zuerkennen von Rechten den Rechtlosen. Die Kirche des Gekreuzigten kann sich infolgedessen nicht an das andere, ihr Fremde assimilieren. Sie kann sich auch nicht vor dem Fremden ins soziale Ghetto verschließen, sondern muß um ihrer Identität im Gekreuzigten willen ihn und sich selbst in seiner Nachfolge im anderen und Fremden offenbaren. Anders wird sie weder dem gerecht, auf den sie sich beruft, noch denen, bei denen er sich offenbarte. In praktischer Gestalt ihrer Gemeinschaft mit anderen allein kann sie den Gekreuzigten bezeugen und jene Rechtfertigung der Gottlosen leben, die sie glaubt und von der sie selbst lebt. Im Kreise der Frommen ist es schwer, von Gott zu reden, bei Gottlosen fühlt man sich frei, von ihm zu sprechen, sagte Bonhoeffer einmal.

II. Der Widerstand des Kreuzes gegen seine Deutungen

1. Das unreligiöse Kreuz in der Kirche

Wenn Archäologen im Wüstensand eine Kultstätte ausgraben und an ihr das Zeichen des Kreuzes finden, so können sie ziemlich sicher sein, daß es sich um eine christliche Kirche handelt. Auch heute finden wir in christlichen Kirchen das Kreuz als das zentrale Symbol. Das Kruzifix zieht die Blicke der Beter auf sich. Das Wort vom Kreuz wird der Gemeinde zu Gehör gebracht. Mit dem Handzeichen des Kreuzes werden Menschen gesegnet und aus den Kirchen hinausgesandt. Bei der Nennung des trinitarischen Gottesnamens schlagen viele das Kreuz. In der Passionszeit folgt in manchen Kirchen die christliche Frömmigkeit den Stationen auf dem Leidensweg Jesu zum Kreuz nach und vertieft sich in den Grund seines Leidens und die erlösende Wirkung seines Sterbens. In anderen Kirchen gilt bis heute der Karfreitag als der zentrale christliche Feiertag im Kirchenjahr. Weniges bringt die Gemeinschaft des Christen mit Gott besser zum Ausdruck als die Passionslieder. Auch in der islamischen Welt stellt sich das Christentum im Symbol des Kreuzes dar:

»Das, was den Kopten als Kopten erhält, ist das Kreuz Jesu, al Salib, mit anderen Worten, sein inniger, unaussprechlicher und unsagbarer Glaube an Jesus, der am Kreuz gestorben ist, um die Menschheit zu erlösen.«[1]

Man hat darum mit Recht das Christentum als »die Religion des Kreuzes« bezeichnet: »Religion des Kreuzes, nur du verknüpfest in einem Kranze der Demut und Kraft doppelte Palme zugleich« (Schiller). Goethe erklärte das Christentum zur »letzten Religion«, weil sie ein Letztes und Höchstes sei, wozu die Menschheit gelangen konnte und mußte; erst das Christentum habe uns »die göttliche Tiefe des Leidens« erschlossen[2]. Doch was heißt das in seiner Wahrheit? Das erkennen

---

1. Pater Ayraut in: Kirche im Islam I, 50.
2. Wilhelm Meisters Wanderjahre II, 1: »Nun ist aber von der dritten Religion zu sprechen, gegründet auf die Ehrfurcht vor dem, was unter uns ist; wir nennen sie die christliche, weil sich in ihr eine solche Sinnesart am meisten offenbart; es ist ein letztes, wozu die Menschheit gelangen konnte und mußte. Aber was gehört dazu, die Erde nicht allein unter sich liegen zu lassen und sich auf einen höhern Geburtsort zu

Nichtchristen und Atheisten oft besser als religiöse Christen, denn es befremdet sie und stößt sie ab. Sie sehen das Kreuz in seiner profanen Härte und Gottlosigkeit, weil sie den religiösen Deutungen nicht glauben, mit denen die Sinnwidrigkeit dieses Todes sinnvoll gemacht worden ist. Sie finden in ihm nur »das Bild der Unversöhnlichkeit«[3]. Um den Karfreitag in seiner ganzen Härte und Gottlosigkeit wiederherzustellen (Hegel), ist es für den christlichen Glauben notwendig, jene traditionellen Heilstheorien zunächst zu verlassen, die die Rede vom Kreuz im Christentum zur Gewohnheit haben werden lassen. Von Anfang an war der christliche Glaube von seiner religiösen Umwelt durch die Anbetung des Gekreuzigten geschieden.

Für israelitisches Begreifen war ein so Gehenkter von seinem Volk verstoßen und im Gottesvolk vom Gott des Gesetzes verflucht und aus dem Bund des Lebens verstoßen. »Verflucht ist, wer am Holz hängt« (Gal. 3,13; Dt. 21,23). Verflucht aus dem Kreis der Lebendigen und aus der Gemeinschaft Gottes ist, wer, als Gotteslästerer nach dem Gesetz verurteilt, diesen Tod erleidet. »Wir haben ein Gesetz, und nach dem Gesetz muß er sterben, denn er hat sich selbst zu Gottes Sohn gemacht« (Joh. 19,7). Man kann sich von ihm nur abwenden. Zwar kannte das von Römern besetzte Israel viele Freiheitskämpfer aus den Aufständen, die gekreuzigt starben. Aber es waren Märtyrer für die gerechte Sache des Gottes Israels und nicht verworfene Gotteslästerer.

Auch für die antike Humanität waren der Gekreuzigte und seine Verehrung nur peinlich. Kreuzigung als Strafe für entlaufene Sklaven oder Aufrührer gegen das römische Imperium galt als »die schimpflichste

---

berufen, sondern auch Niedrigkeit und Armut, Spott und Verachtung, Schmach und Elend, Leiden und Tod als göttlich anzuerkennen, ja, Sünde selbst und Verbrechen nicht als Hindernisse, sondern als Fördernisse des Heiligen zu verehren und liebzugewinnen. Hiervon finden sich freilich Spuren durch alle Zeiten; aber Spur ist nicht Ziel, und da dieses einmal erreicht ist, so kann die Menschheit nicht wieder zurück, und man darf sagen, daß die christliche Religion, da sie einmal erschienen ist, nicht wieder verschwinden kann, da sie sich einmal göttlich verkörpert hat, nicht wieder aufgelöst werden mag.«
3. *Th. Storm:* Crucifixus (1865):
»Am Kreuz hing sein gequält Gebeine,
mit Blut besudelt und geschmäht;
dann hat die stets jungfräulich reine
Natur das Schreckensbild verweht.
Doch die sich seine Jünger nannten,
die formten es in Erz und Stein,
und stellten's in des Tempels Düster
und in die lichte Flur hinein.
So jedem Aug ein Schauder,
ragt es hinein in unsre Zeit;
verewigend den alten Frevel,
ein Bild der Unversöhnlichkeit.«

Art der Bestrafung«[4]. Der römische Humanismus hat die »Religion
des Kreuzes« darum stets als unästhetisch, unanständig und pervers
empfunden. »Was Kreuz auch nur heißt, soll nicht nur vom Leibe der
Bürger Roms fernbleiben, sondern auch schon von ihrem Denken,
ihrem Auge und Ohr«, erklärte Cicero[5]. Es galt als Verletzung guter
Sitten, in Gegenwart anständiger Leute von einem so scheußlichen
Sklaventod zu reden[6]. Auf der menschlichen Suche nach dem Guten,
Wahren und Schönen gab der Gekreuzigte keine förderliche ästhetische
Figur her, war an ihm doch »keine Gestalt noch Schöne« (Jes. 53,2).
Die Vorstellung eines »gekreuzigten Gottes«, dem Verehrung und An-
betung gebührt, galt in der antiken Welt vollends als gottunangemes-
sen, ebenso wie die Behauptung der Auferweckung eines verurteilten
Gotteslästerers für Israel der im Gesetz offenbaren Gerechtigkeit Gottes widersprechen mußte. Der christliche Glaube an den Gekreuzigten
mußte darum auf Juden und Römer als fortgesetzte Gotteslästerung
wirken. Die frühen Christen mußten sich beständig gegen den Vorwurf
der irreligiositas und des sacrilegium wehren. Sofern sie den römischen
Staatsgöttern die pflichtgemäßen Opfer verweigerten, zogen sie sich
den Vorwurf des »Atheismus« zu. Das war keineswegs nur als Charak-
teristik der Christen gemeint, sondern war eine förmliche Anklage und
hatte die Ausstoßung aus der Gesellschaft als »Feind des menschlichen
Geschlechts« zur Folge. Justin hat diesen christlichen Atheismus, der
in der Leugnung der Staatsgötter bestand, bereitwillig eingeräumt und
sich im Blick auf diese »sogenannten Götter« als »Atheist« bekannt[7].
Für die Gebildeten unter den Verächtern des Christentums war dieser
Glaube an den Gekreuzigten nur eine Geschmacklosigkeit, der man mit
Hohn begegnete. Es fand sich eine auf dem Palatin eingeritzte Zeich-
nung. Sie stellt einen mit einem Eselskopf versehenen Gekreuzigten
dar und trägt die Unterschrift: »Alexamenos betet seinen Gott an.«[8]
Das Kreuz war damals noch nicht das Zeichen, in dem man siegte, kein
Triumphzeichen an Kirchen, keine Zierde von Kaiserthronen und kein

---

4. *J. Schneider*, ThW VII, 573. Vgl. dazu *W. Schrage*, Das Verständnis des Todes
Jesu Christi im Neuen Testament, in: Das Kreuz Jesu Christi als Grund des Heils,
ed. F. Viering, 1967, 61, Anm. 34.
5. *Cicero*, Pro Rabirico, 5,16: »Nomen ipsum crucis absit non modo a corpore
civium Romanorum, sed etiam a cogitatione, oculis, auribus.«
6. *H. Schelkle*, zit. nach W. Schrage, aaO.
7. Vgl. *A. v. Harnack*, Der Vorwurf des Atheismus in den drei ersten Jahrhunderten,
Texte und Untersuchungen NF XIII, 4, 1905, 12. Justin versuchte in seiner Apologie
(I, cap. 6,13) den Vorwurf abzuwehren, indem er den philosophischen Kaisern den
christlichen Glauben an den Vater des Alls, den Sohn und das Heer der Engel und
den hl. Geist bezeugte. Die Menge, die den Atheismusvorwurf gegen die Christen
erhob, dachte jedoch an die Beleidigung und Leugnung der Staatsgötter. Diesen
Vorwurf nahm Justin bereitwillig an: Ὁμολογοῦμεν τῶν τοιούτων νομιζομένων θεῶν ἄθεοι
εἶναι.
8. Möglicherweise handelt es sich hier jedoch um einen Gnostiker.

Orden- und Ehrenzeichen, sondern ein Zeichen für Widerspruch und Ärgernis, das oft genug Ausstoßung und Tod brachte.

Der moderne, nachchristliche Humanismus hat dieses ursprüngliche und sehr natürliche Befremden über das Kreuz in wünschenswerter Deutlichkeit wieder hervorgebracht. Er hat damit zugleich das in der europäischen Kultur so heimisch gewordene Christentum an seine ursprüngliche und konstitutive Fremdheit erinnert. Als Hegel zu seinem 60. Geburtstag von seinen Schülern eine Medaille erhielt, die eine Eule und ein Kreuz zeigte, reagierte Goethe verärgert: »Wer heißt mich das Kreuz lieben, ob ich gleich selber daran zu tragen habe.«[9] Es widersprach für ihn in seiner Härte und Nacktheit dem »Humanen und Vernünftigen«, welches man nicht entbehren könne[10]. Hegels symbolische Verbindung von Philosophie und Kreuzestheologie in dem bekannten Wort der Einleitung zur Rechtsphilosophie, nach der die Vernunft »die Rose im Kreuz der Gegenwart« sei, war ihm zuwider. »Ein leichtes Ehrenkreuzlein ist immer etwas Lustiges im Leben, das leidige Marterholz, das Widerwärtigste unter der Sonne, sollte kein vernünftiger Mensch auszugraben und aufzupflanzen bemüht sein.«[11] Das Symbol, in dem das Kreuz in jener Zeit diskutiert wurde, war das Rosenkreuz. K. Löwith hat die verschiedenen Auslegungen dieses Symbols auf Luthers Wappen, bei den Rosenkreuzern, bei Hegel und Goethe dargestellt. Für Goethe begleiten die Rosen »das schroffe Holz« mit Weichheit und machen den Karfreitag zu einem humanen Karfreitag. Obgleich er für seine Humanität und Religion die Rosen mehr schätzte als jenes Kreuz, das sie umranken, fragte Goethe doch umgekehrt das Christentum nach dem Geheimnis jenes Kreuzes:

> »Es steht das Kreuz mit Rosen dicht umschlungen.
> Wer hat dem Kreuze Rosen zugesellt?
> Es schwillt der Kranz, um recht von allen Seiten
> Das schroffe Kreuz mit Weichheit zu begleiten.«[12]

Für Nietzsche am Ende des vorigen Jahrhunderts waren die »Rosen« der Humanität aus der christlich-abendländischen Tradition am Kreuz des Christentums nicht mehr sichtbar. Er sah das Christentum allein beim Gekreuzigten stehen und diffamierte es darum im »Antichrist« zur »Dekadenzreligion«, zum religiösen Haß auf alles Stolze, auf die Freiheit, auf die Freude der Sinne und zur Feindschaft der Schwachen und Niedrigen gegen die Herren der Erde und die Vornehmen. »Die modernen Menschen, mit ihrer Abstumpfung gegen alle christliche No-

---

9. Zit. nach *K. Löwith*, Von Hegel zu Nietzsche (1950), 1969, 28 f. Vgl. dazu den ganzen Abschnitt über »Rose und Kreuz«, 28–43.
10. Ebd. 29.
11. Ebd. 29.
12. *Goethe*, Die Geheimnisse. Ein Fragment.

menklatur, fühlen das Schauerlich-Superlativische nicht mehr nach, das
für einen antiken Geschmack in der Paradoxie der Formel ›Gott am
Kreuze‹ lag. Es hat bisher noch niemals und nirgendwo eine gleiche
Kühnheit im Umkehren, etwas gleich Furchtbares, Fragendes und
Fragwürdiges gegeben wie diese Formel: sie verhieß eine Umwertung
aller antiken Werte« (Jenseits von Gut und Böse, III, 46). Er nannte
seine Moral eine erbärmliche »Eckensteher-Moral«, die aus der Not
des Leidens die krankhafte Tugend des Mitleidens gemacht habe.
Er machte das Christentum zu einer nihilistischen Religion, die aus dem
Judentum hervorgegangen sei. Seine Kritik gipfelt unter anderem in
dem Satz: »Im Grunde gab es nur einen Christen und der starb am
Kreuz.«[13] Der Rest sei dann bis heute Sklavenmoral. Auch bei K. Marx
richtet sich die Christentumskritik auf die sogenannten »Rosen«
im »Kreuz der Wirklichkeit«: »Die Kritik hat die imaginären Blumen
an der Kette zerpflückt, nicht damit der Mensch die phantasielose,
trostlose Kette trage, sondern damit er die Kette abwerfe und die
lebendige Blume breche.«[14]

Je mehr sich der nachchristliche Humanismus von den religiösen und
humanistischen »Rosen« des Kreuzes losmacht, um so mehr wird der
christliche Glaube heute auf das nackte Kreuz ohne alle jene Rosen der
Tradition gestoßen. Er kann nicht mehr traditioneller Glaube an jene
Rosen sein, die ihm das Kreuz Christi angenehm und heilsam machen.
Er wird in die volle, unverstellte Härte und Verlassenheit des Karfreitags hineingeführt, um dort zum wahren Glauben zu werden.

»Das Kreuz ist das ganz und gar Inkommensurable in der Offenbarung Gottes. Uns
ist es vielzusehr gewohnt. Wir haben das Ärgernis des Kreuzes mit Rosen um-
kränzt. Wir haben eine Heilstheorie daraus gemacht. Aber das ist nicht das Kreuz.
Das ist nicht die in ihm wohnende, die von Gott in es hineingelegte Härte. Hegel hat
das Kreuz definiert: ›Gott ist tot‹ – und er hat wahrscheinlich darin richtig gesehen, daß hier die Nacht der wirklichen, der letzten und undeutbaren Gottesferne
vor uns steht, daß wir dem ›Wort vom Kreuz‹ gegenüber auf das sola fide angewiesen sind; angewiesen darauf wie nirgends sonst in der Welt. Hier sind keine opera
Dei, die auf ihn, den ewigen Schöpfer und seine Weisheit hinweisen. Hier zerbricht
jener Schöpfungsglaube, aus dem alles Heidentum gekommen ist. Hier wird diese
ganze Philosophie und Weisheit der Narrheit überführt. Hier ist Gott Nicht-Gott.
Hier triumphiert der Tod, der Feind, die Nicht-Kirche, der Unrechts-Staat, die Lästerer, die Soldaten – hier triumphiert der Satan über Gott. Unser Glaube beginnt
genau da, wo die Atheisten meinen, daß er zu Ende sein müsse. Unser Glaube beginnt in jener Härte und Macht, die die Nacht des Kreuzes, der Verlassenheit, der
Anfechtung und des Zweifels an allem ist, was es gibt! Unser Glaube muß dort geboren werden, wo alle Gegebenheiten ihn verlassen; er muß geboren werden aus dem
Nichts, er muß dieses Nichts schmecken und zu schmecken bekommen, wie sich das
keine Philosophie des Nihilismus vorstellen kann.«[15]

---

13. *Fr. Nietzsche*, Werke VII, 265. Dazu *K. Jaspers*, Nietzsche und das Christentum (1938), 1948.
14. *K. Marx*, Frühschriften, ed. S. Landshut, 1953, 208.
15. *H. J. Iwand*, Christologievorlesung (unveröffentlicht). Zit. nach *B. Klappert*,

Das bedeutet für den christlichen Glauben, daß er sich seiner selbst nicht mehr nur im Rahmen der weltgeschichtlichen Erscheinung und Wirkungsgeschichte des Christentums bewußt werden kann, sondern sich auf sein eigenes Ursprungsgeschehen besinnen muß. »Das primär für den Glauben und nur für ihn Offenbare und als Offenbarung den Glauben allererst zeitigende Seiende ist für den ›christlichen‹ Glauben Christus, der gekreuzigte Gott.«[16] Wird eine seiner geschichtlichen Wirkungsformen alt, indem sich ihr Bildungsprozeß vollendet, so genügt es nicht, diese Gestalt des Christentums nur in Gedanken zu fassen. Der christliche Glaube, der einst »die Welt überwand«, muß vielmehr auch seine eigenen verweltlichten Gestalten zu überwinden lernen. Er kann das nur, wenn er die Götter des christlichen Abendlandes stürzt und sich auf reformerische und revolutionäre Weise auf den »gekreuzigten Gott« besinnt. »Denn wie sollte die christliche Pilgerschaft in hoc saeculo jemals dort heimatlos werden, wo sie gar nie zuhause ist?«[17] Die radikale Besinnung auf den Ursprung des christlichen Glaubens aus der Nacht des Kreuzes macht diesen Glauben nicht nur heimatlos in einer ihm fremden, religiösen Welt, sondern auch in der synkretistischen Welt des bürgerlichen Christentums heute. Für die Theologie ergibt sich daraus die Aufgabe, sich nicht länger als Selbstbewußtsein des Christentums in seiner weltgeschichtlichen Erscheinung zu produzieren, sondern sich radikal auf das Ursprungsgeschehen des Glaubens am Kreuz einzustellen, also Kreuzestheologie zu werden. Würde sie sich mit einer Theorie des gegenwärtigen Christentums genügen lassen, so gliche sie der Eule der Minerva, die ihren Flug erst mit der einbrechenden Dämmerung beginnt, und jener Philosophie, die ihr »Grau in Grau malt«, wenn eine Gestalt des Lebens alt geworden ist. »Mit Grau in Grau läßt sie sich nicht verjüngen, sondern nur erkennen«, sagte Hegel[18]. Eine Verjüngung des alt und grau gewordenen

---

Diskussion um Kreuz und Auferstehung, 1967, 288 f. Ähnlich *K. Jaspers,* Die Frage der Entmythologisierung, 1954, 88: »... würde ich den Anstoß (Skandalon) am Anspruch im Glauben an die Rechtfertigung und die Erlösung von der Sünde für geringfügig halten gegenüber dem Skandalon, daß Jesus, der Gottgesandte, den schmachvollsten und schmerzlichsten Tod erlitt. Dieses Skandalon, in der Vereinigung historischer Realität des Sterbens eines Menschen ... mit dem Mythus des darin sich opfernden Gottes, ist ungeheuer ... Der Gekreuzigte ... ist Realität und Mythos zugleich.«

16. *M. Heidegger,* Phänomenologie und Theologie (1928), 1970, 18. Vgl. dazu den ganzen Abschnitt über »die Positivität der Theologie«, 17–21, der mit aller Deutlichkeit christliche Theologie als Kreuzestheologie und Theologie als Erkenntnis des »gekreuzigten Gottes« definiert und von einer Theologie als Theorie der weltgeschichtlichen Erscheinung des Christentums absetzt.

17. Mit diesem Satz endet das Buch von *K. Löwith,* aaO. 418, nach der Darstellung des »revolutionären Bruchs im Denken des 19. Jahrhunderts« und des Zerfalls der »christlichen-bürgerlichen Welt«.

18. *G. W. F. Hegel,* Grundlinien der Philosophie des Rechts, Vorrede 17.

Christentums ist nur aus seinem eigenen Ursprung heraus möglich und wird zu einer gefährlichen und befreienden Wirklichkeit, wenn der Glaube die Inkommensurabilität des Kreuzes Christi in der Offenbarung Gottes wahrnimmt und ihr folgend seine eigene Fremdheit und seine Heimatlosigkeit in seiner eigenen christlichen Welt wahrmacht. Wenn der Glaube des Gekreuzigten allen Vorstellungen von der Gerechtigkeit, Schönheit und Moralität des Menschen widerspricht, so widerspricht der Glaube des »gekreuzigten Gottes« auch allem, was Menschen sich überhaupt unter »Gott« vorstellen, wünschen und wessen sie sich versichern möchten. Daß »Gott«, das »höchste Wesen« und das »höchste Gut«, in der Gottverlassenheit Jesu am Kreuz offenbar und gegenwärtig sein soll, kann man sich schwerlich wünschen. Welches Interesse sollte die religiöse Sehnsucht nach Gottesgemeinschaft an der Kreuzigung ihres Gottes und seiner Ohnmacht und Verlassenheit im absoluten Tode haben?[19] Trotz aller »Rosen«, die das religiöse Bedürfnis und die theologische Erläuterung um das Kreuz geschlungen haben, ist das Kreuz das eigentlich Unreligiöse des christlichen Glaubens. Es ist gerade das Leiden Gottes im ausgestoßenen und in der Gottesferne getöteten Christus, das den christlichen Glauben als Glauben qualifiziert und als Nichtwünschen. Der modernen Religionskritik kann die gesamte Welt des religiösen Christentums anheimfallen, nicht aber dieses unreligiöse Kreuz. Im Kreuz liegt kein Muster religiöser Denkprojektionen vor. Vielmehr ging und geht von diesem Gekreuzigten eine ursprüngliche Durchkreuzung alles Religiösen aus: der Vergottung des menschlichen Herzens, der Sakralisierungen gewisser Orte in der Natur und bestimmter heiliger Daten in der Zeit und der Anbetung politischer Machthaber und ihrer Machtpolitik. Selbst die Jünger Jesu flohen alle vom Kreuz ihres Meisters. Christen, die nicht das Gefühl haben, von diesem Gekreuzigten fliehen zu müssen, haben ihn wohl noch nicht radikal genug begriffen. Der tödliche und befreiende Widerspruch, den der Mensch an seinen heiligsten religiösen Gefühlen durch den Gekreuzigten erfährt, richtet sich dann auch noch auf die verschwiegenen, religiösen Voraussetzungen seiner modernen Religionskritik selbst, mit der er seine Flucht und seine Verachtung legitimiert, auf die Selbstvergottungen atheistischer Befreiungsbewegungen, auf die nachchristliche Idolisierung der Gesetze der Geschichte und des geschichtlichen Erfolgs und auf das nachchristliche Vertrauen auf eine ewig produktive Natur. Das geschichtliche und als Offenbarung geglaubte und den wahren Glauben ins Leben rufende Kreuz Christi ist

---

19. Vgl. die Schwierigkeiten, die *L. Feuerbach* mit Luthers Kreuzestheologie hatte. Das Wesen des Glaubens im Sinne Luthers (1844), 1970, 40: »Bringt ihr freilich den Gott in eurem Sinne nicht aus euch heraus, so ist ein gekreuzigter Gott ein ebenso lächerlicher Widerspruch als ein peinlich bestrafter Gedanke.«

die crux der Feuerbachschen und Freudschen Religionskritik. Das Kreuz als Negation alles in ihrem Sinne Religiösen, aller Vergottungen, aller Versicherungen, aller Bilder und Analogien und jedes festen und Bestand versprechenden sakralen Ortes bleibt draußen vor dem Streit zwischen Religion und Religionskritik, zwischen Theismus und Atheismus. Der Glaube, der an ihm entsteht, ist ein tertium genus. Kreuzesglaube unterscheidet christlichen Glauben von der Welt der Religionen und von säkularen Ideologien und Utopien, sofern sie jene Religionen ersetzen oder sie beerben und verwirklichen wollen. Kreuzesglaube trennt den christlichen Glauben aber auch vom eigenen Aberglauben. Die Besinnung auf den Gekreuzigten nötigt den christlichen Glauben zu permanenten Selbstunterscheidungen von seinen eigenen, religiösen und säkularen Lebensgestalten, und das heißt in unseren Ländern konkret, von der »christlich-bürgerlichen Welt« und vom Christentum als »Religion der gegenwärtigen Gesellschaft«.

Eine Christenheit, die sich in Theologie und Praxis diesem Kriterium nicht stellt, verliert ihre Identität an ihre Umwelt, wird zur religiösen Erfüllungsgestalt der gesellschaftlich vorherrschenden Interessen bzw. der Interessen der gesellschaftlich Herrschenden. Sie wird zu jenem Chamäleon, das man nicht mehr von den Blättern des Baumes unterscheiden kann, auf dem es sitzt.

Eine Christenheit aber, die sich in Theologie und Praxis diesem Kriterium ihres eigenen Grundes stellt, kann nicht bleiben, was sie sozial, politisch und psychologisch in ihrer Vorhandenheit geworden ist. Sie erfährt eine äußere Identitätskrise, in der ihre überkommenen Identifikationen mit den Wünschen und Interessen ihrer Umwelt aufgelöst werden. Sie wird anders, als sie sich bisher darstellte, und anders, als man von ihr erwartete[20].

Radikal sein heißt bekanntlich, eine Sache an ihrer Wurzel fassen. Radikaler christlicher Glaube kann nur heißen, sich vorbehaltlos auf den »gekreuzigten Gott« einzulassen. Das ist gefährlich. Es verspricht nicht die Bestätigung eigener Vorstellungen, Hoffnungen und guter Absichten. Es verspricht zuerst den Schmerz der Umkehr und der gründlichen Veränderung. Es bringt keine Erfolgsrezepte hervor. Es konfrontiert aber mit der Wahrheit. Es ist nicht positiv und konstruktiv, sondern zuerst kritisch und destruktiv. Es bringt Menschen nicht in eine bessere

---

20. Das hat *M. Polanyi* gespürt. Vgl. Personal Knowledge. Towards a post-critical Philosophy, New York 1964, 199: »Christian worship sustains, as it were, an eternal, never to be consummated hunch: a heuristic vision which is accepted for the sake of its unresolvable tension. It is like an obsession with a problem known to be insoluble, which yet follows, against reason, unswervingly, the heuristic command: ›Look at the unknown!‹ Christianity sedulously fosters, and in a sense permanently satisfies, man's craving for mental dissatisfaction by offering him the comfort of a *crucified God*.«

Harmonie mit sich selbst und ihrer Umwelt, sondern in den Widerspruch zu sich selbst und der Umwelt. Es beheimatet und sozialisiert nicht, sondern macht »heimatlos« und »bindungslos« und durch die Nachfolge des heimatlosen und bindungslosen Christus frei. Die »Religion des Kreuzes«, wenn Glaube aus den genannten Gründen je so genannt werden kann, ist nicht erhebend und erbaulich im gängigen Sinne, sondern bringt Ärgernis; und zwar allermeist an »des Glaubens Genossen« im eigenen Kreise. Aber sie bringt durch dieses Ärgernis Befreiung in eine unfreie Welt. In einer Kultur endlich, die nach dem Leistungs- und Genußprinzip aufgebaut ist und darum den Schmerz und den Tod privatisiert und aus ihrer Öffentlichkeit verdrängt, damit man im Ernstfall die Welt überhaupt nicht mehr als Widerstand erleben muß, ist weniges so unpopulär wie die Vergegenwärtigung des gekreuzigten Gottes durch Glauben. Es befremdet die Entfremdeten, die sich mit der Entfremdung eingerichtet haben. Und doch ist gerade dieser Glaube mit seinen Konsequenzen geeignet, Menschen von ihren Kulturillusionen zu befreien und aus ihren Verblendungszusammenhängen zu lösen und mit der Wahrheit ihrer Existenz und ihrer Gesellschaft zu konfrontieren. Bevor es zwischen Glauben und Umwelt zu Entsprechungen und Übereinstimmungen kommt, ist der Schmerz der Beweis der Wahrheit in der Unwahrheit. Im Schmerz erfahren wir eine Wirklichkeit außer uns, die wir uns nicht gemacht oder ausgedacht haben. Durch diesen Schmerz wird eine Liebe erweckt, der nichts mehr gleichgültig sein kann, sondern die das andere, das Häßliche und Liebensunwerte sucht, um es zu lieben. Im Schmerz zerbricht jene Apathie, in der einem alles egal wird, weil einem überall und immer nur Gleiches und Bekanntes begegnet.

Das Kreuz in der Kirche ist also so selbstverständlich nicht, wie es der christlichen Gewöhnung vorkommen mag. Das Kreuz in der Kirche symbolisiert einen Widerspruch, der von dem Gott, der »draußen« gekreuzigt wurde, in die Kirche hineinkommt. Jedes Symbol weist über sich selbst hinaus auf anderes. Jedes Symbol lädt zum Denken ein. Das Symbol des Kreuzes in der Kirche weist hin auf den Gott, der nicht zwischen zwei Leuchtern auf einem Altar, sondern zwischen zwei Räubern auf der Schädelstätte der Verlorenen vor den Toren der Stadt gekreuzigt wurde. Es lädt nicht nur zum Denken ein, sondern zum Umdenken. Es ist ein Symbol, das darum aus der Kirche und aus der religiösen Sehnsucht hinausführt in die Gemeinschaft der Verdrängten und Verlorenen. Umgekehrt ist es ein Symbol, das Verdrängte und Gottlose in die Kirche hinein und durch die Kirche in die Gemeinschaft des gekreuzigten Gottes ruft. Wo dieser Widerspruch des Kreuzes und seiner Umkehrung der religiösen Werte vergessen wird, wird das Kreuz aus einem Symbol zu einem Idol und lädt nicht mehr zum Umdenken, sondern zur Beendigung des Denkens in Selbstbestätigung ein.

Die »Religion des Kreuzes« ist ein Widerspruch in sich selbst, denn der gekreuzigte Gott ist der Widerspruch in dieser Religion. Diesen Widerspruch auszuhalten heißt, von seinen religiösen Traditionen Abschied zu nehmen; heißt, von seinen religiösen Bedürfnissen frei zu werden; heißt, seine bisherige und anderen bekannte Identität preiszugeben und im Glauben die Identität Christi zu gewinnen; heißt, anonym und namenlos zu werden in seiner Umwelt und sein Bürgerrecht in der neuen Schöpfung Gottes zu gewinnen. Das Kreuz in unserer Kultur zu vergegenwärtigen, heißt, jene erfahrene Befreiung von der Angst um sich selbst zu praktizieren, heißt, sich in dieser Gesellschaft, ihren Idolen und Tabus, ihren Feindbildern und Fetischen nicht mehr anzupassen, sondern im Namen dessen, den Religion, Gesellschaft und Staat einst geopfert haben, sich mit den Opfern der Religion, der Gesellschaft und des Staates heute zu solidarisieren auf die Weise, wie jener Gekreuzigte ihr Bruder und ihr Befreier wurde.

Die religiöse und humanistische Umwelt des Christentums hat von Anfang an das Kreuz verachtet, weil dieser entmenschte Christus allen Begriffen von Gott und vom Menschen und vom göttlichen Menschen widersprach. Doch blieb jene Härte des Kreuzes auch im historischen Christentum der gläubigen Erinnerung und kirchlichen Vergegenwärtigung nicht erhalten. Zwar gab es Zeiten der Verfolgung und Zeiten der Reformation, in denen der Gekreuzigte in gewisser Weise unmittelbar präsent erfahren wurde. Zwar gab es auch im historischen Christentum jene »Religion der Unterdrückten« (Laternari), die sich mit jenem armen Christus in spontaner Schicksalsgemeinschaft wußten. Je mehr aber und so weit die Kirche des Gekreuzigten zur herrschenden Gesellschaftsreligion wurde und sich auf die Befriedigung der persönlichen und öffentlichen Bedürfnisse in dieser Gesellschaft einstellte, um so mehr und desto weiter entfernte sie sich vom Kreuz und vergoldete das Kreuz mit Heilserwartungen und Heilsvorstellungen.

»Wir haben uns die Härte des Kreuzes, die Offenbarung Gottes im Kreuz Jesu Christi dadurch erträglich gemacht, daß wir es in seiner Notwendigkeit für den Heilsprozeß verstehen lernten... Dadurch verliert das Kreuz den Charakter der Kontingenz, des Unbegreiflichen.«[21]

Es wird dann jene Bedeutung aufbewahrt, die das Kreuz im Kreise des eigenen Heilsprozesses, des eigenen Glaubens und der eigenen Theorie der Wirklichkeit gewonnen hat, und es wird das Einmalige, Besondere und Anstößige an ihm verdrängt und vernichtet. Wir wollen diesen Vorgang der Aufhebung des Kreuzes im Christentum, in jenem dop-

---

21. H. J. Iwand, aaO. 289.

pelten Sinne seiner Aufbewahrung und seiner Vernichtung, an den Formen der Vergegenwärtigung des Gekreuzigten aufzeigen: am Kult des Kreuzes, an der Kreuzesmystik, an der Kreuzesethik, an der Theologie des Kreuzes, um den Glauben an den Gekreuzigten auf seine, des Gekreuzigten Wahrheit zu bringen.

2. Der Kult des Kreuzes

Unter dem Kult des Kreuzes verstehen wir die unblutige Wiederholung des Geschehens auf Golgatha auf dem Altar der Kirche, also die Vergegenwärtigung Christi im Meßopfer.

Man kann allgemeinanthropologisch und religionsgeschichtlich davon ausgehen, daß Menschen ihr Dasein von früh an als von einer transzendenten Macht geschenkt verstanden. Die Antwort ihres Lebens auf dieses gnadenhaft erfahrene Dasein war das Selbstopfer in der Hingabe an jene transzendente Macht. In religiösen Opferkulten wurde diese Selbstdarbietung des Menschen durch Realsymbole pars pro toto zelebriert. Urform aller Opfer waren die Erstlingsopfer. Mit ihnen wird die ganze Herde oder ganze Ernte den Göttern geweiht und so geheiligt. Sie waren zugleich als Lob- und Dankopfer gedacht, in denen die Anerkennung der Eigentumsrechte der Gottheit zum Ausdruck gebracht wurde. Der stellvertretende Charakter dieser Opfer stand wie alle Stellvertretung im Zwielicht der Entlastung und Entfremdung. Der Teil für das Ganze kann immer auch den Teil an Stelle des Ganzen meinen. Es ist religionsgeschichtlich die Auffassung nicht haltbar, daß die Opfergaben der Menschen auf die Gunst der Götter verrechnet wurden. Diese do-ut-des-Formel taucht zwar in manchen religiösen Spätformen, besonders in Rom, auf, trifft aber nicht den ursprünglichen Sachverhalt, in dem alle Opfergaben den Geber und den Empfänger miteinander verbinden und in eine festliche, ursprüngliche Gemeinschaft versetzen. Jede der antiken Gesellschaften, in die das Christentum kam, war im Zentrum religiös, und im Zentrum ihrer Gesellschaftsreligionen standen die Kulte und im Zentrum der Kulte die Opfer für die Staatsgötter und die Festgemeinschaften mit ihnen. Je mehr die christliche Kirche öffentliche Anerkennung fand, um so mehr wurde sie zugleich genötigt, diese öffentlichen Bedürfnisse nach Kult und Opfer zu erfüllen. Die Kirche verdrängte zwar die heidnischen Opferhandlungen und Kultspiele, trat aber selber mit ihrem Kult an deren Stelle. Sie veränderte den Sinn der kultischen Opfer radikal: es sind nicht mehr die Götter, die durch die Opfer der Menschen versöhnt werden müssen. Es sind auch

nicht mehr jene letzten Wirklichkeiten des Daseins in Natur, Gesellschaft und Politik, denen das Leben gnadenhaft verdankt und infolgedessen geweiht werden muß. Es ist der eine Gott selbst, der durch das
Opfer in der Hingabe Christi die sündigen Menschen mit sich versöhnt,
ihr Leben gnadenhaft begründet, so daß es ihm verdankt und geweiht
werden muß. Dennoch fand die unblutige Wiederholung des Selbst-
opfers Christi an eben jener integralen Stelle im öffentlichen Leben
und der privaten Frömmigkeit statt, an der die alten Opferreligionen
zelebriert und wirksam geworden waren. Darum blieb und bleibt
der christliche Kult des Opfers Christi vieldeutig und mehr als nur
einem Interesse zugänglich.

»Das dogmatische Problem des Opferbegriffs besteht darin, einen solchen Opferbegriff zu entwickeln, der einerseits den (allerdings in sich selbst sehr schwankenden)
Daten der allgemeinen Religionsgeschichte gerecht wird, andererseits sowohl auf das
›Opfer‹ Christi am Kreuz, als auch auf die Meßfeier als ›Opfer‹ angewendet
werden kann, ohne diesen beiden neutestamentlichen Opfern Gewalt anzutun.«[22]

So wahr es ist, daß bei Kreuz und Messe letztlich nur aus diesen selbst
heraus gewußt werden kann, was bei ihnen »Opfer« bedeutet, so käme
ihr Verständnis als »Opfer« doch auf eine Tautologie hinaus, wenn
nicht ein unabhängiger Opferbegriff vorausgesetzt werden könnte, der
auf sie wenigstens analog und modifiziert angewendet werden kann[23].
Das aber bringt vor allem das Meßopfer und die Eucharistie ins Zwielicht. Denn einerseits gründet das Verständnis der Messe als Opfer in
der biblischen Überlieferung, nach der sie die symbolhafte, anamneti-
sche Aktualpräsenz des alleinigen Versöhnungsopfers Christi ist. »Das
Kreuz bleibt das absolute Opfer, die Messe das relative. Christus selbst
ist in der Messe der eigentliche Priester, der irdische handelt in persona
ejus.«[24] Andererseits wird aber der Kreuzestod Christi damit als
göttlicher, transzendenter Hintergrund für die Kultpraxis der Kirche
verstanden, und damit wird jenes einmalige, historische und eschatologische Geschehen der Hingabe Christi in die kultischen Wiederholungen der Kirche hinein aufgehoben, die in modifizierter Analogie zum
allgemein-religiösen Opferverständnis zelebriert werden. Vom relativen und begründeten Meßopfer der Eucharistie her wird vom Kreuzestod Christi nur das absolute und begründende Selbstopfer Christi sichtbar. Es wird durch den fortgehenden und wiederholenden Kult aufbewahrt und vergegenwärtigt, was von ewiger Bedeutung am Kreuz
auf Golgatha zu sein scheint; nämlich der göttliche Wert der Selbsthingabe Christi für das Verhältnis Gottes zum Menschen und des Men-

---

22. *K. Rahner*, Art. Opfer, LThK VII, 1174. Vgl. auch: Die vielen Messen und das
eine Opfer, 1951.
23. *K. Rahner*, ebd.
24. *J. Betz*, Art. Meßopfer, LThK VII, 348.

schen zu Gott, für Gnade und Danksagung. Es wird aber nicht aufbewahrt, sondern vielmehr verdrängt und vernichtet, was das Einmalige, Besondere und Anstößige an Christi Tod war. Worin liegt das und wie kann es gesehen werden?

»Sein Kreuz steht nicht im Privatissimum des individuell-persönlichen Bereichs, es steht auch nicht im Sanctissimum eines rein religiösen Bereichs; es steht jenseits der Schwelle des behüteten Privaten oder des abgeschirmten rein Religiösen: es steht ›draußen‹, wie die Theologie des Hebräerbriefs formuliert. Der Vorhang des Tempels ist endgültig zerrissen.«[25]

Das aber heißt, daß der Gekreuzigte im Grund das Ende des Kultus ist. Er ist »ein für allemal« gestorben, wie Paulus betont. Sein Tod ist kein wiederholbares oder übertragbares Opfer. Er ist von diesem einmaligen Tode endgültig auferweckt, wie wiederum Paulus betont, und »stirbt hinfort nicht mehr« (Röm. 6,9), weder auf blutige noch auf unblutige Weise. Er läßt sich nicht zu einer ewig sterbenden und auferstehenden Kultgottheit umdeuten. Er geht nicht in die »ewige Wiederkehr des Gleichen« (M. Eliade) ein, sondern sprengt den Wiederholungszwang des Kultes. Die Eucharistie oder die Feier des Abendmahls erinnert und vergegenwärtigt zwar den Tod Christi »bis daß er kommt« (1. Kor. 11,26), aber in der Form der »Verkündigung«, nicht in der Form der »Wiederholung« des Kreuzestodes Christi. Man muß also zwischen dem ein für allemal geschehenen Kreuzestod Christi auf Golgatha und dem immer wieder zu vollziehenden Fest der erinnernden Hoffnung auf ihn unterscheiden bis zu einer Verwendung verschiedener Begriffe. Die historische Einmaligkeit seines Kreuzestodes außerhalb von Religion und Tempel macht die kultische Vereinnahmung des Gekreuzigten unmöglich. Die eschatologische Endgültigkeit, welche die Verkündigung der Auferweckung mit dem dort und so Gehenkten verbindet, macht seine Einordnung in die kultische Wiederkehr unmöglich, und beide machen letzten Endes die Trennung von kultisch und profan im Christentum unmöglich und fordern die christliche Überwindung dieser Trennung.

Es genügt darum nicht, die Kulte der religiösen Gesellschaften nur zu christianisieren. Es genügt nicht, in der Theologie des Kreuzes dem Opferbegriff der allgemeinen Religionsgeschichte durch analogische und modifizierte Aufnahme nur »gerecht« zu werden. An die Stelle der Kultreligion werden vielmehr die Ausbreitung des Wortes vom Kreuz, das Fest des Glaubens und die praktische Nachfolge treten müssen. Die kultische Trennung des Religiösen und des Profanen ist im Glauben an den durch Kreuzigung profanisierten Christus potentiell aufgehoben. Die Eucharistie muß darum auch in Entsprechung zu den

---

25. *J. B. Metz*, Zur Theologie der Welt, 104.

Mahlfeiern Jesu mit »Sündern und Zöllnern«, mit den Ungerechten, Rechtlosen und Gottlosen von den »Hecken und Zäunen« der Gesellschaft mitten in ihrer Profanität gefeiert werden und darf nicht länger als religiöses Opfer auf den inneren Kreis der Frommen und der Konfessionsgenossen beschränkt werden. Die christliche Kirche kann jene Trennungen in das Religiöse und das Profane und zwischen jenen, die drinnen sind, und jenen, die draußen sind, nur um den Preis ihres eigenen Identitätsverlustes als Kirche des Gekreuzigten wieder einführen. Weil aber auch eine christlich-religiöse Kultkirche – in welcher vergoldeten Gestalt auch immer – die Erinnerung an den Gekreuzigten aufbewahrt, trägt sie ihre eigene Krise beständig mit sich herum. Diese Krise wird dann aktuell, wenn der Glaube der vollen Wahrheit des Gekreuzigten und wenn die ganze Wahrheit des Gekreuzigten dem Unglauben begegnet. Dann tritt das Kontingente und kultisch nicht Verrechenbare des Kreuzestodes hinter seinen kultischen Vergegenwärtigungen hervor und macht die memoria passionis Domini zu einer auch für die etablierte Kultkirche gefährlichen Sache. Gerade die Gottlosen, die von der Kirche nach draußen gedrängt werden, erkennen die innere Differenz zwischen der Wirklichkeit des Kreuzes auf Golgatha und seiner kirchlich-kultischen Vergegenwärtigung. Es ist darum auch für den Glauben, der die Vergegenwärtigung des Gekreuzigten im »Meßopfer« glaubt und feiert, unerläßlich, jene innere Differenz wieder zu erkennen.

3. Kreuzesmystik

Im historischen Christentum wurde ferner die Passion Christi im Sinne der Leidensmystik verstanden und nachvollzogen. Man sah hier im Gekreuzigten weniger das Opfer, das Gott selbst zur Versöhnung der Welt stiftet, als vielmehr den vorbildlichen Weg des Unrecht leidenden Gerechten, der zum Heil führt. Nicht durch äußere Opfer und Präsenz im Kult der Kirche kommt man zur Gottesgemeinschaft, sondern durch persönliche Leiden führt der Weg zur Herrlichkeit. So vertiefte man sich durch Meditation und Anbetung in die Leiden Christi, empfand sie nach und fühlte sie als die eigenen Leiden. Umgekehrt entdeckte man in den eigenen Leiden die Gemeinschaft mit jenem »Haupt voll Blut und Wunden« wieder. Das spirituelle Sich-Versenken in die Leiden Christi führte, wie die spätmittelalterliche Mystik sagte, zu einer seelischen Konformität mit dem gekreuzigten Christus. Und diese conformitas crucis gibt dann indirekt die Gewißheit des Heils und der Verherrlichung. Nicht durch Opfer und gute Werke kommt man in die

Christusgemeinschaft, sondern durch mystische Leiden und Gelassenheit. In der Gemeinschaft der Leiden Christi erfuhr man auf sehr persönliche Weise eine innigere Christusgemeinschaft als in der Zugehörigkeit zur Amtskirche und der Teilnahme am christlichen Kult. Die via negativa der mystischen Theologie verinnerlichte oder ersetzte sogar die via analogiae der kirchlichen Positivität.

Diese Passionsmystik war und ist in einem unübersehbaren Maße Laienfrömmigkeit im Christentum. Sie ist nachweislich die Frömmigkeit der Armen und Kranken, der Bedrückten und der Unterdrückten. Der »Gott« der Armen, der Bauern und der Sklaven ist stets der leidende, arme, schutzlose Christus gewesen, während der Gott der Reichen und Herrschenden meistens der Pantokrator, der himmlisch herrschende Christus war[26]. Diese Passionsfrömmigkeit ergriff im Spätmittelalter das christliche Volk in Europa. Die byzantinischen Bilder von Christus, dem göttlichen Himmelsherrn, und die kaiserlichen Bilder von Christus, dem Weltenrichter, wurden in den Kirchen durch Bilder des Gekreuzigten der Armen ergänzt, die an Realistik des Schmerzes und der Qualen nichts außer acht lassen. Der »Mann der Schmerzen« sprach zu denen, die in Schmerzen vergingen, und zu denen niemand sonst sprach, weil ihnen niemand helfen konnte. Bei der Darstellung des Gekreuzigten verschob sich der Akzent von der sakramentalen Frömmigkeit seines Sieges am Kreuz zu einer verinnerlichten Frömmigkeit seines Opfertodes am Kreuz. Es handelte sich bei diesen Kreuzigungsbildern, wie z. B. auf dem Isenheimer Altar, nicht nur um einen künstlerischen Ausdruck einer neuen Frömmigkeit, sondern in jener Zeit um wundertätige Bilder. Die Siechen, die Krüppel und Unheilbaren wurden vor diese Bilder gebracht und erfuhren in der Anbetung Linderung ihrer Not und Heilungen. Es ist hier nicht die medizinische Frage zu erörtern, ob es solche wunderhaften Heilungen geben kann oder nicht. Theologisch wichtig ist vielmehr der sich darin aussprechende Glaube. Er findet sein Leben nicht darin, daß Christus als übermenschlicher, göttlicher Wundertäter heilt, sondern gerade umgekehrt darin, daß er durch seine Wunden und sein – menschlich gesehen – ohnmächtiges Leiden hilft. »Wenn mir am allerbängsten wird um das Herze sein, so reiß mich aus den Ängsten kraft deiner Angst und Pein«, heißt es in einem Liede von Paul Gerhardt. Jene Leidensmystik hat eine Wahrheit Christi entdeckt, die nicht durch oberflächlichen Verstand verdrängt werden darf. Man kann sie so zusammenfassen: Lei-

---

26. *K. A. Keller,* Geschichte der Kreuzwegandachten von den Anfängen bis zur völligen Ausbildung, 1908; *N. Gorodeckaja,* The humiliated Christ in modern Russian thought, 1938; *J. H. Cone,* The Spirituals and the Blues, New York 1972; *H. Lüning,* Mit Maschinengewehr und Kreuz – oder wie kann das Christentum überleben?, rororo 1448, 1971.

den werden durch Leiden überwunden und Wunden durch Wunden
geheilt. Denn das Leiden im Leiden ist die Lieblosigkeit, und die Wunde in den Wunden ist die Verlassenheit, und die Ohnmacht im
Schmerz ist der Unglaube. Darum werden die Leiden der Verlassenheit
durch das Leiden der Liebe überwunden, die das Kranke und Häßliche
nicht scheut, sondern es annimmt und auf sich nimmt, um zu heilen.
Durch seine eigene Gottverlassenheit bringt der Gekreuzigte Gott zu
den Gottverlassenen. Durch seine Leiden bringt er das Heil zu den
Leidenden. Durch seinen Tod bringt er ewiges Leben zu den Sterbenden. Darum trat der angefochtene, ausgestoßene, leidende und sterbende Christus ins Zentrum der Religion der Unterdrückten und der
Frömmigkeit der Heillosen. Und hier in der Theologie der Kreuzesmystik des späten Mittelalters fällt auch zuerst das ungeheuerliche
Wort vom »gekreuzigten Gott«, das Luther dann aufnahm[27].

Diese Erkenntnis ist in unserer Zeit während des Zweiten Weltkrieges
in der protestantischen Theologie wieder lebendig geworden. D. Bonhoeffer schrieb aus dem Gefängnis kurz vor seiner Hinrichtung:

»Gott läßt sich aus der Welt herausdrängen ans Kreuz, Gott ist ohnmächtig und
schwach in der Welt und gerade und nur so ist er bei uns und hilft uns. Es ist nach
Matth. 8,17 ganz deutlich, daß Christus nicht hilft kraft seiner Allmacht, sondern
kraft seiner Schwachheit, seines Leidens!... nur der leidende Gott kann helfen...
Das ist die Umkehrung von allem, was der religiöse Mensch von Gott erwartet.
Der Mensch wird aufgerufen, das Leiden Gottes an der gottlosen Welt mitzuleiden.«[28]

Etwa gleichzeitig und in einer ähnlichen politischen Situation seines
Landes schrieb der japanische lutherische Theologe Kazoh Kitamori
sein Buch über »Die Theologie des Schmerzes Gottes«[29], in dem er
eine entsprechende Kreuzestheologie entwickelte: der Schmerz Gottes
heilt unsere Schmerzen. Im Leiden Christi leidet Gott selbst. Diese
Ansätze müssen weitergeführt werden.

Warum und auf welche Weise wurde der leidende, gekreuzigte Gott
der Gott der Armen und Verlassenen? Welche Bedeutung hat die
Kreuzesmystik in der Volksfrömmigkeit? Offenbar haben jene Elenden aus ihrer konkreten Verstehenssituation heraus ihn besser verstanden als die Reichen und ihre Herren. Sie haben ihn besser verstanden,
weil sie mit Recht den Eindruck gewannen, daß er sie besser verstünde
als ihre Herren.

»In Europa sind Weihnachten und Ostern Höhepunkte im Kirchenjahr, in Brauch-
tum und Volkstum und Volksfrömmigkeit. In Lateinamerika nicht. Zu den christlichen ›Festen des Lebens und der Hoffnung‹ haben Indios und Mestizen noch keinen Zugang. Ihr Fest ist die Karwoche. Leiden und Tod Jesu, Schmerz und

27. WA I, 614, 17.
28. Widerstand und Ergebung, 1951, 242, 244.
29. Theology of the Pain of God (1946), Richmond 1965.

Trauer, das können sie nachempfinden. Darin sind sie zuhause. Das ist ihr Leben. Schicksalsergebenheit und Leidensfähigkeit der lateinamerikanischen Ureinwohner sind lange durch bestimmte Frömmigkeitsformen gefördert worden. Dazu gehören die Kreuzwege, Bittprozessionen um bildliche Darstellungen der 14 biblischen und legendären Leidensstationen Jesu.«[30]

Zwar hat dort die herrschende Kirche von alters her die Kreuzwegtexte so formuliert, daß nur jene Schmerzen den Gläubigen zum Bewußtsein gebracht werden, die ihre Individualsünden und ihre private Unmoral Christus zufügen. Aber die Armen werden im Gekreuzigten ihr ganzes Leiden wiedergefunden haben: das Leiden an der Gesellschaft und das Leiden an ihrem Schicksal.

Ähnlich ist die Frömmigkeit der Black Spirituals schwarzer Sklaven in den Südstaaten der USA auf die Kreuzigung und Auferweckung Jesu konzentriert. Sein Leiden und Sterben war für sie ein Symbol ihrer eigenen Leiden, ihrer Verächtlichkeit und ihrer Anfechtungen in einer unfreundlichen und unmenschlichen Welt. Sie fanden ihr Geschick in seinem Leiden wieder. Umgekehrt konnten sie darum sagen: Als Jesus ans Kreuz genagelt wurde und die römischen Soldaten ihn in die Seite stachen, war er nicht allein. Die schwarzen Sklaven litten mit ihm und starben mit ihm.

»Where you there, when they crucified my Lord?«

beginnt eines ihrer Lieder. Und die Antwort lautet: Wir, die schwarzen Sklaven, waren dort bei ihm in seiner Agonie.

»In Jesus' death black slaves saw themselves, and they unleashed their imagination describing what they felt and saw ... His death was a symbol of their suffering, trials and tribulations in an unfriendly world. They knew the agony of rejection and the pain of hanging from a tree ... Because black slaves knew the significance of the pain and shame of Jesus' death on the cross, they found themselves by his side.«[31]

Durch sein Leiden und Sterben identifizierte sich Jesus mit den Versklavten und nahm ihre Qual auf sich. Und wenn er nicht allein war in seinem Leiden, so waren sie selbst auch nicht verlassen in den Qualen ihrer Sklaverei. Jesus war bei ihnen. Darin lag dann auch ihre Hoffnung auf Befreiung kraft seiner Auferweckung in die Freiheit Gottes. Jesus war ihre Identität bei Gott in einer Welt, die ihnen jede Hoffnung genommen und ihre menschliche Identität bis zur Unkenntlichkeit zerstört hatte.

Kann man auf diese Kreuzesmystik der Armen, Kranken und Sklaven das Wort von K. Marx anwenden: »Die Religion ist der Seufzer der bedrängten Kreatur, das Gemüt einer herzlosen Welt, wie sie der Geist

---

30. *H. Lüning,* aaO. 82.
31. *J. H. Cone,* aaO. 52 ff. Vgl. auch *Th. Lehmann,* Negro Spirituals, Geschichte und Theologie, 1965.

geistloser Zustände ist«[32]? Es trifft den Kern dieser Kreuzesmystik nicht, in ihr nur das »Opium des Volkes« zu sehen, das ihnen von ihren Herren gereicht wird, um sie ruhig zu halten, wie der andere Ausdruck Lenins suggeriert, Religion sei »Opium für das Volk«. Zwar kann Leidensmystik leicht in eine Rechtfertigung des Leidens selbst umschlagen. Zwar kann Kreuzesmystik die Schicksalsergebenheit als ihre Tugend preisen und dann in melancholische Apathie umschlagen. Mitleiden mit dem Gekreuzigten kann auch zur Selbstbemitleidung führen. Doch löst sich der Glaube dann vom leidenden Christus ab und nimmt ihn nur noch als ein entbehrliches Vorbild für den eigenen Leidensweg und versteht ihn nur noch als exemplarischen »Dulder« für das eigene Erdulden eines fremden Schicksals. Sein Leiden hat dann keine besondere Bedeutung mehr für das Annehmen des eigenen Leidens. Es ändert nichts an ihm und ändert auch den leidenden Menschen nicht. Mit der Kreuzestheologie und Leidensmystik ist viel Mißbrauch durch die Kirche im Interesse derer getrieben worden, die das Leiden verursacht haben. Zu oft wurden die Bauern, die Indios und die schwarzen Sklaven von den Vertretern der herrschenden Religion aufgefordert, ihr Leiden als »ihr Kreuz« anzunehmen und nicht dagegen zu rebellieren. Den Bauern brauchte Luther nicht zu empfehlen, ihre Unterdrückung als ihr Kreuz zu tragen. Sie trugen die Lasten ihrer Herren ohnehin schon. Den Fürsten und Bürgern, die sie beherrschten, hätte dagegen eine Predigt des Kreuzes sehr gut getan, um sie aus ihrem Hochmut zu befreien und sie zur Umkehr in die Solidarität mit ihren Opfern zu bewegen[33]. Es kommt also darauf an, wer von dieser Kreuzesmystik spricht, zu wem und in wessen Interesse er spricht. In einer Welt der Herrschaft und Unterdrückung muß man genau auf die konkrete Funktion einer Rede und einer Frömmigkeit achten. Als »Opium für das Volk«, produziert von denen, die das Leiden verursachen, ist diese Leidensmystik eine Blasphemie und eine Ausgeburt der Unmenschlichkeit. Aber damit ist noch nicht das eigentümliche Faktum getroffen, daß der Christus der Armen noch immer der Gekreuzigte gewesen ist. Was sehen sie selbst in ihm? Sie finden offenbar in seiner Passion nicht einen anderen »armen Teufel«, dem es auch nicht besser ergangen ist. Sie finden in ihm vielmehr den Bruder, der seine göttliche Form verließ und die Form eines Sklaven annahm (Phil. 2), um bei ihnen zu sein und sie zu lieben. Sie finden in ihm einen Gott, der sie nicht quält, wie es ihre Herren tun, sondern ihr Bruder und Vertrauter wird. Wo ihnen selbst die Freiheit, der Name und die Menschlichkeit des Lebens genommen sind, finden sie in seiner Gemeinschaft Achtung, Anerkennung, menschliche Würde

32. *K. Marx,* aaO. 208.
33. *E. Bloch,* Atheismus im Christentum, 1968, 44 u. ö.

und Hoffnung. Sie finden diese ihre wahre Identität in dem mit ihnen leidenden Christus verborgen und geborgen in Gott, so daß niemand ihnen diese Identität rauben kann (Kol. 3,3). Sie finden im Gekreuzigten jenen Himmel offen, aus dem, wie es in einem Black Spiritual heißt, »mich niemand hinauswerfen kann« wie aus einem weißen Autobus. Darum ist diese Kreuzesmystik der Unterdrückten in der Tat »Ausdruck des Elends« und auch schon implizit eine »Protestation gegen das Elend«, wie Marx sagte. Sie ist im Kern darüber hinaus aber noch etwas ganz anderes, was Marx nicht erkannte, nämlich Ausdruck menschlicher Würde und Selbstachtung in der erfahrenen Würdigung Gottes und der geglaubten Liebe Christi. Denn es steckt in den Liedern jener Kreuzesmystik eine neue Identitätserfahrung. Wem im eigenen Leiden die Passion Christi begegnet und wer in ihr den Schmerz der Liebe Gottes zu sich selbst erfährt, der weiß, daß er selbst etwas anderes ist als das, was die Schmerzen und die Todesängste, was die Sklavenhalter und die Herren aus ihm gemacht haben und machen wollen. Er findet eine Identität in der geglaubten Kreuzesgemeinschaft, die jenen Definitionen des Leidens und der Sklaverei widerspricht und an der die Definitionen der Herren ihre Grenze finden. Das ist ein Halt und eine Freiheit im Glauben, die den Leidenden daran hindern, sich dem Leiden willenlos zu ergeben und sich selbst darin aufzugeben, sich mit der Sklaverei abzufinden und sich nur noch als Sklave oder als Arbeitskraft oder eben als ein Nichts, ein nobody, zu fühlen. Der Glaube, der im Blick auf den leidenden und gekreuzigten Gott in jener Kreuzesmystik gewonnen wurde, verhinderte das Versinken im Elend, die Selbstpreisgabe und oft genug den Selbstmord aus Verzweiflung. Darum können wir diese unangreifbare Identitätserfahrung im Kreuzesglauben als das Durchhaltende der Kreuzesmystik bezeichnen und als inneren Grund für den äußeren Ausdruck und den immer wieder erwachenden Protest des Elends verstehen.

Mit dieser Darstellung der inneren Bedeutung der Kreuzesmystik sind wir nun schon in einen Gedankengang hineingekommen, der über jene bloße conformitas crucis hinausführt. Der Blick auf den armen und gedemütigten Christus zeigt den Armen und Unterdrückten nämlich nicht nur ihre eigene Armut und ihre Demütigung noch einmal an einem anderen Menschen. Er zeigt ihnen ihr Elend an einem, der anders ist als sie. Er zeigt ihnen damit im Grunde eine andere Armut und ein anderes Leiden. Wenn die Leidensmystik den Gekreuzigten nur als Urbild der eigenen Qual und der eigenen Demut versteht, so bewahrt sie zwar die Züge seiner Menschlichkeit und Erniedrigung im Gedächtnis auf und vergegenwärtigt sie im Bewußtsein der eigenen Erniedrigung. Aber sie vernichtet dann zugleich die Eigenart der Person Jesu und die Besonderheit seines Leidens und Sterbens. Sie versteht dann sein Kreuz nur im allgemeinen Sinne von »Kreuz und Elende«, als passives Leiden an einem unbegriffenen Schicksal, wie Mißgeburt, Krankheit, Pest, frühen Tod, oder als Leiden an der eingefleischten Bosheit der anderen Menschen, als gesellschaftliches Leiden und als Leiden an der Gesellschaft, die sie erniedrigt. Doch waren diese Leiden nicht die Leiden Christi. Von seinem Leiden an Natur und Schicksal und seinem ökonomischen Leiden als eines »Zimmermanns Sohn« ist in den Evangelien keine Rede. Seine Leiden und Demütigungen entstanden vielmehr aus seinen Aktionen, an seiner Nahverkündigung des Reiches als eines Reiches bedingungsloser Gnade, an seiner Freiheit gegenüber dem Gesetz, an seiner Mahlgemeinschaft mit »Sündern und Zöllnern«. Jesus litt nicht passiv an seiner Welt, sondern brachte seine Umwelt durch seine Botschaft und sein gelebtes Leben gegen sich auf. Auch seine Kreuzigung in Jerusalem wird ihn nicht als ein böses Schicksal überfallen haben, so daß man von einem heroischen Scheitern sprechen könnte, wie Heroen eben oft gescheitert sind und doch für die Nachwelt Helden blieben. Nach den Evangelien schlug Jesus selbst den Weg nach Jerusalem ein und nahm das zu erwartende Leiden aktiv auf sich. Indem er Gottes Gerechtigkeit als Recht der Gnade den gnadenlos Verstoßenen verkündete, provozierte er den Widerspruch der Hüter des Gesetzes. Indem er ein »Freund der Sünder und Zöllner« wurde, machte er deren Feinde zu seinen Feinden. Indem er Gott selbst für die Gottlosen in Anspruch nahm, brachte er die Frommen gegen sich auf und wurde in die Gottlosigkeit von Golgatha gestoßen. Je mehr die Kreuzesmystik das erkennt, um so weniger kann sie Jesus als Vorbild für das Dulden und die Schicksalsergebenheit nehmen. Je mehr sie seine aktive Passion erkennt, um so weniger kann sie ihn zum Urbild der eigenen Schwäche machen. So sehr Menschen im Elend seine Solidarität mit ihnen empfinden, so sehr bringt ihre Solidarität mit seinen Leiden sie aus ihrer Situation heraus. Verstehen sie ihn als Bruder in ihren Leiden, so werden sie doch umgekehrt erst zu Nachfolgern seiner Leiden, wenn sie seine Sendung aufnehmen und ihr aktiv folgen. Auf Grund des befreienden Wortes Gottes litt er, und auf Grund seiner befreienden Gemeinschaft mit den Unfreien starb er. Sein Leiden und Sterben sind darum das messianische Leiden und Sterben des »Christus Gottes«. Sein Tod ist der Tod des Erlösers vom bösen Tode. Es sind, anders ausgedrückt, die Schmerzen der Liebe zu verlassenen Menschen, in die jene Kreuzesmystik hineinzieht, wenn sie Menschen in Christi Leiden hineinversetzt. Auch das bekannte christliche Lob der Armut kann nicht christlich sein, wenn es die Situation der Armen nur religiös segnet, um ihnen Ausgleich im Himmel zu versprechen, damit auf Erden die Armen ärmer und die Reichen reicher werden. Im Verständnis Jesu heißt Armut »arm werden«, sich entäußern und einsetzen, was man ist und hat, für die Befreiung der Armen. »Obwohl er reich war, wurde er arm um euretwillen, auf daß ihr durch seine Armut reich würdet«, sagte Paulus (2. Kor. 8,9) und demonstrierte es an seiner eigenen apostolischen Existenz: »Wir tragen allezeit das Sterben Jesu an unserem Leibe, auf daß auch das Leben Jesu an unserem Leibe offenbar werde ... So ist nun der Tod mächtig in uns, aber das Leben in euch« (2. Kor. 4,10,12). Dieses apostolische Leiden und Sterben kann nicht äquivok auf das allgemeine Leiden und Sterben des Menschen übertragen werden, wie es die christliche Tradition, auch bei Luther, leider oft genug getan hat. Die Armut und die Leiden Christi werden erst auf dem Weg der Teilnahme an seiner Sendung und in der Nachfolge seines Auftrags erfahren und verstanden. Je mehr darum in der Kreuzesmystik die Armen das Kreuz als *Christi* Kreuz verstehen, um so mehr werden sie aus Schicksalsergebenheit und Apathie im Leiden befreit. Die Kreuzesfrömmigkeit der Armen hat darum ein ganz anderes Potential in sich, als es ihnen von der herrschenden Religion zugedacht ist. Die Vergegenwärtigung des gekreuzigten Messias bei den Sklaven ist darum für ihre Herren ebenso gefährlich wie ihr Lesen der Bibel überhaupt.

Die Kirche des Gekreuzigten war anfänglich und ist im Grunde immer die Kirche der Erniedrigten und Beleidigten, der Armen und Elenden, die Kirche des Volkes. Sie ist andererseits die Kirche derer, die aus ihren inneren und äußeren Herrschafts- und Unterdrückungsformen umkehren. Sie ist aber nicht die Kirche der innerlich Selbstgerechten und äußerlich Herrschenden. Sie kann, wenn sie sich des Gekreuzigten wirklich erinnert, nicht eine matte, religiöse Indifferenz gegenüber jedermann walten lassen. Als das Volk des gekreuzigten Messias ist sie die Kirche der Befreiung für alle Menschen, ob Juden oder Heiden, ob Griechen oder Barbaren, ob Herren oder Knechte, ob Männer oder Frauen, aber nicht für jedermann auf die gleiche Weise. Als Volk des Gekreuzigten kommt sie aus der bestimmten irdischen Geschichte der Unterdrückung und Befreiung Jesu und steht mitten in einer geteilten und verfeindeten Welt von Unmenschen auf der einen Seite und Entmenschten auf der anderen Seite. Sie muß darum konkret differenziert sprechen und engagiert handeln. Die Befreiung der Armen vom Teufelskreis der Armut sieht anders aus als die Befreiung der Reichen vom Teufelskreis des Reichtums, obwohl beide Teufelskreise zusammenhängen. Die Rechtfertigung der gottlosen Sünder und die Rechtfertigung der sündigen Frommen sehen verschieden aus. Die Befreiung der Sklaven, denen das menschliche Leben genommen ist, sieht anders aus als die Befreiung der Sklavenhalter, die sich im doppelten Sinne des Wortes selbst »das Leben nehmen«. Um alle zu retten, wird darum die Kirche des Gekreuzigten dem Widerspruch des Kreuzes entsprechend

in den konkreten sozialpolitischen Konflikten, in denen sie steht und
an denen sie teil hat, einseitig werden und Partei ergreifen müssen. Sie
wird nicht Partei für vorhandene Parteien ergreifen, sondern partei-
lich auf die Seite der verratenen Menschlichkeit und der unterdrückten
Freiheit treten. Der einzig legitime Ansatz dafür ist die Wahrnehmung
des befreienden Kreuzes Christi in den konkreten Situationen, in denen sie mit anderen ist. Um dafür ein Beispiel zu nennen, wie aus passi-
ver Kreuzesmystik aktive, politisch relevante Nachfolge wird, sei ein
Ansatzpunkt aus Lateinamerika zitiert:

»Heute wird die beliebte Kultform des Kreuzweges in Lateinamerika auch für die
soziale Bewußtseinsbildung fruchtbar gemacht. Im Mittelpunkt steht dann die Schuld
der Gesellschaft und der Leitgedanke: Christus ist der leidende Mitmensch, der Unterdrückte, der Ausgebeutete, der Wehrlose. Das heißt, die Aussage Christi wird
wörtlich genommen: ›Was ihr dem geringsten meiner Brüder getan habt, das habt ihr
mir getan‹. Für diese neue Kreuzwegform und seine gesellschaftspolitische Relevanz
ist der ›Kreuzweg des 20. Jahrhunderts‹ aus Mittelamerika ein klassisches Beispiel
... Er wurde mehrfach aufgeführt und über Rundfunk gesendet, 1964 jedoch von
der Militärregierung verboten.«[34]

4. Kreuzesnachfolge

Wir sind im letzten Kapitel von der Kreuzesmystik im passiven Leiden
durch die Erkenntnis der aktiven Leiden Christi schon auf den Weg der
aktiven Nachfolge des Gekreuzigten gekommen. Wir müssen nun in
Grundzügen die Formen der Vergegenwärtigung des Gekreuzigten in
der gelebten Christusgemeinschaft der Nachfolge darstellen, um wieder
zu fragen, was von seinem Kreuz auf Golgatha in das Kreuz der Nachfolger eingeht und was exklusiv sein Kreuz bleibt. Der Gedanke der
Nachfolge ist ein Stiefkind des verbürgerlichten Protestantismus, weil
dieser die leidende Kirche, die Kirche der Märtyrer, nicht mehr kannte
und kennen wollte, sondern sich in den vermeintlichen Entsprechungen
der »christlichen Welt« etablierte. Erst in Zeiten des Widerspruchs zwischen Kirche und Gesellschaft werden die Erfahrungen bewußter Nachfolge gemacht, treten Märtyrer auf und wird das Mitgekreuzigtwerden
mit Jesus wieder verstanden.
Die Evangelien lenken mit Absicht den Blick der Christen von den
Erfahrungen des Auferstandenen und des Geistes wieder auf den irdischen Jesus und seinen Weg zum Kreuz zurück. Sie stellen den Glauben
als Ruf in die Nachfolge Jesu dar. Der Ruf in die Nachfolge steht
(Mark. 8,31–38 par.) im Zusammenhang der Leidensverkündigung
Jesu. Nachfolge Jesu heißt immer, sich selbst verleugnen und »sein

---

34. *H. Lüning*, aaO. 82 ff.

Kreuz« auf sich nehmen. Fassen wir zunächst die Grundzüge dieses Nachfolgerufes zusammen: Jesus versammelt einen Kreis von Jüngern um sich, die ihm nachfolgen (Mark. 1,29; Matth. 8,1; 14,13; Luk. 7,9; 9,11; Joh. 6,2 u. ö.). Dieses Bild unterscheidet sich äußerlich noch nicht von dem der Schriftgelehrten und ihrer Schüler. Dennoch war das Verhältnis anderer Art. Die Jünger Jesu suchen nicht um Aufnahme in seine »Schule« nach, sondern werden von Jesus berufen. Man kann vermuten, daß Berufung und Nachfolge sich ursprünglich allein auf Gott selbst bezogen. Dann wäre schon mit dem Ruf in die Nachfolge durch Jesus ein unerhörter Vollmachtsanspruch erhoben. Die Jünger folgen nicht nach, um einmal selbst Rabbi zu werden. Sie sollen sich vielmehr Bruder, nicht Rabbi nennen (Matth. 10,24). Denn Jesus gründet keine neue rabbinische Schule, sondern verkündet das nahende Reich. Der Nachfolgeruf steht im Zeichen der einbrechenden Gottesherrschaft, und dieses Zeichen ist Jesus selbst in Person. Darum ist der Nachfolgeruf unbedingt und wird weder motiviert noch nachträglich begründet. Stets heißt es unvermittelt: »Auf, folge mir nach!« (Mark. 1,17 par.; Matth. 2,14 par.). Die diesem Ruf folgen, verlassen alles, andere versagen sich und bleiben, was sie sind. Jesus nachzufolgen heißt, alle anderen Bindungen an Familie, Beruf usw. zu lösen, ja die Bindung an sich selbst aufzulösen, sich selbst zu verleugnen und zu hassen, um das Reich zu gewinnen: »Wer sein Leben behalten will, der wird es verlieren, und wer sein Leben verliert um meinetwillen und des Evangeliums willen, der wird es behalten« (Mark. 8,35). Der Ruf in die Nachfolge ist also eschatologisch motiviert und nicht moralisch zu verstehen. Es ist der Ruf in die jetzt mit Jesus anbrechende Zukunft Gottes, um derentwillen man die Bindungen der jetzt vergehenden Welt und die Sorge um das eigene Leben nicht nur verlassen soll, sondern auch kann. Der Ruf in die Nachfolge ist das Gebot der eschatologischen Stunde. Als Ruf in die Nachfolge Jesu ist er aber damit der Ruf ins Leiden und unter das Kreuz Jesu. Um welches Leiden handelt es sich? Bonhoeffer hat mit Recht darauf hingewiesen, daß nach den Leidensverkündigungen, in deren Kontext der Nachfolgeruf steht, Jesus leiden und verworfen werden muß[35]. Leiden und Verworfenwerden sind nicht identisch. Das Leiden kann gefeiert und bewundert werden. Es kann Mitleid erregen. Das Verworfenwerden aber nimmt dem Leiden seine Würde und macht es zum ehrlosen Leiden. Leiden und Verworfenwerden bezeichnen das Kreuz. Am Kreuz zu sterben heißt, als Ausgestoßener und Verworfener zu leiden und zu sterben. Sollen die Nachfolger »ihr Kreuz« auf sich nehmen, so sollen sie nicht nur Leiden und schweres Schicksal in Kauf nehmen, sondern das Leiden der Verwer-

---

35. *D. Bonhoeffer*, Nachfolge, 1946, 39 ff: »Die Nachfolge und das Kreuz.«

fung. Die großen christlichen Heiligen waren nach eigener Erfahrung auch die am tiefsten Gottverlassenen. Der Ausdruck »Kreuz« für das Leiden der Nachfolge gewinnt seinen Sinn allein vom Kreuz Christi her, nicht vom natürlichen oder sozialen Leiden. »Kreuz ist nicht an die natürliche Existenz gebundenes Leiden, sondern an das Christsein gebundenes Leiden.«[36] Und das Kreuz Christi wird im Kontext seines Lebens zunächst aus seiner Sendung verständlich, die den Widerspruch hervorrief. Es steckt in ihm aber über den Widerspruch des Gesetzes und der Gesellschaft hinaus auch noch die Gottverlassenheit selbst, die Mark. 15,34 zum Ausdruck bringt. In seinem Kreuz steckt auch die Hingabe an die Verwerfung durch den Vater, aus der im Kontext seiner Auferweckung Erwählung und Versöhnung offenbar werden. Es muß gefragt werden, ob dieses Kreuz der absoluten Gottverlassenheit nicht exklusiv sein Kreuz bleibt und nur in Abschattungen in das Kreuz der leidenden Nachfolger übergeht. Das Kreuz Christi geht nicht auf in ein Vorbild für das Kreuz der Nachfolger Christi. Sein Leiden an der Gottverlassenheit ist nicht ein Entwurf für die christliche Existenz in der Gottverlassenheit der vergehenden Welt. Darum heißt es Mark. 8,35 wohl mit Bedacht auch nicht, daß die Jünger »sein«, nämlich Christi Kreuz auf sich nehmen sollen, sondern eben »ihr Kreuz«. Von einer Nivellierung kann nicht die Rede sein, wie auch die Gethsemanegeschichte zeigt. Jesus litt und starb in Einsamkeit. Die Nachfolger aber leiden und sterben in seiner Gemeinschaft. Das ist bei aller Gemeinsamkeit etwas anderes. »So bleibt zwar das Leiden Gottferne, aber in der Gemeinschaft der Leiden Jesu Christi ist das Leiden durch Leiden überwunden, ist Gottesgemeinschaft gerade im Leiden geschenkt.«[37] Darum ist Nachfolge Freude.

Paulus hat seine bekannte Verkündigung des »Wortes vom Kreuz« (1. Kor. 1,18) in den Paränesen seiner Briefe in eine Kreuzesethik übersetzt und den Gemeinden befohlen, ihr Fleisch zu kreuzigen und das Sterben Jesu an ihrem Leibe sichtbar zu machen[38]. Das Mitgekreuzigtwerden mit Jesus wird in der Taufe schöpferisch symbolisiert und in dem neuen Gehorsam, der sich nicht mehr dem Schema dieser Welt gleichstellt (Röm. 12,1), praktiziert. Wer mit Christus gestorben ist (Röm. 6,4), der ist der Welt gekreuzigt und sie ihm (Gal. 6,14). Mit der »Welt« ist hier nicht der Inbegriff der erfahrbaren Wirklichkeit gemeint, sondern die Welt des Gesetzes, der Sünde, der Mächte und des Todes. Er ist für diese Welt »tot«, d. h. sie hat keine Rechte und keine Ansprüche mehr auf ihn. Er lebt aber im lebendigmachenden Geist der

36. Ebd. 41.
37. Ebd. 44.
38. E. Käsemann, Paulinische Perspektiven, 1969, 61 ff; Der Ruf der Freiheit 1968, 28 ff.

neuen Schöpfung, wird von ihm getrieben und wandelt in der Erneuerung des Lebens. Paulus braucht nicht mehr den Ausdruck »Nachfolge«, er kann aber gelegentlich von »Nachahmung« sprechen (1. Kor.
11,1; 1. Thess. 1,6). In der Auseinandersetzung über seine apostolische
Legitimation verweist er gegen Sukzessionsvorstellungen auf die sichtbaren Zeichen des Kreuzes in seinem Leben und an seinem Leibe
(2. Kor. 4; 2. Kor. 6; 2. Kor. 11,22 ff)[39]. Es sind die sehr handgreif-
lichen Erfahrungen des Leidens, der Verfolgung und Verwerfung, in
die ihn sein Apostolat geführt hat. Folgt Paulus in seinem Apostolat
der Sendung Christi, so führt es ihn durch äußere und innere Anfechtungen in die Kreuzesnachfolge hinein. Er trägt das Sterben Jesu an
seinem Leibe, damit das Leben Jesu offenbar werde. »So ist nun der
Tod mächtig in uns, aber das Leben in euch« (2. Kor. 4,12). Es sind
keine selbstgewählten Leiden. Es ist auch nicht der Versuch, durch Leiden in eine tiefere Christusgemeinschaft zu kommen. Es ist auch keine
Nachahmung der Leiden Christi. Es sind die apostolischen Leiden und
das Kreuz des Zeugen. Der Ausweis seines Apostolats wird durch Christus selbst gegeben, der sich im Kreuz seines Apostels offenbart. Weil
er der Sendung Christi folgt, nimmt Paulus »sein« Kreuz auf sich und
offenbart die Kraft Christi durch seine Schwachheit und das Leben
des Auferstandenen durch sein tägliches Sterben.
Die nächste Gestalt der Nachfolge des Gekreuzigten war in der Kirchengeschichte die der *Märtyrer*. E. Peterson hat gezeigt, daß das Apostolat eine beschränkte Größe war, der Märtyrerbegriff dagegen nicht
auf den des Apostels eingeschränkt wurde. »Die apostolische Kirche,
die sich auf Apostel, die Märtyrer werden, gründet, ist immer auch die
leidende Kirche, die Kirche der Märtyrer.«[40] Die apostolischen Leiden
können sich in einem Märtyrer erneuern, der im juridischen Sinne kein
Nachfolger der Apostel ist. Das Apostolat der Augenzeugen des Auferstandenen geht auf niemanden über. Ihr Dienst der Verkündigung
und ihr Mitgekreuzigtwerden mit Christus aber geht auf die ganze
Gemeinde über (A. Schlatter). In der alten Kirche der Verfolgungszei-
ten galt das Martyrium als besonderes Charisma. Die Hingerichteten
wurden der »Bluttaufe« und der Todesgemeinschaft Jesu gewürdigt.
Ihr Zeugnis vollendete sich in der Lebenshingabe, und ihre Lebenshingabe wurde als ihr Mitsiegen mit dem Gekreuzigten verstanden. Der
Märtyrer litt dabei nicht nur *für Christus,* seinen Herrn, wie ein Soldat
für seinen König in den Tod geht, sondern sein Martyrium wurde als

---

39. *E. Käsemann,* Die Legitimität des Apostels, 1942. *E. Güttgemanns,* Der leidende
Apostel und sein Herr, 1966.
40. *E. Peterson,* Zeuge der Wahrheit, in: Theologische Traktate, 1951, 173. Vgl. zu
Kierkegaards Nachfolgeverständnis *V. Eller,* Kierkegaard and radical discipleship,
Princeton 1968.

ein Leiden *mit Christus* und darum auch umgekehrt als das Leiden
Christi in ihm und mit ihm verstanden. Und weil Christus in den
Märtyrern selbst leidet, konnte mit Kol. 1,24 gesagt werden, daß die
Märtyrer »an ihrem Leibe den Rest der Trübsal Christi für die Kirche
erfüllen«. Sie folgen nicht nur dem Leiden Christi nach und bezeugen
es durch Gleichgestaltung, sondern nehmen am weitergehenden Leiden
Christi teil und erfüllen es. Sie werden in das Geheimnis des Leidens
Christi hineingenommen und bekommen Anteil an ihm. Das hat später
zu dem Verständnis geführt, daß die Altäre der Kirche über den Grä-
bern oder Reliquien der Apostel und Märtyrer gebaut werden müssen
und die Leiden der Märtyrer in der Teilnahme an dem Leiden Christi
für gute Werke verrechnet werden können. Die nachfolgende Teilnahme und Mitwirkung der Märtyrer an der Agonie Christi muß aber
nicht in diesem Sinne verstanden werden. Sie können auch deutlich
machen, in welchem Zusammenhang das Leiden Christi mit dem endzeitlichen Leiden steht, das durch die ganze geknechtete Kreatur geht
(Röm. 8,19). »Das Leiden in diesem Kosmos ist universal, weil es ein
Leiden mit dem Leiden Christi ist, der in diesen Kosmos eingegangen
ist und doch diesen Kosmos gesprengt hat, als er von den Toten auferstanden und in den Himmel aufgefahren ist«, deutet E. Peterson[41].
Er macht damit den universalen und öffentlichen Charakter des Kreuzes Christi in seiner Bedeutung für das unerkannte, endzeitliche Leiden
der gottlosen und gottverlassenen Welt deutlich. Zwischen Golgatha
und dem eschatologischen Ende der Welt steht der Tod des Märtyrers
als öffentliches Zeugnis. Das Leiden und Verworfenwerden Christi am
Kreuz wird als eschatologisches Leiden und Verworfenwerden verstanden und wird durch die Märtyrer in eschatologische Öffentlichkeit gebracht, wo sie ausgestoßen, verworfen und öffentlich getötet werden.
Kierkegaards »Angriff auf das Christentum« hat mitten in der liberalen, bürgerlich-protestantischen Welt des 19. Jahrhunderts eindrücklich
deutlich gemacht, daß mit der Verwerfung des Begriffs des Märtyrers
auch das Verständnis des Leidens für die Kirche verloren geht und
damit das Evangelium vom Kreuz um seinen Sinn gebracht wird und
endlich deshalb das etablierte Christentum seine eschatologische Hoff-

---

41. Ebd. 187 f, 199: »Immer haben wir denselben Gedanken, daß alles Leid eschatologisches Leid, in Gleichförmigkeit mit dem Leiden Christi erlittenes Leid ist und
daß daher auch die Herrlichkeit Christi dem gewiß ist, der mit Christus gelitten
hat.« Vgl. auch: Apostel und Zeuge Christi, 1952. Auch *P. Stuhlmacher*, Gerechtigkeit
Gottes bei Paulus, 1965, 232, sieht eine Parallele zwischen den παθήματα Χριστοῦ
(Phil. 3,10) und den παθήματα τοῦ νῦν καιροῦ (Röm. 8,18): »Das die Welt anonym
knechtende Leiden wird für (und an!) den Christen durchsichtig als der von Christus
eingeleitete Kampf des Schöpfers mit den Mächten der Welt um sein Recht an seiner
Schöpfung.« Zu Kol. 1,24 vgl. *I. Kremer*, Was an den Leiden noch mangelt ...,
1956; *E. Lohse*, Märtyrer und Gottesknecht, 1963, 202 ff; *E. Güttgemanns*, aaO. 323
bis 328, der mit Recht eine Abstufung im Mitleiden mit dem Gekreuzigten feststellt.

nung verlieren muß. Die Verbürgerlichung des Christentums bedeutet immer Kreuzesvergessenheit und Hoffnungslosigkeit.

Eine dritte Gestalt der Nachfolge Christi entstand nach den Zeiten der Märtyrer im besonderen *Weg des Mönchtums*. Der Begriff der Nachfolge wich hier dem der Nachahmung (imitatio Christi). Aus den erfahrenen Demütigungen der Apostel und Märtyrer wurde die christliche Tugend der Demut. Aus den Verfolgungen, die Apostel und Märtyrer auf ihrem Weg der Verkündigung der Wahrheit Christi erfuhren, wurde das Exerzitium seelischer Selbstabtötung. Aus dem konkreten Martyrium wurde der »geistliche Tod« in der mortificatio sui. Aus den eschatologischen Nachfolgesprüchen Jesu wurden spirituelle und moralische Weisheiten. So kann man den Übersetzungs- und Vergeistigungsvorgang wohl beschreiben. Doch wurde auch auf diesem Wege die Erinnerung der Leiden Christi lebendig aufbewahrt. Die Gründungen und Reformen der Orden waren immer wieder vom Gedanken der Nachahmung Christi bestimmt. Die iro-schottischen Mönche sollten heimatlos sein, weil Jesus heimatlos war. Die Ehelosigkeit wurde mit Jesu Ehelosigkeit begründet und die Armut mit Jesu Armut. Bei Franziskanern, in den Bettelorden und der *devotio moderna* griff der reformerische Protest gegen den Reichtum, die politische Macht und die Verweltlichung der Kirche immer wieder auf das Vorbild Jesu zurück. Die nicht in der Kirche heimisch gewordenen christlichen Nachfolgebewegungen, wie Waldenser, Albigenser, Wicliften und Hussiten, wurden unterdrückt und verfolgt. Ihre Vergeistigung erfuhr die Nachfolge Christi dann in den mystischen Exerzitien, die oft die scholastische Theologie ergänzten und ersetzten. Hier ging es um die Einheit von Theorie und Praxis in der christlichen Existenz. Glaube ohne Nachfolge wird zum bloßen Fürwahrhalten von Lehren und Befolgen von Zeremonien. Aus augustinischem und franziskanischem Erbe kam bei Bonaventura ein voluntaristischer und affektiver Charakter in die Theologie[42]. Theologie ist nicht reine Theorie, sondern eine Synthese von Theorie und praktischer Weisheit, also *theologia affectiva*. Sie ist eine Einheit von intellektueller Reflexion und geistlicher Erfahrung. Die geistlichen Erfahrungen aber, die zur Gotteserkenntnis gehören, werden in der meditatio crucis gemacht. Damit tritt die *via crucis* als ein Drittes neben die *via activa* der guten, gottwohlgefälligen Werke und die *via contemplativa* der ewigen Anbetung der mystischen, negativen Theologie[43]. Das *itinerarium in Deum* beginnt mit der Versenkung in das Leiden und Sterben Christi, bis seine Leiden als die eigenen Leiden und seine Anfechtungen als die eigenen Anfechtungen empfun-

---

42. *Bonaventura*, Itinerarium mentis in Deum, 1961.
43. So *W. v. Loewenich*, Luthers Theologia crucis, 1967[5], 169 ff.

den werden. Diese Verschmelzung der Seele mit Christus durch Leiden nannten Eckart und Tauler die *via compendii*, den kürzesten Weg zur mystischen Gottesgeburt der Seele. Mit Hilfe der *meditatio crucis* kehrt die Seele ins Dunkel ihres ungeschaffenen Grundes ein. Durch Kreuzkonformität wird die Seele gottförmig. Durch Leiden zur Herrlichkeit, durch Auslieferung an die Verdammnis zur Erwählung, durchs Kreuz zur Krone geht der Heilsweg des mystischen Mitgekreuzigtwerdens mit Jesus. So stellt es auch Thomas a Kempis in seinem bis heute für christliche Frömmigkeit wirksamen Buch »De imitatione Christi« dar[44]. Die oberste Tugend der Nachfolge ist die Demut (humilitas). Sie zeigt sich in Gehorsam, Weltverachtung und Schweigen. Jesus ist Vorbild dieser Demut. Sein Demutsweg führt durch das Kreuz zum ewigen Leben. Ihm nachzufolgen, heißt die Weltliebe und Eigenliebe aufzugeben und von der *amor crucis* erfaßt zu werden. Auf der *via regia sanctae crucis* geht man durch schwere Anfechtungen, den Entzug der Gnade und die inneren Vernichtungen (annihilatio) hindurch und kommt zur völligen Gelassenheit in Gott. Die *conformitas crucis* führt zur *contemplatio Dei* im mystischen *excessus mentis*. Auch die »Exercitia Spiritualia« des Ignatius von Loyola betrachten in der dritten Woche die Leiden Christi: »In der Passion ist es richtig, um Schmerz zu bitten mit Christo, dem schmerzerfüllten, um gänzliche Gebrochenheit mit Christo, der so zerbrochen ist, und um Tränen und innige Buße um solche Buße, die Christus für mich ertragen hat.« Immer geht es um ein seelisches Gleichzeitigwerden mit dem leidenden, gekreuzigten Christus. Auch Luthers Kreuzestheologie ist nicht ohne diese mystische Kreuzesnachfolge und ihre conformitas-Christologie denkbar[45]. Auf dem Wege der Kreuzesexerzitien wird der Glaubende auf eine geistige und verinnerlichte Weise zum »Nachahmer Christi« und bewahrt darin die Erfahrungen der Apostel und der Märtyrer auf, ohne selbst ein Apostel und Märtyrer zu werden. Der Glaube an den Gekreuzigten führt zu einer kreuzförmigen und christförmigen Existenz. Christi Kreuz wird als das eigene Kreuz existentiell übernommen. Man kann diesen Verinnerlichungsvorgang der sog. »Introversionsmystik« in der Nachfolge Christi für eine Entfremdung von der konkreten, leibhaftigen Nachfolge halten. Man muß aber auch sehen, daß diese Mystik des inneren Lichtes immer wieder umschlagen kann und umgeschlagen ist »zur verzehrenden Flamme, die sich nach außen wendet«[46]. Der Umschlag von Mystik in Chiliasmus und von Religion

44. Vgl. auch *Ignatius,* Exercitia spiritualia, Nr. 97, und dazu *J. Sudbrack,* Existentielles Christentum, 1964.
45. Vgl. dazu *E. Wolf,* Staupitz und Luther, 1927; *E. Vogelsang,* Der angefochtene Christus bei Luther, 1932; *H. J. Iwand,* Glaubensgerechtigkeit nach Luthers Lehre, 1951².
46. *K. Marx,* Frühschriften, aaO. 17.

in Revolution ist bei den reformatorischen Wiedertäufern ebenso zu erkennen wie in der Kreuzesmystik Thomas Münzers[47]. Doch Nachfolge kann nicht Nachahmung sein, denn Nachfolge heißt nicht, selbst zu einem Jesus zu werden. Sie kann auch nicht Bewunderung und mystische Gleichzeitigkeit mit einem Helden sein[48]. Nachfolge geschieht in eigener Verantwortung der Sendung Christi heute und im Aufsichnehmen des eigenen Kreuzes.

Nachfolge Christi heißt Glauben, und Glauben ist tatsächlich eine existentielle Einheit von Theorie und Praxis, wie es an der apostolischen Existenz, an der Existenz der Märtyrer und in gewisser Weise auch noch an der mystischen Theologie der inneren Erfahrung zu erkennen ist.

Doch auf zwei Dinge muß geachtet werden: 1. Was sind Leiden und Kreuz Christi, und was sind die Leiden und das Kreuz der Nachfolger? 2. Wie sieht die nachfolgende Vergegenwärtigung der Sendung und des Kreuzes Christi in der Gegenwart aus, wenn es sich nicht nur um eine private Nachahmung handelt?

Die erste Frage läßt sich an R. Bultmanns Verständnis des Kreuzes verdeutlichen. »Indem Gott Jesus kreuzigen ließ, hat er für uns das Kreuz errichtet: an das Kreuz Christi glauben, heißt nicht, auf einen mythischen Vorgang blicken, der sich außerhalb unser und unserer Welt vollzogen hat, auf ein objektiv anschaubares Ereignis, das Gott als uns zugute geschehen anrechnet; sondern an das Kreuz glauben heißt, das Kreuz Christi als das eigene übernehmen, heißt, sich mit Christus kreuzigen lassen.«

Für Bultmann gilt das Kreuz als »eschatologisches Ereignis«, »d. h. es ist nicht ein Ereignis der Vergangenheit, auf das man zurückblickt, sondern es ist das eschatologische Ereignis in der Zeit und jenseits der Zeit, sofern es, in seiner Bedeutsamkeit verstanden, und d. h. für den Glauben, *stets Gegenwart* ist«. Bultmann führt dafür die apostolische Kreuzestheologie des Paulus an, um dann fortzufahren:

»Als Heilsgeschehen ist also das Kreuz Christi kein mythisches Ereignis, sondern ein geschichtliches Geschehen, das in dem historischen Ereignis der Kreuzigung Jesu von Nazareth seinen Ursprung nimmt. Dieses ist in seiner geschichtlichen Bedeutsamkeit das Gericht über die Welt, das befreiende Gericht über den Menschen ... Die Verkündigung des Kreuzes fragt den Hörer, ob er sich diese Bedeutung aneignen, ob er sich mit Christus kreuzigen lassen will.«[49]

47. *K. Mannheim*, Ideologie und Utopie, 1952³, 184 ff.
48. *M. Heidegger*, Sein und Zeit, 1957⁸, 385: »Die eigentliche Wiederholung einer gewesenen Existenzmöglichkeit – daß das Dasein sich seinen Helden wählt – gründet existenzial in der vorlaufenden Entschlossenheit.« Nachfolge Christi ist jedoch keineswegs erwidernde *Heldenwahl*.
49. *R. Bultmann*, Neues Testament und Mythologie, in: Kerygma und Mythos I, 1960⁴, 42 f.

In der richtigen Abwehr einer mythischen Objektivierung des Kreuzes Christi und einer Historisierung des Kreuzes Jesu bis zu seiner völligen Bedeutungslosigkeit scheint hier doch das Kreuz Jesu Christi um seine ihm eigene Bedeutung gebracht zu werden und geschichtliche Bedeutung nur im existentiellen Nachvollzug des Mitgekreuzigtwerdens zu gewinnen. An das Kreuz Christi zu glauben, heißt sicher *auch*, sich mit Christus kreuzigen zu lassen, das rechtfertigende Gericht Gottes zu rechtfertigen. Aber es heißt das doch erst sekundär. »Denn Christus ist ja zu der Zeit, da wir noch schwach waren, für uns Gottlose gestorben« (Röm. 5,6), »als wir noch Sünder waren« (Vers 8), sagt Paulus. Sein Kreuzestod »für uns«, die Gottlosen, die Sünder, ist gewiß kein mythisch anschauliches Geschehen. Es genügt auch nicht, es durch Lehrglauben nur anzuerkennen. Es ist aber auch nicht ein eschatologisch-geschichtliches Geschehen in dem Sinne, daß es in Jesu Kreuzigung seinen Ursprung nimmt und im Mitgekreuzigtwerden fortgeht und »stets Gegenwart« ist. Das »Wir mit Christus« hat bei Paulus seinen inneren Grund und seine bleibende Voraussetzung im »Christus für uns«. Die Gleichzeitigkeit und Konformität des Mitgekreuzigtwerdens ist eine Entsprechung des Glaubens, die erst auf Grund der Offenbarung Gottes in seinem Gegenteil, im Gottverlassenen, und dem Sterben Christi für seine Feinde, die Gottlosen und Sünder, möglich und wirklich wird. Nicht vom Mitgekreuzigtwerden der Glaubenden her ist das Kreuz Christi in seiner Bedeutung zu verstehen, sondern umgekehrt vom Kreuzestod Christi für die Gottlosen her gewinnt das Mitgekreuzigtwerden der Glaubenden seinen Sinn. Wenn »Bedeutsamkeit« nur »geschichtlich« zu verstehen ist und »Geschichtlichkeit« nur existentieller Nachvollzug sein kann, kann das Kreuz der Nachfolge leichter Christi Kreuz bestimmen als umgekehrt. Die Verkündigung des Kreuzes fragt den Hörer doch wohl nicht primär, ob er sich mit Christus kreuzigen lassen will, sondern verkündet ihm den für ihn, den Gottlosen, in Gottverlassenheit gekreuzigten Christus. Erst die Offenbarung Gottes in der Gottverlassenheit, erst die Annahme der Gottlosen durch die Übernahme ihrer Verlassenheit durch Christus selbst bringt sie in die Gemeinschaft des Gekreuzigten und in die Nachfolge. Erst wenn Christus unser Kreuz als das eigene übernommen hat, wird es sinnvoll, das Kreuz der Nachfolge auf sich zu nehmen. Bultmanns Unterscheidung zwischen mythisch und geschichtlich, zwischen historisch und geschichtlich, sowie sein exklusiv existentiales Verständnis der Geschichte bringen ihn in Gefahr, Christi Kreuz nur noch als exemplum für die nachfolgende conformitas der christlichen Existenz verstehen zu können. Das hat vielfältigen Anhalt an der frühen, noch mystisch geprägten Kreuzestheologie Luthers, führt aber leicht dazu, Jesus als den Christus nur noch insofern verstehen zu können, als jenes geschichtlich-eschatologische Geschehen des befreienden Gerichtes in seiner Kreuzigung seinen historischen Ursprung nahm und er der Anfänger des stets gegenwärtigen Kreuzes der Ewigkeit in der Zeit ist.

Diese Gefahr wird noch stärker, wenn die schöpferische Nachfolge in eigener Verantwortung sich in Jesus ihr eigenes Vorbild sucht oder nur jene Züge aus dem »Weg Jesu« aufnimmt, denen man nachfolgen kann und die heute sinnvoll erscheinen[50]. Es ist richtig, daß in einer techno-kratischen Gesellschaft alle menschlichen Verhältnisse verdinglicht wer-den und eine allgemeine Apathie sich als Massenerkrankung breit-macht. Es ist richtig, daß nichts den Menschen in dieser Welt des Wa-renfetischismus und der Machbarkeit aller Dinge so humanisiert wie die Liebe, das bewußte Interesse am Leben anderer, und namentlich am Leben der Unterdrückten. Denn die Liebe macht verwundbar und ent-täuschbar. Sie macht zum Leiden bereit. Sie führt aus der Vereinzelung in die stets mit Leiden verbundene Gemeinschaft mit anderen und an-dersartigen Menschen. Sie verändert die Welt, sofern sie die erstarrten Verhältnisse lebendig macht und den Todestrieb, der alles zum Besitz und zur Macht erstarren läßt, überwindet. Es ist auch richtig, in Jesu Verkündigung des nahenden Reiches der zuvorkommenden Gnade Gottes, in seinem Leben für und bei den Ausgesetzten, Ausgestoßenen, Sündern und Zöllnern eben solche Liebe personifiziert zu sehen. Es ist endlich richtig, die Nachfolge Jesu heute konkret zu machen in Liebe, Leiden und Revolte. Das löst den Glauben in der Nachfolge nicht in Ethik auf, wie Orthodoxe befürchten, sondern bringt die Orthodoxie vielmehr auf die Einheit von Theorie und Praxis in Orthopraxie. Es führt endlich über den engen Kreis des Verstehens Christi in den Kate-gorien der Geschichtlichkeit der je eigenen Existenz hinaus in die öko-nomischen, sozialen und politischen Lebensbereiche, in denen Menschen tatsächlich ihren »Existenz«-kampf führen müssen. Es überwindet die Privatisierung des Mitgekreuzigtwerdens und seine Spiritualisierung in Richtung auf eine politische Theologie der Nachfolge des Gekreu-zigten. Es genügt aber nicht, in dieser Nachfolgeethik nur von dem

---

50. Ich gehe im folgenden auf das Nachfolgeverständnis bei *D. Sölle* ein. Vgl. Stell-vertretung, 1965; Atheistisch an Gott glauben, 1968, 37 ff; Das Recht ein anderer zu sein, 1971; Politische Theologie. Auseinandersetzung mit R. Bultmann 1971. Ich folge ihrer praxisbezogenen Theologie gern, kann aber ihren undifferenzierten Metaphysik-vorwurf gegen Theologie und Glauben nicht teilen. Ihre Nachfolgeethik kommt da-durch in die Nähe des Vulgärritschlianismus und wird leicht gesetzlich. Ihre Kritik an der »Mythologie der apokalyptischen Verheißung«, wie sie meine »Theologie der Hoffnung« charakterisiert (Politische Theologie, 67), ist wohl ihrem von Gogarten und Bultmann geprägten Verstehenshorizont zuzuschreiben, in welchem man zu allem, was den existentialen Horizont erwidernder Heldenwahl übersteigt und aus dem »sich nichts fürs Praktische machen läßt« (Kant), sagt: »Das verstehe ich nicht.«

»Bild und Zeugnis des Menschen Jesus« auszugehen und »im Entwurf
Jesu zu leben«[51]. Es ist alles richtig für die Erweiterung des Nach-
folgeverständnisses und die Konkretion des Kreuztragens, das keineswegs nur im inneren Glauben stattfindet, so wenig seinerzeit das konkrete Martyrium in die mystische conformitas crucis aufging. Aber der
Bildgebrauch macht die Eigenart und Unwiederholbarkeit des Weges
und des Kreuzes Christi dunkel. In seinem Leiden steckt mehr als nur
das notwendige und in der Nachfolge wirkliche Leiden der Liebe, ihre
Verwundbarkeit und Enttäuschbarkeit. Die Schmerzen der Liebe vertiefen, wenn sie angenommen werden, die Liebe. In den Kreuzesleiden
Christi aber steckt nicht nur das ethische Leiden der Liebe, wobei mit
»Ethik« nichts Abfälliges oder Beschränktes gemeint sein kann. »Jesus
ist der im Leiden verworfene Christus. Das Verworfenwerden nimmt
dem Leiden jede Würde und Ehre«, sagte Bonhoeffer mit Recht[52].
Jesus wurde auch, aber nicht nur, von Unmenschen auf Grund seiner
Liebe zu den von ihnen Entmenschten verworfen, sondern wurde dazu und zutiefst von seinem Vater, dessen Nähe er verkündigte und
lebte, verlassen. Diese Verworfenheit im Leiden, dieses Gericht im
Kreuz geht über die Leiden der Nächsten- und Feindesliebe weit hinaus. Es geht darüber nicht in die Metaphysik hinaus, sondern in die
universale, kosmische Eschatologie des Endes, in die Gottverlassenheit
der Gottlosen und die Vernichtung alles Seienden. In diesem Horizont
gewinnt das Kreuz Christi eine Bedeutung über das Leiden der Liebe
hinaus für das Zeugnis des Glaubens, des Bestehens im Bodenlosen,
der Christusgemeinschaft in der Verlassenheit. Auch das Mitgekreuzigtwerden des Apostels geht nicht in einer vorbildlichen oder urbildlichen
Bedeutung für das Leiden der Liebe auf. Der sog. Peristasenkatalog
2. Kor. 4 ist keine paradoxale Tugendlehre der Liebe in allem Leide,
sondern steht im apokalyptischen Horizont der Weltvernichtung und
der neuen Schöpfung. Auch das Mitgekreuzigtwerden der Märtyrer
geht nicht in dem Leiden der Liebe auf, sondern weist darüber hinaus ins
Zeugnis der Wahrheit gegen die Herren der Lüge. Das Leiden der
Liebe zum vergessenen, verachteten und verratenen Menschen in allen
Bereichen seiner Unterdrückung ist konkretes Nachfolgeleiden und
heißt praktisch, »sein Kreuz« auf sich zu nehmen. Man darf es aber
nicht isolieren, und man sollte bei allem existentiellen Verständnis
Jesu, das sich darin tatsächlich einstellt, die qualitative Differenz zwischen Christi eigenem Kreuz und diesem Kreuz seiner Nachfolger nicht
außer acht lassen. Christi Kreuz wird zum Grund für das Mitgekreuzigtwerden des Apostels, der Märtyrer und der selbstvergessen Lieben-

51. Z. B. Atheistisch an Gott glauben, 86, und in anderen Schriften häufig.
52. *D. Bonhoeffer*, aaO. 44.

den. Der Grund wird nur vom Begründeten her erkennbar, aber er ist mehr als das Begründete. Im Kreuz der Nachfolge des Glaubens und der Liebe wird Christi Kreuz existentiell erfahren, aber Christi Kreuz geht ihm zeitlich und sachlich und in seiner eschatologischen Bedeutung für die Gottlosen voran.

Es wird gut sein, wenn die Kreuzestheologie nach der Rede vom Kreuz Christi, der für die Gottlosen starb, zu unterscheiden lernt zwischen:

1. dem apostolischen Kreuz der Aufrichtung des Glaubensgehorsams in einer Welt voller Götzen, Dämonen, Fetische und Aberglauben.

2. dem Kreuz der Märtyrer, die die Herrschaft des Gekreuzigten leibhaftig vor den Weltherrschern bezeugen.

3. dem Leiden der Liebe zu verlassenen, verächtlichen und verratenen Menschen.

4. den »Leiden dieser Zeit«, dem Seufzen der geknechteten Kreatur, der apokalyptischen Traurigkeit einer gottlosen Welt.

Kreuzestheologie muß diese Unterscheidungen machen, um die Beziehungen realistisch und im Sinne der eschatologischen Befreiung der Welt hoffnungsvoll wahrzunehmen und wahrzumachen. Der Christ steht im Geflecht dieser vier verschiedenen Leiden und muß theoretisch wie praktisch die Bedeutung des Kreuzes Christi in ihnen darstellen, wenn er dem Kreuz auf Golgatha im Horizont der Welt gerecht werden will. Kreuzestheologie kann sich hier keine Äquivokationen erlauben, wie sie es in der Geschichte leider immer wieder getan hat.

5. Theologie des Kreuzes

Der christliche Glaube steht und fällt mit der Erkenntnis des Gekreuzigten, d. h. mit der Erkenntnis Gottes *im* gekreuzigten Christus oder, um es mit Luther noch schärfer zu sagen: mit der Erkenntnis des »gekreuzigten Gottes«. Was bedeutet das für die *Theologie* des christlichen Glaubens? Wir sehen wieder nur auf Grundformen christlicher Theologie und fragen nach ihrer Stellung zum Kreuz als ihrem inneren Kriterium.

Dem griechischen Sprachgebrauch nach heißt »Theologie« die Rede von Gott, von den Göttern oder göttlichen Dingen[53]. Plato nannte die Göttersagen der Dichter »Theologien« (Politeia 379 a). Er fand in ihnen

---

53. So sagt auch die lutherische Orthodoxie: »Theologia est« oder: »Sermon de Deo et rebus divinis«. Vgl. zur Herkunftsgeschichte *F. Kattenbusch,* Die Entstehung einer christlichen Theologie. Zur Geschichte der Ausdrücke θεολογία, θεολογεῖν, θεολόγος (1930), 1962.

die *mythische Theologie*, wie später die Stoa sie nannte. Auch die
Mythen und Riten der Staatsreligion könnten theologisch genannt werden. Die spätere Stoa nannte diesen Bereich die *politische Theologie*.
Plato selbst fragte gegenüber der »Theologie« der Dichter und der
Staatsmänner nach den »typoi peri theologias«, d. h. nach den Maßstä-
ben für die Zulässigkeit solcher Göttersagen, und fand sie in der Ideen-
lehre und der Moral. Aristoteles sprach ganz ähnlich von den »theo-
logisierenden« Mythendichtern wie Hesiod und Homer (Metaphysik,
6. Buch 1,1026 a), doch nannte er selbst merkwürdigerweise seine eigene metaphysische Lehre vom »unbewegten Beweger« *theologike philosophia* (Metaphysik, 12. Buch). Die Stoa unterschied später drei Formen der Theologie: die *mythische Theologie* der Dichter, die *politische
Theologie* der Gesetzgeber und die *natürliche Theologie* (= Bedenken
des Wesens) der Philosophen[54].

Im Neuen Testament kommt der Ausdruck »Theologie« nicht vor. Es
ist deshalb verständlich, daß sich der Alten Kirche auf griechischem
Boden zunächst der philosophische Theologiebegriff nahelegte und von
ihr übernommen wurde. Die Alexandriner verstanden unter »Theologie« die »Erkenntnis des ewig seienden Logos« im Unterschied zur
mythischen Vorstellungswelt des schlichten Glaubens. Auch in der folgenden Zeit wurde der Ausdruck »Theo-logie« reserviert für die spezielle Gotteserkenntnis, die *Gotteslehre*, die *Gottesschau* und in der
Praxis mit dem hymnischen *Gotteslob* in der Liturgie verbunden. Man
unterschied davon die »Ökonomie des Heils«, in der man die Menschwerdung als Logos, Kreuz und Auferstehung, Kirche und Sakramente
darstellte[55]. Es gab also doxologische Theologie und ökonomische
Theologie oder, anders ausgedrückt: Theologie als »reine Theorie« und
Theologie als heilsgeschichtlich »praktische Theorie«.

Erst im Mittelalter entstanden die ersten Formen *theologischer Wissenschaft*. Sie umfaßte nicht mehr nur die spezielle Gotteslehre, sondern
den ganzen Komplex aus spezieller christlicher Tradition, der sacra
doctrina, und allgemeiner, das Wissen der Zeit umfassender philosophischer Theologie. »Unde theologia, quae ad sacram doctrinam per-
tinet, differt secundum genus ab illa theologia, quae pars philosophiae
ponitur«, sagte Thomas (S. Th. I, q 1, a 1). Er unterschied also *philosophische Theologie* und *theologische Theologie* und verwendete doch
dasselbe Wort »Theologie« für beide[56]. Theologie als Wissenschaft

54. *M. Pohlenz*, Die Stoa I, 1964³, 198: »Panaitios schied drei Klassen von Göttergestalten: die als Personen gedachten Naturkräfte, die Götter der Staatsreligion und
die des Mythos (genus physikon, politikon, mythikon), und begründete damit die
tripertita theologia, die sich namentlich in der rationalistischen Theologie Roms
durchsetzte.«
55. Vgl. zum folgenden *G. Ebeling*, Art. Theologie, RGG³ VI, 754–769.
56. *G. Söhngen*, Philosophische Einleitung in die Theologie, 1964².

meint hier öffentliche Rechenschaft über den christlichen Glauben mit allen geistigen Mitteln der gegenwärtigen Öffentlichkeit und zugleich die Inanspruchnahme des Wissens der Gegenwart durch den christlichen Glauben. Darin liegt der Anspruch verborgen, daß die christliche Theologie »die wahre Philosophie« ist und nicht eine religiöse Sonderwahrheit oder eine Privatsache darstellt.

Beide Formen von Theologie gibt es auch heute. Man kann streng vom Begriff »Theologie« ausgehen und unter dem *Logos* der Theologie das Wort Gottes verstehen[57]. In diesem »Wort« kann Gott nicht nur als Gegenstand der menschlichen Rede genommen werden; denn Gott ist nicht ein Gegenstand der Erfahrung, wie es die Gegenstände der Welt sind, die der menschliche Verstand erkennen, definieren und beherrschen kann. Wird Gott selbst als der Herr ernstgenommen, so muß er als das Subjekt seines Wortes vernommen und gedacht werden. Theologie *als Rede von Gott* ist demnach nur möglich auf Grund der *Rede Gottes selbst.* Theologie als Reflexion des Glaubens auf das vernommene Wort setzt das Geschehen des Wortes, das Gott selbst spricht, voraus. Der Glaube ist »vernünftig«, sofern er die Rede Gottes »vernimmt«. Sein Verstand besteht darin, daß er dem Worte Gottes nachdenkt im ständigen Bewußtsein der Subjektivität Gottes in der Theologie und im Hören auf das geschehende Wort Gottes[58]. Die *Theologie des Glaubens* setzt die *Theologie Gottes* voraus, die im geschehenen und geschehenden Wort Gottes selbst liegt[59]. Sie ist darum *kirchliche Theologie.* Die Schwäche dieses Ansatzes liegt darin, daß er in die Nähe der altkirchlichen Unterscheidung von Theologie als Gotteslehre und Ökonomie als Heilslehre führen kann und damit den Realitätskontakt zur unerlösten menschlichen Wirklichkeit verliert. Er macht nicht immer von vornherein ernst damit, daß im Kreuz Christi beides eins ist und darum, wie Paulus sagte, der »λόγος τοῦ θεοῦ« (2. Kor. 2,17) christlich kein anderer sein kann als der »λόγος τοῦ σταυροῦ« (1. Kor. 1,18)[60].

---

57. So *E. Brunner,* Die Offenbarung als Grund und Gegenstand der Theologie (1925), in: Anfänge dialektischer Theologie I, 1962, 298 ff; *K. Barth,* Das Wort Gottes als Aufgabe der Theologie (1922), ebd. 197 ff, und: Die christliche Dogmatik im Entwurf, 1927, 18 ff.
58. Bestes Beispiel dafür ist *K. Barth,* Fides quaerens intellectum. Anselms Beweis der Existenz Gottes (1931), 1958.
59. In diesem Sinne unterschied die altprotestantische Dogmatik zwischen der theologia archetypos als cognitio quam Deus ipse de ipso habet und der theologia ektypos als scientia de Deo et rebus divinis cum creaturis intelligentibus a Deo ad imitationem theologiae suae communicata.
60. Obwohl gerade Barth die Einheit strikt zu denken versucht, greift er immer wieder auf die innere Differenz zwischen Gott in seiner »eigenen Unangerührtheit von der ganzen Welt« und seiner »Selbstgenügsamkeit an der unangerührten Herrlichkeit und Seligkeit seines inneren Lebens« und Gott in seiner Selbstbestimmung in Jesus Christus zurück (vgl. Kirchliche Dogmatik II, 2, 178, 181 u. ö.).

Auf der anderen Seite kann man *Theologie als Wissenschaft* unter neuzeitlichen Bedingungen treiben und sich auf Schleiermacher und Hegel
berufen. Danach ist Theologie eine »positive Wissenschaft«, deren Teile
zu einem Ganzen durch ihre gemeinsame Beziehung auf eine bestimmte
Glaubensweise verbunden sind. Die christliche Theologie ist dann die
Wissenschaft des Christentums[61].

Über Schleiermacher hinausgehend kann man sodann feststellen, daß
jenes »Christentum« in christlichen Ländern der Neuzeit keineswegs
nur in der organisierten Kirche lebt, sondern auf vielfältige Weise
sachlich und auch personell in die Kultur eingegangen ist. Gern wird
diese soziologische Erkenntnis mit dem messianisch-chiliastischen Pathos R. Rothes in der These zur Sprache gebracht, daß das Christentum
nach seinem kirchlichen Stadium mittlerweile in sein weltgeschichtliches
Zeitalter übergegangen sei[62]. Aus dieser Behauptung, die ja nicht nur
etwas feststellt, sondern auch etwas will, ergibt sich dann die überwäl-
tigende Aufgabe für die Theologie, eine »Theorie des gegenwärtigen
Christentums« im ganzen zu entwickeln. Und in ihr steckt wiederum

---

61. *Fr. Schleiermacher*, Kurze Darstellung des theologischen Studiums, ed. H. Scholz,
1961, § 1: »Die Theologie in dem Sinne, in welchem das Wort hier immer genommen wird, ist eine positive Wissenschaft, deren Teile zu einem Ganzen nur verbunden
sind durch ihre gemeinsame Beziehung auf eine bestimmte Gestaltung des Gottesbewußtseins; die der christlichen also durch die Beziehung auf das Christentum.«
62. *R. Rothe*, Theologische Ethik III, 1848, § 477, 1010: »Will man sich in dem
gegenwärtigen Stande der Christenheit zurechtfinden, so ist die Vorbedingung dazu
die Anerkenntnis, daß das kirchliche Stadium der geschichtlichen Entwicklung des
Christentums vorüber ist, und der christliche Geist bereits in sein sittliches, d. h.
politisches Lebensalter eingetreten ist. Ist die Kirche die wesentliche Form, in welcher
das Christentum seine Existenz hat: dann – dies muß man ehrlich eingestehen –,
steht es in unseren Tagen, und das nicht erst von gestern her, beklagenswert mit
demselben, und es läßt sich dann auch gar nicht absehen, wie es mit ihm wieder besser werden soll. Aber das Christentum will eben seinem innersten Wesen nach über
die Kirche hinaus, es will nichts Geringeres als den Gesamtorganismus des menschlichen Lebens überhaupt zu seinem Organismus haben, d. h. den Staat. Es geht wesentlich darauf aus, sich immer vollständiger zu verweltlichen, d. h. sich von der kirchlichen Form, die es bei seinem Eintritt in die Welt anlegen muß, zu entkleiden und die
allgemein menschliche, die an sich sittliche Lebensgestalt anzutun.« Vgl. für den Zusammenhang bei Rothe *H. J. Birkner*, Spekulation und Heilsgeschichte. Die Geschichtsauffassung Richard Rothes, 1959. – Diese Gedanken hat heute in modifizierter Form *Tr. Rendtorff* wieder aufgenommen. Vgl. Christentum außerhalb der Kirche. Konkretionen der Aufklärung, 1969. »Der Überschritt des Christentums in sein
weltgeschichtliches Zeitalter bestimmt die Problemlage gegenwärtiger Theologie«
(Einleitung zu: E. Troeltsch, Die Absolutheit des Christentums, Siebenstern-Taschen-
buch 138, 1969, 7). Die Umkehrung der vieldiskutierten Säkularisierungsthese in dem
Sinne, daß Verweltlichung der Kirche Verwirklichung des Christentums heißt oder
heißen kann, ist einseitig, weil die Interessen an der Säkularisierung vielfältige sind.
Daß eine integrale Theorie der neuzeitlichen Christentumsgeschichte wünschenswert
ist, steht außer Frage, nur ersetzt sie nicht die Theologie und auch nicht die dogmatische Arbeit. Der alte und neue Chiliasmus der Neuzeit und der neuzeitlichen Verweltlichung der Kirche war und ist betriebsblind gegenüber der Verblendung einer
zwanghaft optimistischen Gesellschaft.

der mittelalterliche Anspruch, daß die christliche Theologie in der Lage
sein müsse, die *wahre Philosophie* darzustellen, indem sie eine christliche Theorie der Gegenwart entwickelt. Unter den Bedingungen der
neuzeitlichen Geschichte übernimmt damit die »Theorie des Christentums« die Aufgabe der Philosophie der Weltgeschichte, die Hegel darin
fand, daß die Philosophie als Erkenntnis des Seins zugleich »ihre Zeit
in Gedanken erfaßt«[63]. Wird eine solche Philosophie jedoch nur möglich, wenn das, was wirklich ist, vernünftig ist, so wird eine solche
weltgeschichtliche Theorie des Christentums nur möglich, wenn das,
was wirklich ist, christlich ist. Aber was ist »wirklich«? – Auch diese
Theorie hat, sollte sie jemals gelingen, ihren Preis: man muß die »Dialektik der Aufklärung« (M. Horkheimer, Th. W. Adorno) der modernen Welt, man muß das Elend der Neuzeit, das mit den Namen von
Auschwitz und Hiroshima markiert ist, man muß die Konflikte übersehen, die die moderne kapitalistische und weiße Welt hervorbringt[64].
Der Plausibilitätszusammenhang der modernen Gesellschaft ist
oft genug zugleich in mehr als einer Hinsicht ein Verblendungs-
zusammenhang. Und man muß in der inneren Identität des
Christentums den Widerspruch und die Torheit des Kreuzes in die
»Weisheit« des Christentums auflösen. Doch auch eine weltfreundliche
religiöse Kulturtheorie des Christentums wird die Fremdartigkeit des
Gekreuzigten in einer christlich genannten Kultur nicht zum Ver-
schwinden bringen können. Die Fremden und Atheisten werden die
Christen an ihn erinnern[65].

Eine christliche Theologie, die ihr Problem und ihre Aufgabe darin
findet, Gott im gekreuzigten Christus zu erkennen, kann noch nicht
reine Theorie sein. Sie kann nicht zur reinen Theorie Gottes führen wie
in der altkirchlichen Gottesschau. Jene reine Anschauung verläßt das
Reich des Vergänglichen, des bloßen Scheins und des unsicheren Mei-
nens und findet das wahre, ewige Sein im Logos. Die reine, selbstver-
gessene Anschauung Gottes verwandelt den Schauenden in den Angeschauten und gibt ihm Anteil an Gott selbst, macht ihn durch Mimesis
und Methexis göttlich. Der Liebhaber der Weisheit wird kraft des ihn

---

63. *J. Ritter*, Hegel und die französische Revolution, 1957, 13. Dazu kritisch *R. Bub-
ner*, Philosophie ist ihre Zeit, in Gedanken erfaßt, in: Hermeneutik und Dialektik
I, 1970, 317–342.
64. *G. Rohrmoser*, Zum Atheismusproblem im Denken von Pascal bis Nietzsche,
Internationale Dialog-Zeitschrift 1, 1968, H. 2, 143, fragt: »Wie kann ich noch eine
geschichtlich-gesellschaftliche Form menschlicher Praxis als vom Glauben an den biblischen Gott mitgeformt und gestaltet begreifen und akzeptieren, in der all die Un-
geheuerlichkeiten möglich sind, die im 20. Jahrhundert passierten und die Nietzsche
als eine notwendige Konsequenz der praktischen Herrschaft des Atheismus doch mit
einer erstaunlichen Klarheit vorausgesehen hat?«
65. Z. B. *A. Camus*, Der Mensch in der Revolte, 1953.

ergreifenden Eros zur Weisheit selbst weise. So vermittelt die reine Anschauung indirekt Anteil am und Entsprechung zum Angeschauten. Die Stufen der Vermittlung können hier nur jene Entsprechungen Gottes in Natur, Geschichte und Tradition sein, die indirekt etwas von Gott selbst widerspiegeln und offenbar machen, wie seine Werke in Schöpfung und Geschichte, in gottentsprechenden Menschen und Ideen. Das hier vorherrschende Erkenntnisprinzip ist das der Analogie von Parmenides, Empedokles und Aristoteles[66].

Im gottverlassenen und verfluchten Gekreuzigten aber findet der Glaube keine Entsprechungen dieser Art, die ihm eine indirekte, analogische Gotteserkenntnis vermitteln, sondern den Widerspruch dazu. Er findet im gekreuzigten Christus den Widerspruch auf mehreren Ebenen zugleich: er findet in ihm den Widerspruch zu dem Gott, der im Gesetz seinen Willen offenbart hat und in den Werken des Gesetzes praktisch erkannt wird. Denn Jesus starb am Urteil des Gesetzes als Gotteslästerer. Er findet in ihm den Widerspruch zu und die Befreiung von den sogenannten Göttern, die in der politischen Theologie der politischen Religionen verehrt werden. Denn Jesus starb, ob zu Recht oder zu Unrecht, am Kreuz den politischen Tod eines Aufrührers. Endlich findet er in ihm den Widerspruch zu dem Gott, der sich durch seine Werke in Schöpfung und Geschichte indirekt offenbart. Denn Jesus starb in Gottverlassenheit. Wenn aber gerade hier *Glaube* entsteht, so heißt das für die christliche Theologie zunächst, daß sie nicht reine Theorie Gottes sein kann, sondern zur *kritischen Theorie Gottes* werden muß. Die Kritik richtet sich dabei vom Gekreuzigten her auf den erkennenden Menschen selbst und zerstört sein erkenntnisleitendes Interesse. Denn der Mensch sucht Gott im Gesetz und versucht, ihm durch Werke des Gesetzes zu entsprechen, um sich selbst ins Gottesrecht zu setzen. Sieht er Gott in diesem vom Gesetz Verurteilten und glaubt, so wird er vom gesetzlichen Interesse seiner Selbstrechtfertigung frei. Er sucht Gott im Willen zur politischen Macht und zur Weltherrschaft. Sieht er Gott in dem ohnmächtigen und gekreuzigten Christus und glaubt, so wird er von diesem Willen zur Macht und Herrschaft über andere frei. Er sucht, Gott in den Werken und Ordnungen des Kosmos oder dem Gang der Weltgeschichte zu erkennen, um kraft der Erkenntnis selbst göttlich zu werden. Sieht er Gott im leidenden und sterbenden Christus und glaubt, so wird er von seinem erkenntnisleitenden Interesse an unmittelbarer Selbstvergottung frei. Die Erkenntnis Gottes im Gekreuzigten macht also mit der Interessenlage des Menschen, der in Wirklichkeit ein Unmensch ist, ernst, weil er unter dem Zwang der Selbstrechtfertigung, der machtvollen Selbsterhöhung und der illusio-

66. Vgl. dazu Kap. I, S. 31.

nären Selbstvergottung steht. »Darum ist der gekreuzigte Jesus das
Ebenbild des unsichtbaren Gottes.«[66b] Kreuzestheologie kann von
ihrem Subjekt her darum bis in ihre Methode und Praxis hinein nur
polemische, dialektische, antithetische und kritische Theorie sein. Diese
Theologie ist »selber gekreuzigte Theologie und redet nicht nur vom
Kreuz« (K. Rahner). Sie ist ferner kreuzigende Theologie und ist darin
befreiende Theologie.

Wir sehen das deutlich in jener theologischen Tradition, die im speziellen Sinne *Kreuzestheologie* genannt wird. Kreuzestheologie ist erst
von Paulus in diesem Sinne begründet worden. Wie Paulus in Röm. 1,
17 ff die Rechtfertigung aus Glauben kritisch gegen die Rechtfertigung
aus den Werken des Gesetzes entwickelt, so daß aus ihr die Befreiung
vom Zwang der Werke zur Selbstrechtfertigung hervorgeht, so hat er
im 1. Kor. 1,18 ff das Wort vom Kreuz kritisch gegen die Weisheit und
Gotteserkenntnis aus dem Kosmos entwickelt, so daß aus der Kreuzeserkenntnis eine Befreiung von den Mächten des Kosmos ausgeht. Was
den Juden ein Ärgernis und den Griechen eine Torheit ist, wird für
die Glaubenden zur Gotteskraft der Freiheit. Es geht dabei nicht um die
Frage, ob Paulus mit seiner Polemik das historische, gesetzestreue Judentum und das historische, weisheitsfromme Hellenentum getroffen
hat. Denn seine Polemik richtet sich auf jenen tieferen Punkt der Interessenlage des Unmenschen, der – ob Jude oder Grieche – Gott nicht
Gott sein lassen kann, sondern sich selbst zum unglücklichen und stolzen Gott seiner selbst, seiner Mitmenschen und seiner Welt machen muß.
Auf dieser Ebene befreit das Wort vom Kreuz den Unmenschen vom
tödlichen Vergottungsinteresse zur lebendigen Menschlichkeit des
Glaubens. Und es ist nicht von ungefähr, daß Paulus im 1. Kapitel des
1. Korintherbriefs die konkreten sozialen Konsequenzen zum Ausweis
der Kraft anführt, die in der Schwachheit und Torheit des gekreuzigten
Gottes steckt:

»Denn das Törichte Gottes ist weiser als die Menschen, und das Schwache Gottes ist
stärker als die Menschen. Seht doch nur eure Berufung an, Brüder! Nicht viele
Weise nach dem Fleisch, nicht viele Mächtige, nicht viele Vornehme; sondern das Törichte der Welt hat Gott erwählt, um die Weisen zu beschämen, und das Schwache
der Welt hat Gott erwählt, um das Starke zu beschämen, und das Niedriggeborene
der Welt und das Verachtete, und das, was nichts gilt, hat Gott auserwählt, um das
unwirksam zu machen, was etwas gilt, damit sich kein Mensch vor Gott rühme ...
Wer sich aber rühmt, der rühme sich im Herrn« (1. Kor. 1,25–31).

Kreuzestheologie führt zur Kritik des Selbstruhmes des Unmenschen
und zur Befreiung von ihm und hängt unmittelbar an der erwählten
menschlichen Existenz und Praxis jener Gemeinde der Schwachen,
Niedrigen und Verachteten, die die gesellschaftlichen Herrschaftsver-

---

66b. *K. Barth*, Kirchliche Dogmatik II, 2, 132.

hältnisse, die jene Aggression des Unmenschen zustande bringen, außer
Kraft setzt und zu überwinden trachtet.

»Kreuzestheologie« ist expressis verbis eine Formulierung, die Luther
1518 in der Heidelberger Disputation verwendet hat, um die reformatorische Erkenntnis des befreienden Evangeliums vom Gekreuzigten
gegen die theologia gloriae der mittelalterlichen Kirchengesellschaft
auf den Begriff zu bringen[67].

In ständiger Berufung auf Paulus stellt Luther die Erkenntnis Gottes
aus seinem Leiden und Kreuz der Erkenntnis Gottes aus seinen Werken
in Schöpfung und Geschichte polemisch entgegen. Er bestreitet nicht,
daß es für den Menschen an sich eine indirekte Gotteserkenntnis aus
Schöpfung, Geschichte und Seele geben kann. Aber der Mensch ist
nicht mehr an sich, sondern ist faktisch außer sich. Er ist faktisch Sünder, obgleich er zum Bilde Gottes geschaffen ist. Der Unmensch, der
sich selbst erhöhen muß, weil er es bei sich nicht aushalten kann, verwendet darum faktisch diese religiösen Erkenntnisse nur im Interesse
seiner Selbstvergottung. Darum helfen sie ihm nicht zur Menschlichkeit, sondern potenzieren nur seine Unmenschlichkeit. Kreuzeserkenntnis ist die Erkenntnis Gottes in seinem Leiden am Unmenschen, d. h. im
Gegenteil alles dessen, was der Unmensch als sein Göttliches sucht und
erreichen will. Darum bestätigt diese Erkenntnis ihn nicht, sondern
destruiert ihn. Sie zerstört den unglücklich-stolzen Gott, der wir sein
möchten, und bringt uns unsere verlassene und verachtete Menschlichkeit zurück. Kreuzeserkenntnis bringt einen Interessenkonflikt zwischen dem menschgewordenen Gott und dem gottseinwollenden Menschen hervor. Sie destruiert die Destruktion des Menschen. Sie entfremdet den Entfremdeten. Sie führt den Unmenschen so zur Menschlichkeit. Ebenso wie Paulus die Torheit des Kreuzes der Weisheit dieser
Welt und parallel dazu das Ärgernis des Kreuzes der Gerechtigkeit aus
den Werken des Gesetzes konfrontierte, stellte Luther den religiösen
Erkenntnisweg durch die Anschauung der Werke Gottes und den moralischen Weg der Selbstbestätigung durch eigene Werke nebeneinander
und richtete die theologia crucis polemisch gegen beide. »Religiöse Spekulation und Werkheiligkeit sind nur zwei Auswirkungen desselben
Verlangens im Menschen, des Verlangens nach ungebrochenem direk-
tem Verkehr mit Gott.«[68] Ethik und Metaphysik stehen in der Tat
niemals beziehungslos nebeneinander, sondern bedingen sich gegen-

---

67. *Luther*, WA V, 162, 21: Kraft seiner humanitas macht Christus sich uns gleichförmig und kreuzigt uns, »faciens ex infoelicibus et superbis diis homines veros, idest
miseros et peccatores. Quia enim ascendimus in Adam ad similitudinem dei, ideo
descendit ille in similitudinem nostram, ut reduceret nos ad nostri cognitionem . . .
Hoc est regnum fidei«. Vgl. dazu *E. Wolf*, Menschwerdung des Menschen?, EvTh
6, 1946, 4 ff (Peregrinatio II, 1965, 119 ff).
68. *W. v. Loewenich*, aaO. 21.

seitig im Interesse des Menschen. Man kann darüber hinaus feststellen, daß die Metaphysik und die Ethik des Aristoteles, die hinter der mittelalterlichen Theologie als Wissenschaft und als kirchliche Praxis stehen, beide auf dem Wirken des Werkes aufgebaut sind[69].

Es ist nur auf der historischen Oberfläche die Frage, ob Luther mit dem Gegenbild der »Theologie der Herrlichkeit« die mittelalterliche katholische Theologie getroffen hat oder nicht. Der Gegner seiner theologia crucis ist nicht die mittelalterliche und katholische Theologie selbst, sondern das unmenschliche Interesse des Menschen an Selbstvergottung durch Erkenntnis und Werke, das er dahinter sieht. Gotteserkenntnis im Leiden und Kreuz Christi zerstört den Menschen, der seine Menschlichkeit verläßt, denn sie tötet seine Götter und zerstört seine vermeintliche Göttlichkeit. Sie befreit ihn von seiner unmenschlichen Hybris zu seinem wahren menschlichen Sein. Sie bringt den homo incurvatus in se zur Offenheit für Gott und den Nächsten und gibt Narziß die Kraft zur Liebe des anderen.

Luther hatte seine theologia crucis als Programm kritischer, reformatorischer Theologie entwickelt. Theologia crucis ist nicht *ein* Kapitel der Theologie, sondern *das* Vorzeichen *aller* christlichen Theologie. Sie ist eine bestimmte Art von Theologie überhaupt. Sie ist die perspektivische Mitte aller theologischen Aussagen, die christlich sein wollen (W. v. Loewenich). Doch bleibt sie nur theologia crucis im Zusammenhang der kritisch-befreienden Praxis in Verkündigung und Leben. Kreuzestheologie ist eine praktische Kampflehre und kann darum weder zur Theorie des gegenwärtigen Christentums noch zur christlichen Theorie der Weltgeschichte werden. Sie ist dialektisch-geschichtliche Theologie und nicht eine Theologie der Weltgeschichte. Sie stellt nicht fest, was ist, sondern ist darauf angelegt, Menschen aus ihren unmenschlichen Definitionen und ihren idolisierten Festlegungen zu befreien, auf die sie sich selbst und auf die die Gesellschaft sie fixiert hat.

Die historische Grenze der theologia crucis Luthers lag darin, daß es ihm nicht möglich war, sie so wirksam in die Auseinandersetzung mit der Werkphilosophie des Aristoteles zu bringen, daß aus ihr auch eine *philosophia crucis* hätte entstehen können. Obwohl er in seiner Polemik gegen Erasmus 1525 seine Kreuzestheologie noch einmal gegen den entstehenden Humanismus der Neuzeit zum Ausdruck brachte, hielt der erasmianische Humanismus unter Beihilfe Melanchthons seinen Einzug in den Protestantismus und förderte die protestantische Leistungsethik.

Ihre politische Grenze lag darin, daß Luther die theologia crucis wohl reformatorisch gegen die mittelalterliche Kirchengesellschaft theoretisch

---

69. *E. Jüngel*, Die Welt als Möglichkeit und Wirklichkeit, EvTh 29, 1969, 417 ff.

und praktisch formulierte, nicht aber sozialkritisch gegen die feudalistische Gesellschaft in den Bauernkriegen von 1524 und 1525[70]. In seinen Schriften an die Bauern kam nicht die kritisch-befreiende Kraft des Kreuzes, die Erwählung der Niedrigen, die die Hohen zuschanden macht, und Polemik des gekreuzigten Gottes gegen Hochmut und Unterdrückung, Herrschsucht und Sklaverei zu Wort, sondern eher eine unprotestantische Leidensmystik und Demutsergebenheit[71]. Es bleibt daher die Aufgabe, Kreuzestheologie bis ins Welt- und Geschichtsverständnis hinein zu entfalten und eine nicht nur kirchenreformatorische, sondern auch sozialkritische Kreuzestheologie zusammen mit einer die Elenden und ihre Beherrscher befreienden Praxis zu entwickeln. Eine konsequente Theologie des Kreuzes muß den gekreuzigten Gott auf allen drei Gebieten begreifen, auf denen die Antike von Theologie sprach und auf denen auch heute Menschen unausweichlich religiös sind: in der mythischen Theologie durch Entmythologisierung, in der politischen Theologie durch Befreiung und in der philosophischen Theologie durch das Verständnis des Seienden als Schöpfung.

Wieder müssen wir kritisch fragen: Entspricht diese Kreuzestheologie dem historisch gekreuzigten Jesus? Hebt das Wort vom Kreuz, wie Paulus das Evangelium nennt, die Person Jesu und das Geschehen der Kreuzigung in die Sprache auf? Der Gekreuzigte ist tot, und Tote sprechen nicht. Der Tod ist stumm und macht stumm. Ist das »Wort vom Kreuz« im Sinne des Paulus und Luthers auch eine und noch eine der vielen Deutungsmöglichkeiten, die sich der tote Jesus gefallen lassen muß? Paulus verstand das Evangelium als die »Offenbarung« der

70. Das ist wohl im Reformationsverständnis Luthers selbst begründet. Gewöhnlich verweist man darauf, daß gegenüber den Versuchen einer »Reform an Haupt und Gliedern« der Kirche im 15. Jahrhundert die Reformation von dem neuentdeckten Wort Gottes ausging und darum theologischer und grundsätzlicher war als jene Reformbewegungen und -versuche. Man darf aber nicht übersehen, daß für humanistische und protestantische Anhänger der Reformation diese vielfach eine apokalyptische Erscheinung war. Die Entdeckung des »Wortes Gottes« galt schon für Mathesius und Bugenhagen als Erfüllung von Off. Joh. 14,6 und des Engels mit dem »ewigen Evangelium«. Auch bei Luther selbst finden sich Zeichen für ein solches apokalyptisches Reformationsverständnis (Antichrist, Judenbekehrung u. a.). Die »Reformation der Lehre« wurde bald nach Luther für unvollständig gehalten. So entstand 1563 in der Pfalz die »2. Reformation« (reformierte Bewegung in Deutschland) zur vollständigen Reinigung der Kirchen von des »Papstes Hoffarben und Feldzeichen« und danach die »Reformation des Lebens« in puritanischen und pietistischen Bewegungen. Für J. Böhme und A. Comenius war »Reformation« im Grunde die *reformatio mundi*, also wiederum ein apokalyptischer Topos. Das innere und äußere Desaster des deutschen Bauernkrieges zeigt einen Problemüberhang der Reformation, der sich bald zum deutschen Trauma entwickelte. Im theologisch-christlichen Sinne hat »Reformation« einen antizipatorischen Totalitätsanspruch und weist darum über die Geschichte ihrer Ansätze und Fehlschläge hinaus.
71. Vgl. dazu *P. Althaus*, Luthers Stellung im Bauernkrieg, 1952.

gnädigen Gottesgerechtigkeit und als Mitteilung der befreienden Gotteskraft Christi. Das Wort vom Kreuz läßt teilhaben am göttlichen Kreuzesgeschehen, und der Glaube läßt den Gottlosen in der Christusgemeinschaft daran teilnehmen. Das ist etwas anderes als nur eine Nachrichtenübermittlung oder eine beliebige Deutung. Für Paulus *gründet* das »Wort vom Kreuz« im Auferweckungsgeschehen des Gekreuzigten, aber es spricht vom Kreuz Christi. Er verstand die Auferweckung Christi nicht als ein Geschehen, das auf seinen Tod auch noch folgt, sondern als jenes eschatologische Geschehen, das den irdischen Jesus, gekreuzigt unter Pontius Pilatus, zum Kyrios qualifiziert. Auf der Basis der Auferweckung des Gekreuzigten sprach er in seinem Evangelium vom »*Kreuz* des Auferstandenen« und entfaltete seine Bedeutung für die Gottlosen, ob Juden oder Heiden. Sein Evangelium, das er in seiner Kreuzestheologie zum Ausdruck bringt, will also nicht noch eine Deutung sein, die sich Tote gefallen lassen müssen, sondern beansprucht, *die* Offenbarung des Gekreuzigten im Licht seiner Auferweckung von den Toten zu sein. Ein Toter kann nicht Sünden vergeben. Als gegenwärtige Vergebung von Sünden setzt das Evangelium das neue, göttliche, eschatologische Leben des Gekreuzigten voraus und ist selbst der »Geist« und die gegenwärtige »Kraft der Auferweckung«. Im »Wort vom Kreuz« kommt darum, nach dem Verständnis des Paulus, der Gekreuzigte selbst zur Sprache. Darum gehört nicht nur das Geschehen von Kreuz und Auferweckung Christi, sondern auch die Verkündigung des Evangeliums in das Offenbarungsgeschehen hinein[72]. Die neuzeitliche Trennung von Faktum und Deutung, mit dem wir naturwissenschaftlich und historisch arbeiten, ist für das Verständnis des »Wortes vom Kreuz« unangemessen. Die Unterscheidung von Faktum und Deutung gehört in das moderne Herrschaftswissen, das definiert, um festzustellen und zu beherrschen, was festgestellt ist, das Fakten isoliert, um sie sich anzueignen. Entzieht sich aber damit das »Wort vom Kreuz« jeglicher Kritik? Wenn es beansprucht, den Gekreuzigten selbst zur Sprache zu bringen und zu offenbaren, so muß man, geht man auf diesen Anspruch ein, doch zurückfragen, ob dieses Wort den offenbart, den es offenbaren will, und dem entspricht, den es zur Sprache bringen will, und umgekehrt, ob der Gekreuzigte in dieses Wort eingeht, so daß es an seine Stelle tritt und stellvertretend für ihn eintritt (2. Kor. 5,21). Es ist für die Traditionsgeschichte des Urchristentums wichtig zu sehen, daß es nach Ostertheologie und Geistenthusiasmus zur Rückwendung des Interesses und zur Rückbindung des Glaubens an den irdischen und gekreuzigten Jesus von Nazareth kam. Auf

---

72. *E. Käsemann*, Das Problem des historischen Jesus, in: Exegetische Versuche und Besinnungen I, 1960, 187–213.

dieses erstaunliche Faktum und seine Bedeutung haben Paulusforscher nachdrücklich hingewiesen[73]. Aus ihr ist das neue genus des Evangeliums im synoptischen Sinne entstanden. Die weitere Frage ist also, wie sich das Evangelium als »Wort vom Kreuz« im Sinne des Paulus zum Evangelium im Sinne der Passionsgeschichte verhält. Macht das »Wort vom Kreuz« die synoptischen Evangelien, die Kähler mit Recht »Passionsgeschichten mit ausführlicher Einleitung« genannt hat, eigentlich überflüssig in dem Sinne, daß der Glaube Christus nicht mehr »nach dem Fleisch kennt« (2. Kor. 5,16)? Oder weisen diese auf historische Züge in der Kreuzigung Jesu auf Golgatha hin, die ins paulinische Wort vom Kreuz nicht eingegangen sind? Kommt andererseits das »Wort vom Kreuz« ohne die kritische Rückerinnerung an das historische Kreuz auf Golgatha aus? Wir werden darauf im nächsten Teil noch detailliert einzugehen haben. In diesem Zusammenhang sollte man die innere Differenz zwischen dem Kreuz auf Golgatha und dem »Wort vom Kreuz« im Auge behalten, auch dann, wenn man festhält, daß der Gekreuzigte kraft seiner Auferweckung im Wort vom Kreuz selbst gegenwärtig ist und zur Sprache des Glaubens und der Befreiung kommt. Das »Wort vom Kreuz« bringt den Gekreuzigten zwar zur Sprache, hebt ihn aber nicht ins Wort hinein auf. »Die Kreuzigung war mehr als ein Ereignis der Sprache.«[74] Obgleich dieses Wort ihn für den Gottlosen zum Glauben offenbart, ist Christus doch nicht ins Wort hinein auferstanden. Der Gekreuzigte ist mehr als das Wort vom Kreuz. Gerade weil dieses Wort der einzig angemessene Zugang der Gottlosen zum gekreuzigten Gott ist, darf man diese innere Differenz nicht einebnen. Gerade wenn man die Person beim Wort nehmen muß, kann man nicht das Wort für die Person selbst nehmen. Im Gekreuzigten steckt eine Realität, die in keinen Logos so eingeht, daß sie durch ihn aufgehoben wäre. Das Kreuz bezeichnet an Jesus das, was ihn gegenüber dem Wort und jeder folgenden theologischen Deutung zu einem Gegen-stand macht, der dem Hörer und Deuter entgegen und gegenüber steht. Darum bleibt der Gekreuzigte das innere Kriterium aller Worte, die sich auf ihn berufen. Sofern sie auf ihn weisen, werden sie von ihm geprüft; sofern sie ihn offenbaren, werden sie von ihm autorisiert.

---

73. So mit Recht *R. Bultmann,* Der Begriff der Offenbarung im Neuen Testament, in: Glauben und Verstehen III, 1960, 19 ff.
74. *H. Jonas,* Heidegger und die Theologie, EvTh 24, 1964, 629.

III. Die Fragen nach Jesus

Bei allem Reichtum, den das historische Christentum in Kultur, Philosophie und Spiritualität entwickelt hat, ist der christliche Glaube in seinem Kern doch einzig lebendig im Bekenntnis zu Jesus. Wo umgekehrt Kritiker des Christentums jenen Reichtum seiner kulturellen und humanen Traditionen auf außerchristliche Ursprünge in Antike und Gegenwart zurückführen, stoßen sie im Bekenntnis zu Jesus auf einen nicht reduzierbaren Kern. Wo immer Jesus als der Christus Gottes bekannt wird, da ist christlicher Glaube. Wo immer dieses bezweifelt, verdunkelt oder geleugnet wird, da ist kein christlicher Glaube mehr, und da zerfällt auch der Reichtum des historischen Christentums. Das Christentum ist lebendig, solange es Menschen gibt, die, wie einst die Jünger, sich zu ihm bekennen und in ihrer Nachfolge seine befreiende Herrschaft in Wort, Tat und neuer Gemeinschaft ausbreiten. Mit Recht rückt darum die Christologie in das Zentrum der christlichen Theologie.

A. von Harnack begann seine Vorlesung über »Das Wesen des Christentums« 1899/1900 mit der Bemerkung:

>»John Stuart Mill hat einmal gesagt, die Menschheit könne nicht oft genug daran erinnert werden, daß es einst einen Mann namens Sokrates gegeben hat. Er hat recht; aber wichtiger ist es, die Menschheit immer wieder daran zu erinnern, daß einst ein Mann namens Jesus Christus in ihrer Mitte gestanden hat.«[1]

Wer aber war Jesus von Nazareth und was bedeutet er für die Menschheit? War er ein Prophet, der den Willen Gottes für die Menschen zur Sprache brachte? War er ein Erlöser, der jenes Heil brachte, nach dem alle bedürftigen Menschen sich sehnen? Verkörperte er Gott in der Welt oder wahres Menschsein vor Gott? Mit welcher Frage kann man an seine Person und Geschichte[2] herantreten? Auf welche Frage hin

---

1. *A. v. Harnack,* Das Wesen des Christentums (1900), 1964, 15.
2. Mit dem im folgenden verwendeten Ausdruck »Person und Geschichte Jesu« soll Jesus selbst in seiner Geschichte mit seinem Gott und »Vater« und mit den Menschen bezeichnet werden, wie sie sich in seinem doppelten Lebensausgang von Kreuzigung und Auferweckung integral darstellt. Geschichte entsteht an einer Person, und eine Person wird in ihrer Geschichte. Geschichte ist dabei Interaktion zwischen Partnern. Bei Jesus ist seine Geschichte bestimmt durch sein Verhältnis zu dem Gott, den er »meinen Vater« nannte und dessen Reich er verkündete, und damit zusammen durch sein Verhältnis zu seinen Zeitgenossen, Pharisäern und Zöllnern, Reichen und Armen, Feinden und Jüngern, um die Hauptvertreter zu nennen. Wir fassen diese Verhält-

antwortet er, indem er sich zeigt? Auf welches Fragen hin verstummt seine Erscheinung? Einer fremden, unsachgemäßen Frage verschließen sich geschichtliche Phänomene und erst recht Personen. Auf borniere Fragen bekommt man gewöhnlich nur Antworten, die man sich selbst geben will. »Was ihr den Geist der Zeiten heißt, das ist im Grund der Herren eigner Geist«, spottet Faust im Dialog mit Wagner über die historischen Bilder der Vergangenheit. Und so haben sich Christen und Nichtchristen oft genug ein Bild von Jesus gemacht, das ihren Wünschen paßte. Sie haben Jesus vergöttert, und sie haben ihn aus seinen gläubigen Vergottungen wieder humanisiert. Er wurde zum Inbegriff ersehnter göttlicher Autorität und Herrlichkeit. Er wurde zum Menschheitslehrer einer neuen Moral. Er wurde zum Widerstandskämpfer aus Galiläa. Analysiert man die wechselnden Christusideen und Jesusbilder in der Geschichte, so entsprechen sie den jeweiligen Bedürfnissen ihrer Zeit, ihrer Entstehung und Wirksamkeit so sehr, daß der Verdacht der Illusion und des Bildermachens nicht abzuweisen ist und die Frage entsteht: Wer war Jesus selbst und was bedeutet er selbst heute? Kennen wir Jesus und wer ist er für uns heute eigentlich?

Die Frage nach Jesus hat dabei einen zweifachen Horizont:

1. Seit den Anfängen des christlichen Glaubens war Jesus umstritten; zuerst zwischen Christen und Juden im Streit um seine Auferweckung und Einsetzung zum Messias Christus; dann zwischen Christen und Heiden im Streit um seine Gottheit und seine Inkarnation; zu Beginn der Neuzeit zwischen Christen und Humanisten im Streit um seine Humanität und seine Sündlosigkeit; und heute in unserem Kulturkreis zwischen Christen und nachchristlichen Atheisten im Streit um die Befreiung des Menschen und die Gerechtigkeit der Welt. Es ist wichtig, diesen weiten Fragehorizont im Streit um Jesus offen zu halten, denn Christen können sich in diesem Prozeß um Jesus in der Welt nicht als Richter, sondern nur als Zeugen verstehen[3].

2. Seit den Anfängen des christlichen Glaubens war Jesus aber auch im Christentum selbst umstritten. Wo ist er in seiner Wahrheit: als der irdische Jesus, der zur Zeit des Kaisers Tiberius in Palästina auftrat und unter dem Prokurator Pontius Pilatus gekreuzigt wurde – oder als der auferweckte, verkündigte und geglaubte Christus seiner Gemeinde? Obgleich der Glaube immer bekannt hat, daß Jesus der

---

nisse seines Lebens und Sterbens und seiner Auferweckung in den Begriff »Geschichte«.

3. Der Ausdruck »Zeuge« ist im Neuen Testament ein juristischer Terminus. Die Glaubenden verstehen sich als Zeugen im Rechtsprozeß Gottes mit der Welt um seine Schöpfung. Der Ausdruck hat nichts mit den Gefühlszeugnissen einer schönen Seele zu tun. Vgl. dazu O. *Michel*, Zeuge und Zeugnis. Zur neutestamentlichen Traditionsgeschichte, in: Festschrift für O. Cullmann, 1971.

Christus und der Christus Jesus sei, durchzieht dieser Streit zwischen Jesulogie und Christologie die Kirchengeschichte und spitzt sich in der Neuzeit besonders zu. Der Glaube steht und fällt damit, daß das Christusbekenntnis zu Jesus wahr und keine fromme Illusion ist. Daraus entsteht für die christliche Theologie eine doppelte Aufgabe:

1. muß sie zeigen, was mit dem Bekenntnis »Jesus Christus« eigentlich gemeint ist. Sie muß die innere Begründung und Berechtigung der Christologie in der Person und Geschichte Jesu aufweisen[4]. Muß man von Jesus und seiner Geschichte christologisch sprechen? Fordern Jesus und seine Geschichte selbst eine Christologie? Inwiefern ist es wahr, wie der Glaube glaubt, daß Jesus der Christus Gottes ist? Das ist die innere Wahrheitsfrage, ob sich Glaube und Kirche zu Recht auf den berufen, in dessen Namen sie glauben und sprechen. Diese Frage ist nicht von außen herangetragen, sondern kommt aus dem Glauben selbst, der nach Erkenntnis und Verstand hungert: fides quaerens intellectum. Entspricht die Christusverkündigung Jesus, oder setzt sie an seine Stelle etwas anderes? Entspringt der Christusglaube mit innerer Notwendigkeit aus der vernommenen Person und Geschichte Jesu, oder sind seine Aussagen über ihn gläubige Willkür und persönliche Werturteile?

2. muß sie zeigen, inwiefern das christliche Bekenntnis zu Jesus äußerlich wahr ist, und das Christusbekenntnis in seiner Relevanz für das heutige Wirklichkeitsverständnis und den gegenwärtigen Streit um die Wahrheit Gottes und die Gerechtigkeit des Menschen und der Welt erweisen. Denn mit den Christustiteln hat der Glaube niemals nur gesagt, wer Jesus in Person sei, sondern seine Herrschaft und Zukunft und seine Bedeutung für Gott, die Menschen und die Welt zum Ausdruck gebracht[5].

Die erste Aufgabe der Christologie ist demnach die kritische Verifikation des christlichen Glaubens an seinem Ursprung in Jesus und seiner Geschichte. Die zweite ist die kritische Verifikation des christlichen

---

4. Diese »neue Frage« nach dem historischen Jesus entstand mit Kritik an Bultmanns Kerygmatheologie in seiner Schule durch *E. Käsemann,* Das Problem des historischen Jesus (1953), in: Exegetische Versuche und Besinnungen I, 1960, 187 ff; *E. Fuchs,* Zur Frage nach dem historischen Jesus, Gesammelte Aufsätze II, 1960; *G. Ebeling,* Kerygma und historischer Jesus, in: Theologie und Verkündigung, 1962, 19 ff. Vgl. die Sammelbände von *J. M. Robinson,* Kerygma und historischer Jesus, 1960; und: Der historische Jesus und der kerygmatische Christus, ed. H. Ristow / K. Matthiae, 1961[2]; dazu *R. Bultmann,* Das Verhältnis der urchristlichen Christusbotschaft zum historischen Jesus, SAH 1960. – Ich halte Bultmanns Abweisung der Frage nach der inneren Legitimation der Christusbotschaft an Jesus selbst und seiner Geschichte nicht für berechtigt, sondern durch einen dogmatischen Kerygmabegriff bestimmt.
5. Diese Frage hat vor allem *W. Pannenberg,* Grundzüge der Christologie, 1964, aufgegriffen. In der Unerläßlichkeit dieser Aufgabe bin ich mit ihm einig, in der Ausführung weiche ich von ihm ab.

Glaubens in seinen Folgen für Gegenwart und Zukunft. Das erste kann man die Hermeneutik des Ursprungs nennen, das zweite die Hermeneutik der Wirkungen und Folgen. Würde man sich auf eine Hermeneutik des Ursprungs der Christologie in Jesus beschränken, so würde man bei aller Schriftgemäßheit leicht steril werden und sich selbst zur Wirkungslosigkeit verurteilen. Beschränkt man sich auf eine Hermeneutik der Wirkungen der Christologie in Christentum und Weltgeschichte, so verliert man leicht die innere Berechtigung und Ermächtigung des Glaubens aus den Augen. Man muß also ständig das eine auf das andere beziehen. Diese Spannung ist selbst das Charakteristikum des christlichen Glaubens, denn sein Bekenntnis hat immer diese zwei Seiten: eine irdische und eine ewige, eine partikulare und eine universale, eine zeitliche und eine eschatologische. Mit dem Namen Jesus wird die irdische, partikulare und zeitliche Seite seines Ursprungs, mit den Hoheitstiteln wird die ewige, universale und eschatologische Seite bezeichnet. Im Christusbekenntnis wird ein Eigenname, nämlich »Jesus«, mit Würde- und Funktionstiteln wie »Christus«, »Menschensohn«, »Gottessohn«, »Herr« oder »Logos« verbunden. Diese sog. Hoheitstitel sollen aussagen, was Jesus ist. In ihnen spricht der Glaube aus, was Jesus für ihn bedeutet und was er von ihm glaubt und empfängt, erwartet und erhofft. Sie waren schon in urchristlicher Zeit wandelbar und ersetzbar[6]. Oft wurde ein Titel beim Übergang des Christentums in eine andere Sprachwelt unverständlich oder zum Eigennamen geschlagen. Der alte judenchristliche Titel »Christus« wurde sehr früh aus einer Funktionsbezeichnung zum Namen und dann so ergänzt: »Jesus Christus ist der Kyrios.« Ähnlich erging es dem Menschensohntitel, den schon Ignatius nicht mehr apokalyptisch, sondern als Bezeichnung der menschlichen Natur verstand und durch den Titel »Gottessohn« ergänzte. Andere Titel gingen verloren, wie »Davidssohn«, und neue Titel entstanden, wie »Logos«. Die Hoheitstitel wechseln also bei Übersetzungen des Glaubens in neue Sprachen und neue geschichtliche Situationen. Nachdem sie jüdische und antike Gründe für den Glauben an Jesus formuliert haben, ist es deshalb grundsätzlich auch möglich, mit neuen Titeln etwa hinduistische Gründe oder auch marxistische Gründe für den Glauben an Jesus zu formulieren. Diese geschichtliche Offenheit und Variabilität der Hoheitstitel, von denen die christliche Traditionsgeschichte zeugt, hat aber einen Fixpunkt und ein Kriterium. Er wird durch den Eigennamen Jesus und seine Geschichte, die auf seine Kreuzigung und Auferweckung hinausläuft, bezeichnet. Will man sagen, wer der Christus, der Menschensohn,

---

6. Vgl. dazu *F. Hahn,* Christologische Hoheitstitel. Ihre Geschichte im frühen Christentum, 1962.

der Gottessohn, der Logos usw. ist, so muß man den Namen Jesu nennen und seine Geschichte erzählen. Der Name Jesus ist weder in andere Sprachen übersetzbar noch durch andere Namen oder die Namen anderer ersetzbar. Seine Geschichte ist nicht durch andere Geschichten oder die Geschichten anderer ersetzbar. Will man sagen, was Jesus ist, bedeutet und bewirkt, so muß man zu den alten und neuen Hoheitstiteln und Funktionsbezeichnungen greifen, sie auslegen und durch neue ergänzen. Die Konstante im Wechsel der Zeiten und in den Wandlungen der konkreten Gestalt des Glaubens, der Liebe und der Hoffnung ist der Name Jesus und der konstitutive Bezug aller christlichen Aussagen über Gott, Welt und Mensch auf ihn und seine Geschichte. Die Variable findet sich hingegen in den stets reformablen Titeln und Prädikaten, die sagen wollen, was Jesus für uns heute ist[7]. Der Name sagt, *wer* gemeint ist. Die Titel und Prädikate sagen, *was* gemeint ist. So wie in einem Satz das Subjekt die Prädikate regiert, so muß in jeder Christologie Jesus die christologischen Prädikate regieren. »Jeder christologische Titel repräsentiert auf bestimmte Weise Wirklichkeitsauslegung, d. h. aber konkret: ein bestimmtes Verständnis des Inanspruchgenommenseins, Infragegestelltseins, Bedrohtseins und Hoffendürfens.« Doch »was χριστός, κύριος, υἱὸς τοῦ θεοῦ usw. heißt *als über Jesus ausgesagt,* das steht nicht kraft des vorgegebenen Gebrauchs dieser Termini fest – so wenig dieser Gebrauch zum Verständnis gleichgültig ist –, sondern erfährt erst dadurch seine Bestimmtheit, daß Jesus es ist, von dem diese Titel ausgesagt werden«[8], sagt G. Ebeling mit Recht.

Wenn diese Spannung zwischen Name und Titeln, zwischen geschichtlicher Partikularität Jesu und geglaubter Universalität seiner Herrschaft für den christlichen Glauben charakteristisch ist, dann können wir einen Schritt weitergehen. Das innere Problem jeder Christologie ist nicht nur dieser Bezug auf die Person, die mit dem Namen Jesus genannt wird, sondern auch auf seine Geschichte und in seiner Geschichte auf seinen Kreuzestod. Alle christologischen Hoheitstitel drücken wohl aus, was der Glaube empfängt, was die Liebe gibt und was man hoffen darf. Sie kommen aber in ihre Krise, wenn sie angesichts des »doppelten Lebensausgangs« Jesu (M. Kähler)[9] sagen sollen, welchen Sinn es hat, daß der Christus, der Got-

---

7. Ich wende mich damit entschieden gegen die These von *H. Braun,* Der Sinn der neutestamentlichen Christologie, ZThK 54, 1957, 341 ff, und: Die Problematik einer Theologie des Neuen Testaments, ThK 57, 1961, Bh 2,3 ff, nach der die Konstante das Selbstverständnis des Glaubenden, die Christologie aber die Variable sei.

8. *G. Ebeling,* aaO. 48.

9. *M. Kähler,* Zur Lehre von der Versöhnung, 1898, 258; sonst oft »der doppelseitige Ausgang des Lebens Jesu«.

tessohn, der Logos, der wahre Mensch oder der Stellvertreter, gekreuzigt wurde. Nicht nur an der geschichtlichen Person Jesu, sondern radikal an seinem geschichtlichen Ende setzt der Prozeß der Uminterpretation der Hoheitstitel ein. Sein Kreuz fordert die Christologie, wie Kähler sagte[10], aber es ist zugleich das Geheimnis hinter allen Christologien, denn es stellt sie in Frage und macht sie in Permanenz revisionsbedürftig. Hier setzt die eigentliche Arbeit der Sprache und des Denkens für den christlichen Glauben ein. Nicht erst der Wandel der Zeiten nötigt den Glauben dazu, immer neu nach Jesus und seiner Bedeutung für die Gegenwart zu fragen. Der geschichtliche und soziale Wandel antiquiert in der Tat alte Weltbilder und religiöse Vorstellungen und führt zu neuen. Aber das ist nur die eine Seite des christologischen Revisionismus[11]. Er, der Gekreuzigte selbst, ist der treibende Grund, die Freude und das Leiden aller Theologie, die christlich ist. An dem Geheimnis des Gekreuzigten selbst vollzieht sich seit den Zeiten der Apostel die Geschichte des Glaubens und der Theologie, eine Geschichte permanenter Revisionen, Reformationen und Aufbrüche, um ihn als den zu erkennen, der er eigentlich ist, und ihm durch die Veränderung des eigenen Lebens und Denkens zu entsprechen. An ihm entstehen und zerbrechen die Christologien. Selbst wenn das geschichtliche Leben einmal erstarren und die Geschichte durch Menschen im »post-histoire« beendet werden sollte[12], bleibt der Gekreuzigte der Stachel für den christlichen Glauben und macht für ihn Geschichte unabschließbar. Bildlich gesprochen geht vom Kreuz Christi ein permanenter Bildersturm durch die christologischen Ikonen der Kirche und die Jesusbilder des Christentums aus. Kreuzestheologie ist eine Art Ikonoklasmus in den christologischen Bildern und Hoheitstiteln der Kirche. Sie ist ein Ikonoklasmus um Jesu willen und findet in der Erinnerung an sein Kreuz ihr Recht und ihr Maß[13].

---

10. *M. Kähler*, Das Kreuz. Grund und Maß der Christologie, in: Schriften zur Christologie und Mission, ThB 42, 1971, 328: »Das Kreuz mit seinem universalen Anspruch, mit seinem universalen Anklang und mit seiner universalen Wirkung … dieses Kreuz, wie es den lebendigen Gott in dem Unvergleichlichen offenbart, fordert dessen Anbetung, es fordert die Christologie.«

11. Die kritische Entmythologisierung von Schrift und Tradition kann als ein solcher Revisionismus verstanden werden. Ihre Kriterien liegen nach Bultmann im Wandel des Weltbildes und im Kreuz Christi. Leider hat er beide Kriterien nicht immer sauber genug unterschieden.

12. Vgl. dazu *K. Homann*, Art. Geschichtslosigkeit, Historisches Wörterbuch der Philosophie, ed. J. Ritter, Band 2, sowie *R. Seidenberg*, Posthistoric Man, 1950; *A. Gehlen*, Studien zur Anthropologie und Soziologie, 1963, und *Cl. Lévi-Strauss*, Das wilde Denken, 1968. Technokratie, Konservativismus und Strukturalismus treffen sich hier im gemeinsamen Bemühen, die Geschichte »zu beenden«.

13. Ich spreche damit nicht für einen anarchistischen Bildersturm, denn ich glaube nicht wie Novalis und Bakunin an die Fruchtbarkeit des Chaos, sondern für einen Bildersturm des Gekreuzigten, weil mir in ihm nicht nur das erste, sondern auch das

1. Ist Jesus der wahre Gott?

Jede Fragestellung legt einen Horizont fest, in dem das Gefragte zur
Erscheinung gebracht wird. Sie scheidet andere Fragestellungen als nicht-
relevant aus und stellt die Bedeutungsebene her, auf der man zu sinnvollen Urteilen kommen will. Auf den Boden welcher Fragestellung
muß man sich begeben, um Jesus als den zu verstehen, der er war, so
daß er für uns heute offenbar wird als der, der er eigentlich ist? Wir
nehmen im folgenden die vier wichtigsten Fragehorizonte auf, in denen
Glaube und Unglaube ihren Streit um Jesus führen.

Man kann davon ausgehen und hat es seit der Zeit der Alten Kirche
immer wieder getan, daß der Mensch wie alles vergängliche Seiende
in der Welt in seiner Endlichkeit von der Gottesfrage bewegt wird.
Alles, was ist und doch nicht bleibt, fragt nach einem Sein, das ist und
ewig bleibt, damit es ihm Bestand im Bodenlosen gewähre. Wo wird
das »göttlich« genannte Sein offenbar, und wie werden seine Unvergänglichkeit und Unsterblichkeit dem zuteil, der hier von Tag zu Tag
ins Vergehen stürzt? »Gott« wird hier die Antwort auf die Frage genannt, die in der Endlichkeit des Menschen liegt[14]. Dabei wird vorausgesetzt, daß es das Sein selbst, das göttliche Wesen in seiner Einheit,
Unteilbarkeit und Unwandelbarkeit gibt. Fraglich sind hingegen der
unstete Mensch und die vergängliche Welt. Und in ihrer Fraglichkeit
ist die Teilhabe am ewigen, göttlichen Wesen das Erfragte. Das göttliche Wesen war in der Antike kein Problem. An seiner Existenz wurde
selten gezweifelt. Wohl aber war der Mensch in seinem Verhältnis zu
Gott das Problem. Man ging darum von der allgemeinen Gottesfrage
auf das Geheimnis Jesu zu: Ist der ewige, unwandelbare Gott in Jesus
offenbar geworden? – und antwortete: Der eine Gott, nach dem alle
Menschen in ihrer Endlichkeit und Vergänglichkeit fragen, ist in Jesus
Mensch geworden. »Er ist das Ebenbild des unsichtbaren Gottes« (Kol.
1,15). »In ihm wohnt die Fülle der Gottheit leibhaftig« (Kol. 1,19). Er
ist mit Gott eines Wesens, geboren, nicht geschaffen, Gott von Gott,
Licht von Licht usw., wie das athanasianische Glaubensbekenntnis
hymnisch sagt. Das Geheimnis Jesu ist dann die Menschwerdung Gottes, die Inkarnation des ewigen, ursprünglichen, unwandelbaren Seins
in die Sphäre des zeitlichen abständigen, vergänglichen Seienden, in der
Menschen leben und sterben. Ist das Geheimnis Jesu die ewige Gegen-

---

zweite Gebot erfüllt zu sein scheint. Über die ikonoklastischen Momente im christlichen Glauben hat G. *Vahanian* Untersuchungen angestellt. Vgl. The Death of God.
The Culture in our Post-Christian Era, zuerst New York 1957.
14. Dieser Ausgangspunkt für die Theologie taucht heute in veränderter Form bei
P. *Tillich* und R. *Bultmann* wieder auf. »Gott ist die Antwort auf die Frage, die in
der Endlichkeit des Menschen liegt« (Systematische Theologie I, 1956, 247; Glauben
und Verstehen IV, 1965, 120, Anm. 27).

wart Gottes bei den Menschen, so liegt in ihm zugleich das Heil der Welt erschlossen. Gott wurde Mensch, damit Menschen Gottes teilhaftig werden. Er nahm vergängliches, sterbliches Wesen an, damit die Vergänglichen und Sterbenden Unvergänglichkeit und Unsterblichkeit gewinnen[15].

Die allgemeine Gottesfrage, von der man ausging, setzt aber durch ihren Ursprung in der Endlichkeitserfahrung und ihren Horizont in der Unsterblichkeitshoffnung einen bestimmten Gottesbegriff voraus. Das göttliche Wesen ist unvergänglich, unsterblich, unwandelbar und leidensunfähig. Wendet man diese Gottesbestimmungen auf das Geheimnis Jesu und auf sein Ende am Kreuz an, so entstehen genau jene Probleme, mit denen die altkirchliche Christologie rang: Wie kann der unvergängliche Gott zugleich in einem vergänglichen Menschen sein? Wie kann der universale Gott zugleich in einem Individuum sein? Wie kann der unwandelbare Gott Fleisch »werden«? Wie kann der unsterbliche Gott an einem Kreuz leiden und sterben?

Die allgemeine Gottesfrage und die darin mitgesetzte Heilserwartung waren deshalb in der Antike auch die Gründe für den Unglauben an »Gott in Christus«. Der Zugang, der mit ihr zum Geheimnis Jesu eröffnet wurde, war zugleich ein Hindernis, an Jesus als Gottessohn zu glauben. Der alexandrinische Philosoph Celsus hat den Unglauben auf der Basis der vorausgesetzten Gottesfrage deutlich formuliert:

»Sein Leiden sahen alle, den Auferstandenen nur ein Jünger und ein halbverrücktes Weib. Die Anhänger haben ihn dann ähnlich wie den Antinous zu einem Gott gemacht ... Der christliche Gedanke von einer Herabkunft Gottes ist widersinnig, warum kam Gott erst jetzt zur Rechtfertigung herab? Wird nicht so veränderlich Gott? Warum sendet er seinen Sohn in einen Winkel der Welt und läßt ihn nicht in vielen Leibern zugleich erscheinen?«[16]

Mit diesen und ähnlichen Einwänden, die aus dem vorausgesetzten Gottesbegriff der Antike entsprangen, mußte sich die altkirchliche Christologie auseinandersetzen. Je mehr sie die Gottheit Christi betonte und dafür den genannten Gottesbegriff heranzog, um so schwieriger wurde der Nachweis, daß der mit Gott wesenseine Gottessohn dieser Jesus von Nazareth, gekreuzigt unter Pontius Pilatus, sei. Ein zarter Doketismus durchzieht darum die altkirchliche Christologie[17]. Wer von der Frage nach einem solchen »Oben« ausging, wie es in der antiken Gottes- und Heilsfrage intendiert war, dem wurde es schwer, wirklich »unten« in der Geschichte Jesu von Nazareth, und noch schwerer, in der Gottverlassenheit des Gekreuzigten anzukommen.

15. *Athanasius*, De incarnatione 54: »Αὐτὸς γὰρ ἐνανθρώπεσεν, ἵνα ἡμεῖς θεοποιηθῶμεν, καὶ αὐτὸς ἐφανέρωσεν ἑαυτὸν διὰ σώματος, ἵνα ἡμεῖς τοῦ ἀοράτου πατρὸς ἔννοιαν λάβωμεν, καὶ αὐτὸς ὑπέμεινε τὴν παρ' ἀνθρώπων ὕβριν, ἵνα ἡμεῖς ἀφθαρσίαν κληρονομήσωμεν.«
16. *R. Seeberg*, Lehrbuch der Dogmengeschichte I (1922), 1965, 333.
17. So auch *G. Ebeling*, aaO. 23.

Dennoch ist es nicht richtig, diese Typen der Christologie »Christologie von oben« zu nennen[18]. Die christologische Antwort geht zwar »von oben« aus und stellt das Geheimnis Jesu im Schema von Inkarnation und Auferstehung, von Erniedrigung und Erhöhung des ewigen Gottessohnes dar. Aber die vorausgesetzte Gottesfrage ist die Frage des endlichen Seienden nach dem unendlichen und Bestand verleihenden Sein Gottes. Man muß keineswegs »auf dem Standpunkt Gottes selbst stehen, um den Weg des Sohnes Gottes in die Welt hinein zu verfolgen«[19]. Man muß vielmehr in der Offenheit seines eigenen, endlichen Daseins stehen, um deren Erfüllung durch jene Inkarnation des Gottessohnes zu erkennen und an der Erfüllung jener eigenen Offenheit die Wahrheit Christi zu begreifen[20].

Etwas anders liegt das Problem der neuzeitlichen spekulativen Christologie des deutschen Idealismus. Nach Kants Kritik der kosmologischen Gottesbeweise blieb nicht nur der moralische Gottesbeweis, sondern auch der ontologische Gottesbeweis übrig. An seine Neuformulierung knüpfte die spekulative Christologie an. Aber sie machte ernst damit, daß kein Weg zu Gott führt, der nicht in ihm selbst beginnt[21]. Die Frage nach Gott ist nur die subjektive Kehrseite der objektiv vorausgehenden Frage Gottes nach dem Menschen. Gotteserkenntnis setzt die Selbstoffenbarung Gottes voraus. Infolgedessen ist Gott nicht nur als Substanz zu denken, sondern zugleich als Subjekt[22]. Denkt man Gott als Subjekt, so denkt man ihn nicht um der Begründung eines anderen, sondern um seiner selbst willen. Man muß Gott nicht denken, um die Welt oder die menschliche Existenz zu begründen. Wenn man aber Gott denkt, so muß man seine Existenz und seine Subjektivität mit Notwendigkeit denken, sonst hat man nicht Gott gedacht. So entstand der Begriff der Selbstoffenbarung Gottes, der seit Fichte und Hegel die spekulative Christologie bestimmte. Er führte zu einer »Kehre des Denkens« vom Denken zum Gedachtwerden, vom Erkennen zum Erkanntwerden, vom Wissen zum Gewußtwerden[23]. Wenn der Mensch wirklich Gott denkt, so denkt sich Gott im Menschen, anders würde

---

18. Wie es W. *Pannenberg* unter unkritischer Aufnahme einer Terminologie von K. Barth und O. Weber tut, aaO. 26 ff. Ähnlich P. *Hodgson*, Jesus – Word and presence. An Essay in Christology, 1971, 60 ff.

19. W. *Pannenberg*, aaO. 29.

20. Dieses Offenheit-Erfüllungs-Schema wurde immer wieder zur Verifikation der Offenbarung verwendet. Vgl. *J. Moltmann*, Gottesoffenbarung und die Wahrheitsfrage, in: Perspektiven der Theologie, 1968, 13 ff.

21. Dazu D. *Henrich*, Der ontologische Gottesbeweis. Sein Problem und seine Geschichte in der Neuzeit, 1960.

22. G. W. F. *Hegel*, Phänomenologie des Geistes, 19: »Es kommt … alles darauf an, das Wahre nicht als Substanz, sondern ebensosehr als Subjekt aufzufassen und auszudrücken.« Dazu D. *Henrich*, Hegel im Kontext, 1971, 95.

23. *Fr. v. Baader*, Über den Zwiespalt des religiösen Glaubens und Wissens …

der Mensch nicht Gott, sondern nur sein eigenes Gedankenbild gedacht haben[24]. Weiß Christus sich als Gottessohn, so muß Gott sich selbst in ihm wissen. Bringt Jesus Gott zur Sprache, so entspricht das nur dann Gott, wenn Gott sich in ihm selbst zur Sprache bringt[25]. Kam nach Auffassung der spekulativen Christologen des 19. Jahrhunderts die Gottheit Jesu erst aposteriori am Ende seiner Geschichte heraus, wie die Evangelien berichten, so stellt der Johannesprolog das entsprechende Apriori seines Seins bei und seines Ausgangs von Gott dar. Seit Fichte legten sie diesen Prolog als die Metaphysik der evangelischen Geschichte aus. Jene »Kehre des Denkens« tritt bei Fichte hervor: »Die ursprünglich göttliche Idee von einem bestimmten Standpunkt in der Zeit läßt größtenteil sich nicht eher angeben, als bis der von Gott begeisterte Mensch kommt und sie ausführt. Was der göttliche Mensch tut, das ist göttlich.« Dann aber folgt der typische Satz: »In diesem Handeln handelt nicht der Mensch, sondern Gott selbst in seinem ursprünglichen inneren Sein und Wesen ist es, der in ihm handelt und durch den Menschen sein Werk wirkt.«[26] Ähnlich hat Schelling mit Hilfe der »Kehre des Denkens« die Christologie spekulativ begründet und von der »Verendlichung des Göttlichen in Jesus« gesprochen[27]. Bei Hegel endlich, der jene Kehre mit Hilfe mystischer Theologie verständlich macht, steht die Geschichte Jesu von Nazareth im Gesamtzusammenhang der Wahrheit und muß demnach spekulativ verstanden werden, denn »die Wahrheit ist das Ganze«. Zur »Geschichte Gottes« gehört seine Entäußerung an das ihm andere und Fremde und die selbstverwirklichende Rückkehr[28]. »Die Idee der Menschwerdung war durch die Philosophie von Schelling und Hegel ... zur Anerkennung

(1833), 1957, 61: „In demselben Sinne hat dagegen Cartesius mit seinem: ›Cogito ergo sum‹ den Atheismus angebahnt, indem er das Nachdenken der Kreatur dem Urdenken Gottes voraussetzte, wogegen der Mensch nicht anders sagen kann und soll, als: ich bin gesehen, durchschaut, gewußt, gedacht, begriffen, darum sehe, weiß, denke, begreife ich. Ich bin gewollt, verlangt, geliebt, darum bin ich wollend, verlangend, liebend oder hassend. Ich bin gewirkt, darum wirke ich.«

24. G. W. F. *Hegel*, Philosophie der Religion, Sämtliche Werke, ed. Glockner, 16,2, 496: »Der Mensch weiß nur von Gott, insofern Gott im Menschen von sich selbst weiß, dies Wissen ist Selbstbewußtsein Gottes, aber ebenso ein Wissen desselben vom Menschen und dies Wissen Gottes vom Menschen ist Wissen des Menschen von Gott.« Vgl. auch 257.

25. Eine ähnliche Kehre versucht E. *Jüngel*, Paulus und Jesus, 1962, 82 ff im Blick auf die historische Objektivität und die Subjektivität Jesu selbst. Es gilt, »die historische Arbeit als theologische Arbeit zu tun. Dann wäre unter dem ›historischen Jesus‹ zu verstehen: Jesus selbst als zu Erforschender in dem Sinne, daß er als Subjekt zum Objekt der historischen Forschung wird, die seinem Anspruch als geschichtliches Phänomen (Subjekt) in ihrer Objektivation zu entsprechen hat«.

26. J. G. *Fichte*, Die Anweisung zum seligen Leben oder auch die Religionslehre (1806), 1962, 90. Über die Bestimmung des Gelehrten (1805), 1959.

27. F. W. J. *Schelling*, Werke I, 5, 292, 452.

28. G. W. F. *Hegel*, aaO. 306.

gebracht: es ist der Idee (der Gottheit) wesentlich, in die Endlichkeit einzugehen, sich in sie als ihr Anderssein zu versenken, aber sich aus ihr ebenso ewig wieder zu erheben und zu sich selbst herzustellen, was sich dadurch vollziehe, daß der endliche Geist zu sich selbst kommend sich in seinem absoluten Wesen oder seiner wesentlichen Einheit mit Gott bewußt ergreife und sich so als gottmenschlich wisse«, erklärte I. A. Dorner[29]. Es war aber nicht nur die Idee der Menschwerdung, die um der Subjektivität Gottes willen für gottnotwendig gedacht wurde, sondern bei Hegel auch die Idee des »Todes Gottes«. Damit ist das Menschliche, das Endliche, Gebrechliche, die Schwäche, das Negative selbst göttliches Moment und in Gott selbst[30]. Auch hier wird im Schema von Inkarnation und Auferstehung, von Erniedrigung und Erhöhung die Christologie gedacht. Doch läßt sich auch hier nicht von einer »Christologie von oben« sprechen, die sich vollständig unserer Vorstellung entziehe. Ihr Grund liegt vielmehr in der durchaus sinnvollen »Kehre des Denkens«. Sie versteht sich selbst als die Metaphysik der bestimmten, evangelischen Geschichte Jesu von Nazareth. Nach alter theologischer Lehre ist die Erkenntnisordnung (ratio cognoscendi) der Seinsordnung (ratio essendi) gegenläufig zugeordnet. Was in der menschlichen Erkenntnis das Letzte ist, ist im Sein das Erste. Wird Jesus erst von seinem Ende in Kreuz und Auferweckung her als Gottessohn erkennbar, so geht dem Sein nach seine Gottessohnschaft seiner Geschichte voran. Jede Erkenntnis beginnt induktiv »von unten« und ist aposteriori, und jede geschichtliche Erkenntnis ist post festum. Das zu Erkennende und Erkannte aber geht ihr voran. Der Gegensatz einer »Christologie von unten« und einer »Christologie von oben« ist ein nur scheinbarer. Es besteht hier so wenig eine Alternative wie in der berühmten Frage: »Hilft mir Jesus, weil er Gottes Sohn ist, oder ist er Gottes Sohn, weil er mir hilft?«[31] Nur die Nichtbeachtung des umgekehrten Verhältnisses der Erkenntnisordnung zur Seinsordnung bringt solche Fragen hervor.

Die Kritik an der spekulativen Christologie entspricht jedoch der Kri-

---

29. *I. A. Dorner*, Entwicklungsgeschichte der Lehre von der Person Christi II, 1851², 374.
30. Vgl. dazu die ausführliche Darstellung von *H. Küng*, Menschwerdung Gottes, 1970, 207 ff.
31. *R. Bultmann*, Glauben und Verstehen II, 1952, 252. Vgl. auch *Fr. Gogarten*, Gericht oder Skepsis, 1937, 122 (gegen K. Barth). »Erkennt der Glaube den ewigen Sohn Gottes, indem er den Menschen Jesus Christus erkennt, oder erkennt er den Menschen Jesus Christus, indem er den ewigen Sohn Gottes erkennt?« *Fr. Schleiermacher* hatte hier keine Alternative aufgestellt, sondern nur eine Methodenfrage gesehen. »So könnten wir die ganze Lehre von Christo behandeln, entweder nur als die von seiner Wirksamkeit, denn die Würde müßte daraus von selbst folgen, oder auch nur als die von seiner Würde, denn die Wirksamkeit müßte sich dann von selbst ergeben« (Glaubenslehre § 92, 3).

tik an der altkirchlichen Christologie. Das Schema von Inkarnation
und Auferstehung, von Erniedrigung und Erhöhung bringt das Geheimnis Jesu zwar mit dem Geheimnis Gottes selbst zusammen. Es
macht aber die Besonderheiten des wirklichen, geschichtlichen Menschen Jesus von Nazareth und die Zufälligkeiten seiner Geschichte
unwesentlich. Man kann die Idee der Menschwerdung Gottes und auch
den »furchtbaren Gedanken« des Todes Gottes um Gottes, um seiner
Selbstverwirklichung willen als notwendig denken, aber seine Menschwerdung in Jesus von Nazareth und sein Tod in dessen Sterben auf
Golgatha lassen sich schwerlich deduzieren und auch nur mühsam re-
konstruieren[32]. Zwar ist die Aufhebung der Geschichte im Geist stets
bemüht, das, was geschehen ist, in seiner Notwendigkeit zu begreifen.
Aber die Aufhebung der geschehenen Geschichte in begriffene Geschichte ist bekanntlich nicht nur deren Aufbewahrung, sondern auch
deren Vernichtung. Es steckt in dem Gekreuzigten auf Golgatha etwas,
was sich selbst noch gegen seine Aufhebung in den Begriff der Versöhnung sperrt. Erst eine neue Schöpfung, die den Gekreuzigten zu ihrem
Grund hat, kann das Ärgernis seines Kreuzes aufheben in den reinen
Lobgesang. Man hat darum seit Chr. H. Weiße immer wieder das Fehlen der Eschatologie in der spekulativen Christologie der Versöhnung
kritisiert[33]. Diese Kritik ist jedoch nur christlich, wenn sie bei den nicht
ins System integrierten Momenten des Kreuzes Christi einsetzt[34].

---

32. Schon Paulus hatte in das Schema von Erniedrigung und Erhöhung der urchristlichen Hymnen in Phil. 2, 8 als concretissimum Jesu jenes Wort »bis zum Tode am
Kreuz« eingefügt. Vgl. *E. Käsemann*, Kritische Analyse von Phil. 2,5–11, in:
Exegetische Versuche und Besinnungen I, 51 ff. Mit Recht fragt *H. Küng*, aaO. 375
die Christologie Hegels: »Die Frage ist nur, ob eine christologische Grundkonzeption
zu überzeugen vermag ohne den konkreten Christus . . .«
33. Vgl. dazu *Tr. Koch*, Differenz und Versöhnung. Eine Interpretation der Theologie G. W. F. Hegels nach seiner »Wissenschaft der Logik«, 1967, 21 ff.
34. Das sollte eine christlich-theologische Hegelkritik von der atheistisch-messiani-
schen Kritik am Fehlen der Hoffnung auf Erlösung in Hegels Philosophie der Versöhnung unterscheiden, wie sie durch *E. Bloch* üblich geworden ist. Umgekehrt ist
es christlich-theologisch nicht möglich, Hegels Versöhnungsdenken gegen die »Theologie der Hoffnung« auszuspielen, wie es *P. Cornehl*, Die Zukunft der Versöhnung,
1971, unternommen hat, es sei denn, man verwechsle die im Gekreuzigten geschehene Versöhnung der Welt durch Gott mit einer in neuzeitlichen Christentum angeb-
lich präsenten Versöhnungswirklichkeit. Dazu *M. Theunissen*, Die Verwirklichung
der Vernunft, Philosophische Rundschau, Beiheft 6, 1970, 89: »Der Jude glaubt an
das Bevorstehen des gegenwärtig noch gänzlich ausstehenden Heils, der Christ an
die objektive Antizipation des Heils im Versöhnungsgeschehen. Im Unterschied zu
jenem steht dieser damit in der ständigen Gefahr, das Vorgegebensein der Versöhnung auf die Gegebenheiten der ihn umgebenden Welt zu projizieren.«

2. Ist Jesus der wahre Mensch?

Seit Renaissance, Aufklärung und Technik haben sich die Verhältnisse
von Mensch und Natur auf den meisten Gebieten umgekehrt. Der
Mensch ist nicht mehr von den undurchschauten Mächten in der Natur und Geschichte abhängig, so daß er in dieser Abhängigkeit seine
Angewiesenheit auf die Götter oder Gott erkennt, vielmehr werden
Natur und Geschichte immer mehr von den Menschen abhängig. Das
Problem des neuzeitlichen Menschen ist nicht mehr so sehr, wie er mit
Göttern und Dämonen leben kann, sondern wie er mit der Bombe,
der Revolution und der Zerstörung der natürlichen Gleichgewichte
überleben kann. Er hominisiert immer weitere Bereiche der Natur und
nimmt sie in seine Macht. Seine Lebensfrage ist deshalb die Humanisierung dieser hominisierten Welt[35]. Nicht mehr die allgemeine Endlichkeit, die er solidarisch mit allen anderen Kreaturen erfährt, ist sein
Hauptproblem, sondern die Menschlichkeit seiner eigenen Welt.
Man fragt darum christologisch nicht mehr: Ist der ewige Gott in Christus?, sondern umgekehrt: Ist Jesus Gott zu nennen und worin und inwiefern ist er göttlich? Von der Lessingzeit an bis heute ist die lebens-
wichtige Humanitätsfrage die leitende Christusfrage für viele geworden. So sagte J. G. Herder: »Humanität ist Christi Wesen und Werk
zugleich. Das Göttliche in unserem Geschlechte ist Bildung zur Humanität.«[36] War in der Alten Kirche der Streit um das Verhältnis der beiden Naturen in der Person Christi immer zugleich ein Streit um die
physische Erlösung und war der Gedanke der realen Menschwerdung
Gottes immer mit der darin ermöglichten Gottwerdung des Menschen
(theosis) verbunden, so wird jetzt der Streit um das wahre Menschsein
Jesu, sein Gottesbewußtsein, sein »inneres Leben« und seine Freiheit
mit dem Verlangen nach echter Humanität, eigentlichem Existieren,
innerer Identität und Befreiung begründet. Die Fragehinsicht und die
Frageabsicht haben sich geändert, und entsprechend wird Jesus anders
zur Erscheinung gebracht und zur Antwort genötigt. Jesus wird nicht
mehr auf theo-logischem Hintergrund als der »Gottmensch« verstanden, sondern gleichsam auf anthropologischem Vordergrund als der
vorbildliche und urbildliche »Mensch Gottes«. Die Jungfrauengeburt
als Zeichen seiner Inkarnation und die Auferstehung als Zeichen seiner
Erhöhung werden als »physikalische Machtwunder Gottes« im neuzeitlichen Weltbild des Menschen unverständlich und gewinnen den
Anschein purer Mythologeme. Jesu persönliche Sündlosigkeit wird da-

---

35. Ich übernehme diese treffende Unterscheidung von *J. B. Metz*, Zur Theologie
der Welt, 51 ff.
36. *J. G. Herder*, Werke, ed. Suphan, 13, 290.

gegen jetzt zu einem »göttlichen Liebeswunder« in der sittlichen Welt
erklärt[37]. Seine Sündlosigkeit wird zum moralischen Beweis seines
stets kräftigen Gottesbewußtseins. Damit verändert sich auch die Frage
nach dem Heil. Die Welt in der Qual ihrer Vergänglichkeit kommt aus
dem Blickfeld. Das Heil verliert seine kosmologische Weite und seine
ontologische Tiefe und wird im Rahmen der Existenzfrage des Menschen als Gewissensfrieden oder innere Identitätserfahrung oder reine
Personalität erfragt[38]. Damit endlich hängt eine weitere Wendung
zusammen: nimmt der von seiner Existenzfrage umgetriebene Mensch
alle Dinge grundsätzlich nur im Horizont seiner eigenen Subjektivität
wahr, so versteht er auch nichts, wenn es nicht Bedeutung für ihn selbst
gewinnt und in seine Praxis und sein Selbstverständnis eingeht. Infolgedessen erscheinen ihm die gegenständlichen, doxologischen Aussagen
über die Person Christi als abständige Metaphysik. Das neuzeitliche
Denken ist kaum noch staunendes, schauendes Denken, sondern vielmehr operationelles Denken. Darum wurde für viele Theologen seit
Kant die Ethik im weitesten Sinne des Wortes anstelle der Metaphysik
zur Fundamentalkategorie für die Christologie.

Für Kant wurde die praktische Vernunft zum kategorialen Rahmen der
Theologie und auch der Christologie. Woraus sich »nichts fürs Praktische machen läßt«, das geht uns nichts an. »Schriftstellen, welche gewisse theoretische, für heilig angekündigte, aber allen (selbst den moralischen) Vernunftsbegriff übersteigende Lehren enthalten, dürfen, diejenige aber, welche der praktischen Vernunft widersprechende Sätze
enthalten, müssen zum Vorteil der letzteren ausgelegt werden.« Aus
der Dreieinigkeitslehre »läßt sich schlechterdings nichts fürs Praktische
machen ... Ebenso ist es mit der Lehre der Menschwerdung einer Person der Gottheit bewandt«. Ein Ähnliches kann von der Auferste-
hungs- und Himmelfahrtsgeschichte gesagt werden. Denn »unter Glaubenssätzen versteht man nicht, was geglaubt werden soll, ... sondern
das, was in praktischer (moralischer) Absicht anzunehmen möglich und
zweckmäßig, obgleich nicht eben erweislich ist, mithin nur geglaubt
werden kann«. Offenbarung Gottes kann mithin nur sein, was in Übereinstimmung mit dem steht, was die Vernunft für »Gott anständig«
versteht. »Auf solche Weise müssen alle Schriftauslegungen, sofern sie
die Religion betreffen, nach dem Prinzip der in der Offenbarung abge-
zweckten Sittlichkeit gemacht werden und sind ohne das entweder
praktisch leer oder gar Hindernisse des Guten.« Denn wir verstehen
nur den, der durch unseren eigenen Verstand und unsere eigene Ver-

37. Vgl. dazu E. Günther, Die Entwicklung der Lehre von der Person Christi im
19. Jahrhundert, 1911.
38. Mit Recht spricht W. Pannenberg, aaO. 39, von einer »Bescheidenheit des soteriologischen Interesses«.

nunft mit uns redet. Darum ist »der Gott in uns«, d. h. das freie Gewissen, »selbst der Ausleger«[39].

In diesem Fragehorizont der praktischen Vernunft wird Jesus zur »personifizierten Idee des guten Prinzips«. Der Endzweck der Schöpfung, der »allein Gott wohlgefällige Mensch«, ist in Gott der Idee nach von Ewigkeit. Weil wir nicht Urheber dieser Idee sind, kann man sagen, daß sie vom Himmel zu uns herabgekommen ist, daß sie Menschheit angenommen habe. »Das Ideal der Gott wohlgefälligen Menschheit . . . können wir uns nicht anders denken als unter der Idee eines Menschen, der nicht allein alle Menschenpflicht selbst auszuüben, obgleich durch die größten Anlockungen versucht, dennoch alle Leiden bis zum schmählichsten Tode um des Weltbesten willen und selbst für seine Feinde zu übernehmen bereitwillig wäre . . .« Kant vermeidet tunlichst den Namen Jesus in diesen Ausführungen, um jene Idee der Gott wohlgefälligen Menschheit als reines Vorbild für den praktischen Glauben darzustellen, denn die Personifizierung der Idee hat nur vermittelnden Charakter.

»Selbst der Heilige des Evangelii muß zuvor mit unserem Ideal der sittlichen Vollkommenheit verglichen werden, ehe man ihn dafür erkennt.«[40]

Schleiermacher fand hingegen die Vermittlung von Idealem und Realem, von theoretischer und praktischer Vernunft, von Sein und Bewußtsein im unmittelbaren Bewußtsein, im »Gefühl«. Er meinte damit die Grundbestimmtheit der Existenz des Menschen. Hier hat das Religiöse vor dem Auseinandertreten der menschlichen Tätigkeiten in Erkenntnis und Praxis seinen Ort in der Ergriffenheit des ganzen Lebens. Schleiermacher verzichtete darum auf eine theologische Christusmetaphysik, beschränkte sich jedoch auch nicht auf eine sittliche Vorbildchristologie. Im Rahmen der Frage nach der Grundbestimmtheit der Existenz entfaltete er eine Christologie der persönlichen Beziehung des Glaubens zu Jesus. »Der Erlöser ist sonach allen Menschen gleich, vermöge der Selbigkeit der menschlichen Natur, von allen aber unterschieden durch die stetige Kräftigkeit seines Gottesbewußtseins, welche ein eigentliches Sein Gottes in ihm war.« Negativ ausgedrückt: Der Erlöser war von allen Menschen durch seine wesentliche Unsündlichkeit unterschieden. Wie kommt Jesus im Rahmen der Frage nach der Herrschaft des Gottesbewußtseins über Erkenntnis und Tun zur Erscheinung? Jesu persönliche Entwicklung muß ganz frei gedacht werden von allem, was sich nur als Kampf darstellen läßt. Jesu Reinheit ist ohne Spuren und Narben eines Kampfes. Diese urbildliche Kräftigkeit sei-

39. *I. Kant*, Der Streit der Fakultäten, A 50, 51, 57, 70.
40. *I. Kant*, Die Religion innerhalb der Grenzen der bloßen Vernunft, A 67, 70, Grundlegung der Metaphysik der Sitten, Akademieausgabe, 408.

nes Gottesbewußtseins muß in ihm von Anfang bis zum Ende vollkommen und vollkommen geschichtlich sein. Dann besteht seine erlösende Wirkung darin, daß Jesus unser schwaches und mangelndes Gottesbewußtsein kräftigt und uns in die stete Kräftigkeit seines Gottesbewußtseins aufnimmt[41]. Jesus ist dann nicht nur sittliches Vorbild,
sondern produktives Urbild des erlösten Daseins. »Da die Produktivi-
tät nur in dem Begriff des Urbildes liegt und nicht in dem des Vorbil-
des: so ergibt sich wohl, daß nur die Urbildlichkeit der angemessene
Ausdruck ist für die ausschließliche persönliche Würde Christi.«[42] Wie
für Kant die praktische Vernunft zum hermeneutischen Kanon für die
Christologie wurde, so seit Schleiermacher für viele die gegenwärtige
Erlösungserfahrung in der Kräftigung des Gottesbewußtseins. Damit
sind auch die Grenzen abgesteckt.

»Die Tatsachen der Auferstehung und der Himmelfahrt Christi sowie die Vorher-
sagung von seiner Wiederkunft zum Gericht können nicht als eigentliche Bestandteile
der Lehre von seiner Person aufgestellt werden. Die Jünger erkannten in ihm den
Sohn Gottes, ohne etwas von seiner Auferstehung und Himmelfahrt zu ahnden.«[43]

Auch sein Kreuzestod fügt den erlösenden Wirkungen, die von seinem
unsündlichen Leben ausgehen, nichts Neues oder Besonderes hinzu.

An Kant und Schleiermacher wird exemplarisch für die nachfolgende
protestantische Jesulogie die erschließende und verschließende Kraft
der Ausgangsfrage nach sittlicher Praxis, nach Gottesbewußtsein, nach
eigentlichem Existieren oder nach dem identischen Selbst klar. Sie erschließt Jesus als den wahren Menschen denen, die ihr Menschsein verloren oder noch nicht gefunden haben und es darum suchen. Als voll-
kommener Mensch Gottes ist Jesus die Erfüllung der von uns nicht erfüllten Bestimmung zur Gottesebenbildlichkeit. Wo er in dieser Fraglichkeit zur Erscheinung kommt, wird seine und unsere Wahrheit erfahren. »Findet er (scil. der Mensch) diejenige Offenbarung, welche
den Zwiespalt in seinem Inneren aufs Gelungenste löst, so ist ihm diese
die wahre«, sagte A. Tholuck[44]. Damit tritt an die Stelle der metaphysischen Fraglichkeit des endlichen Wesens die existentielle Fraglichkeit
des Menschen in seiner Welt. An die Stelle des kosmologischen tritt ein
»anthropologischer Bedürfnisapriorismus«[45]. Sieht man dies, so ist die
Entfernung der neuprotestantischen Christologie von der altkirchlichen

41. *Fr. Schleiermacher*, Glaubenslehre, § 94, vgl. § 11, § 93,4, § 100.
42. Ebd. § 93,2.
43. Ebd. § 99, § 99,1.
44. *A. Tholuck*, Guido und Julius. Die Lehre von der Sünde und dem Versöhner,
1823, 296. Ebenso *M. Kähler:* »Kommt jene Zusammenstimmung zwischen menschlicher Anlage und geschichtlichem Christentum bei jemandem zu lebendiger Erfahrung, dann liegt der entscheidende Grund für die Entstehung des Glaubens vor«
(zit. *J. Wirsching*, Gott in der Geschichte. Studien zur theologiegeschichtlichen Stellung und systematischen Grundlegung der Theologie M. Kählers, 1963, 64, Anm. 84).
45. *J. Wirsching* kritisiert Kählers Theologie mit diesem Ausdruck zu Recht.

nicht so groß, wie jene stets behauptet hat. Es hat sich nur der Fragehorizont und die Frageabsicht im Blick auf Jesus verschoben. Die Probleme sind sehr ähnlich. Beide Fragestellungen gehen von einem Universalen aus, um es am Konkreten der Person und Geschichte Jesu zur
Wahrheit zu bringen und zu verifizieren. Beide finden ihre ungelösten
Probleme 1. an der Individualität Jesu von Nazareth und 2. an seiner Gottverlassenheit am Kreuz.

Der Ausgang der Frage nach Jesus von der Existenzfrage des Menschen
trägt ebenso die Verhinderung der Beantwortung durch ihn in sich wie
jene antike Gottesfrage des endlichen Wesens. Warum soll ausgerechnet
Jesus von Nazareth das sittliche Vorbild oder das erlösende Urbild des
wahren Menschseins sein? Warum kann das Verlangen nach Humanität, nach Freiheit von der Welt und nach Gewissensfrieden nicht ebenso
gut auch auf Mose, Sokrates, Buddha und viele andere hören? Die
allgemeine Humanitätsfrage kann Jesus zur Antwort nötigen, aber sie
kann ihn doch nur relativ als einen unter anderen zur Sprache bringen,
denn Toleranz und Pluralität der Entwürfe wahren Menschseins gehören nicht erst seit der Aufklärung zu den Erfordernissen der Humanität. Wo bleibt der sog. »Absolutheitsanspruch« des Christentums? Die
Antwort lautet oft, man habe in der ganzen Geistesgeschichte keinen
besseren gefunden, oder man stünde nun einmal zufällig oder schicksal-
haft in der christlichen Traditionsgeschichte. Dann aber zecht man im
Grunde auf die Kreide jener früheren christlichen Glaubensgewißhei-
ten, die in Jesus die endgültige Offenbarung des einzigen Gottes sahen
und darum die Welt so christianisierten, wie sie heute in gewissen Be-
ständen noch da ist. Jener Absolutheitsanspruch, der nicht mehr behauptet, wohl aber als Tradition und in Institutionen hingenommen
wird, ist bekanntlich das Kernproblem der neuzeitlichen protestantischen Jesulogie. Ähnlich wie seinerzeit Celsus sagte D. Fr. Strauß:
»Es ist nicht die Art der Idee, sich im einzelnen Individuum zu realisieren, sie realisiert sich nur in der Gesamtheit der Individuen, in der Gattung.«[46] Die allgemeine Existenzfrage nach der Idee der sittlichen,
gottwohlgefälligen Menschheit kann zur Nachfolge des sittlichen Vor-
bildes Jesu führen, kann aber auch zum entschiedenen Unglauben an
Jesus oder zur toleranten Einordnung Jesu in die lange Reihe der Helden und Helfer der Menschheit führen. An dem nicht mehr begründ-
baren Absolutheitsanspruch des Christentums wurde E. Troeltsch zum
Philosophen, wurde umgekehrt der »philosophische Glaube« von

---

46. *D. Fr. Strauß*, Das Leben Jesu, kritisch bearbeitet II, 1836, 734. Dazu bemerkte
M. Kähler mit gewisser Ironie: »Gewiß nicht; denn sie ist ja nichts als der alles
Sonderlebens entkleidete Allgemeinbegriff, der leere Fleck für hineinzuzeichnende
Bilder. Auch das Ideal sucht man umsonst in der Überlieferung von dem Nazarener«
(aaO. 342).

K. Jaspers intolerant. Denen, die kraft Tradition schon Christen sind, kann Jesus als der vollkommene Mensch ausgelegt werden, kaum aber Heiden und nachchristlichen Atheisten. Man *kann* Jesus so verstehen, aber warum *muß* man sich überhaupt bemühen, ihn zu verstehen? Die neuere Christologie setzt darum auch stets den Glauben voraus und sagt, daß man Jesus im Glauben so verstehen könne. Sie sagt aber selten, warum man denn glauben und sich an Jesus halten solle. Sie wird damit zu einer modernen Christologie im eigenen Kreise und spricht kaum noch zu den Nichtglaubenden, Ungläubigen oder Andersgläubigen.

Die gesamte neuere Jesulogie, die aus den genannten Gründen vom Leben Jesu ausgeht, kommt am doppelten Lebensausgang Jesu in ähnlich ungelöste Schwierigkeiten wie die altkirchlichen und die spekulativen Christologien. Da seine Auferweckung von den Toten als unzumutbares Wunder in der physikalischen Welt und darum als Mythologem einer vergangenen Zeit ad acta gelegt wird, wird es unerträglich, seine Gottverlassenheit im Kreuzestod in ihrer vollen Härte wahrzunehmen. Man blendet von seinem Ende ab und konzentriert sich auf Jesu Leben und Verkündigung. Man findet in seinem Tod am Kreuz nur die Vollendung seines gelebten Lebens, seines Gehorsams oder seiner Freiheit. Doch findet man im Licht seines vorangehenden Lebens im Grunde keine zureichende Deutung seines Todes am Kreuz. Der Gekreuzigte paßt nicht mehr in jenen Fragehorizont nach Praxis, Gottesbewußtsein, Identität oder Glaubensgewißheit. Eine Kritik an der neuprotestantischen Jesulogie sollte nicht von einem außergeschichtlichen Standpunkt oder einem vorausgesetzten Gottesbegriff ausgehen, sondern vom Standpunkt des Gekreuzigten, der auf seine Weise außergeschichtlich, außerhalb der Gesellschaft und außerhalb der Humanitätsfrage der Lebenden ist. Die Transzendenz des Gekreuzigten ist kein metaphysisches Jenseits, sondern die Transzendenz konkreter Verworfenheit. Sie durchkreuzt auch noch jene anthropologischen Bedürfnisse und existentiellen Fragen, mit denen Jesus in moderner Jesulogie zur Erscheinung und zur Sprache gebracht wird, und verändert jene Vorbilder und Urbilder, die man in Jesus sieht, radikal.

3. »Bist du der Kommende?«

Man kommt der Person und Geschichte Jesu näher, wenn man, wie die Jünger damals, heute in das Gespräch mit Juden eintritt und ihre Frage ernst nimmt. Die Erwartungshorizonte und Sprachfelder, in denen Jesus auftrat und die Jünger ihn sahen und hörten, sind keineswegs einfach vergangen, sondern im Kern neben dem Christentum auch heute im Judentum und im atheistischen Messianismus lebendig. Hier lautet die Christusfrage nicht: Ist der ewige Gott in Jesus Mensch? oder: Ist der Mensch Jesus göttlich zu nennen?, sondern: »Bist du der Kommende, oder sollen wir auf einen anderen warten?« Das war die Frage des Täufers an Jesus, und das Matthäusevangelium läßt Jesus antworten: »Sagt Johannes, was ihr gehört und gesehen habt: Blinde sehen, Lahme gehen, Aussätzige werden rein, Taube hören, Tote stehen auf und den Armen wird das Evangelium verkündet. Selig, wer sich nicht an mir ärgert« (11,2 ff). Diese Antwort ist indirekt. Die Ereignisse, die in Jesu Nähe und unter seinem Wort geschehen, sprechen für ihn, denn es sind die Zeichen der messianischen Zeit. Das in den Wundern zu den Hoffnungslosen und in seinem Wort zu den Armen kommende Evangelium trägt Jesus und beglaubigt ihn. Nicht die Inkarnation des ewigen Gottessohnes und nicht das Vorbild wahrer Humanität, sondern die in und bei ihm anbrechende Zukunft des Reiches trägt seine Würde. Die Fragerichtung ist hier die durch die alttestamentlichen Verheißungen geöffnete Zukunft der Geschichte, die messianische Erwartung des Reiches. Sie bringt Jesus mit seinem Wort und seinen Zeichen als »den Kommenden« zur Erscheinung. Nicht die göttliche Oberwelt kommt in ihm auf die Erde, nicht der sich selbst suchende Mensch kommt zu sich selbst, sondern eine neue Zukunft für Gott, Mensch und Welt in ihrer Geschichte miteinander bricht an. Am offenen Fragehorizont der alttestamentlichen und apokalyptischen Verheißungen und an der Existenz Israels in Exil und Fremde wird Jesus als der Erfüller offenbar gemacht. Das kann zwar oberflächlich als Weissagungsbeweis bezeichnet werden. Gemeint ist aber, daß Jesu Person und seine Geschichte in jener Offenheit für die Zukunft Gottes erschienen ist und aufgefaßt wurde, die durch die Sonderexistenz Israels unter allen Völkern markiert war. Das ist eine andere Offenheit als die allgemeine, metaphysische Frage der Endlichkeit, und eine andere Fraglichkeit als die allgemein anthropologische nach Humanität. Recht verstanden, umschließt jene Frage nach der erlösenden Zukunft der Geschichte von Gott, Mensch und Welt jene Gottesfrage und diese Humanitätsfrage und ist nicht enger, sondern weiter als jene beiden. Gehen wir von ihr aus, so wird es nicht mehr gleichgültig oder zufällig, daß Jesus Jude war, daß er in Israel auftrat, daß er mit den Hütern des Gesetzes seines Volkes in Konflikt kam, verurteilt und zur Kreuzigung an die Römer ausgeliefert wurde und daß die Jünger auf Grund seiner Erscheinungen ihn dann als »von den Toten auferweckt« verkündeten. Die messianische Frage: Bist du der Kommende? scheint eine der ursprünglichsten Christusfragen zu sein. In ihrem Kontext sprechen die frühesten Zeugnisse der Christenheit ihre eigene und Jesus selbst nächstliegende Sprache. Wo immer man diese Fragehinsicht als nur zeitbedingte Frage verläßt, wird es schwerer, Jesus zu verstehen.

Wie aber kann ein Heide diese Frage stellen, ohne zuvor Jude geworden zu sein? Werden mit dem Rückgang auf die messianische Frage nicht, wie seinerzeit das Gesetz und die Beschneidung, so nun die Prophetie und Apokalyptik zur Vorbedingung für den christlichen Glauben? Liegt darin nicht eine Rejudaisierung des Christentums? Ich denke nicht, denn durch die fortdauernde Einwirkung des Judentums und des Christentums auf die Gesellschaften, in denen sie präsent waren und sind, ist die Erfahrung der Wirklichkeit als zukunftsoffene Geschichte und damit der Messianismus universal geworden. Durch die Wirkungsgeschichte der Bibel kam das eschatologische Gewissen in die Welt (E. Bloch), und wurde die allgemeine Erlösungssehnsucht zur Zukunftserwartung. Ohne diese Zukunftsorientierung läßt sich die Erfahrung der Wirklichkeit als Geschichte schwer durchhalten. Das zeigen noch die heutigen Versuche, nach Verlust jener Hoffnungen die Geschichte stillzulegen oder zu beenden und in bürokratische Regelkreise zu überführen. Das zeigen auch die Bemühungen, nach Verlust jener Hoffnungen die Erfahrung der Geschichte in ein neues Naturvertrauen einzubetten, um der Geschichte ihre Gefahren zu nehmen.

Doch auch die messianische Fragestellung trägt neben ihrer Erschließung ihrerseits die Verhinderung ihrer Beantwortung durch Jesus in sich. Gerade im messianischen Problemkomplex liegt der wesentliche Konflikt zwischen Judentum und Christentum. Ihr Streit um Jesus wird auf dem Boden der gemeinsamen Zukunftsfrage geführt. Es ist der Streit zwischen gegenwärtig geglaubter Versöhnung und ausstehender realer Erlösung. Er wird heute auch im Streit mit Hegel zwischen Christentum und messianischem Atheismus weitergeführt. »Der Jude weiß zutiefst um diese Unerlöstheit der Welt, und er anerkennt inmitten dieser Unerlöstheit keine Enklaven der Erlösung. Die Konzeption einer erlösten Seele inmitten einer unerlösten Welt ist ihm wesensfremd, urfremd, vom Urgrund seiner Existenz her unzugänglich. Hier liegt der Kern für die Verwerfung Jesu durch Israel, nicht in einer nur äußerlichen, nur nationalen Konzeption des Messianismus«, erklärt Schalom Ben-Chorin[47]. Doch versteht sich der an Jesus Glaubende wirklich als eine erlöste Seele inmitten einer unerlösten Welt? – »Das Judentum hat, in allen seinen Formen und Gestaltungen, stets an einem Begriff der Erlösung festgehalten, den es als einen Vorgang auffaßte, welcher sich in der Öffentlichkeit vollzieht, auf dem Schauplatz der Geschichte und im Medium der Gemeinschaft, kurz, der sich entscheidend in der Welt des Sichtbaren vollzieht . . . Demgegenüber steht im Christentum

---

47. *Schalom Ben-Chorin*, Die Antwort des Jona, 1956, 99.

eine Auffassung, welche die Erlösung als einen Vorgang im geistigen Bereich und im Unsichtbaren ergreift, der sich in der Welt, in der Welt jedes einzelnen abspielt, und der eine geheime Verwandlung bewirkt, der nichts Äußeres in der Welt entsprechen muß ... Die Umdeutung der prophetischen Verheißungen der Bibel auf einen Bereich der Innerlichkeit ... erschien den religiösen Denkern des Judentums stets als illegitime Vorwegnahme von etwas, das in bestem Falle als die Innenseite eines sich entscheidend im Äußeren vollziehenden Vorgangs in Erscheinung treten konnte, nie aber ohne diesen Vorgang selbst«, sagte Gershom Scholem[48]. Doch ist der Christusglaube wirklich eine solche Interiorisierung des Heils? Es ist richtig, daß es im historischen Christentum tatsächlich eine Preisgabe der realen und universalen Erlösungshoffnung und damit zugleich eine Preisgabe des Leidens an der unerlösten Welt gegeben hat. Sie hatte zwei Seiten: auf der einen kann man von einer enttäuschten Naherwartung im frühen Christentum sprechen, die dann durch Kult, Moral und Metaphysik ersetzt wurde[49]. Auf der anderen Seite – und sie scheint mir historisch viel besser belegt – folgte im Christentum ein Erfüllungsenthusiasmus auf den anderen. Man sah das Reich der Erlösung schon in der Kirche oder im konstantinischen Staat, in der eigenen exklusiven Glaubensgemeinschaft oder in der christlich-bürgerlichen Welt. Weniger von einer Urenttäuschung, als vielmehr von einer Vorwegnahme des Reiches lebte das historische Christentum. Daraus entstand der kirchenstaatliche oder staatskirchliche Triumphalismus, der regelmäßig zur Verfolgung der Juden und anderer Träger der unerfüllten messianischen Hoffnung führte. Ein Glaube, der Christus ohne seine Zukunft als Gott verehrt, eine Kirche, die sich selbst als das Reich versteht, ein Versöhnungsbewußtsein, das nicht mehr an der fortdauernden Unerlöstheit der Welt leidet, ein christlicher Staat, der sich als präsenten Gott auf Erden weiß, können keine jüdische Hoffnung neben sich dulden. Aber ist das noch authentischer christlicher Glaube?

Es ist richtig, daß der Glaube von der Vorwegnahme des Reiches durch und an Jesus lebt. Aber das ist keine Vergeistigung und keine Individualisierung des realen Heils. Es ist auch keine Enklave der Erlösung in einer unerlösten Welt. Der Glaube ist auch nicht jene erlöste Seele, die der unerlösten Welt nur noch mit Gleichgültigkeit begegnet. Es ist jene eschatologische Vorwegnahme der Erlösung, ja die Vorwegnahme durch und an einem Ausgestoßenen, Verworfenen und Gekreuzigten. Die Erinnerung an den gekreuzigten Antizipator des Reiches

---

48. *Gershom Scholem*, Zum Verständnis der messianischen Idee im Judentum, in: Judaica I, 1963, 7 f. Vgl. dazu auch *Fr. Rosenzweig*, Der Stern der Erlösung, 1954³, 97 ff, 178 f.
49. *R. Bultmann*, Geschichte und Eschatologie, 1957, 44 ff, betont nur diese Seite.

macht dem Christen jede Vergeistigung, jede Individualisierung des
Heils und jede Resignation vor der Teilnahme an der unerlösten
Welt unmöglich. Hat nicht Paulus gerade am »Leiden dieser Zeit«
(Röm. 8,18 ff) und am »Seufzen der geknechteten Kreatur« und an
Israel (Röm. 9–11) eine eschatologische Christologie des Gekreuzigten entfaltet? Hat er nicht das Evangelium der Gottlosen, den Geist
und den Glauben, Taufe und Abendmahl als Vorwegnahmen der
Erlösung der ganzen harrenden Kreatur verstanden? Hat er nicht
den Gekreuzigten als Stellvertreter und Platzhalter jener universalen Zukunft begriffen, in der »Gott alles in allem ist« (1. Kor. 15,28)?
Jesus, der Gekreuzigte, ist auch christlich nicht ohne das Leiden an der
Unerlöstheit der Welt und die durch ihn allen Gottlosen eröffnete
Hoffnung auf das Reich zu verstehen. Angesichts des Elends der
Kreatur ist das Perfekt der Versöhnung mitten im Streit unverständlich ohne das Futur der Erlösung des Leibes und des Friedens, der den
Streit beendet. »Denn Jesus ist der Kommende. Er begegnet jedem,
dem er wirklich begegnet, von der Zukunft her, als das kommende Leben, als der Herr der kommenden Welt. Anders kann er nicht unser
Herr sein ... Nur als der Kommende ist er der, der gekommen ist.
Als der Kommende, der Gottlosen eine neue Zukunft eröffnet, ist er
gegenwärtig.«[50] Israel und Kirche haben sich im Streit um Jesus auseinander entwickelt. »Für den Juden droht der Messias hinter dem
Reich Gottes zu verschwinden. Für die christliche Kirche droht das
Reich Gottes hinter der Gestalt des Messias zu verschwinden« (Schalom Ben-Chorin). Für Israel trat seit Beginn des Christentums das
Wort von dem einen Mann mehr und mehr hinter dem Wort von der
einen Zeit, das Wort vom Messias hinter dem Wort von kommenden
Tagen des Messias zurück. Die christliche Christologie hat dem Judentum die Hoffnung auf den Messias suspekt gemacht. Umgekehrt hat
die jüdische Reichserwartung in ihrem Realismus den Christen die realfuturische Eschatologie suspekt gemacht. Auf dieser Ebene ist heute
nach der Geschichte der Divergenz durchaus eine Geschichte der Konvergenz denkbar. Die tiefere Differenz aber liegt in der Existenz selbst.
Der Jude hat seine Existenz vor Gott in sich selbst. Der Christ hat seine
Existenz vor Gott in Christus. Was bedeutet das für die Erlösung der
von beiden empfundenen unerlösten Welt? Hängt die Erlösung von
der Umkehr der Menschen ab? Tut sie es, so kommt die Erlösung nie.
Tut sie es nicht, so scheint sie für die Menschen irrelevant zu sein. Die
jüdische Antwort kann lauten: Gott zwingt Israel durch Leiden zur
Umkehr[51]. Die christliche Antwort lautet: Gott bringt den Sünder, ob

50. *H. J. Iwand,* Die Gegenwart des Kommenden, 1955, 37.
51 Das hat sehr eindrucksvoll *E. Fackenheim* dargestellt: The Commandment to

Juden oder Heiden, zur Umkehr durch sein eigenes Leiden am Kreuz Jesu. Die letzte Differenz zwischen Juden und Christen liegt in der Stellung zum Gekreuzigten. An ihm muß christlich auch noch der messianische Erwartungs- und Fragehorizont durchbrochen und die Hoffnung in einer unerlösten Welt neu begründet werden.

4. »Wer sagt ihr, daß ich sei?«

Wir haben die Christusfrage in ihren verschiedenen Gestalten bisher als Voraussetzung und Vorgabe für das Verständnis der Person und Geschichte Jesu behandelt. Dabei stellte sich heraus, daß der Ausgangspunkt bei einem Universalen das Konkrete seiner Person und Geschichte sowohl erschließen wie verschließen kann, so daß im Rahmen der jeweils universalen Fragehinsicht sowohl Glauben wie Unglauben möglich werden. Es wurde ferner deutlich, daß der in den Fragestellungen intendierte Antwortentwurf sowohl an der Individualität Jesu wie an seinem konkreten geschichtlichen Kreuzestod Korrektur, Uminterpretation und radikale Veränderung erfuhr, wenn er Jesus und seiner Geschichte gerecht werden sollte. Eine universal relevante christologische Konzeption vom inkarnierten Gottessohn, vom Erlöser oder vom vorbildlichen Menschen kann nicht christlich sein ohne den unverwechselbaren Verweis auf seine einmalige Person und Geschichte. Will die Christusfrage – in welcher Gestalt auch immer – Jesus selbst gerecht werden, so muß sich ihr Verhältnis zu ihm von der Frage zum Gefragtsein, vom Antwortfordern zum Antwortgeben umkehren. Sie kann ihn nicht nur als ihr Objekt zur Erscheinung bringen, sondern muß ihr Objekt als Subjekt wahrnehmen. Anders würde sie nicht Jesus selbst, sondern stets nur das erreichen, was sie selbst nach ihrem eigenen Entwurf an ihm hervorbringt.

Wir können darum die Erörterung der Christusfragen nicht schließen, ohne auf den merkwürdigen Umstand hinzuweisen, daß in den synoptischen Evangelien die Christusfrage nicht nur von außen an Jesus herangetragen wird, sondern auch aus dem Munde Jesu selbst uns begegnet[52]. Jesus erscheint hier nicht als Antwort auf die Frage von Menschen, sondern stellt den Jüngern selbst die Frage, wer er sei. »Wer sagen die Menschen, daß des Menschen Sohn sei?« Sie antworten: »Die einen sagen, Johannes der Täufer, andere Elia, andere Jeremia oder einer von den Propheten.« Dann folgt die Frage: »Wer sagt ihr, daß ich sei?«, und es kommt die Antwort des Petrus: »Du bist Chri-

---

Hope, A response to comtemporary Jewish experience, in: The Future of Hope, ed. W. Capps, Philadelphia 1970, 68 ff.
52. Darauf hat *H. Vogel*, Christologie I, 1949, aufmerksam gemacht.

stus, der Sohn des lebendigen Gottes.« Und Jesus antwortet: »Selig
bist du, Simon, Sohn des Jona, denn Fleisch und Blut haben dir das
nicht offenbart, sondern mein Vater im Himmel« (Matth. 16,13 ff).
Die Perikope zeigt, wie die Zeitgenossen sich Jesus nach dem Bilde großer Figuren der vergangenen Heilsgeschichte als prophetus redivivus
vorstellen. Jesu Frage an die Jünger nach sich selbst wird, wie seine
Antwort auf das Petrusbekenntnis zeigt, keine neugierige Testfrage
gewesen sein, sondern eine offene Frage. So redet der synoptische Jesus
indirekt von sich selbst. Der Anspruch, mit dem er auftrat, ließ sich offenbar nicht in einen Titel der heilsgeschichtlichen Tradition Israels
oder einen Titel der Hoffnungsgeschichte des späten Israel fassen. Es
ist, als wolle er die Erkenntnis seiner selbst erst herauslocken, als sei er
angewiesen auf die Offenbarung seiner selbst durch Gott und die Glaubenden. Die Frage nach seinem historischen Selbstbewußtsein oder
Selbstverständnis, ob er sich selbst »Menschensohn« oder »Christus«
genannt habe, findet keine eindeutige Antwort. Wichtiger ist es zu sehen, daß der irdische Jesus nach den synoptischen Evangelien in einer
eigentümlichen Offenheit auf den hin lebte, von dem er seine Offenbarung erwartete, und auf die Zukunft hin sprach, die seine Identität
hervorbringen würde. Es ist ferner wichtig, daß seine Jünger von ihm
selbst aufgerufen werden, ihm die Antwort zu geben. »Er ist auf den
hin, der er sein wird«, sagt O. Weber mit Recht[53]. »So weist er nun
aber tatsächlich über sein irdisches Auftreten hinaus in eine von ihm
selbst respektierte und offengehaltene Zukunft ... (er ist) mit seinem
ganzen Sein ein Rätsel, eine Frage, eine Verheißung, die Erfüllung und
Antwort erheischt«, meint E. Käsemann[54]. Der synoptische Jesus lebt,
spricht und handelt exzentrisch auf jene Zukunft hin, die »Reich Gottes« genannt wird. Sein Gott und Vater soll ihn als den offenbar machen, der er eigentlich ist. Das von ihm selbst als nahe verkündigte und
praktizierte Reich Gottes zeigt ihn als den, der er in Wahrheit ist. Was
Matthäus explizit als Christusfrage im Munde Jesu an die Jünger berichtet, ist, soweit historisch erkennbar, ein Grundzug im Auftreten
Jesu gewesen.

»Kein gängiger und geläufiger Begriff, kein Titel und kein Amt, welche die jüdische
Tradition und Erwartung bereit hielten, dient der Legitimation seiner Sendung und
erschöpft das Geheimnis seines Wesens ... Wir lernen von hier aus zu verstehen, daß
das Geheimnis seines Wesens sich den Jüngern erst in seiner Auferstehung erschließen
konnte.«[55]

Gerade in dem exzeptionellen Anspruch Jesu, der alle traditionellen

53. O. *Weber*, Grundlagen der Dogmatik II, 1962, 75.
54. E. *Käsemann*, Exegetische Versuche und Besinnungen II, 1964, 119.
55. G. *Bornkamm*, Jesus von Nazareth, 1956, 163; ebenso E. *Schweizer*, Jesus Christus, 1968, 25 f.

und zeitgenössischen Titel hinter sich läßt, liegt der Ansatzpunkt für die Bildung der Christologie[56]. Wäre Jesus als Rabbi oder Prophet in der Nachfolge des Mose aufgetreten, so wäre er keine Frage. Erst daß er anders handelt und ist als jene Figuren der Erinnerung und Hoffnung seiner Zeit, macht ihn zu einer Frage. Die spezifische Christusfrage entsteht darum erst an ihm und durch ihn selbst. Jesus ist selbst in seinem Wort und seiner Existenz offen und angewiesen auf das von Gott Kommende. Die Frage nach sich selbst, die er nach Matthäus den Jüngern stellt, entspringt aus seiner eigenen Zukunftsoffenheit und Exzentrizität. Durch die Antwort des Glaubens stellen sich die Jünger in diese Zukunftsoffenheit hinein, nehmen seine Wahrheit durch ihr Bekenntnis vorweg und hoffen zugleich, mit ihm offenbar zu werden in seiner Zukunft.

Wie sehen diese bekennenden Antworten auf die offene Frage aus, die Jesus war? Sie greifen zunächst zurück in die Erinnerung an Vergleichbares in der Vergangenheit, auf Mose, die Propheten und den Täufer, und greifen in die Erinnerung der Hoffnung Israels zurück, auf den Messias, den Menschensohn, den Davidssohn. Das exorbitante Novum Jesu wird also zunächst durch die erweckte Erinnerung an Altes oder Zuvorverheißenes aufgefaßt. Darum hängte sich an ihn auch die Erwartung der Erneuerung Israels, der Wiederkehr des Anfangs und der Restitution des Zion. Die Zukunft aber, auf die hin Jesus lebte und sprach, sieht anders aus. Es ist nicht mehr die im Gesetz verherrlichte, sondern die in zuvorkommender Gnade sich offenbarende Gerechtigkeit Gottes. Diese Differenz zum Kontinuum der Heils- und Hoffnungsgeschichte Israels machte das Novum Jesu zugleich zum Ärgernis und führte zu seiner Verwerfung und Kreuzigung. Verkündigen die Jünger die Auferweckung des Gekreuzigten, so verkündigen sie die Zukunft des Gekreuzigten, deren Neuartigkeit eben durch die Andersartigkeit Jesu, dokumentiert in seiner Kreuzigung, bestimmt ist. Damit tritt das Novum Jesu aus den Erinnerungen an Vergleichbares in Geschichte und Hoffnung heraus und wird zur offenen Frage, die bekenntnishafte Antworten verlangt. Die Titel aus Geschichte und Hoffnung wandeln sich, werden sie auf das Novum Jesu angewendet, und werden uminterpretiert, sagten wir. Im Grunde aber sprengt das Novum Jesu die Kategorie »Re« und verwandelt sich noch die Erinnerung. Was nun »Menschensohn« oder »Christus« heißen soll, kann nicht mehr nur an den Leiden und Erwartungen Israels, sondern muß an der Person und Geschichte Jesu auf den Boden der Realität kommen. Damit ist eine gewisse Kreativität des christlichen Glaubens freigesetzt. Sie ist durch das Novum Jesu und seine eigene Frage freige-

---

56. *Ph. Vielhauer*, Aufsätze zum Neuen Testament, ThB 31, 1965, 90.

setzt. Die Christusfrage in der Gestalt: Wer sagt ihr, daß ich sei? wird durch Jesus selbst und durch seinen doppelten Lebensausgang aus dem Leben in den Tod und aus dem Tod in das neue Leben aufgeworfen. Die Exzentrik seines Daseins und die doppelte Offenheit seines Endes stellen diese Fragehinsicht. Ist er auf den hin, der er sein wird, so sind seine Frage und seine Zukunftsoffenheit größer als alle Antworten, die Glaubende und Nichtglaubende geben werden. Diese Christusfrage wird erst durch eine neue Schöpfung beantwortet, in der das Novum Jesu kein Novum und sein Kreuz kein Ärgernis mehr sind, sondern zum Grund und zum Licht des Reiches werden.Indem der Glaube Jesus als den Christus bekennt, bekennt er sich zugleich zu dieser seiner realen Zukunft. Sein Bekenntnis zu Jesus entspricht Jesus dann, wenn es zugleich seine Zukunft vorwegnimmt, auf die hin er existierte, starb und auferweckt wurde. Das Christusbekenntnis des Glaubens kann darum kein endgültiges Seins- oder Faktenurteil sein, das sich ja immer nur auf abgeschlossene Wirklichkeit zu beziehen vermag. Es kann auch kein subjektiv beliebiges Werturteil auf Grund frommer Eindrücke sein. Es ist in Entsprechung zu Jesus selbst ein antizipierendes Urteil der Zuversicht und darum bei aller Gewißheit im Blick auf Person und Sendung Jesu doch vorläufig in einem eschatologischen Sinn. Denn es nimmt jene Zukunft vorweg, in der, wie die Offenbarung Johannis (4,12) sagt, »das Lamm, das erwürgt ist, Kraft, Reichtum, Weisheit, Stärke, Ehre, Preis und Lob nimmt« und »Gott abwischen wird alle Tränen von ihren Augen« (7,17). Das Bekenntnis des Glaubens hat die Form antizipierender Doxologie. Es drückt in der »unerlösten Welt« demonstrativ jetzt schon den Jubel der Erlösung aus und macht gerade deshalb das Leiden an der »unerlösten Welt« zum bewußten Schmerz. Es bleibt darum auch für den Glauben die Christusfrage, die durch das Novum Jesu und seiner Geschichte aufgeworfen wird, größer als alle Bekenntnistitel, die ihn als »das eschatologische Ereignis« bezeichnen. Denn die Offenheit der Person und Geschichte Jesu ist über das Bekenntnis der Glaubenden hinaus offen für die neue Schöpfung und die Befreiung der ganzen harrenden Kreatur. Sie wird darum weder schon durch den Glauben noch auch durch die Kirche geschlossen, sondern erst durch die Erlösung selbst, d. h. durch neues und befreites Sein. Darum hat es einen tiefen Sinn, daß der Name Jesu und seine Geschichte feststehen, so fest wie sein Tod, die Christustitel, die auf seine Offenheit antworten, aber durch die Zeiten geschichtlich wandelbar und Geschichte verändernd sind.

Christologie ist darum wesentlich unabgeschlossen und permanent revisionsbedürftig. Christologie ist gerade in der Konzentration auf Jesus und seine Geschichte voller pro-visio und promissio, denn sie weist in jene neue Zeit und neue Schöpfung ein, in der der Gekreuzigte kein

Ärgernis und keine Torheit mehr sein wird, weil er zum Grund für das
»Alles ist neu« (Off. Joh. 21,5) geworden ist. Darum schließt das Bekenntnis des Glaubens an Jesus mit der Zukunftshoffnung: »Amen, ja
komm, Herr Jesu« (22,20) und stellt damit den wahren Anfang an sein
Ende.

IV. Der geschichtliche Prozeß Jesu

Die folgenden beiden Kapitel behandeln den geschichtlichen und den eschatologischen Prozeß Jesu. Wir versuchen darin, zu einem Verständnis des Gekreuzigten zu kommen, und zwar zuerst im Lichte seines Lebens und Wirkens, das zu seiner Kreuzigung führte, und dann im Licht des eschatologischen Glaubens, der seine Auferweckung von den Toten und damit ihn als Christus verkündigt. Für das Verständnis des Todes Jesu kommt es darauf an, von welcher Seite aus man diesen Tod zu verstehen sucht: »ob von Jesu gelebtem Leben her oder ob von Gottes Verhältnis zu diesem gelebten und also beendeten Leben her«[1]. Doch kann es hier keine Alternative und keine Einseitigkeit geben. Würde man seinen Tod nur im Lichte seiner Auferweckung verstehen, so käme man leicht zu einem Christusmythos, für den allenfalls das Faktum des Todes des Heilbringers wichtig ist, nicht aber Jesus selbst und sein Weg zum Kreuz. Würde man seinen Tod nur im Lichte seines gelebten Lebens sehen, so hätten schließlich weder dieser Tod noch dieses Leben Jesu irgendeine besondere Bedeutung, die über vergleichbares Leben und Sterben großer Propheten oder Verführer hinausginge. Wenn es sich in Kreuzigung und Auferweckung um *denselben* Jesus handelt – und davon muß der christliche Glaube ausgehen –, so wird nur eine integrale Betrachtung von beiden Seiten her, die ihre Aspekte beständig aufeinander bezieht, ihm gerecht.

Das moderne Dilemma besteht darin, daß beide Seiten nicht mehr auf einen Nenner gebracht werden können. So entscheidet man sich entweder für *Jesulogie* und meint damit den irdischen, historischer Betrachtung zugänglichen und menschlicher Nachfolge fähigen Jesus, oder für *Christologie* und meint damit den verkündigten Christus des Glaubens und der Kirche. Das aber führt zu tödlichen Spaltungen in der Theologie und im Leben der Christenheit[2].

---

1. Vgl. *E. Jüngel*, Tod, 1971, 132.
2. Der in Kapitel I erwähnte Kirchenstreit in Japan führte bezeichnenderweise zur Polarisierung von »Iesuron« (Jesulogie) und »Kirisutoron« (Christologie). Das Bild des menschlichen, revolutionären, gewaltorientierten Jesus wurde gegen das Bild des transzendenten, reaktionären Christus des Establishment gestellt. *Toshikazu Takao* rückte den revolutionären Jesus in die Nähe der jüdischen Zeloten und fand seine wahren Nachfolger in den rebellierenden Studenten. *Kazoh Kitamori*, der die erste japanische Kreuzestheologie geschrieben hatte, wurde als Vertreter des Christus des kirchlich-sozialen Establishment angegriffen. Für die protestierenden Theologiestu-

Nachdem seit der frühen historischen Aufklärung die Jesulogie im Vordergrund stand, trat mit der Ausbildung der radikalen historischen Skepsis und des historischen Positivismus die Christologie auf neue Weise in Erscheinung[3].
M. Kählers Buch »Der sogenannte historische Jesus und der geschichtliche, biblische Christus« ist schon im Titel dafür bezeichnend[4]. R. Bultmanns Schriften über »Jesus«, das »Urchristentum« und zuletzt »Das Verhältnis der urchristlichen Christusbotschaft zum historischen Jesus« haben dieses Dilemma nur verstärkt[5].
Das Problem entstand durch die unabweisbare Aufgabe historisch-kritischer Arbeit. Sie machte es zunehmend schwerer, das Historische und das Theologische, Geschichte und Eschatologie, im Falle Jesu Christi auf einen Nenner zu bringen. Das Verständnis des Todes Jesu im Lichte seines gelebten Lebens scheint eine nur historische Aufgabe zu sein. Die Interpretation des christlichen Osterglaubens scheint eine rein theologische Aufgabe zu sein. Wir werden dagegen im folgenden versuchen, *die historische Aufgabe* der Darstellung des Todes Jesu im Rahmen seines Lebens *als theologische Aufgabe* anzufassen, denn sein Leben, Verkündigen und Wirken sowie sein Sterben waren in seinem eigenen Sinne theologisch bestimmt. Wir werden dann die *theologische Aufgabe* der Darstellung und Interpretation des Osterglaubens *als historische Aufgabe* auffassen, sofern sich alle Aussagen des Glaubens über seine Auferweckung und Erhöhung durch Gott und seine Funktionen als Christus, Kyrios und Gottessohn auf sein Leben und seinen Tod beziehen. Wir gehen dabei von einer Wechselbeziehung der historischen und der eschatologischen Methode aus: auf der Linie der historischen Darstellung geht die Geburt dem Leben und das Leben dem Tod voraus. Das Vergangene kann man erzählen, und alles Erzählen beginnt wie das Aufzählen mit dem Anfang und kommt dann zum Ende. Auf der Linie der eschatologischen Vorwegnahme aber muß das Letzte das Erste sein, geht die Zukunft der Vergangenheit voran, erschließt das Ende den Anfang und werden die objektiven Zeitverhältnisse umgekehrt. »Geschichte als Erinnerung« und »Geschichte als Hoffnung«

---

denten wurde der revolutionäre Jesus zum Vorbild radikaler Selbstverleugnung in einer unmenschlichen und entfremdeten Gesellschaft.
3. Dazu das hübsche Bonmot von *H. Conzelmann*, das die Umkehrung der Lage trifft, wonach man »auf dem Acker historischer Skepsis eine systematische Christrose zu züchten versucht habe«. Zur Methode der Leben-Jesu-Forschung, ZThK 56, 1959, Beiheft 1,4.
4. *M. Kähler*, Der sogenannte historische Jesus und der geschichtliche, biblische Christus (1892), ThB 2, 1953.
5. *R. Bultmann*, Jesus, 1926; Das Urchristentum im Rahmen der antiken Religionen, 1949; Das Verhältnis der urchristlichen Christusbotschaft zum historischen Jesus, SAH 1960.

können sich in jener »Hoffnung im modus der Erinnerung«, die den christlichen Glauben bestimmt, nicht widersprechen, sondern müssen sich ergänzen[6].

Der Ausdruck »Prozeß« wird in den folgenden Kapiteln in seinem weiten Sinnhorizont gebraucht und meint sowohl einen Gerichtsprozeß um die Wahrheit wie einen Geschichtsprozeß. Mit dem »Prozeß Jesu« ist darum nicht im engen Sinne sein Prozeß vor dem Hohen Rat oder Pilatus gemeint, sondern der Streit um die Wahrheit Gottes, in dem er als Zeuge auftritt, und auf der anderen Seite der »Prozeß um Jesus« im Rechtsprozeß Gottes, in welchem seine Zeugen für ihn eintreten. Der Ausdruck schillert also in mehreren Bedeutungen, ist aber darum auch fruchtbar. Hinter seiner Verwendung steht die Auffassung, daß Geschichte besser in den Kategorien des Rechtsprozesses und des Streites um Gerechtigkeit, Leben und Freiheit erfaßt wird als in naturalistischen Kategorien.

1. Zur Frage des Ursprungs der Christologie

M. Kähler hatte, wie schon zitiert, das Kreuz Christi für den Ursprung der Christologie erklärt: »Ohne Kreuz keine Christologie und in der Christologie auch kein Zug, der nicht am Kreuz seine Berechtigung aufzuzeigen hätte.«[7] Er wollte damit die Christologie nicht auf nur ein Thema verengen, sondern die Christologie und mit ihr die ganze christliche Theologie in die enge Weite des Kreuzes führen. Der Gekreuzigte sollte zum Schlüssel für alle göttlichen Geheimnisse der christlichen Theologie werden. Seine Thesen werden heute manchmal wiederholt. Aber sie klingen auch in der zustimmenden Wiederholung oft »unentschlüsselt«[8]. Sie sind in die christologische Arbeit der gegenwärtigen Theologie keineswegs eingegangen. Sollen seine und Luthers ähnlich lautende Thesen nicht nur bekenntnishafte Akklamationen bleiben, so müssen sie in den historischen und theologischen Auseinandersetzungen über den Ursprung der Christologie geprüft werden.

In der Frage nach dem *Ursprung* der Christologie verbindet sich ein historisch-exegetisches Interesse an den *Anfängen* der Christologie mit einem systematischen Interesse an dem bleibenden *Grund* der Christologie. Wir bewegen uns damit im Bereich der Frage nach der inneren Begründung der Christologie des Glaubens in Jesus und seiner Ge-

---

6. Vgl. *J. Moltmann*, Exegese und Eschatologie der Geschichte, in: Perspektiven der Theologie, 1968, 57 ff.
7. *M. Kähler*, Das Kreuz, 302.
8. So *W. Trillhaas* kritisch zu *E. Käsemann*, EvKomm 3, 1970, 682.

schichte. Ist die Verkündigung Jesu als des Christus durch Jesus und seine Geschichte selbst legitimiert? Steht die Verkündigung der Kirche in einer zeitlichen Kontinuität und einer sachlichen Übereinstimmung mit Jesus und seiner Geschichte?

Das ist eine *historische Frage,* sofern die Exegese der urchristlichen Verkündigungen nicht nur formgeschichtlich und glaubensphänomenologisch erhellen soll, was sie zum Ausdruck bringen, sondern diese Aussagen immer auch am Ausgesagten selbst prüfen muß, wenn sie historisch-kritisch arbeiten will. Es genügt nicht zu erheben, was diese Zeugnisse an gläubigem Existenzverständnis zum Ausdruck bringen. Kritische Forschung muß auch fragen, was die Zeugnisse über den Bezeugten und der Glaube über den Geglaubten sagen und ob es ihm entspricht[9]. Darum lautet die Kernfrage nach dem Anfang der Christologie: Wie wurde aus dem verkündigenden Jesus der verkündigte Jesus Christus? Warum und wodurch wurde der »Zeuge des Glaubens« zum »Grund des Glaubens«[10]? In welchem Verhältnis steht die urchristliche Christusbotschaft zum historischen Jesus? Mit welchem Rechtsgrund verkündigte die Gemeinde Jesus als den Christus nach seinem öffentlichen Tod am Kreuz?

Das ist zugleich eine *theologische Frage*, denn jeder Christ muß fragen, ob sein Glaube an Jesus Christus wahr ist und Jesus selbst entspricht, oder ob die christliche Tradition ihm oder sich selbst etwas anderes an seine Stelle gesetzt hat, eine Idee, einen Geist oder ein Phantom[11]. Die selbstkritische Rückfrage des Glaubens nach Jesus und seiner Geschichte entspringt aus Glauben selbst. Die theologische Reflexion hat die Aufgabe, diese Frage methodisch durchzuführen und dem Glauben zu helfen, sich vom eigenen Aberglauben und vom eigenen Unglauben zu unterscheiden und die Wahrheit Jesu selbst zu suchen.

Sie kann diese Aufgabe nur durchführen, wenn sie die theologische Arbeit als historische tut, ohne sich selbst aufzugeben.

Die Rückfrage aus den christologischen Traditionen der Kirche nach der Wahrheit Jesu kann von verschiedenen Interessen geleitet sein. Sie ist aber immer aktuell.

Wir skizzieren drei dieser Rückfragen:

1. Schon im Neuen Testament selbst findet man zwischen den verschiedenen Gemeinden und Traditionen einen Prozeß um die Wahrheit Jesu Christi. Aus ihm sind die christlichen Glaubensbekenntnisse hervor-

---

9. Vgl. dazu *W. Pannenberg*, Hermeneutik und Universalgeschichte, in: Grundfragen systematischer Theologie, 1967, 123 ff.
10. Das ist die Frage von *G. Ebeling*, Wort und Glaube, 1960, 203 ff, 300 ff; Das Wesen des christlichen Glaubens, 1959, 48 ff, 66 ff; Leitsätze zur Christologie, in: Theologie und Verkündigung, 1962, 83 ff.
11. So auch *W. Pannenberg*, Grundzüge der Christologie, 13.

gegangen. Nachdem in früher Zeit der Osterglaube zu verschiedenen Formen des christlichen Judaismus und der enthusiastischen christlichen Gnosis Anlaß gegeben hatte, kam es in der Evangelienschreibung zu einer kritischen Rückbindung der gegenwärtigen Christus- und Geist-erfahrungen an die Geschichte Jesu. Die Gefahr, daß an die Stelle der Erinnerung Jesu die Verehrung eines Geist- oder Himmelswesens tritt, wurde von Paulus in der korinthischen Gemeinde gesehen und mit der Verkündigung des Gekreuzigten beantwortet. Er schärfte damit die Identität des erhöhten Herrn mit dem auf Golgatha gekreuzigten Jesus ein, stellte aber nicht den irdisch Gekreuzigten gegen den Auf-erstandenen.

»Wenn die Urchristenheit den erniedrigten mit dem erhöhten Herrn identifiziert, so bekundet sie damit zwar, daß sie nicht fähig ist, bei der Darstellung seiner Geschichte von ihrem Glauben zu abstrahieren. Gleichzeitig bekundet sie jedoch damit, daß sie nicht willens ist, einen Mythos an die Stelle der Geschichte, ein Himmels-wesen an die Stelle des Nazareners treten zu lassen.«[12]

Die kritische Rückfrage und Erinnerung an den irdischen Jesus hat den Glauben an den Erhöhten und die Hoffnung auf den Kommenden zur Voraussetzung und bewahrt Glauben und Hoffnung bei der Identität Jesu Christi, wie sie in der Doppelaussage: gekreuzigt – auferstanden zum Ausdruck gebracht wird (Röm. 10,6). Die Rückfrage hat hier nicht die Gestalt der expliziten historischen Kritik, der Sache nach aber brachte sie in die christologischen Traditionen des Urchristentums als Kriterium unaufgebbare Bindung aller Christusaussagen an den *Namen Jesu* hinein. Der urchristliche Traditionsprozeß um die Wahrheit Christi bekam damit seine Gemeinsamkeit und Konstanz. Der Name Jesu wurde, so wird man sagen können, in den frühchristlichen Strei-tigkeiten zu einem ersten Kanon für das, was christlich zu nennen war und als kirchlich gelten konnte. Er wurde zum Grund und Maß der frühen Christologien.

2. In der Reformation wurde der Prozeß um die Wahrheit Christi auf dem Boden der Auseinandersetzung von Schrift und Traditionen ge-führt. Der reformatorische Grundsatz »sola scriptura« stand für den Grundsatz »solus Christus«. »Die Schrift« wurde zum Kriterium der wahren Verkündigung und Kirche Christi gegen die falsche Kirche, die neben und über ihn hinaus auch noch vieles andere mehr lehren, verlangen und verbreiten zu müssen glaubte. Damit wurde protestan-tisch die *Schriftgemäßheit* zum Grund und Maß der Kirchenlehren[13]. Das Maß wiederum der Schriftgemäßheit war für Luther das recht-fertigende Evangelium oder »was Christum treibet«, wie er sagte. Eine Theologie, die unter diesem Kriterium schriftgemäß und traditionskri-

12. *E. Käsemann,* Exegetische Versuche und Besinnungen I, 196.
13. Dazu *H. Diem,* Was ist schriftgemäß?, 1958.

tisch antritt, wird »reformatorische Theologie« genannt, nicht weil sie auf eine Reformation im 16. Jahrhundert zurückgeht, sondern weil sie permanent reformierende Ansprüche an Verkündigung, Kirche und Leben stellt und stellen muß. Im Blick auf die Schrift und im Blick auf den zur Rechtfertigung der Sünder gekreuzigten Christus, den sie bezeugt, wird Kirche zur ecclesia reformata et semper reformanda.

3. Die Frage nach dem »historischen Jesus« als Kriterium ist erst zusammen mit dem historisch-kritischen Denken der Neuzeit entstanden, erhebt aber ähnliche Ansprüche. Das erkenntnisleitende Interesse der Leben-Jesu-Forschung richtete sich darauf, das Bild des historischen Jesus von den Übermalungen der kirchlichen Christologien und darüber hinaus auch von den Übermalungen durch das nachösterliche Kerygma der Urchristenheit zu befreien, um *Jesus selbst* ohne das, was seine Anbeter und Nachfolger aus ihm gemacht haben, zu begegnen. Der »historische Jesus« sollte »Jesus selbst« sein. Diese Leben-Jesu-Forschung war nicht nur eine »edle Wahrhaftigkeitstat des deutschen Geistes«, wie A. Schweitzer und P. Tillich sagten[14], sondern gehört auf die Linie des fortgesetzten christologischen Revisionismus, den die reformatorisch-kritische Theologie begonnen hatte. Doch richtete sich die historische Kritik im Namen des historischen Jesus nicht nur ideologiekritisch gegen die Kirchenlehren, sondern zugleich auch kritisch gegen die in der Schrift zusammengefaßten Zeugnisse des urchristlichen Christusglaubens. Der Kanon der Schriftgemäßheit der Apostolizität, der Suffizienz und Klarheit der Schrift zerfiel angesichts der historisch ermittelten Differenzen und Fehler in der Schrift. An seine Stelle trat der allgemeinwissenschaftliche Kanon historisch-kritisch gesicherten Wissens. Er machte den Glauben beliebig und setzte den Grund des Glaubens in die freie Subjektivität.

Die Ergebnisse der historisch-kritischen Rückfrage nach Jesus können in zweifacher Hinsicht zusammengefaßt werden: Sie stieß auf die zeitliche Diskontinuität und die sachliche Differenz zwischen Jesu Verkündigung des Reiches und der urchristlichen Christusverkündigung. Sie stieß zugleich auf eine Fülle tradierter Kontinuitäten und sachlicher Analogien. Das ist nicht verwunderlich, denn das historische Erkennen kann Differenzen nur im Rahmen von Gemeinsamkeit und umgekehrt Gemeinsamkeit nur in Differenzen erkennen. Diskontinuität wird in der Geschichte nur an Kontinuität erkennbar, worauf schon der Sprachgebrauch hinweist. Und Kontinuität wird nur in wahrgenommener Diskontinuität fraglich und spruchreif[15]. Diskontinuität kann

---

14. *A. Schweitzer,* Geschichte der Leben-Jesu-Forschung, 1951[6], 1 ff; *P. Tillich,* Systematische Theologie II, 1958, 111 ff.

15. *E. Käsemann* hat das Begriffspaar Kontinuität-Diskontinuität in seinem Aufsatz »Das Problem des historischen Jesus«, aaO. 187, verwendet. *G. Ebeling* hat es

nicht völlige Zusammenhangslosigkeit meinen, weil eine solche weder wahrnehmbar noch aussagbar ist. Kontinuität kann nicht unvermittelte und unmittelbare Identität meinen, weil einer solchen jede zeitliche Geschichte fehlen würde. In der Geschichte gehören Gemeinsamkeit und Verschiedenheit dialektisch zusammen, ebenso wie im geschichtlichen Erkennen Analogie und Novum zusammengehören. Ein unvergleichliches Novum ist unaussagbar, wie schon Marcion im Blick auf Jesus behaupten zu müssen meinte. Ein geschichtliches Novum ist niemals total neu. Immer geht ihm ein Traum oder eine Verheißung voran[16]. Umgekehrt verlieren Analogien ihre erschließende Kraft, wenn sie die prinzipielle Gleichartigkeit alles Geschehens schon voraussetzen[17]. Hier kann es keine Alternativen geben. Verbinden sich aber mit den doppelten Möglichkeiten des geschichtlichen Erkennens *Interessen*, so entstehen die Alternativen. Die historische Kritik kann betonen, daß der Christusglaube der Kirche mit Jesus von Nazareth nur wenig zu tun habe. Dann verbindet sich die historische Kritik mit dem Interesse des Menschen an seiner Emanzipation von Tradition, Kirche und Autorität: »Das historische Bewußtsein bricht die letzten Ketten, die Philosophie und Naturforschung nicht zerreißen konnten. Der Mensch steht nun ganz frei da.«[18] In diesem Interesse löst das historische Bewußtsein die Subjektivität des Menschen aus den Vorurteilen und Vormündern der institutionellen Traditionen des Christentums und stellt sie auch Jesus frei gegenüber. Das historische Bewußtsein kann aber auch die Menschlichkeit Jesu von Nazareth herausstellen. Ihr Interesse liegt dann an der Bildung der gegenwärtigen Menschheit zur Humanität. Gegen die Autorität des himmlischen Christus in den Kirchen wird Jesus dann zum Lehrer der Sittlichkeit und zum Menschenbruder stilisiert und von Mensch zu Mensch verständlich gemacht. Das historische Bewußtsein dient dann nicht mehr der Emanzipation des Menschen von Traditionen und Geschichte, sondern dem Verständ-

---

als dem geschichtlichen Zusammenhang unangemessen kritisiert: »Diese Terminologie ist deshalb so unangemessen, weil Kontinuität und Diskontinuität entweder keine Alternative darstellen, sondern dialektisch zusammengehören, so daß jeder Geschehenszusammenhang beides aufweist, dann aber Ausdruck des sachlichen Verhältnisses sind; oder so formal verstanden sind ...« (Theologie und Verkündigung, 57). *E. Käsemann* hat dann in »Sackgassen im Streit um den historischen Jesus«, aaO. II, 43 ff zwischen historischer und sachlicher Kontinuität unterschieden, aber auf die Terminologie nicht verzichtet. Wir setzen an die Stelle der Terminologien von Käsemann und Ebeling das Begriffspaar von Analogie und Novum, weil damit konkreter das geschichtliche Verhältnis von Tradition und Innovation bezeichnet werden kann.
16. So *E. Bloch*, Die Formel incipit vita nova, in: Tübinger Einleitung in die Philosophie 2, 1964, 151.
17. Gegen *E. Troeltsch*, Über historische und systematische Methoden in der Theologie, Gesammelte Schriften II, 1913, 729–753.
18. *W. Dilthey*, Gesammelte Schriften VIII, 225.

nis vergangenen Menschseins für das eigene menschliche Existieren in der Geschichte. Seine Interpretation dient zunächst der Vergegenwärtigung der Tradition. Das aber setzt ein Kontinuum in den Traditionen und eine Gemeinsamkeit von Menschen in der Geschichte voraus. Die alte Humanitätsfrage kann dabei durchaus ins Programm einer existentialen Interpretation überführt werden: »Die Frage der Menschen nach sinnvoller Existenz ist die bedeutsamste Antriebskraft für jede Forschung. Daher muß die ernsthafte Frage nach dem historischen Jesus mit dieser Frage des Menschen nach sinnvoller Existenz in Zusammenhang stehen.«[19] Nimmt man diese durch den Tod thematisierte Existenzfrage des Menschen als Kontinuum der Geschichte mit ihren Differenzen und Brüchen, nimmt man die Geschichtlichkeit der Existenz als Fundamentalkategorie für Geschichte überhaupt, dann stößt das Interesse auf Analogien zwischen dem Selbstverständnis Jesu und dem Selbstverständnis der Glaubenden, zwischen Jesu Verkündigung und der Christusverkündigung der Urgemeinde, weil beide den Menschen in analoger Weise in die eschatologische Entscheidung seiner Existenz stellen. Aber Analogien sind keine Genealogien. Der Rechtsgrund des christlichen Kerygma in Jesus selbst und seiner Geschichte wird dann nicht mehr erfragt. Die wesentliche Gemeinsamkeit über die Verschiedenheit der Zeiten und Umstände hinweg liegt dann in einem Anspruch, einem Wollen oder einem Existenzverständnis. Dann wird in der Tat die fragliche Anthropologie zur Konstanten und die erfragte Christologie zur Variablen.

Die Auseinandersetzung zwischen R. Bultmann und seinen Schülern, die der neuen Frage nach dem historischen Jesus nachgegangen sind, zeigt, daß weder die Gemeinsamkeiten über den »grundlegenden Unterschied zwischen seiner (scil. Jesu) Verkündigung und dem Christuskerygma« hinwegtäuschen können, wie Bultmann betont, noch dieser Unterschied jede Gemeinsamkeit aufheben kann, wie seine Schüler betonen[20]. Man muß die Frage darum tiefer ansetzen, als es bisher geschehen ist, um aus den »Sackgassen im Streit um den historischen Jesus« (E. Käsemann) herauszukommen.

Will man die theologische Arbeit als historische Arbeit tun, so wird man über die Möglichkeiten des geschichtlichen Erkennens dialektischer, geschichtlicher Zusammenhänge nicht hinauskommen. Es muß darum der umgekehrte Versuch unternommen werden, nämlich die historische Arbeit als theologische Arbeit anzufassen[21]; d. h. in diesem Falle das Verhältnis der urchristlichen Christusbotschaft zum histori-

---

19. *J. M. Robinson,* Kerygma und historischer Jesus, 1960, 94.
20. So läßt sich das vorläufige Ergebnis des Streites nach Bultmanns Antwort in SAH 1960 zusammenfassen, womit auf Einzelfragen noch nicht eingegangen ist.
21. Dazu noch einmal *E. Jüngel,* Paulus und Jesus, 82.

schen Jesus als Thema der Christologie zu begreifen. Das aber heißt zuerst, die Persongebundenheit der Verkündigung Jesu ernst zu nehmen und die Bedeutung seines Todes am Kreuz für diese und für das urchristliche Kerygma ins Auge zu fassen. Denn es handelt sich bei seinem Tod nicht einfach um einen vergleichbaren geschichtlichen Bruch oder eine unter vielen Diskontinuitäten der Geschichte. Die wahre Kritik des Christuskerygma ist seine, nämlich Jesu Geschichte, die mit seinem Tod in Gottverlassenheit am Kreuz irdisch endete.

Die ideengeschichtliche Betrachtungsweise hatte immer stärker die Differenzen zwischen Jesu Verkündigung und dem Christuskerygma herausgestellt. »Jesus weiß von dem, was für Paulus ein und alles ist – nichts.«[22] »Für Paulus ist Jesus selbst Gegenstand nicht nur des Glaubens, sondern religiöser Verehrung ... Das ist etwas schlechterdings Neues gegenüber der Verkündigung Jesu ... Ich sehe hier einen Sprung, den keine theologische Kunst heilen kann.«[23] »Jesu Verkündigung war für Paulus – mindestens im wesentlichen – irrelevant.«[24] Geht man über die ideengeschichtliche Betrachtung hinaus zur Sache, die in jenen »Ideen« erkannt und zur Sprache gebracht wurde, so ändert sich das Bild. Wir verdanken dieses vertiefte Verständnis R. Bultmann[25]. Die Predigt Jesu ist wie die des Paulus eschatologische Verkündigung; bei Jesus des Reiches Gottes, bei Paulus der Gerechtigkeit Gottes. Ihre Differenz liegt nicht auf der Oberfläche veränderter Ideen, sondern ist durch ihre verschiedene theologische Situation bestimmt. Für Paulus ist das, was für Jesus Zukunft war, Gegenwart, bzw. in der Geschichte Jesu angebrochene Zukunft Gottes. Ihre Differenzen entstanden nicht aus der Fortbildung der Lehre Jesu, sondern auf Grund der Wahrnehmung der veränderten Lage der Sache selbst. Jesus spricht und handelt im Blick auf kommende, jetzt anbrechende Gottesherrschaft. Paulus spricht und handelt im Blick auf die in Jesu Kreuzigung und Auferweckung schon angebrochene Gottesherrschaft und schon offenbar gewordene Gottesgerechtigkeit. Ihre Situationen sind also durch ein Ereignis bestimmt, das sie theologisch verstanden. Die Differenz ihrer theologischen Situationen ist durch eine Verschiebung des Eschaton selbst bestimmt von einer anbrechenden Zukunft zu einer angebrochenen Zukunft. Die paulinische Verkündigung hat darum das eschatologische Ereignis gleichsam im Rücken und verkündet es als das Christusgeschehen. Abgesehen von dieser inneren Voraussetzung wird sie unverständlich. Nach Bultmann gilt das aber auch für Jesus selbst. Er

22. So W. Wrede, Paulus, 1907, 94.
23. J. Weiß, Paulus und Jesus, 1909, 3. Zum Zusammenhang E. Jüngel, Paulus und Jesus, 5 ff.
24. R. Bultmann, Glauben und Verstehen I, 191.
25. R. Bultmann, Glauben und Verstehen I, 265 ff.

versteht seine Verkündigung eschatologisch. Nicht *was* er verkündigte, war das eigentliche Neue. Das naheherbeigekommene Reich hatte auch Johannes der Täufer verkündigt. Aber *daß* Jesus es verkündigte, und daß *Jesus* es verkündigte und *wie* er es verkündigte, war neu. Was Jesus verkündigte, läßt sich auf der Ebene der Wort- und Begriffsgeschichte weitgehend auf die Traditionen des zeitgenössischen Judentums reduzieren. Nach Bultmann ist der Lehrgehalt seiner Verkündigung reiner Prophetismus oder radikalisierte Thora[26]. Aber daß er das ausstehende Reich Gottes jetzt ansagt und daß er es sagt und wie er es sagt, war in der Tat so neu, daß es zu seiner Kreuzigung führte. Daß er seine Stunde als »die letzte Stunde« ansagt und die Entscheidung zu seiner Person und seiner Botschaft zur eschatologischen Entscheidung qualifiziert, das ist neu. Bultmann hat darum betont: Nicht das Was seiner Verkündigung, sondern ihr Daß ist das Entscheidende. Man darf darüber aber nicht übersehen, daß damit auch der Inhalt seiner Verkündigung gegenüber Prophetismus, Pharisäismus und Zelotismus sich änderte und neu wurde. Über die radikalisierte Thora hinaus, die in Jesu Anspruch offenbar wird, hat er die Gottesgerechtigkeit als das Recht der Gnade verkündet, wie die Gleichnisse und seine Sündenvergebungen zeigen[27]. Erst das trennte Jesus vom Kreis um Johannes den Täufer. Jesus war in dieser Hinsicht auch jemand anderes als ein reiner Prophet. Dennoch haben Bultmann und E. Fuchs recht, wenn sie auf die Eigenart der »eschatologischen Zeitansage« in Jesu Wort hinweisen. Die Verifikation einer eschatologischen Zeitansage liegt nicht in ihrer Übereinstimmung mit dem, was »von alters« für wahr gehalten wird, sondern im Kairos der Zeit selbst. Eine Zeitansage kann zu früh oder zu spät oder »zur rechten Zeit« kommen. Für die »rechte Zeit« seiner Verkündigung bürgt die Zeit selbst, das angesagte Reich und die zugesagte Sündenvergebung Gottes. Müssen wir Jesu Verkündigung in diesem Sinne kairologisch verstehen, so wird folgendes klar:

1. daß seine Verkündigung unabtretbar und unübertragbar an seine Person gebunden ist: »*Ich* aber sage euch . . .« und: »Selig, wer sich nicht an *mir* ärgert.«

2. daß seine Verkündigung an seine Stunde und seine Stunde an die Stunde des Reiches gebunden sind: »*Heute* ist diese Schrift erfüllt in euren Ohren« (Luk. 4,21).

3. daß sie konkrete Zusage an konkrete Menschen ist, denen er sich und seine Verkündigung und damit den kommenden Gott zuwendet.

R. Bultmann hat m.E. einleuchtend die Identifikation Jesu mit seinem

26. Vgl. *R. Bultmann,* Theologie des Neuen Testaments I, 1953: Die Verkündigung Jesu.
27. Das hat sowohl systematisch wie exegetisch nachdrücklich *E. Fuchs* gezeigt: Zur Frage nach dem historischen Jesus, Gesammelte Aufsätze II, 1960.

Wort herausgestellt. Er hat diese Identifikation so verstanden: ». . . daß die Person Jesu in seinem Wort aufgeht, d. h. aber auch, daß sein Wort Ereignis ist«[28]. Es wird oft nur der erste Teil dieser Identifikation betont, auch von Bultmann selbst. Sie hat aber auch die andere Seite, »daß sein Wort (in ihm) Ereignis wird«. Es geht nicht nur die Person Jesu ganz in seinem Wort auf, sondern auch umgekehrt sein Wort ganz in seine Person ein und wird in ihr Ereignis. Erst an der Kehrseite dieser Identifikation wird der Ärgernis erregende Anstoß seiner Verkündigung deutlich, daß nämlich einer aus Nazareth (»Was kann aus Nazareth Gutes kommen?«), und zwar einer der Armen, den Armen und Sündern das Reich und die Rechtfertigung Gottes zusagt. Das hat J. Schniewind stets besonders betont[29]. Geht aber die Person Jesu nicht nur in seinem Wort auf, sondern auch dieses Wort in seine Person ein, so daß es nicht mehr von seiner Person getrennt werden kann, so ist es unübertragbar. Nimmt man diese Kehrseite nicht ernst, so lassen sich direkte Kontinuitäten in der Geschichte des Wortes von Jesus zur Urgemeinde ziehen, sei es, daß man darauf verweist, wie sehr sich der kerygmatische Anspruch auf Glauben durchhält, sei es, daß man betont, wie sich das »Zur-Sprache-Kommen Gottes« in der Geschichte von Jesus zur Urgemeinde durchhält. Man versteht dann Jesus und Paulus nur als verschiedene Phänomene der Glaubensgeschichte oder der Sprachgeschichte Gottes. Nimmt man aber mit J. Schniewind die Kehrseite ernst, so steht man vor dem ärgerlichen Faktum, daß Jesu Tod auch der Tod seines eschatologischen Wortes ist, durch das er Gott zur Sprache und das Reich Gottes nahegebracht hatte. Dann kann es bei Jesus keine Schüler seiner Lehre geben wie bei Sokrates und nach dem Tode des Sokrates. Dann sinkt seine Verkündigung gleichsam mit ihm ins Grab. Dann kann auch »die Sache Jesu« nicht abgesehen von Jesus und seinem Tod »weitergehen«[30]. Wenn es richtig ist, daß Jesu Reichsverkündigung wesentlich und nicht nur zufällig mit seiner Person verbunden war, dann können auch keine historischen oder geschichtsphilosophischen, sprachgeschichtlichen oder existenzgeschichtlichen Kontinuitäten die Diskontinuität, die in seinem Tod liegt, überbrücken. Das »große Rätsel der neutestamentlichen

---

28. *R. Bultmann*, Glauben und Verstehen I, 274.
29. *J. Schniewind*, Messiasgeheimnis und Eschatologie, in: Nachgelassene Reden und Aufsätze, ed. E. Kähler, 1952, 1 ff.
30. So *W. Marxsen*, Die Auferstehung Jesu als theologisches Problem, 1964; Die Auferstehung Jesu von Nazareth, 1968. Man kann dann auch nicht wie *R. Bultmann* sagen, daß »inhaltlich nichts von Jesus gelehrt zu werden braucht, als dieses Daß (scil. das eschatologische Daß seiner Verkündigung), das in seinem historischen Leben seinen Anfang nahm und in der Predigt der Gemeinde weiter Ereignis wird« (Glauben und Verstehen I, 292).

Theologie, wie aus dem Verkündiger der Verkündigte wurde«[31], ist dann kein allgemeinhistorisches oder geschichtsphilosophisches Problem mehr, sondern ist *das* Problem Jesu selbst und ist nur christologisch zu erfassen. Von seinem Ende her gesehen, ist der historische Jesus der gekreuzigte und tote Jesus. Wenn seine Verkündigung nicht von seiner Person trennbar ist, dann stirbt seine Verkündigung mit ihm am Kreuz, und dann kann es keine Schüler geben, die seine Lehre oder Sache fortsetzen. Die wahre Kritik der Verkündigung Jesu ist seine Geschichte und sein Ende am Kreuz[32].

Der geschichtliche Bruch durch seinen Tod, und zwar diesen Tod des Verworfenen am Kreuz, ist bei der Persongebundenheit seiner Verkündigung radikal und läßt sich nicht mehr mit der dialektischen Zusammengehörigkeit von Kontinuität und Diskontinuität, von Gemeinsamkeit und Verschiedenheit anderer geschichtlicher Umbrüche vergleichen.

Damit spitzt sich das Problem des Ursprungs der Christologie zuletzt auf die Frage zu, ob der Kreuzestod die Widerlegung seiner Verkündigung war und noch ist, oder ob die Verkündigung von der Auferweckung des Gekreuzigten die Widerlegung dieser Widerlegung durch seinen Tod im Rücken hat. Der Anspruch der nachösterlichen Christusverkündigung richtet sich deshalb nicht nur gegen Unglauben oder Aberglauben, sondern gegen die Realität des Todes, dieser todsichersten Tatsache selbst. Die wahre Kritik der Geschichte muß dann die Verkündigung der Auferweckung des Gekreuzigten sein. Ihr Anspruch richtet sich nicht nur auf neues Selbstverständnis, sondern tiefer noch auf neues Sein aus dem Nichtsein. Jesus hat sein eschatologisches Wort mit seiner menschlichen Person und seiner Verwundbarkeit und so mit seinem Geschick verbunden. Darum ist es mit seinem Tod entweder auch mit seinem eschatologischen Wort zu Ende, oder es muß aus einem »ganz anderen« Grunde sein Wort als das »Wort vom Kreuz« verkündigt werden. Die Christuspredigt der Urgemeinde ist darum die apostolische Gestalt der Reichspredigt Jesu. Weil jene durch das Geschick Jesu selbst die Gestalt des Gekreuzigten angenommen hat, verkündet diese die Botschaft Jesu, indem sie den gekreuzigten und auferweckten Christus verkündigt. »Denn Jesu Reichsverkündigung *konnte* nicht unverändert tradiert werden, da sie wesenhaft mit seiner Person verbunden und nicht mehr von ihr zu lösen war, und *mußte* transformiert werden, da mit Jesu Tod und Auferstehung das Eschaton angebrochen war und kein Jünger von diesem Ereignis absehen konnte, wenn

---

31. *R. Bultmann*, Glauben und Verstehen I, 266.
32. Ich übertrage damit das Wort von *D. Fr. Strauß* auf die Christologie: „Die wahre Kritik des Dogmas ist seine Geschichte« (Die christliche Glaubenslehre I, 1840, 71) und radikalisiere es.

er von Jesus sprach.«[33] Die historische und hermeneutische Frage, wie aus dem verkündigenden Jesus der verkündigte Christus wurde, ist also im Grunde die christologische Frage, wie aus dem Toten der Lebendige, aus dem Gekreuzigten der Auferweckte und aus dem Erniedrigten der Erhöhte wurde. Sie transzendiert jene anderen Fragen und ist im Kern die theologische Frage in der Christologie, denn an dieser Stelle muß von Gott gesprochen werden. Gottesglaube ist Auferstehungsglaube. Die Identität des historischen Jesus und des geglaubten Christus, des Gekreuzigten und des Auferstandenen ist das eschatologische Geheimnis und liegt in der Treue Gottes, der sich in der Verlassenheit und der Auferweckung Jesu als derselbe erweist[34].

Historisch und hermeneutisch lassen sich Kontinuitäten und Differenzen auf mehreren Ebenen finden und darstellen. Es gibt Entsprechungen zwischen der Liebe des Glaubens und dem Verhalten Jesu. Es gibt Entsprechungen zwischen der Verkündigung Jesu und dem Kerygma der Gemeinde. Es gibt Entsprechungen zwischen den Mahlfeiern Jesu mit seinen Jüngern und dem Abendmahl der Gemeinde, zwischen den Mahlfeiern Jesu mit Sündern und Zöllnern und den Agapefeiern der Gemeinde. Es gibt Entsprechungen zwischen den Leiden Jesu und den Leiden der Apostel und Märtyrer. Diese Analogien aber finden ihren Rechtsgrund erst in der theologisch bestimmten Identität der Person Christi in Kreuzigung und Auferweckung.

Es ergibt sich aus diesem Gedankengang zwingend, daß das Verständnis des Gekreuzigten der Ursprung jeder Christologie sein muß, weil anders sein Kreuzestod das Ende jeder Christologie bedeuten würde. Entweder hat die Kreuzigung Jesu seine Verkündigung im Blick auf seine Person oder seine Person im Blick auf seine Verkündigung und damit beide zusammen widerlegt, oder seine Verkündigung ist bis in seinen Tod hinein in seine Person eingegangen, so daß sie auf Grund seiner Auferweckung von den Toten als »Wort vom Kreuz« weiterverkündigt werden muß. Dann aber kann sie nur zusammen mit und in der Gestalt der Verkündigung seiner Person, d. h. im Christuskerygma, weiterverkündigt werden. Das Kreuz macht entweder jede Jesulogie und jede Christologie unmöglich, oder es macht zusammen mit seiner

---

33. *Ph. Vielhauer*, Aufsätze zum Neuen Testament, 90. Ähnlich auch schon *H. Cremer*, Die paulinische Rechtfertigungslehre, 1900², 345: »Jesus selbst, der sich in seiner Verkündigung absichtlich nicht Christus nannte, bis er es beschwören mußte, daß er dies sei, mußte deshalb vom Reich Gottes reden und es den Hörern überlassen, ob sie dieses Reiches Gegenwart in seiner Person erkannten oder nicht. Jetzt aber, wo es galt, Jesus als den zu bezeugen, in dem alle Gottesverheißungen Ja und Amen seien (2. Kor. 1,20), jetzt konnte nicht mehr gepredigt werden, das Reich Gottes sei nahe, sondern Jesus sei der Christus – dies ist die apostolische Gestalt der Reichspredigt Jesu.«
34. *J. Moltmann*, Theologie der Hoffnung, 1968⁸, 179 ff.

Auferweckung Jesulogie als Christologie und Christologie als Jesulogie möglich.

Versuchen wir die Gegenprobe zu machen. Nehmen wir an, Worte Jesu
würden aufgenommen und abgesehen von seiner Person und nach seinem Tode weiter überliefert. Es müßten dann Worte sein, die, wie die
Wahrheit der Thora oder der Sprichwörter, für sich selbst sprechen.
Sie müßten dann ihre Wahrheit auch ohne Jesus an etwas anderem zeigen können, sei es am Sittengesetz oder an der Existenzfrage des Menschen oder an allgemeiner Lebenserfahrung. Das aber können nicht
solche Worte sein, die mit der Person Jesu und ihrem personalen Anspruch unmittelbar verbunden sind. Die Wendung aus den Antithesen
der Bergpredigt: »Ich aber sage euch . . .« kann nicht auf ein anderes
Ich übertragen werden. Sie läßt sich auch nicht als sein Wort über-
liefern, wenn jenes »Ich« inzwischen gekreuzigt wurde und tot ist. Sie
müßte dann lauten: »Er aber sagte ihnen« und wäre durch seinen Tod
unhaltbar zur Vergangenheit verurteilt. Man müßte also die Verkündigung Jesu entpersonalisieren und in eine moralische oder religiöse
Lehre umwandeln, wenn man sie nach seinem allgemein bekannten
Tod tradieren wollte. Das aber entspricht nicht mehr seiner Verkündigung. Wenn weiter der exzeptionelle Anspruch Jesu in seiner Sündenvergebung bestand, so könnte man wiederum versuchen, wenigstens
in seinem Namen weiter Sünden zu vergeben.

Es ist aber unmöglich, im Namen eines Toten Sünden zu vergeben,
zumal, wenn dieser den Tod eines Gotteslästerers erlitt. Man könnte
ferner fortfahren, wie Jesus durch seine Verkündigung, so durch das
Kerygma in seinem Namen Glauben zu wecken. Welchen Glauben aber
kann man im Namen eines Toten wecken? Man könnte endlich, wie
Jesus einst die Zukunft des Reiches vorwegnahm, so durch eschatologische Predigt Hoffnung mobilisieren. Wie aber kann man Hoffnung
im Namen und der Nachfolge eines Predigers erwecken, dessen Hoffnung durch seinen Tod durchkreuzt wurde? Wie kann man begründete
Hoffnung erwecken, wenn der Grund dieser Hoffnung am Tod scheiterte und längst verwest ist?

So ist es zuletzt nicht die historische Kritik, die jede kirchliche Christologie und jede humanistische Jesulogie in Frage stellt, sondern das
Kreuz. Der das Reich als nahe verkündigte, starb in Gottverlassenheit.
Der die Zukunft Gottes in Wundern und Dämonenaustreibungen vorwegnahm, starb hilflos am Kreuz. Der mit einer Autorität über Mose
hinaus die Gerechtigkeit Gottes offenbarte, starb nach dem Spruch des
Gesetzes als ein Gotteslästerer. Der in seiner Gemeinschaft mit Armen
und Sündern die Liebe Gottes ausbreitete, fand sein Ende zwischen
zwei Verbrechern am Kreuz. Das Grundproblem und der Anfang der
Christologie ist darum zuletzt das Ärgernis und die Torheit des Kreu-

zes. In diesem Sinne hat M. Kähler recht: ohne Kreuz keine Christologie, und keine Christologie, die nicht am Kreuz ihre Berechtigung
aufzuweisen hätte.

2. Der Weg Jesu zum Kreuz

Daß Jesus von Nazareth zu Beginn unserer Zeitrechnung gelebt hat,
wird historisch kaum noch ernsthaft bezweifelt. Auch sein Tod am
Kreuz kann nach dem Maß historischer Gewißheit als sicheres »Kern-
Faktum«[35] gelten. Zur Frage aber steht die Sinndeutung seines Kreu-
zestodes an. Der Tod macht stumm und ist stumm. Das aber bedeutet
nicht, daß sein Tod jeder beliebigen Deutung religiöser oder säkularer
Art offen stünde, denn es war »sein Tod«. Keine Deutung seines Todes
kann von seiner Person und seinem Wirken absehen. Jesu Leben und
Sterben ist uns aus den Quellen immer nur im Kontext jener Deutungen zugänglich, in denen sein Tod aufgefaßt und weitererzählt wurde.
Es sind fast ausschließlich christliche Zeugnisse. In ihnen haben sich die
Erfahrungen des österlichen Glaubens mit den *Erinnerungen* an Jesu
Geschichte so vermischt, daß es schwer ist, das historische Substrat zu
ermitteln[36]. Dennoch gibt es, wie schon im vorigen Abschnitt ange-
deutet, zwei Möglichkeiten, seinen Kreuzestod zu verstehen: wir können sein gewaltsames Ende im Kontext seines Lebens verstehen, und
wir können sein Ende im Kontext des urchristlichen Auferstehungsglaubens begreifen. Wir müssen das nachvollziehende historische Verstehen und das rückfragende theologische Begreifen ständig aufeinander beziehen, wenn anders es sich um dieselbe Person und dasselbe Geschehen an dieser Person handeln soll. Wir werden darum in den folgenden drei Abschnitten am *Weg Jesu zum Kreuz* sein Ende im Kontext seines Lebens zu verstehen suchen, um dann in den vier folgenden
Abschnitten des nächsten Kapitels seinen Tod im Kontext seiner
Auferweckung durch Gott und des eschatologischen Glaubens zu

---

35. *H. Conzelmann*, Historie und Theologie in den synoptischen Passionsberichten,
in: Zur Bedeutung des Todes Jesu, 1967, 37.
36. *E. Käsemann*, Exegetische Versuche und Besinnungen I, 194: »Der historische
Jesus begegnet uns im NT, der einzigen wirklichen Urkunde über ihn, eben nicht,
wie er an und für sich gewesen ist, sondern als *der* Herr der an ihn glaubenden Gemeinde. Nur insofern er das von vornherein sein konnte und gewesen ist, spielt seine
Historie in unsern Evangelien überhaupt eine Rolle.« Dennoch hatte die Gemeinde
aus ihren gegenwärtigen Erfahrungen des erhöhten Herrn heraus ein genuines Interesse an der Erinnerung seines irdischen Lebens und Sterbens. Ist ihre »historische«
Erinnerung von ihrem eschatologischen Glauben bestimmt, so ist »das Problem der
Historie ... ein Spezialproblem der Eschatologie« (I, 199). Kann Historie als Geschichtsschreibung je von der Bedeutung der Geschichte für die Hoffnungen der
Gegenwart absehen?

begreifen zu suchen. Geht der erste Weg auf den Prozeß Jesu im engeren Sinne zu, so führt der zweite Weg in das Wiederaufrollen des Prozesses Jesu durch Gott und den Auferstehungsglauben hinein. Damit tritt nicht nur sein Kreuzestod in ein eschatologisches Licht, sondern mit ihm auch sein Leben und sein Weg zum Kreuz, denn Auferweckung betrifft nicht nur seinen Tod oder sein Kreuz für sich, sondern seine ganze Person und also auch sein Leben, Verkündigen und Wirken. Nicht sein Tod ist aufgehoben ins göttliche Leben, nicht sein Kreuz ist verklärt, sondern der Gekreuzigte ist nach österlichem Zeugnis auferweckt und zum Herrn der Zukunft Gottes erhöht. Wir müssen darum nicht nur im Interesse des historischen Verstehens, sondern erst recht im Interesse des eschatologischen Glaubens den Weg Jesu zum Kreuz verstehen.

Wurde Jesus verurteilt und zur Kreuzigung ausgeliefert, so starb er nicht eines natürlichen oder eines Unfalltodes, die beide mit einer Lebensweise wenig zu tun haben, sondern er starb an den Gegenaktionen seiner jüdischen und römischen Zeitgenossen, die durch die Aktionen seines Lebens provoziert wurden. Sein Tod ist darum auch eine »Folge seines Wirkens«[37]. Weil Jesus sich aber nicht selbst umgebracht hat, muß sein Tod im Kontext der Konflikte zwischen ihm und seiner Umwelt verstanden werden. Zu seiner Kreuzigung gehören auch die *causae crucis* hinzu. Sein Tod am Kreuz war keine unbegründete Tatsache, die man nachträglich deuten konnte, wie man wollte. Die Begriffe seines Todes im Horizont seiner Auferweckung und des eschatologischen Glaubens können nicht nur auf die Tatsache und das »Daß« seines Todes zurückgreifen. Sie müssen auch auf die causae crucis zurückkommen, wenn sie den Prozeß Jesu wieder aufrollen und auf den Gekreuzigten selbst zurückkommen wollen. Ohne daß man auf die Geschichte Jesu, die zum Kreuz führte, zurückkommt, lassen sich keine nachösterlichen Deutungen geben. Das muß keineswegs zur biographischen Darstellung des Lebens Jesu führen und auch nicht zu psychologischen Mutmaßungen über seine persönliche Einschätzung seines Leidens und Sterbens. Die Geschichte Jesu, die zu seiner Kreuzigung führte, war vielmehr selbst eine *theologische Geschichte* und durch den Streit zwischen Gott und den Göttern, nämlich zwischen dem Gott, den Jesus als seinen Vater verkündigte, und dem Gott des Gesetzes, wie ihn die Gesetzeshüter verstanden, und den politischen Göttern der römischen Besatzungsmacht beherrscht. Biographisch bekommen wir kaum und höchstens in Ansätzen durch die Leidensweissagungen, wenn sie historisch sein sollten, eine Deutung seines Todes durch Jesus selbst. Aber sein Tod ist nicht ohne sein Leben zu verstehen, und sein Leben ist

37. So *H. Kessler*, Die theologische Bedeutung des Todes Jesu. Eine traditionsgeschichtliche Untersuchung, 1970, 229 ff.

nicht ohne den, für den er lebte, nämlich seinen Gott und Vater, und
das, wofür er lebte, nämlich das Evangelium vom Reich für die Armen, zu verstehen. Ein historisches Verstehen der Geschichte Jesu muß
seine Geschichte als so bestimmte, theologische Geschichte verstehen,
sonst versteht es nichts. Sein Tod am Kreuz ist allerdings auch nicht
allein aus seinem Wirken in seinen näheren Umständen zu verstehen,
sondern nur aus den Interaktionen zwischen Jesus, den Juden und den
Römern. Eine Deutung seines Todes im Kontext seines Lebens geht
darum über sein Leben als Privatperson hinaus und muß Jesu Leben als
Leben einer öffentlichen Person verstehen. Die umgekehrte Deutung im
Lichte seiner Auferweckung durch Gott muß entsprechend den Tod
Jesu als Folge seines Wirkens und als Folge der Reaktionen der Juden
und Römer auf sein Wirken begreifen. Erst das bringt das Zeugnis
seiner Auferweckung durch Gott in eben jene Öffentlichkeit zurück, in
der er gekreuzigt wurde, und macht christlichen Glauben zum öffentlichen Zeugen im Rechtsprozeß Gottes um Jesus.

a) Jesus und das Gesetz: der »Gotteslästerer«

Man hat bezweifelt, daß Jesus wirklich wegen eines erklärten Messias-
anspruchs verurteilt und hingerichtet wurde. Als unmittelbaren Grund
für seinen Tod kann man auch die Tempelreinigung und die Weis-
sagung der Tempelzerstörung anführen[38]. Doch daß er als »Gotteslästerer«, als messianischer Verführer angesehen und verurteilt wurde,
läßt sich im Blick auf seine ganze, anstoßerregende Verkündigung
schwer bestreiten. Jesu Auftreten war von Galiläa bis Jerusalem unge-
wöhnlich und unerhört[39]. Jesus verkündigte mit beanspruchter Voll-
macht Gott als den, der in seiner eschatologischen Hinwendung zum
verlorenen Menschen frei ist von der Observanz des Menschen gegenüber den Gesetzesvorschriften und sich in zuvorkommender Liebe dieser Menschen gnädig erbarmt. Jesus setzte damit seine Gottesverkündigung und damit sich selbst über die Autorität des Mose und der Thora.
In den Antithesen der Bergpredigt, im Nachfolgeruf und in seiner souveränen Übertretung des Sabbathgebotes kommt unübersehbar diese
Freiheit Gottes an Jesu Verhalten zur Erscheinung. Wer aber Autorität
neben und über Mose hinaus beansprucht, stellt sich faktisch über Mose
und das Gesetz und hört auf, ein Rabbi zu sein, dem immer nur jene

---

38. So O. Betz, Was wissen wir von Jesus?, 1965, 56 ff.
39. Vgl. zum Folgenden G. Bornkamm, Jesus von Nazareth, 1956; E. Schweizer,
Jesus Christus, 1968; H.-W. Bartsch, Jesus – Prophet und Messias aus Galiläa,
1970; O. Betz, Was wissen wir von Jesus?, 1965; W. Schrage, Das Verständnis des
Todes Jesu Christi im Neuen Testament, in: Das Kreuz Jesu Christi als Grund des
Heils, 1967, 51–89; H. Kessler, Die theologische Bedeutung des Todes Jesu, 1970,
und E. Käsemann, Exegetische Versuche und Besinnungen I und II.

von Mose abgeleitete Autorität zukommt[40]. Er hat auch aufgehört, ein
Prophet in der Nachfolge des Mose zu sein. Jesus setzte sich in seinem
Wirken souverän über die Schranken des damaligen Gesetzesverständnisses hinweg und demonstrierte Gottes eschatologisches Recht der
Gnade an Gesetzlosen und Gesetzesbrechern durch sein Vergeben der
Sünden. Er hob damit die gesetzliche Trennung zwischen religiös und
profan, gerecht und ungerecht, fromm und sündig auf. Er offenbarte
Gott anders, als er in Gesetz und Tradition verstanden war und von
den Hütern des Gesetzes wahrgenommen wurde. Gerade in den Akten
der Sündenvergebung erreicht seine Freiheit vom Gesetz ihren Höhepunkt, denn das Recht der Begnadigung steht allein dem Richter zu.
Wenn ein Mensch, der doch nur unter dem Gesetz stehen kann, dieses
exklusive Recht des Richters in Anspruch nimmt, setzt er sich selbst an
dessen Stelle, streckt seinen Arm nach Gott aus und lästert den Heiligen. Es ist nicht die Lästerung des Gottverfluchens nach dem Gesetz,
sondern die Lästerung der Selbstvergottung[41].

Nicht nur im Blick auf das Gesetz und die Gesetzestradition, sondern
auch im Blick auf die Hoffnungsfiguren der Prophetie und Apokalyptik war Jesu Erscheinung und sein Handeln ein Novum, das Widerspruch herausfordern mußte. »Während der Menschensohn nach jüdischer Erwartung nur als Richter der Sünder und als Erlöser der Gerechten beim letzten Gericht erscheint, wandte sich Jesus gerade an die
Sünder und Verkommenen.«[42] Wer aber so verkündigt und handelt,
fällt aus der Rolle, die den messianischen Hoffnungsfiguren zugeschrieben wurde. Sie alle vertreten den Sieg der Gottesgerechtigkeit nach
dem Gesetz zur Erhöhung der hier Unrecht leidenden Gerechten und
zur Beschämung der Gesetzlosen und Gottlosen. Sie alle haben ihren
Hoffnungsglanz nur abgeleitet von der am Ende der Geschichte mäch-

---

40. *E. Käsemann*, aaO. I, 206.
41. Vgl. zur Gotteslästerung als Gottesfluch die Bestimmungen Lev. 24,16: »Wer
des Herrn Namen flucht, der soll des Todes sterben. Die ganze Gemeinde soll ihn
steinigen«, ferner Ex. 22,28; 1. Kön. 21,10,13. Num. 15,30 wird Gotteslästerung
weiter gefaßt: jede vorsätzliche Sünde mit erhobener Hand gilt als Verfluchung
des Namens des Heiligen. In dieser erweiterten Form konnten später jede Verhöh-
nung des Gottesvolkes (2. Kön. 19,4.6.22) oder seine Bedrückung (Jes. 52,5) durch
assyrische Könige, jede Schmähung der Gottesstreiter (2. Makk. 8,4; 12,4), die Ver-
höhnung des heiligen Landes (Ez. 35,12 durch Edom) und Bedrohungen des Tempels
(1. Makk. 7,38,41 f) als Gotteslästerung bezeichnet werden. Zur Zeit Jesu war Gotteslästerung offenbar so weit gefaßt, daß freche Reden gegen die Thora und auch
der, »der seine Hand nach Gott ausstreckt«, darunter fallen. Die nachchristliche
Halacha hat dagegen den Tatbestand wieder enger gefaßt: der Lästerer muß den
Gottesnamen deutlich in Fluchformeln ausgesprochen haben (Mischna Sanh. 7,5).
Im Falle Jesu kann es sich nicht um Lossagung von Gott durch eine Fluchformel
gehandelt haben, sondern nur um die Lästerung durch die »nach Gott ausgestreckte
Hand« eines falschen Messias, der in die Gott allein vorbehaltenen Rechte eingreift.
42. *E. Sjöberg*, Der verborgene Menschensohn in den Evangelien, 1955, 244.

tigen und verherrlichten Thora. Wer das nahende Reich Gottes nicht
als Gericht, sondern als Evangelium der Rechtfertigung der Sünder aus
Gnade verkündigt und durch sein Leben mit Sündern und Zöllnern demonstriert, widerspricht der im Gesetz begründeten Hoffnung, ist ein
Verführer der Sünder und Zöllner und lästert den Gott der Hoffnung.
Offensichtlich gehörten diese Andersartigkeit und dieser Widerspruch
von Anfang an zur Verkündigung und zum Weg Jesu. Darum vermutlich trennte er sich vom Kreis um Johannes den Täufer, in dem er selbst
die Umkehrtaufe empfangen hatte[43]. Er verkündigte wörtlich dasselbe
wie Johannes: »Das Reich Gottes ist nahe herbeigekommen«, aber er
verkündete sachlich dieses nahende Reich anders. Das Reich kommt
nicht als Gericht, so daß man es durch Buße an sich selbst vorwegneh-
men muß, um hindurchzukommen. Es kommt vielmehr, durch Jesu
Wort des Evangeliums, durch seine lebendige Hingabe an Arme, Sünder und Zöllner vorweggenommen, als voraussetzungslose und freie
Gnade Gottes, die das Verlorene sucht und die Rechtlosen und Ungerechten annimmt. Genau diese andere und neue Gerechtigkeit Gottes,
die Jesus zusagt und demonstriert, trennte ihn von Johannes dem Täufer und seiner Bußbewegung in Israel.

Der Vollmachtsanspruch Jesu hatte also keine legitimierende Deckung
aus den Traditionen Israels, weder aus den rabbinischen und pharisä-
ischen, noch aus den prophetischen und apokalyptischen Traditionen,
für die immer am Anfang das Gesetz steht und am Ende das Gesetz
mit seiner Gerechtigkeit siegen wird. Darum mußte Jesus die rabbinischen und prophetisch-apokalyptischen Selbstbezeichnungen ablehnen.
Gottes Recht für Gesetzlose und Gesetzesbrecher so in Anspruch zu
nehmen, widersprach den Traditionen seines Volkes. Sein Vollmachtsanspruch auf das Gottesrecht der Gnade hing im Blick auf jene Traditionen heilsgeschichtlicher Erinnerung und Hoffnung buchstäblich »in
der Luft«, d. h. er hing unvermittelt und allein durch Jesus selbst vermittelt an dem Gott, den er »meinen Vater« nannte. In diesem Sinne
war Jesus ein Namenloser, dessen wahrer Name ganz und gar an der
Bestätigung durch seinen Gott und Vater hing und nur mit dem Zu-
kommen der verkündigten Gnade selbst offenbar werden konnte.

---

43. Die Trennung Jesu von Johannes dem Täufer wird von *E. Käsemann* besonders
betont, um das Novum seiner Verkündigung zu unterstreichen (aaO. II, 117 ff). Das
bedeutet nicht, wie *W. Pannenberg* es versteht (Grundzüge der Christologie, 56 f),
daß Jesus damit »aus der ihn nach rückwärts wie nach vorwärts umgebenden apokalyptischen Atmosphäre« herausgelöst wird, während der Zusammenhang mit der
apokalyptischen Täuferbotschaft wahrscheinlicher sei. Pannenberg übersieht bei seinen
strukturalen Vergleichen der proleptischen Aussagen Johannes, Jesus und des urchristlichen Kerygma das neue inhaltliche Verständnis der Gerechtigkeit Gottes bei
Jesus und im Christuskerygma gegenüber der Johannesbotschaft. Von ihr aber spricht
E. Käsemann in jenem Zusammenhang.

Wer die Ankunft des Reiches und die Nähe Gottes als zuvorkommende und voraussetzungslose Gnade denen verkündigte, die nach dem Gesetz rechtmäßig verstoßen wurden und keine Hoffnung haben konnten, wer diese zukommende Gnade durch seine Hingabe an Gesetzlose und Gesetzesbrecher demonstrierte, wer sich über die Autorität des Mose stellte, und wer dabei doch nur »eines Zimmermanns Sohn aus Nazareth« war, der mußte unausweichlich mit den Frommen und den Herrschenden und ihren Gesetzen in Konflikt kommen und in diesem Konflikt menschlich gesehen unterliegen. Nicht sein unfaßlicher Vollmachtsanspruch an sich, sondern die Diskrepanz zwischen diesem, nach Gottes Recht selbst greifenden Anspruch und seiner schutzlosen und darum verwundbaren Menschlichkeit beschwor den Konflikt herauf. Daß einer »ohne Amt und Würden« aus der Tradition in das Amt und die Würde Gottes selbst eingriff und das Gottesrecht durch Sündenvergebung »ganz anders« offenbarte, provozierte die Gesetzeshüter.

Wir müssen hier genau unterscheiden zwischen der antizipatorischen Struktur der Verkündigung Jesu und ihrem neuen Inhalt. Jesu Evangelium vom Reich hat formal gesehen einen durch und durch proleptischen Charakter[44]. Der Sache nach aber durchbricht sie die apokalyptischen Vorstellungen von der Gottesgerechtigkeit, weil sie nicht den Gerechten das Reich und den Ungerechten das Gericht vorwegnimmt, sondern paradoxerweise den Ungerechten das Reich als Gnade zuspricht und die vermeintlich Gerechten draußen läßt. Nicht schon in seiner Vorwegnahme des Reiches und seiner Offenheit für die Zukunft, nicht schon in seiner eschatologischen Zeitansage lag der Anstoß. Gerade in den Strukturen der Vorwegnahme der Zukunft Gottes gleicht Jesu Verkündigung ja der Predigt Johannes des Täufers, der Predigt der Apokalyptiker und Zeloten. Daß er aber als machtloser Mensch die Macht Gottes als Gnade bei Verworfenen und Machtlosen vorwegnimmt, schafft den Widerspruch. Verbunden mit seiner Niedrigkeit war seine Verkündigung offen für ihre Verwerfung. Verbunden mit seinem Vollmachtsanspruch war seine Menschlichkeit widerlegbar durch seine Verstoßung und Tötung. Der innere Widerspruch zwischen seinem Anspruch und seiner Armut prägt seine Erscheinung im ganzen. Ein solcher Anspruch bei dieser Armut mußte als Widerspruch verstanden werden. Die Reichspredigt des armen Jesus von Nazareth war offen für die Widerlegung durch Kreuzigung und war darum zugleich gänzlich angewiesen auf den Gott, den er so und nicht anders verkündigte und demonstrierte. Dieser innere Widerspruch, wie er jedem Außenstehenden erscheinen mußte, wird erst im Licht der Auf-

---

44. Der Begriff der Prolepse ist seit *J. Weiß* Gemeingut neutestamentlicher Theologie geworden und keine neue Erfindung.

erweckung des Gekreuzigten durch seinen Gott und Vater aufgelöst, nämlich so, daß gerade durch seine Armut, Niedrigkeit und Verlassenheit das Reich, das Recht und die Gnade Gottes zu den Armen, Niedrigen und Verlassenen kommt und ihnen vermittelt wird. Das sagt das »Wort vom Kreuz« auf Grund seiner Auferweckung in die Zukunft seines Gottes über den Weg Jesu zum Kreuz und über den Gekreuzigten.

Die Quellen lassen erkennen, daß Jesus von Anfang an nicht nur Zulauf, sondern auch Feindschaft und Widerspruch erfuhr. Der Konflikt, an dem er zuletzt starb, war von Anfang an in sein Leben auf Grund jenes Widerspruchs eingezeichnet. Sein Tod am Kreuz ist darum nicht ohne den Konflikt seines Lebens mit dem Gesetz und seinen Vertretern zu verstehen. Ist das richtig, so stellt an seinem Ende das herrschende Gesetz ihn in Frage, so wie er durch seine Freiheit in Leben und Verkündigung dieses Gesetzesverständnis in Frage gestellt hatte.

»Wurde Jesus aber im Namen des Gottes ans Kreuz geschlagen, der als Garant jener religiös-kultischen Gesetzesordnung galt, mit der Jesus in Kollision geraten war, so endet sein Leben mit der offenen Frage, ob er sich zu Recht zu den Sündern gewandt und über Mose gestellt hat und Gottes eschatologisches Handeln in seinem Wort und Werk wirklich angebrochen war.«[45]

Man wird hinzufügen müssen, daß sein Leben nur im Blick auf seine Auferweckung und im Zeugnis des österlichen Glaubens mit dieser Frage endete. Sein Tod am Kreuz beendete jedoch zunächst diese »offene Frage« seines Prozesses mit dem Gesetz um die wahre Gerechtigkeit Gottes mit einer eindeutigen Widerlegung. Seine Hinrichtung wird man als notwendige Konsequenz seines Konfliktes mit dem Gesetz ansehen müssen. Sein Prozeß mit den Hütern des Gesetzes im weiteren Sinne des Wortes war ein Prozeß um den Willen Gottes, den das Gesetz ein für allemal kodifiziert zu haben beanspruchte. Der Streit zwischen Jesus und dem Gesetz war dabei nicht der Streit um einen anderen Willen oder den Willen eines anderen Gottes, sondern um den wahren Willen Gottes, den für Jesus die menschliche Gesetzesauffassung verdeckt und nicht offenbart. Jesu Anspruch, das Gesetz der Gerechtigkeit Gottes zu erfüllen, wie er in der Bergpredigt bekundet wird, und seine Freiheit vom Gesetz dürfen nicht als Gegensatz verstanden werden. Die »Radikalisierung der Thora« und die »Übertretung der Thora« laufen bei Jesus im Grunde auf dasselbe hinaus, nämlich auf die Freiheit Gottes zur Gnade. Darum geht das Recht der Sündenvergebung, das er in Anspruch nahm, über die Thora hinaus und offenbart eine neue Gerechtigkeit Gottes im Gericht, wie sie nach den Gesetzestraditionen nicht zu erwarten war.

---

45. *W. Schrage*, aaO. 57.

Jesu widerspruchsloses Leiden und sein ohnmächtiges Sterben bewiesen für jedermann sichtbar die Macht und das Recht des Gesetzes und seiner Hüter. Darum verließen die Jünger ihn in der Stunde der Kreuzigung und »flohen alle« (Mark. 14,50). Von einem so sichtbar Verworfenen kann man nur fliehen, auch und gerade dann, wenn man ihm geglaubt hatte und gefolgt war. Diese Jüngerflucht kann darum als historisch angesehen werden, weil sie jeder Helden- und Ahnenverehrung ins Gesicht schlägt. Sie dokumentiert nicht Feigheit, sondern einen durch die Tatsache verwerflichen Sterbens widerlegten Glauben[46]. Jesu schmachvolles Sterben war für die Jünger, die ihm gefolgt waren bis nach Jerusalem, nicht die Vollendung seines Gehorsams gegenüber Gott und auch kein Märtyrerbeweis für seine Wahrheit, sondern die Widerlegung seines Anspruchs. Es bestätigte ihre Hoffnungen auf ihn nicht, sondern zerstörte sie nachhaltig. Es gab für sie auch keine Vorbilder aus der Tradition, die ihnen einen »sterbenden Messias« oder einen gesetzmäßig als »Gotteslästerer« verurteilten Heilbringer zum Verständnis des Geschicks Jesu und zum eigenen Trost hätten nahelegen können. Von einem irgendwie durchgehaltenen Glauben der Jünger kann angesichts ihrer Flucht von seinem Kreuz nicht die Rede sein: »Wer glaubt, flieht nicht.«

Das Leben Jesu war in dieser Hinsicht ein theologischer Zusammenstoß zwischen ihm und dem vorherrschenden Gesetzesverständnis. Aus ihm entsteht der Rechtsprozeß um die Gottesgerechtigkeit zwischen seinem Evangelium und dem Gesetz. Er starb nicht aus Zufall oder Mißgeschick, sondern er starb am Gesetz als einer, »der unter die Gottlosen gerechnet wurde« (Luk. 22,37), weil er als »Gotteslästerer« von den Hütern des Gesetzes und des Glaubens zu verurteilen war. Sein Tod war in ihrem Sinne der Vollzug des Fluches des Gesetzes. Natürlich ist damit nicht die Art und Weise für notwendig und zwangsläufig erklärt, wie die Gesetzeshüter reagierten, die historischen Umstände seines Verrates durch Judas und die politische Situation, die zu seiner Kreuzigung führte. Es bleibt genug historische Zufälligkeit in seinem Prozeß vor dem Synhedrion und Pilatus übrig. Dennoch zeigt sein Konflikt mit dem Gesetz eine gewisse innere Notwendigkeit, die zu seiner Verwerfung und seiner Verfluchung als »Gotteslästerer« führen mußte. Die Einsicht in die Ursachen des Konfliktes Jesu mit dem Gesetz und die Erkenntnis dieser causa crucis machen nicht alle Züge seines geschichtlichen Endes deutlich, wohl aber machen sie klar, worum es in seinem Prozeß ging, der zu diesem Ende führte. Die Erkenntnis der Streitsache und der Prozeßmaterie kann endlich die Fortsetzung des Streites und des Prozesses verständlich machen, wenn diese wieder auf-

----

46. Dazu W. Schrage, aaO. 57 f.

gerollt werden. Die urchristlichen Deutungen des Gekreuzigten im Licht seiner Auferweckung durch Gott und im Zeugnis des eschatologischen Glaubens laufen darauf hinaus, den Prozeß zwischen Jesus und dem Gesetz wieder aufzurollen und im Namen Gottes auf ihn zurückzukommen. Das hat in aller Klarheit Paulus getan: hat das Gesetz Jesus zu seinem Ende am Kreuz gebracht, so wird der auferweckte und erhöhte Jesus »des Gesetzes Ende für jeden, der glaubt« (Röm. 10,4). Der nachösterliche theologische Prozeß um Jesus dreht sich deshalb um die Frage der Gerechtigkeit:

> Aut Christus – aut traditio legis?

und wird im Prozeß zwischen Evangelium und Gesetz, zwischen Glaubensgerechtigkeit und Werkgerechtigkeit, zwischen der Rechtfertigung der Gottlosen und der Rechtfertigung der Gerechten ausgefochten. Kreuzestheologie versteht den christlichen Glauben als Zeugen der Gerechtigkeit Jesu Christi in diesem Rechtsprozeß Gottes. Sie entspricht damit Jesus selbst im Blick auf sein Evangelium und den theologischen Konflikt seines Lebens und Sterbens. Sofern Juden und Heiden in die Kreuzigung Jesu verwickelt sind, versteht sich der Glaube an die Gerechtigkeit des Gekreuzigten als öffentlicher Zeuge im universalen Prozeß um die Gerechtigkeit Gottes, der im Kern menschliche Geschichte bewegt. Das Kreuz trennt Christen nicht von Juden, sondern bringt sie in tiefste Solidarität mit ihnen, wie schon Paulus Röm. 9,3 aussprach. Es ist darüber hinaus ein universaler Prozeß, weil er sowohl die Schuldfrage des Menschen und seine Befreiung wie die Leidensfrage des Menschen und seine Erlösung umfaßt.

Wir brechen hier ab, um im nächsten Kapitel den Prozeß Jesu mit diesem Gesetzesverständnis im eschatologischen Horizont seiner Auferweckung wieder aufzurollen und auf ihn zurückzukommen.

Im Anhang zu den hier gemachten Ausführungen über Jesus und das Gesetz müssen wir noch auf Mißverständnisse eingehen, die im Gespräch zwischen Christen und Juden entstanden sind und weiter entstehen. Die Stellung zum gekreuzigten Jesus trennt Juden und Christen ebenso sehr, wie er sie in eine gemeinsame Geschichte gebracht hat und Christen in eine unaufgebbare Solidarität mit Israel bringt, und zwar nicht nur mit dem Israel des Alten Testamentes, sondern auch mit dem neben der Kirche zu Recht und darum unauflösbar existierenden Israel. Dieses Israel zeigt der Kirche, die von der Versöhnung der (Heiden-)Welt im Gekreuzigten lebt, die noch ausstehende Erlösung der Welt. Die Gemeinde Christi ist nicht vollendet und das Reich Gottes nicht zur vollen Offenbarung gelangt, solange diese beiden Gemeinden der Hoffnung, Israel und Kirche, nebeneinander existieren. Es kann darum aus den vorangegangenen Ausführungen nicht entnommen werden, daß Israel jene alte »Gesetzesreligion« sei, die seit Christi Tod und

Auferweckung durch die christliche »Liebesreligion« beerbt und ersetzt sei. Wer hier von einer heilsgeschichtlichen Beerbung spricht, erklärt im Grunde den Erblasser für tot. Der Streit zwischen Jesu Evangelium und dem seinerzeit herrschenden Gesetzesverständnis kann nicht zur Trennung führen, denn er drehte sich um etwas Gemeinsames, um die Freiheit Gottes in seiner Treue zu seinen Verheißungen. Ich habe darum den Streit zwischen Gesetz und Evangelium auf die Abrahamverheißung, die Verheißung des Lebens bezogen und gesagt, daß durch das Evangelium diese Verheißung aus dem Bann eines gesetzlichen Gesetzesverständnisses befreit und universal für jeden, der glaubt, aus Juden und Heiden, in Kraft gesetzt sei[47]. Das Evangelium setzt jene Verheißung voraus und führt den Glauben aus den Ungewißheiten eines gesetzlichen Verständnisses ganz auf das Vertrauen auf Gottes Treue, »der die Toten lebendig macht und ruft dem, was nicht ist, daß es sei« (Röm. 4,17). Der Konflikt Jesu mit jenem Gesetzesverständnis seiner Zeit und der Konflikt des Christuskerygma mit dem nomistischen Gesetzesverständnis bei Paulus in der folgenden Zeit macht darum weder die Verheißungen Israels noch die Erwählung Israels ungültig, sondern setzt diese vielmehr in Kraft und macht sie universal. Ich bin überzeugt, daß ein so verstandener christlicher Glaube für einen überzeugten Juden ein gewinnreicher Gesprächspartner werden kann, denn er erinnert ihn mit dem Gekreuzigten an seine besten Traditionen, ja an seine Existenz selbst, die vor dem Gesetz in Erwählung und Verheißung gründet. Die umgekehrte Offenheit für die jüdische Existenz ergibt sich daraus von selbst. Wenn wir also vom »Gesetz« gesprochen haben, an dem Jesus scheiterte, so ist damit nicht jene alttestamentliche Thora als Weisung im Bunde der Verheißung gemeint. Je mehr das Verständnis der Thora sich von der Verheißung entfernt, um so heftiger wird der Konflikt mit dem Evangelium. Je näher das Verständnis der Thora der ursprünglichen Verheißung und Erwählung Israels rückt, um so mehr öffnet sich das Verständnis für das Gnadenrecht des Evangeliums und für die Hoffnung, die es den Hoffnungslosen und Heiden gibt. Von einem Schuldvorwurf an die

---

47. Dazu ausführlicher *J. Moltmann*, Theologie der Hoffnung, 125–139. Die Kritik an meiner Verwendung des Begriffs der »Inkraftsetzung« der Verheißung durch das Evangelium ist durchweg oberflächlich und beachtet nicht meine Ausführungen über die Entkonditionalisierung und Universalisierung der Verheißung durch Jesus und seine Geschichte. Die aus den Grenzen und Bedingungen des nomistisch verstandenen Gesetzes befreite und in das Evangelium Christi aufgenommene Verheißung ist etwas anderes als eine bruchlose Fortsetzung der Verheißungsgeschichte mit anderen Mitteln. An dieser Stelle haben es sich *H.-G. Geyer, H. Fries, W. Kreck* und *B. Klappert* in ihrer Kritik zu leicht gemacht. Ebenso auch neuerdings *B. Klappert*, Die Auferweckung des Gekreuzigten. Der Ansatz der Christologie K. Barths im Zusammenhang der Christologie der Gegenwart, 1971, 323 ff.

Juden bei der Kreuzigung Jesu kann christlich überhaupt keine Rede
sein – denn seine Geschichte ist eine theologische Geschichte –, sondern nur von einem Angebot jenes Gnadenrechts Gottes und also nur
von Hoffnung für Israel. Ich halte die Erklärungen des 2. Vaticanum
über die Stellung der Kirche zu den Juden für schwach, weil hier das
Judentum immer noch in den Kreis der »nichtchristlichen Religionen«
eingeordnet wird und die Kirche doch noch als heilsgeschichtliche Nach-
folgeorganisation Israels dargestellt wird, was sie nicht sein kann. Viel
besser ist Artikel 17 des Bekenntnisses der holländischen Hervormde
Kerk »Fundamenten en Perspectieven van Belijden« von 1949, das
von der »Gegenwart und Zukunft Israels« spricht und die eschatologische Angewiesenheit der Kirche auf Israel zum Ausdruck bringt[48].

b) Jesus und die Gewalt: der »Aufrührer«

Der theologische Konflikt Jesu mit dem Gesetzesverständnis seiner Zeit
kann seine Verwerfung als »Gotteslästerer« und unter Umständen
auch seine Verurteilung durch das Synhedrion, falls eine solche Ver-
handlung historisch ist, verständlich machen, aber nicht seine Hinrichtung durch Kreuzigung. Jesus hat nicht die Strafe für Gotteslästerung,
nämlich die Steinigung erlitten, die in Israel zu seiner Zeit, wie an Ste-
phanus und seinem Ende zu erkennen ist, durchaus vollzogen wurde.
Jesus wurde von der römischen Besatzungsmacht gekreuzigt.
Kreuzigung war nach römischem Recht eine Strafe für entlaufene Sklaven, wie an dem Spartakusaufstand und den mehr als 7000 gekreuzigten Sklaven an der Via Appia zu sehen ist[49], und für Aufrührer gegen
das Imperium Romanum, wie die vielen gekreuzigten Widerstandskämpfer nach den zerschlagenen Aufständen in Israel zeigen. Kreuzigung war eine Strafe für Staatsdelikte und nicht allgemeine Kriminal-
justiz. Insofern kann man sagen, daß Kreuzigung damals eine politische Strafe für Aufruhr gegen die soziale und politische Ordnung des
Imperium Romanum war[50].
Die Ausbreitung des Imperium Romanum war mit der Idee der Pax

---

48. Vgl. deutsch O. *Weber*, Lebendiges Bekenntnis, 1959, 67 f.
49. Dazu *Th. Mommsen*, Römische Geschichte III, 1882[7], 84 ff.
50. Zu meiner Begründung der christlichen »politischen Theologie« in der Erinnerung
des »politisch gekreuzigten Christus« schreibt *C. Schmitt*, Politische Theologie II,
Die Legende von der Erledigung jeder Politischen Theologie, 1970, 117, Anm. 3:
»Die Kreuzigung war eine politische Maßnahme gegen Sklaven und hors-la-loi-
Gesetzte; sie war das supplicium sumptum de eo in servilem modum ... Im übrigen
hat Moltmann recht, wenn er den intensiv politischen Sinn hervorhebt, den die
Anbetung eines derartig gekreuzigten Gottes unzerstörbar in sich enthält und der
sich nicht ins ›rein Theologische‹ sublimieren läßt.«

Romana verbunden, und die Pax Romana wiederum bei aller bekannten römischen Religionstoleranz mit der zwangsweisen Anerkennung des römischen Kaiserkultes. Das Imperium Romanum war eine religiös-politische Ordnung in der damaligen Welt. In Israel wurde die entsprechende Aufrichtung der römischen Kaiserstandarten im Tempel und der Kopf des Caesar auf den umlaufenden Münzen deshalb von den »Eiferern für das Gesetz« als Bruch des 1. Gebotes und damit als Religionsfrevel verstanden, dem es zu widerstehen galt. Man kann darum sagen, daß Jesus von den Römern nicht nur aus den taktischen und tagespolitischen Gründen der Ruhe und Ordnung in Jerusalem, sondern im Grunde im Namen der die Pax Romana sichernden Staatsgötter Roms gekreuzigt wurde. Eine religionslose Politik gab es damals in jenen Gesellschaften so wenig wie eine unpolitische Religion. »Jesus ist von Pilatus als politischer Rebell, als Zelot, verurteilt worden.«[51] Folgen wir den historischen Vermutungen O. Cullmanns, so nahm die römische Kohorte, die zum Tempelschutz eingesetzt war, Jesus in Gethsemane fest. Er war danach von Anfang an ein Gefangener der Römer, die durch Jesu Auftreten in Jerusalem stasis, Aufruhr befürchteten. Das Verhör vor den Hohenpriestern mag dann eher eine moralische Konsultation gewesen sein, die Pilatus gewünscht hat, um sicher zu gehen, daß er die jüdischen Behörden und das jüdische Volk mit der Hinrichtung des vermuteten Zelotenführers Jesus von Nazareth nicht gegen sich aufbrachte. Der eigentliche Prozeß war dann ein Prozeß vor Pilatus, also der politische Prozeß, der aus dem Zusammenspiel zwischen dem Synhedrion und Pilatus möglich wurde. Die Inschrift über dem Kreuz, der sog. titulus, gab nach alter Art das Verbrechen an, für das die Strafe bestimmt war. Sie lautete: INRI – »Jesus von Nazareth – König der Juden.« Dieser titulus kann, wie er in den Evangelien überliefert ist, kaum eine Erfindung der christlichen Gemeinde sein, dafür war er zu gefährlich und widersprach dem Arrangement, das die christlichen Gemeinden mit dem Imperium Romanum später suchten, um zu überleben[52].

Wie läßt sich die politische Tatsache seiner Kreuzigung als »Aufrührer« gegen das römische Imperium und als »König der Juden« verstehen? R. Bultmann hat dazu erklärt:

---

51. O. *Cullmann*, Jesus und die Revolutionären seiner Zeit, 1970, 47.
52. So *M. Hengel*, War Jesus Revolutionär?, 1970, 14, gegen *H. Braun*, Jesus, 1969, 50, der behauptet: »Die Kreuzesinschrift, jüdisch formuliert, scheint eine unhistorische christliche Deutung zu sein, die vom Bekenntnis zu Jesus als dem Messias ausgeht.« Dennoch gibt Braun zu: »Jesus mag den Römern als politischer Unruhestifter erschienen sein; seine jüdischen Gegner, die gegen den unbequemen Mahner aufgebracht waren, mögen starke Impulse der Predigt Jesu ... als politisch bedenklich den Römern gegenüber unterstrichen haben.«

»Sicher ist nur, daß er von den Römern gekreuzigt worden ist, also den Tod eines politischen Verbrechers erlitten hat. Schwerlich kann diese Hinrichtung als die innerlich notwendige Konsequenz seines Wirkens verstanden werden; sie geschah vielmehr aufgrund eines Mißverständnisses seines Wirkens als eines politischen. Sie wäre dann – historisch gesprochen – ein sinnloses Schicksal.«[53]

Doch war es wirklich nur ein Mißverständnis und ein sinnloses Schicksal? Und wenn es ein Mißverständnis war, wodurch wurde es hervorgerufen? War es ein nur zufälliges Mißverständnis oder ein innerlich notwendiges, unvermeidliches Mißverständnis? Wie hätten die Aufruhr befürchtenden und auf Ruhe bedachten Römer Jesus anders verstehen sollen? Liegt ihr »Mißverständnis« nicht auf der gleichen Ebene wie sein »Mißverständnis« durch die Pharisäer? Haben nicht auch seine eigenen Jünger ihn »mißverstanden«, wie ihre Flucht vom Kreuz zeigt? Die einfache Trennung von Religion und Politik, die Bultmann einführt, wenn er von einem »Mißverständnis seines Wirkens als eines politischen« spricht, ist nichts anderes als eine Rückprojektion der Trennung von Religion und Politik – »Religion ist Privatsache« – aus der bürgerlichen Welt des 19. Jahrhunderts, die erst nach mehr als tausend Jahren der Konflikte zwischen Kirche und Kaiser propagiert, aber niemals, auch heute nicht, erreicht worden ist.

Die erste Frage lautet: Ist Jesus ein Zelot gewesen? Hatte er andererseits nichts mit den Zeloten gemein?[54] Das sind die konkreten historischen Fragen an die theologische Geschichte Jesu, die nicht durch Vorurteile belastet werden dürfen. Man kann nicht davon ausgehen, daß Jesu Wirken, wie immer es motiviert gewesen ist, »unpolitisch« gewesen sei. Das ist eine petitio principii. Wie sollte ein öffentliches Wirken in einer politisch so gespannten Situation zwischen römischer Besatzungsmacht und Volksaufständen, wie im damaligen Palästina, ohne politische Wirkungen geblieben sein? Die politische und die religiöse Situation fielen im Judentum jener Zeit zusammen. Nur wenn man ein »Wirken« auf unwirksame innere Gesinnung reduziert, könnte man das sagen. Wirken aber schließt Wirkungen, Gegenwirken und Gegenwirkungen in sich ein. Wirken geschieht immer im Netz von Interaktionen. Von Jesu »Wirken« ohne von diesen konkreten Interaktionen zu sprechen, ist eine absichtsvolle Abstraktion. Für Pilatus lag der Fall Jesus von Nazareth offenbar auf der gleichen Ebene wie

53. *R. Bultmann*, Die urchristliche Christusbotschaft, aaO. 12. Dagegen schon *E. Käsemann*, aaO. II, 55 f: »Ich würde auch nicht das Kreuz bloß als Folge eines politischen Mißverständnisses der Römer charakterisieren und in Frage ziehen, daß es als innerlich notwendige Konsequenz des Wirkens Jesu verstanden werden müsse.«
54. Ich folge hier *M. Hengel*, Die Zeloten. Untersuchungen zur jüdischen Freiheitsbewegung in der Zeit von Herodes I. bis 70 n. Chr., 1961; *S. G. F. Brandon*, Jesus and the Zealots, 1967; *M. Hengel*, Gewalt und Gewaltlosigkeit. Zur »politischen Theologie« in neutestamentlicher Zeit, 1971; »Politische Theologie« und neutestamentliche Zeitgeschichte, KuD 18, 1972, 18–25; sowie den schon genannten Arbeiten.

der Fall Barrabas, der wohl ein Zelot war und von dem es heißt, er sei »mit den Aufständischen« im »Aufstand« festgenommen worden (Mark. 15,7). Es wäre jener sog. »Justizirrtum« bei den Römern wohl auch nicht möglich gewesen, wenn sich durch Jesu »Wirken« nicht die Gefahr wenigstens eines neuen Volksaufstandes ergeben hätte. Die jüdischen Behörden hätten Jesus bei den Römern auch wohl nicht als Zelotenführer, der nach dem Königreich Israel strebe, anzeigen können, wenn nicht in Jesu Auftreten ein Anspruch vorgelegen hätte, den sie durch Entstellung als einen zelotischen Anspruch hätten auslegen können[55]. Wir sammeln zunächst die Merkmale, die Jesus in die Nähe der Zeloten bringen konnten:

1. Wie die Zeloten predigte Jesus: das Gottesreich ist nahe.
2. Wie sie verstand er sein Auftreten und sein Evangelium als Mission zur Herbeiführung des Reiches, d. h. als Antizipation des Reiches Gottes.
3. Es findet sich in den Quellen wohl antipharisäische Polemik Jesu, aber kaum antizelotische Polemik.
4. Er nannte Herodes mit zelotischer Kritik einen »Fuchs« (Luk. 13,32). Gegen die etablierte politisch-soziale Herrschaft formulierte er für sich selbst und seine Jünger die fundamentale Alternative: »Die Könige der Völker herrschen über sie, und die im Besitz der Macht sind, werden ›Wohltäter‹ genannt. Ihr aber verhaltet euch nicht so, sondern der Größte unter euch werde wie der Jüngste und der Führer wie der Diener« (Luk. 22,25–27; Mark. 10,42–45).
5. Jesus übte auch auf Zeloten Anziehungskraft aus: Unter den Zwölfen gab es wenigstens einen, Simon Zelotes, der früher der Zelotenpartei angehört hatte; möglicherweise war auch Petrus Barjona Zelot gewesen[56]. Sehr wahrscheinlich gehörte Judas Iskariot zur Sikariergruppe der Zeloten. Weiter gab es unter dem »bunt zusammengewürfelten Haufen« seiner Jüngerschar einige, die Waffen trugen. Das entspricht der jüdischen Sitte, bei Wanderschaft zum Schutz gegen wilde Tiere und Räuber bewaffnet zu gehen[57]. Die gewiß nachösterlichen Abschiedsworte bei Luk. 22,35–38 weisen die Jünger an, wohlausgerüstet zu ziehen: »Wer aber kein Schwert besitzt, verkaufe sein Gewand und erwerbe eines.« Noch im Garten Gethsemane tragen einige Jünger Schwerter bei sich. Das spricht zwar nicht für einen geplanten Zelotenaufstand Jesu in Jerusalem, es spricht aber auch nicht dafür, daß Jesus seine Jünger von Anfang an auf absolute »Gewaltlosigkeit« verpflichtet und sie entwaffnet hätte.

---

55. So O. *Cullmann*, aaO. 23.
56. O. *Cullmann*, ebd.
57. *M. Hengel*, War Jesus Revolutionär?, 17.

6. Der Einzug in Jerusalem und die Tempelreinigung konnten von den Jüngern, den jüdischen Bewohnern und den Römern durchaus als zelotische Symbolhandlungen verstanden werden.

Sammeln wir nun die Merkmale, die Jesus von den Zeloten trennten: 1. Die Zeloten nahmen das kommende messianische Reich durch den Befreiungskampf gegen Rom vorweg. Um einen zeitgenössischen Ausdruck zu verwenden: sie versuchten, das Reich »herbeizudrängen«. Jesus könnte sie gemeint haben mit dem Wort über »die Gewalttätigen, die das Gottesreich herbeizwingen und sich mit Gewalt seiner bemächtigen« (Matth. 11,12). Es ist merkwürdig, daß an dieser Stelle nicht klar ist, ob sie Lob oder Tadel ausdrückt. Für die Zeloten war die Besetzung Israels durch die heidnischen Römer Usurpation durch Gewalttätige. Die gewaltsame Durchsetzung des römischen Imperiums war Religionsfrevel: »Der Caesar verlangt, was Gottes ist.« Er setzt sich selbst durch seine Standbilder an die Stelle des Heiligen. Damit war für sie der apokalyptisch verstandene Fall des »heiligen Krieges« gegeben. Militanter Widerstand gegen die gottlosen, gesetzlosen Römer war ihr politischer Gottesdienst: »Jeder, der das Blut eines Gottlosen vergießt, ist wie einer, der ein Opfer darbringt.«[58] Sie ließen sich lieber zu Tode foltern, als den römischen Caesar »Kyrios« zu nennen, denn dieser Titel galt für sie als alttestamentliches Gottesprädikat. So war für die Zeloten der endzeitliche, »heilige Krieg« das apokalyptische Gebot der Stunde. Dieser »heilige Krieg« diente aber einzig der Durchsetzung des Gesetzes Gottes, allen anderen voran des 1. und 2. Gebotes. Die Gesetzesbrecher mußten darum getötet, die Gesetzlosen vertrieben und Israel mußte gereinigt werden, um aus seiner Schmach aufzuerstehen.

Bei Jesus erfolgt die Vorwegnahme des Reiches Gottes in seinem Evangelium an die Armen nicht durch eine derartige Gesetzlichkeit, sondern durch das Gottesrecht der freien Gnade. Nicht die Vorwegnahme der Zukunft Gottes selbst und auch nicht das Prinzip der Gewaltlosigkeit unterscheidet Jesus von den Zeloten, sondern seine Freiheit von der Gesetzlichkeit, die die Zeloten dazu führte, durch den heiligen Krieg das Jüngste Gericht an den Feinden Gottes und Israels jetzt schon zu vollstrecken. Das vielberufene Wort Jesu: »Mein Reich ist nicht *von* dieser Welt« (Joh. 18,36) sagt nicht, daß sein Reich woanders ist, sondern daß es anderer Art ist als das Schema dieser Welt. Es ist aber in seiner Andersartigkeit durch Jesus selbst mitten *in* dieser Welt. Man kann darum das Reich, Jesu Verkündigung gemäß, nicht »unpolitisch« nennen und es in eine andere Sphäre, sei es des Himmels oder des Herzens, verbannen. Es ist ganz anders politisch und politisch ganz anders

---

58. P. *Lapide*, zit. bei M. *Hengel*, ebd. 12.

als die Systeme und Spielregeln des Kampfes um die Weltherrschaft
und der Vergeltung.

2. Es wird aus den Berichten des Josephus deutlich, daß die Zeloten
eine Art »rechtsradikale«, pharisäische Partei waren. Jesu Polemik gegen die Gesetzesauffassung der Pharisäer traf darum auch die zelotischen Eiferer für das Gesetz. So wenig Jesus bei den Pharisäern ihren
konsequenten moralischen Gehorsam gegenüber Gott angriff, so wenig
griff er den konsequenten politischen Gehorsam der Zeloten an. Er
griff beide viel grundsätzlicher in ihrer Gesetzlichkeit an. Nicht tak-
tische Fragen nach gewaltfreiem oder gewaltsamem Widerstand standen im Vordergrund seiner Polemik, sondern die Grundsatzfrage der
gottentsprechenden Gerechtigkeit. Wie gezeigt, antizipierte Jesus das
Gottesrecht der Gnade, das Gesetzesbrecher und Gesetzlose gerecht
macht. Er bestritt damit auch den Kernpunkt des zelotischen Glaubens,
nämlich Gottes kommende Gerechtigkeit durch Gericht und Strafe an
den Gottlosen vorwegzunehmen.

3. Neben ehemaligen Zeloten fanden sich in seinem Jüngerkreis auch
deren Todfeinde, nämlich Zöllner, d. h. Leute, die wegen ihrer Kolla-
boration mit der römischen Besatzungsmacht den Pharisäern und Zeloten besonders verhaßt waren. Jesus hat diese Kollaborateure nicht
verteufelt. Der verrufene »Freund der Zöllner und Sünder« hat damit
das nach dem Gesetz bemessene Freund-Feind-Schema der Pharisäer
und Zeloten durchbrochen, ebenso wie er das durch Tradition aufge-
baute Freund-Feind-Schema zwischen Juden und Samaritanern durchbrach. Das ist ein weiteres Zeichen für die andersartige Gerechtigkeit
Gottes, die er verkündigte und in seinem Verhalten offenbar machte.
Endlich hat Jesus keinen »sozialrevolutionären Konsumverzicht«, wie
M. Hengel die damalige Trauer um Israels verlorene Freiheit und die
Buße zur Reinigung vom Greuel der Verwüstung nennt, verlangt. Pharisäer und Zeloten verschrieen ihn als »Fresser und Weinsäufer« (Luk.
7,34), der mitten im Elend Israels mit seinen Jüngern nicht fastet, sondern Freudenmähler feiert. Auch das weist auf sein andersartiges Verständnis der nahenden Gerechtigkeit des Gottesreiches hin. Trotz ökonomischer Not, politischer Knechtung und religiöser Unterdrückung
seines Volkes war für Jesus die Gottesherrschaft gleich einer Hochzeits-
freude. Genau darin mußte für die Zeloten seine Torheit liegen. So
konnte der Gott Israels angesichts der Not seines Volkes nicht sein.
Das widersprach ihrer Gesetzesauffassung. Sie mußten das durch und
durch festliche Leben Jesu als Hohn auf ihre Ernsthaftigkeit verstehen.

4. Entsprechend der politischen und sozialen Kritik der Zeloten pran-
gerte auch Jesus den Religionsfrevel der sich selbst vergottenden Herrscher an und trennte scharf, was sie ineins setzten: »Gebt dem Kaiser,

was des Kaisers ist, und Gott, was Gottes ist« (Luk. 20,25). Ähnlich
wie sie sah er den Aberglauben und die Gottlosigkeit des Mammon und
hielt es für schwer, daß ein Reicher ins Himmelreich käme. Ähnlich
wie sie verurteilte er die soziale Ungerechtigkeit. Seinen Seligpreisun-
gen der Armen entsprechen auf der anderen Seite Weherufe über die
Reichen (Luk. 6,24; Luk. 12,16 ff). Aber er rief die Armen nicht zur
Rache an ihren Ausbeutern und die Unterdrückten nicht zur Unterdrückung ihrer Unterdrücker auf. Auch das wäre theologisch nur die
Vorwegnahme des Jüngsten Gerichtes nach dem Gesetz, nicht aber jene
neue Gerechtigkeit Gottes, wie sie Jesus im Recht der Gnade offenbarte. Deren Konsequenz ist vielmehr: »Liebet eure Feinde, tut wohl
denen, die euch verfolgen«, also die Seligpreisung der Friedensstifter,
der neuen Menschen, die das Unterdrückungsschema sprengen und
nicht auf Machtgewinn bedacht sind. »Die Magna Charta der Agape
ist, wenn man so will, das eigentlich Revolutionäre in der Botschaft
Jesu.«[59] Sie ist nicht »revolutionär« zu nennen im Bereich der revolutionären Strategie und Taktik der Selbstbefreiung der unterjochten
Gerechten von der Bedrückung durch die Reichen und die Römer, um
die alte Gottesgerechtigkeit im Lande der Väter wiederherzustellen.
Wohl aber ist sie »revolutionär« zu nennen gegenüber der Gesetzlichkeit, mit der jene die Gottesgerechtigkeit gegen den römischen Nomos
durchsetzen wollten. Sie ist endlich »revolutionär« im Bereich der
Eschatologie zu nennen: im Endgericht stellt Gott seine souveräne Gerechtigkeit durch sein Recht der Gnade her. Damit wird die Zukunftshoffnung frei von den Rachevisionen und den Omnipotenzträumen der
Unterdrückten und der Schwachen. Alles was man bei Jesus unter dem
Stichwort der »Gewaltlosigkeit« aufzählen kann, ist zuletzt auf diese
»Revolution im Gottesbegriff« zurückzuführen, die er demonstrierte:
Gott kommt nicht zur gerechten Rache an den Bösen, sondern zur gnädigen Rechtfertigung der Sünder, ob Zeloten oder Zöllner, ob Pharisäer oder Sünder, ob Juden oder Samaritaner, und in Konsequenz
auch: ob Juden oder Heiden. Diese Befreiung von der Gesetzlichkeit,
die zur Vergeltung führen mußte und immer wieder führt, durch die
entwaffnende Freude am Gnadenrecht Gottes, kann man wohl die »humane Revolte« Jesu nennen, wenn man die moderne Revolutions-
terminologie überhaupt verwenden will, was nur mit Vorbehalt möglich ist.

5. Die Gefahr, diese Freiheit vom Teufelskreis der Gesetzlichkeit, von

---

59. *M. Hengel*, War Jesus Revolutionär?, 21; Gewalt, 41. Ich glaube, daß Hengel
damit historisch recht hat, halte dagegen seine ethischen Konsequenzen, mit denen er
die Revolution auf das Herz und die Nachfolge auf Privatmoral beschränkt, für
unüberlegt.

Gewalt und Gegengewalt, von Schuld oder Vergeltung, aufzugeben und ihm wieder zu verfallen, ist nach den Erfahrungen der Gemeinde und ihren Erinnerungen an Jesus offenbar mehrfach an ihn und seine Jünger herangetreten. Nach der Versuchungsgeschichte wurde diese Gefahr als besondere Versuchung Jesu angesehen. Der Satan zeigt Jesus die Reiche der Welt und verspricht, sie ihm zu geben. Er schlägt Jesus damit das Zelotenideal vor[60]. Ähnliches mag im Gespräch auf dem Weg nach Caesarea Philippi (Mark. 8,27–33) durch Petrus und seine Ablehnung des Leidens an Jesus herangetragen worden sein. Nach der Überlieferung reagiert Jesus scharf: »Hebe dich von mir, Satan.« Das weist bei aller überlieferten Abweisung des Zelotenideals doch auf eine gefährliche Nähe dieses Weges zu Jesus hin.

Zusammenfassend können wir zu dieser heute so umstrittenen Frage sagen:

1. Wie die Zeloten brach Jesus mit dem status quo und seinen Herrschern. Wie sie verursachte er politisch feststellbare Unruhe (stasis). Darum wurde er als »Zelotenführer« von den Römern gekreuzigt. Aber er brach in Wahrheit mit einem ganz anderen status quo als die Zeloten. Er brach nicht wie sie nur mit kompromittierender Gesetzesverletzung und heidnischer Gesetzlosigkeit, um das Gesetz wieder herzustellen, sondern er brach mit der Gesetzlichkeit – sofern sie sich auf das jus talionis konzentrierte – selbst, um das Reich der Freiheit aus der Freude an Gottes Gnadenrecht zu verkündigen und demonstrativ zu antizipieren.

2. Darum breitete er die kommende Gottesgerechtigkeit als Recht der Gnade bei Gerechten und Ungerechten aus, um Zeloten und Zöllner aus ihrem gesetzlichen Freund-Feind-Verhältnis zu befreien.

3. Er sprach Menschen, Zeloten und Römern, das Recht ab, Richter und Rächer in eigener Sache zu sein: »Wer unter euch ohne Schuld ist, der werfe den ersten Stein« (Joh. 8,7). Er offenbarte Gott nicht als gerechten Rächer im Gericht, sondern als unbegreiflich gnädigen und darin gerechten Gott. Sein Wort befreite darum Menschen aus jener Gesetzlichkeit, mit der sie dem rächenden Gott zu entsprechen suchten.

4. Seine Gegner haben ihn darin sehr gut verstanden. Sie haben den Angriff auf ihre religiös-politischen Glaubensgrundlagen in seiner Verkündigung und seinem Umgang mit Freund und Feind wohl gespürt. Für Pharisäer und Zeloten war er ein »Verräter« an der heiligen Sache Israels. Für die Römer war er nach der Art der Zelotenführer einer mehr in der Reihe der Unruhestifter. Jesu »Wirken« und ihr Gegenwirken führten mit gewisser Konsequenz zur Auslieferung an die Römer und damit zu seiner Kreuzigung.

---

60. O. *Cullmann*, aaO. 57.

5. Wenn Pilatus dadurch auch nur einen Unruhestifter und Volksver-
führer mehr beseitigen konnte und von seinen Gesichtspunkten aus
nicht zwischen einem antirömischen Zelotenführer und dem nichtzelo-
tischen Unruhestifter Jesus unterscheiden mußte, so liegt doch in seiner
Verurteilung Jesu als »Aufrührer« gegen die imperialistische Pax Romana der Sache nach nicht nur dieses situationsgebundene »Mißverständnis« Jesu. Jesu Freiheit und seine Verkündigung des Gnaden-
rechtes Gottes traf nicht nur Pharisäer und Zeloten, sondern auch und
nicht weniger die religiös-kultischen und religiös-politischen Grundlagen der Pax Romana und die archaischen Gerechtigkeitsvorstellungen
aller Menschen. Im unmittelbaren Sinne eines zelotischen Aufrührers
hat Pilatus Jesus sicher mißverstanden und mußte ihn aus Furcht vor
Volksaufruhr auch so mißverstehen. In jenem tieferen Sinne der Infragestellung der Pax Romana und ihrer Götter und Gesetze aber muß
man nachträglich sagen, daß Pilatus ihn richtig verstanden hat. Das
beweist die Wirkungsgeschichte des gekreuzigten Mannes aus Nazareth
im Leben der frühen Christenheit im römischen Reich. Ihre Anbetung
eines derartig »gekreuzigten Gottes« enthielt einen intensiv politischen
Sinn, der sich nicht ins nur Religiöse sublimieren läßt. Ihre demonstra-
tive Verweigerung des Kaiserkultes trug ihnen das Martyrium im
religiös-politischen Sinne ein. »In der Welt walten nun einmal die Dämonen, wer also in ihr leben will, muß ihnen Verehrung erweisen und
ihren Ordnungen sich fügen. Also soll man auch den Herrschern ge-
horchen, auch wenn sie den Schwur bei ihren Namen befehlen. Durch
diesen Glauben ist Rom groß geworden, es darf nicht von seinen Göttern ab- und einem Gott zufallen, der seinen Anhängern nicht einmal
eine Scholle oder einen Herd zu geben vermag, so daß sie heimlich, in
steter Furcht umherschleichen müssen«, sagt Celsus[61]. Er warf den
Nachfolgern des Gekreuzigten Aufruhr (stasis) vor. Durch ihre Reli-
gionslosigkeit bringen sie Aufruhr in die Himmelswelt bei den Göttern
und bringen damit auch Aufruhr in die jenen Göttern entsprechende
religiös-politische Welt auf Erden[62]. In einer Zeit, in der Politik und
Religion eins waren und, abgesehen von Hauskulten, nicht getrennt
werden konnten, konnte es denn wohl kaum ein »Mißverständnis des
Wirkens Jesu als eines politischen« geben, wie R. Bultmann unterstellt.
Jesu Evangelium und sein öffentliches Verhalten waren hochpolitisch.
Er mußte religiös-politisch verstanden werden, auch wenn er selbst damit nicht im Sinne des Glaubens verstanden wurde. Er befremdete sowohl die antirömischen Zeloten wie die antijüdischen Römer. Beide
kannten »ihr Spiel«, den Waffengang als Gottesurteil, wie es in der da-

---

61. *R. Seeberg,* Lehrbuch der Dogmengeschichte I, 333 f.
62. *H. Berkhof,* Kirche und Kaiser, deutsch 1947, 31 f.

maligen Welt üblich war. Jesus aber wirkte in diesem religiös-politischen Spiel als Spielverderber und »mußte« ausgestoßen werden.

Als zweite theologische Dimension der Geschichte Jesu, die zu seiner Kreuzigung als »Aufrührer« führte, können wir darum die politische Dimension des Evangeliums Jesu in einer religiös-politischen Welt festhalten.

Wenn der so Gekreuzigte von Gott auferweckt und ins Recht gesetzt ist, wie der eschatologische Glaube sagt, dann muß auch diese Seite des Prozesses Jesu aufgerollt werden, und der ihn öffentlich bezeugende Glaube muß auf die politische Dimension seiner Geschichte zurückkommen. Es entsteht dann durch die Christenheit der öffentliche Prozeß:

> Aut Christus – aut Caesar?

Kreuzestheologie ist nicht in einem modernen, unpolitischen oder privatreligiösen Sinne »reine Theologie«. Glaube an den Gekreuzigten ist im politischen Sinne öffentliches Zeugnis für die Freiheit Christi und das Recht der Gnade gegenüber den politischen Religionen der Völker, Imperien, Rassen und Klassen. Zwischen dem Christusglauben und den vergotteten Weltherrschern, den Personenkulten und sozialen wie politischen Fetischen der Gesellschaft steht Jesus selbst. Die Erinnerung an seine Kreuzigung ist eine sowohl gefährliche wie befreiende Erinnerung. Wir brechen hier ab, um später im Rahmen der Auferstehung des Gekreuzigten auf diese politische Dimension zurückzukommen.

c) *Jesus und Gott: der »Gottverlassene«*

Der theologische Konflikt Jesu mit dem Gesetzesverständnis der Pharisäer und sein theologisch-politischer Konflikt mit Zeloten und Römern können nun zwar seine Verurteilung als »Gotteslästerer« und seine Kreuzigung als »Aufrührer« verständlich machen, aber noch nicht die eigentliche innere Qual seines Leidens und Sterbens.

Wir beginnen mit einer Betrachtung von außen.

Sokrates starb wie ein Weiser. Er trank heiter und gelassen den ihm bestimmten Schierlingsbecher. Er bewies damit Seelengröße und bezeugte zugleich die laut Plato von ihm gelehrte Unsterblichkeit der Seele. Der Tod war ihm der Durchbruch zum höheren, reineren Leben. Darum fiel ihm der Abschied nicht schwer. Er ließ dem Asklepios einen Hahn opfern, wie man es nur tat, wenn man von einer schweren Krankheit genas. Der Tod des Sokrates war ein Fest der Freiheit[63].

---

63. *R. Guardini*, Der Tod des Sokrates, 1956.

Die zelotischen Märtyrer, die nach den fehlgeschlagenen Aufständen von den Römern gekreuzigt wurden, starben im Bewußtsein ihrer Gerechtigkeit vor Gott und erwarteten ihre Auferweckung zum ewigen Leben, so wie sie auch die Auferweckung ihrer gesetzlosen Feinde und der gesetzesbrüchigen Verräter zur ewigen Schmach erwarteten. Sie starben für ihre gerechte Sache, die Sache der Gottesgerechtigkeit, im Bewußtsein, daß diese zuletzt doch über ihre Feinde siegen werde. Es gelang vielen von ihnen, noch sterbend ihre Feinde zu verfluchen. Rabbi Akiba fand in seinem Kreuzestod die ersehnte Freiheit zur Ganzhingabe an den Gott, der nach Sch'mah Israel nur »mit ganzem Herzen, mit ganzer Seele und allen Kräften« geliebt werden kann.

Die stoischen Weisen bewiesen den Tyrannen in der Arena, wo sie von wilden Tieren zerfleischt wurden, ihre innere Freiheit und ihre Überlegenheit. »Ohne Furcht und ohne Hoffnung«, wie es hieß, gingen sie frei hindurch und bewiesen den schrecklichen Herrschern und den erschrockenen Massen ihre Unerschrockenheit noch im eigenen Tod.

Auch die christlichen Märtyrer gingen gelassen und gläubig in den Tod. Im Bewußtsein, mit Christus gekreuzigt zu werden und die Bluttaufe zu empfangen und so ewig mit Christus vereint zu werden, gingen sie mit einer »Hoffnung wider Hoffen« in den Tod. Die letzten Worte D. Bonhoeffers, mit denen er sich auf dem Weg zur Hinrichtungsstätte im KZ Flossenbürg von seinem Mitgefangenen Payne Best verabschiedete, lauteten: »Das ist das Ende – für mich der Beginn des Lebens.«[64] Er war, wie er in einem Brief zuvor geschrieben hatte, gewiß, »daß im Leiden unsere Freude, im Sterben unser Leben verborgen ist«[65].

Jesus ist offensichtlich anders gestorben. Sein Tod war kein »schöner Tod«. Übereinstimmend berichten die synoptischen Evangelien von seinem »Zittern und Zagen« (Mark. 14,34 par.) und von einer Trübsal seiner Seele bis in den Tod. Er starb »mit großem Geschrei und Tränen«, sagt der Hebräerbrief (5,7). Nach Mark. 15,37 starb er mit einem lauten, unartikulierten Schrei. Weil die christliche Traditionsgeschichte diesen schrecklichen Schrei des sterbenden Jesus in ihren Passionsgeschichten zunehmend abgeschwächt und durch tröstliche und triumphale Worte ersetzt hat, können wir hier wohl auf einen historischen Kern zurückschließen. Jesus ist offenbar mit allen Ausdrücken tiefsten Erschreckens gestorben. Wie ist das zu verstehen? Der Vergleich mit Sokrates, mit stoischen und christlichen Märtyrern zeigt, daß hier etwas Besonderes im Sterben Jesu vorliegt. Es ist nur zu verstehen, wenn man seinen Tod nicht nur aus seinem Verhältnis zu Juden und Römern, zum Gesetz und zur politischen Macht sieht, sondern im Ver-

64. *E. Bethge*, Dietrich Bonhoeffer. Eine Biographie, 1967, 1037.
65. *D. Bonhoeffer*, Widerstand und Ergebung, 1951, 266.

hältnis zu seinem Gott und Vater, dessen Nähe und dessen Gnade er selbst verkündigt hatte. Wir stoßen damit auf die theologische Dimension seines Lebens und Sterbens. Mark. 15,34 gibt den Schrei des sterbenden Jesus mit den Worten des Psalm 22,2 wieder: »Mein Gott, warum hast du mich verlassen?« Das ist sicher eine Deutung der nachösterlichen Gemeinde, wie ja Psalm 22 überhaupt für die christlichen Passionsgeschichten strukturbildend war[66]. Sie scheint aber der historischen Wirklichkeit des Sterbens Jesu am nächsten zu kommen[67]. Die westliche Textgruppe von Mark. 15,34 hat die Worte gemildert und sagt: »Mein Gott, was hast du mir vorzuwerfen?« Lukas hat diese Worte ganz ausgelassen und durch das Vertrauenswort des jüdischen Abendgebets aus Psalm 31,6 ersetzt: »Vater, in deine Hände befehle ich meinen Geist« (23,46). Darum fliehen die Jünger bei Lukas auch nicht vom Kreuz, denn für ihn starb Jesus nicht »gottverlassen«, sondern als vorbildlicher Märtyrer. Bei Johannes heißt es dann aus wiederum anderen theologischen Gründen: »Es ist vollbracht« (19,30), denn für Johannes endet der Kampf Jesu mit dem Sieg und seiner Verherrlichung am Kreuz. Angesichts dieser Überlieferungsgeschichte wird man annehmen dürfen, daß die schwierige Lesart von Markus der historischen Wirklichkeit am nächsten kommt. Um die Paradoxie vollkommen zu machen, antwortet bei Markus auf den Schrei, mit dem Jesus seinen Geist aufgibt, der heidnische Centurio mit dem Bekenntnis zur Gottessohnschaft Jesu: »Wahrlich, dieser ist Gottes Sohn gewesen« (15,39). Wir gehen darum im folgenden davon aus, daß Jesus mit den Zeichen und Ausdrücken tiefer Gottverlassenheit gestorben ist[68].

Um das Geheimnis des Sterbens Jesu, das so sehr aus dem Rahmen vergleichbarer Todesgeschichten großer Glaubenszeugen fällt, zu verstehen, gehen wir zunächst wieder von dem Kontext seines Lebens und Wirkens aus. Wie kein anderer vor ihm in Israel hatte Jesus die Nähe des Gottesreiches verkündigt und sie als gnädige, nicht richtende, sondern rettende Nähe bei Unheilbaren, Verworfenen und Gehaßten demonstriert. In seinem eigenen Verhältnis zum Gott dieses Reiches war er selbst aus dem Traditionsrahmen des Gottesbundes Israels herausgetreten, in welchem die Nähe Gottes zu seinem Volk durch Bund, Gesetz und Mose vermittelt war. Durchgängig wird berichtet, daß Jesus Gott oft exklusiv »meinen Vater« nannte[69]. Das drückt eine nicht mehr

---

66. Vgl. dazu *H. Gese*, Psalm 22 und das Neue Testament, ZThK 65, 1968, 1 ff. Über »Psalm 22 und die Leidensgeschichte« in jüdischer Interpretation *E. Fromm*, Die Herausforderung Gottes und des Menschen, 1970, 227–232.
67. *W. Schrage*, aaO. 67.
68. So im Grunde auch *R. Bultmann, H. Braun* und *W. Schrage*, wenn sie von Zusammenbrechen, Scheitern und ähnlichem reden.
69. Vgl. *J. Jeremias*, Abba. Studien zur neutestamentlichen Theologie und Zeitgeschichte, 1966.

2. *Der Weg Jesu zum Kreuz*

durch Bund, Volk und Tradition vermittelte und darum unmittelbar zu nennende Gottesgemeinschaft aus. Sie gehört zu dem unerhörten Anspruch Jesu, mit dem Gottesrecht der Gnade Sünden hier schon zu vergeben. Wenn Jesus sich auf diese Weise mit Gott selbst identifizierte, so setzte er offenbar voraus, daß Gott sich seinerseits mit ihm und seinem Wort identifizierte. Wer aber so in der Nähe Gottes, seines Reiches und seiner Gnade lebte und verkündigte und wer die Glaubensentscheidung an seine Person band, konnte seine Auslieferung zum Fluchtod am Kreuz nicht als bloßes Mißgeschick oder als menschliches Mißverständnis oder als eine letzte Prüfung verstehen, sondern mußte sie als Verlassenheit von eben dem Gott erfahren, den er »meinen Vater« zu nennen gewagt hatte. Sehen wir sein wunderloses und hilfloses Leiden und Sterben im Kontext seiner Verkündigung und seines Lebens an, so wird sein »himmelschreiendes Elend« verständlich: es ist die Erfahrung der Gottverlassenheit im Wissen darum, daß Gott nicht ferne, sondern nahe, nicht richtend, sondern gnädig ist. Und dieses: im vollen Bewußtsein der gnädigen Nähe Gottes von Gott verlassen und an den Tod eines Verworfenen ausgeliefert zu sein, ist die Qual der Hölle[70]. Im Kontext seines Lebens ist seine schreiend ausgedrückte Verlassenheit am Kreuz darum nicht als letzte Bewährung eines Frommen in Anfechtung und Leiden auszulegen, wie es die Märtyrerchristologie seit Lukas immer wieder getan hat, um Jesus als Urbild oder Vorbild für den angefochtenen Glauben hinzustellen. Im Kontext seiner Verkündigung ist sein Ende auch nicht als »Scheitern« darzustellen. Helden wie Leonidas sind »gescheitert« und bewiesen ihren Heldenmut durch heroisches Sterben. Ihre Nachwelt bewundert sie darum. Wenn R. Bultmann meint: »Ob und wie Jesus in ihm (scil. seinem Tod) einen Sinn gefunden hat, können wir nicht wissen. Die Möglichkeit, daß er zusammengebrochen ist, darf man sich nicht verschleiern«[71], so ist das historisch gesehen zwar richtig, aber doch viel zu biographisch und psychologisch gedacht, was R. Bultmann selbst an dieser Stelle gerade ablehnen will. Das Verständnis des Sterbens Jesu im Kontext seines Lebens muß ein theologisches sein und den Gott, für den er lebte und sprach, in Betracht ziehen. Jesus lebte nicht als Privatperson, wozu ihn erst die historische Darstellung des liberalen 19. Jahrhunderts machte, sondern, soweit wir aus den Quellen wissen, als öffentliche Person aus der Nähe seines Gottes und Vaters und für dessen kommendes Reich. Erst aus dem, woraus und wofür er lebte, wird der Glanz seines Lebens und dann auch der Schrecken seines Sterbens verständlich. ·

---

70. Luther hat der Sache nach mit Recht die Höllenfahrt Christi auf sein Sterben in Gottverlassenheit bezogen und nicht auf seine Predigt im Totenreich.
71. *R. Bultmann*, aaO., SAH 12.

Die beiden Zeloten, die mit ihm gekreuzigt wurden, mögen »zusammengebrochen« und »gescheitert« sein, aber die Sache, für die sie gelebt und gekämpft hatten, war für sie unantastbar und durch keinen Tod zu töten. Sie konnten im Bewußtsein sterben, daß das kommende Weltgericht ihr Recht beweisen werde. Für Jesus aber hing, wie wir gezeigt haben, nach seiner ganzen Verkündigung die Sache, für die er lebte und wirkte, mit seiner eigenen Person und seinem Leben so eng zusammen, daß sein Tod auch der Tod seiner Sache sein mußte. Erst das macht die Einzigartigkeit seines Kreuzestodes aus. Auch andere Menschen sind mißverstanden worden und an menschlichem Unverstand zugrundegegangen. Auch Propheten wurden als Gotteslästerer von ihrem eigenen Volk verflucht. Viele tapfere Menschen sind durch Kreuzigung und schlimmere Torturen hingerichtet worden. Das alles unterscheidet Jesu Tod nicht von den anderen Kreuzen in der Leidensgeschichte der Menschheit. Erst wenn wir seine Verlassenheit von dem Gott und Vater begreifen, dessen Nähe er auf einzigartige, gnädige und festliche Weise verkündet hatte, verstehen wir die Besonderheit seines Sterbens. Im Zusammenhang mit der einzigartigen Gottesgemeinschaft seines Lebens und seiner Verkündigung starb Jesus in einzigartiger Gottverlassenheit. Das ist mehr und auch etwas anderes als »Zusammenbrechen« und »Scheitern«.

Woran ist Jesus gestorben? Er ist nicht nur am Gesetzesverständnis seiner Volksgenossen und nicht nur an der Machtpolitik der Römer, sondern letzten Endes an seinem Gott und Vater gestorben. Die Qual in seinen Qualen war diese Gottverlassenheit. Sie führt uns dazu, schon im Kontext seines Lebens das Geschehene am Kreuz als ein Geschehen zwischen Jesus und seinem Gott und umgekehrt zwischen seinem Vater und Jesus verstehen zu müssen. Der Ursprung der Christologie, die sagen soll, wer Jesus in Wahrheit ist, liegt dann nicht in Jesu Selbstverständnis oder seinem Messiasbewußtsein, auch nicht in seiner Wertschätzung durch seine Jünger und auch nicht nur in seinem Entscheidungsruf, der eine Christologie implizieren könnte. Er liegt in der Geschichte zwischen Jesus und seinem Gott und jenem »Vater« und Jesus, wie sie in seiner Verkündigung und seinen Taten zur Sprache und seiner Verlassenheit im Sterben im wörtlichen Sinne »zu Tode« kam.

Wir wollen versuchen, diese Geschichte zwischen Jesus und seinem Gott in seinem Sterben durch eine Auslegung der Worte von Psalm 22,2 im Munde Jesu zu prüfen. Wir stellen dabei in Rechnung, daß die Gemeinde den Todesschrei Jesu damit zu deuten versucht hat, halten aber diese Deutung für die zutreffendste. Gewöhnlich wird in der Auslegung der Schrei Jesu im Sinne des Gebetswortes von Psalm 22 verstanden. Wenn aber zwei das gleiche sagen, so muß es noch nicht dasselbe sein, was eine nur traditionsgeschichtliche Betrachtung leicht übersieht. Es ist darum nicht richtig, Jesu Schrei im Sinne von Psalm 22 zu interpretieren, sondern richtiger, die Psalmworte hier im Sinne der Situation Jesu zu interpretieren. Im ursprünglichen Psalm 22 ist mit »mein Gott« der Bundesgott Israels gemeint und mit dem »Ich« des Verlassenen der Bundespartner, der leidende Gerechte. Bei Jesus aber liegt im Ruf »mein Gott« der gesamte Inhalt seiner eigenen Botschaft vom gnädig nahenden Gott, die ihn oft exklusiv von »meinem Vater« hat sprechen lassen. Auch die Gemeinde, die dem sterbenden Jesus diese Psalmworte in den Mund gelegt haben mag, mußte es so angesehen und den Psalm auf die Situation Jesu bezogen haben. Es ist nicht mehr nur der Bundesgott Israels, nach dem er schreit. Dann hätten die mit ihm gekreuzigten Zeloten einstimmen können. Es ist »sein« Gott und Vater, nach dem er schreit. Es ist kein anderer Gott, wohl aber ein im Verhältnis zu Israels Traditionen besonderes Gottesverhältnis, das Jesus ausspricht. Entsprechend ist auf der anderen Seite das »Ich« des Verlassenen nicht mehr einfach identisch mit dem Ich eines bundestreuen Gerechten aus dem Alten Testament, sondern muß auf besondere Weise als das Ich des Sohnes verstanden werden. Was wird im Psalm 22 und was wird durch den sterbenden Jesus beklagt? Schon der alttestamentliche Beter beklagt im Grunde nicht voller Selbstmitleid sein eigenes Geschick, sondern er klagt mit den Worten des Psalms die Treue Gottes ein, die er als der Gerechte vertritt. Psalm 22 ist eine Rechtsklage. Nicht das Mitleid Gottes an seiner Person verlangt er, sondern die Offenbarung der Gerechtigkeit des Gottes, der versprach, »nicht fahren zu lassen das Werk seiner Hände«. Mit seiner, des Gerechten Verlassenheit durch Gott steht für ihn Gottes Gottheit selbst auf dem Spiel, denn er selbst ist ja die Treue und Ehre Gottes in der Welt. Darum ruft der Beter von Psalm 22 nach der Treue Gottes um Gottes willen. Auch im Schrei Jesu, wie er mit Psalm 22 gedeutet wird, finden wir nicht Selbstbemitleidung und persönlichen Schmerzausdruck, sondern wieder diesen Ruf nach Gott um Gottes willen, die Rechtsklage. Nur klagt Jesus nicht allein, wie der Beter von Psalm 22, die dem ganzen Volk verheißene Bundestreue des Gottes Israel ein, sondern er klagt auf besondere Weise die Treue seines Vaters zu sich, dem Sohn ein, der für ihn eingetreten ist. Mit den Worten »Mein Gott, warum hast du mich verlassen?« steht nicht nur Jesu persönliche Existenz auf dem Spiel, sondern eben seine theologische Existenz, seine ganze Gottesverkündigung. Darum steht mit seiner Verlassenheit zuletzt auch die Gottheit seines Gottes und die Vaterschaft seines Vaters auf dem Spiel, die Jesus den Menschen nahegebracht hatte. Sieht man es so, dann liegt am Kreuz nicht nur Jesus selbst in Agonie, sondern auch der, für den er lebte und sprach, nämlich sein Vater. Jesus klagt mit den Worten des Psalm 22 sein eigenes Sein in der besonderen Beziehung seines Lebens und seiner Verkündigung zum Vater ein. Gehen wir davon aus, dann steht im Sterben Jesu mehr als die Bundesgemeinschaft Jahwes mit den Gerechten seines Volkes Israel auf dem Spiel. Dann steht im Tode Jesu die Gottheit seines Gottes und Vaters auf dem Spiel[72]. Jesus ruft dann nach seines Vaters Gottheit und Treue gegen seine Verlassenheit und die Nichtgottheit seines Vaters. Man könnte überspitzt formulieren: in Jesu Schrei mit den Worten von Psalm 22 heißt es nicht nur: »Mein Gott, warum hast du *mich* verlassen?«, sondern in eins damit: »Mein Gott, warum hast du *dich* verlassen?« Im theologischen Kontext seiner gelebten Verkündigung muß man die Einheit von Jesus und Gott so stark betonen.

Wäre es anders, dann wäre Psalm 22 im Munde Jesu nur ein Beweis dafür, daß Jesus nach allen seinen Konflikten mit Pharisäern und Zeloten und ihrem Gesetzesverständnis sterbend nur zum Gott der Väter zurückgekehrt wäre. Das aber wäre das Ende seiner neuartigen Botschaft und die Liquidation seiner besonderen Sendung. Es führt darum auch nicht weiter, in dem Psalmwort im Munde des sterbenden Jesus einmal die Verlassenheit und ein anderes Mal das Vertrauen zu betonen, das in der Anrede »Mein Gott« zum Ausdruck kommt, um endlich zur Feststellung zu kommen, daß Jesus sich in höchster Verzweiflung Gott in die Arme wirft[73]. Das gilt vom alttestamentlichen Beter des Psalm 22 auch, und um ihm nachzufolgen und auch in »getroster Verzweiflung« zu sterben, dazu braucht man nicht Jesu Passionsgeschichte. Im theologischen Kontext seines Lebens und Verkündigens geht es in seinem Sterben nicht um die allgemeine Paradoxie von Gott-Vertrauen in der Gott-Verlassenheit, sondern auf besondere Weise um die Gottheit *seines* Gottes und *seines* Vaters. Die Verlassenheit, die sein Todesschrei ausdrückt und die mit den Worten von Psalm 22 zutreffend ausgelegt wird, muß darum strikt als ein Geschehen zwischen Jesus und seinem Vater und umgekehrt zwischen seinem Vater und Jesus, dem Sohn, und also als ein Geschehen zwischen Gott und Gott verstanden werden. Die Verlassenheit am Kreuz, die den Sohn vom Vater trennt, ist ein Geschehen in Gott selbst, ist stasis in Gott — »Gott gegen Gott« —, wenn anders festgehalten werden soll, daß Jesus die Wahrheit Gottes bezeugt und gelebt hat. Diese »Feindschaft« zwischen Gott und Gott darf man sich nicht verschleiern, indem man entweder die Gottverlassenheit Jesu oder seine gelebte Gottesbotschaft oder seinen letzten Schrei nach Gott am Kreuz nicht ernst nimmt.

---

72. *R. Weth*, Heil im gekreuzigten Gott, EvTh 31, 1971, 227 ff.
73. So auch noch *W. Schrage*, aaO. 67, Anm. 48: »Das Wort ist zwar nicht einfach Ausdruck nackter Verzweiflung oder purer Sinnlosigkeit, weil Jesus sich nicht der Verzweiflung, sondern Gott in die Arme wirft, aber eben *in* Verzweiflung.«

Als »Gotteslästerer« wurde Jesus von den Gesetzlichen seines Volkes verworfen. Als »Aufrührer« wurde er von den Römern gekreuzigt. Er ist aber zuletzt und zutiefst an seinem Gott und Vater gestorben als der »Gottverlassene«. Diese dritte Dimension ist im theologischen Kontext seines Lebens die wichtigste. Erst sie unterscheidet sein Kreuz von den vielen Kreuzen Vergessener und Namenloser in der Weltgeschichte. In seinem Konflikt mit dem Gesetz konnte man von einem »Mißverständnis« der Juden reden. Im politischen Konflikt seiner Kreuzigung als Aufrührer spricht man meistens von einem »Mißverständnis« der Römer. Kann man aber auch im theologischen Kontext seiner Gottverlassenheit von einem »Mißverständnis« reden? Dann müßte entweder Jesus in seiner Verkündigung Gott mißverstanden haben, oder Gott müßte Jesus an seinem Ende mißverstanden haben. Im Blick auf seine Gottesbotschaft aber läßt sich seine Verlassenheit am Kreuz nicht als Mißverständnis auslegen, ohne daß entweder Jesus zum Lügner oder Gott zum Nichtgott erklärt wird.

Genau diese dritte Dimension des Sterbens Jesu in Gottverlassenheit muß Kreuzestheologie aufnehmen und zu Ende denken. Wenn dieser, von seinem Gott und Vater Verlassene durch die »Herrlichkeit des Vaters« auferweckt ist, dann muß der eschatologische Glaube im Kreuz Jesu Christi den theologischen Prozeß zwischen Gott und Gott erkennen. Das Kreuz des Sohnes trennt Gott von Gott bis zur völligen Feindschaft und Differenz. Die Auferweckung des gottverlassenen Sohnes verbindet Gott mit Gott zur innigsten Gemeinschaft. Wie ist diese Gemeinschaft Gottes mit Gott von Ostern im Kreuz von Karfreitag zu denken? Gott im gottverlassenen Gekreuzigten zu begreifen, verlangt eine »Revolution im Gottesbegriff«: »Nemo contra Deum nisi Deus ipse.«[74] Hier wird der christliche Gottesbegriff selbst zum Aufruhr in

---

74. *C. Schmitt*, Politische Theologie II, 116, hat einen wichtigen Hinweis auf eine theologische stasis-Lehre gegeben. Er bringt das von E. Peterson zitierte Wort von *Gregor von Nazianz* (Oratio theol. III, 2): »Das Eine – to Hen – ist immer im Aufruhr – stasiatson – gegen sich selbst – pros heauton« und sagt dazu: »Hier tritt uns eine wahre politisch-theologische Stasiologie im Kern der Lehre von der Trinität entgegen« (118). Das denselben Sachverhalt umschreibende dictum »Nemo contra Deum nisi Deus ipse« stammt von *Goethe*, steht als Motto vor dem 4. Buch von »Dichtung und Wahrheit« und ist christologischer Herkunft: »Diese Menschen sind durch nichts zu überwinden als durch das Universum selbst, mit dem sie den Kampf begonnen ... und aus solchen Bemerkungen mag wohl jener sonderbare, aber ungeheure Spruch entstanden sein.« Nach C. Schmitt stammt es von *J. M. Lenz*, Catharina von Siena, wo Catharina auf der Flucht vor ihrem Vater klagt:
»Mein Vater blickte wie ein liebender,
Gekränkter Gott mich drohend an.
Doch hätt' er beide Hände ausgestreckt –
Gott gegen Gott
  (sie zieht ein kleines Kruzifix aus ihrem Busen und küßt es)
Errette, rette mich

einem ganz anderen Sinne noch als jener Aufruhr, der Pharisäer und
Priester an Jesus ärgerte und den Römer durch seine Hinrichtung unterdrückten[75].

Es gibt zwei Traditionen in der christlichen Theologie, die diesem
»Aufruhr« im christlichen Gottesbegriff nachgedacht haben: die Entwicklung der *Trinitätslehre* und die Ausbildung der *Kreuzestheologie*.
Doch auch abgesehen von diesen Ansätzen, die wir im Kapitel VI aufnehmen und weiterführen wollen, muß sich jede Theologie, die christlich zu sein beansprucht, dem Kreuzesschrei Jesu stellen. Im Grunde beantwortet jede christliche Theologie bewußt oder unbewußt jene Frage:
»Warum hast du mich verlassen?«, indem ihre Heilslehren sagen:
»Darum« oder »darum«. Angesichts des Todesschrei Jesu nach Gott
wird Theologie entweder unmöglich, oder sie wird nur als spezifisch
christliche Theologie möglich. Christliche Theologie kann sich nicht
dem Geschrei ihrer eigenen Zeit stellen und mit den herrschenden Wöl-
fen heulen. Sie muß sich aber dem Schrei der Elenden nach Gott und
Freiheit aus der Tiefe der Leiden dieser Zeit stellen. Als Genosse der
Leiden dieser Zeit ist christliche Theologie wahrhaft zeitgenössische
Theologie. Ob sie das sein kann oder nicht, hängt weniger an der Weltoffenheit der Theologen und ihrer Theorien, als vielmehr daran, ob sie
sich wahrhaftig und vorbehaltlos dem Todesschrei Jesu nach Gott
stellt. Gemessen an dem Gottesschrei des sterbenden Jesus zerfallen
theologische Entwürfe rasch in ihrer Unangemessenheit. Wie kann
christliche Theologie überhaupt von Gott sprechen angesichts der Gottverlassenheit Jesu? Wie kann christliche Theologie nicht von Gott
sprechen angesichts des Gottesschreis Jesu am Kreuz?

Im Kontext seiner gelebten Gottesbotschaft endet das Leben Jesu mit
der offenen Frage nach Gott. Im Kontext seiner Auferweckung und
des eschatologischen Glaubens ist auf diese Gottverlassenheit Jesu zurückzukommen und der Prozeß zwischen Gott und Gott wieder aufzurollen.

Mein Jesus, dem ich folg, aus seinem Arm!...
Errette, rette mich von meinem Vater
und seiner Liebe, seiner Tyrannei.«
C. Schmitt erklärt mit Recht: »Wenn jeder Einheit eine Zweiheit und infolgedessen
eine Aufruhrmöglichkeit, eine *stasis*, immanent ist, dann scheint Theologie ›Stasiologie‹ zu werden« (123). Dann aber handelt es sich nicht mehr um »theologische Politik« in irdischen Freund-Feind-Verhältnissen, sondern um »politische Theologie«,
nämlich die Rede von der in Gott selbst offenbaren und überwundenen Feindschaft,
woraus jene »theologische Politik« nur die Konsequenz der Versöhnung durch Auflösung der Freund-Feind-Schemata ziehen kann. Ist der Konflikt in Gott selbst durch
Gott selbst überwunden, so heißt es nach draußen: »All' Fehd' hat nun ein Ende.«
75. Vgl. *H. Gollwitzer*, Krummes Holz – aufrechter Gang. Zur Frage nach dem
Sinn des Lebens, 1970, 258: »Der Riß geht nicht nur durch Jesus, er geht durch
Gott selbst; Gott selbst ist von Gott verlassen, Gott selbst stößt sich aus.«

V. Der eschatologische Prozeß Jesu Christi

1. Eschatologie und Geschichte

Wir haben in Kapitel IV den Tod Jesu am Kreuz im historischen Kontext seines theologischen Lebens und Wirkens zu verstehen versucht. Der Weg Jesu zum Kreuz endete in den drei Dimensionen, die wir dargestellt haben, mit offenen Fragen: mit der Frage nach der Gottesgerechtigkeit zwischen Jesus und dem Gesetzesverständnis seiner Zeit, mit der Frage nach der Autorität der Freiheit zwischen Jesus und der religiös-politischen Macht Roms, mit der Frage nach der Gottheit Gottes zwischen Jesus und seinem Vater. Wir stehen jetzt vor der Aufgabe, seinen Tod und sein Leben und damit seine ganze historische Erscheinung im Kontext seiner Auferweckung von den Toten und des eschatologischen Glaubens zu begreifen. Beide Betrachtungsweisen müssen wechselseitig aufeinander bezogen werden, wenn seine Wahrheit sowohl wahrgenommen wie begriffen werden soll. Man kann hier weder die historische Betrachtung vom eschatologischen Begreifen trennen, noch nachträglich beide zusammensetzen. Der historische Jesus ist nicht »der halbe Christus«, und der auferweckte Christus ist nicht die andere Hälfte Jesu[1]. Es handelt sich um ein und dieselbe Person und ihre einmalige Geschichte. Der auferweckte Christus *ist* der historische und gekreuzigte Jesus und umgekehrt. Der »differenzierte Zusammenhang«[2] der historischen und der eschatologischen Perspektive hat seinen Grund in der Selbigkeit der Person und ihrer Geschichte, die wegen des Todes am Kreuz nicht anders als durch die Doppelformel »Jesus-Christus« und »gekreuzigt und auferweckt« zureichend benannt werden kann. Doch was befähigt und berechtigt zu der eschatologischen Erkenntnis seiner Person, seines Lebens und Sterbens im Licht seiner Auferweckung von den Toten?

---

1. Diese merkwürdige Behauptung hat *E. Gräßer* aufgestellt: „Politisch gekreuzigter Christus«, ZNW 62, 1971, 279: »Der historische Jesus aber ist nur der halbe Christus. Der ganze Christus aber ist der, der gelebt hat, gestorben und auferstanden ist.« Seine Auseinandersetzung mit meinem Vortrag »Politische Theologie«, 1969 (Fortbildungstagung für Ärzte in Regensburg), ist auch sonst weniger exegetisch als ideologisch zu nennen. Er meint, das Neue Testament unterstütze die Ideologie unserer Gesellschaft, nach der es 1. auf den einzelnen ankommt, 2. Politik eine Sache der Sachverständigen sei und 3. eine unpolitische Kirche ein Politikum sei, weil sie »unvergleichlich frei sei, das zu tun, was diese Gesellschaft von uns erwarten kann« (278). Wem eine solche Ideologie nützt, ist unschwer zu erkennen.
2. *B. Klappert*, Die Auferweckung des Gekreuzigten, 1971.

Für das Urchristentum war nicht nur die Geschichte des Lebens und Sterbens, der Verkündigung und des Wirkens Jesu konstitutiv, sondern mit gleichem Gewicht das unerwartete und unableitbare Novum seiner Auferweckung durch Gott, der Gabe des Geistes und des Glaubens bei Juden und Heiden. Die Einheit Jesu mit Gott und Gottes mit Jesus war für sie durch jenes Geschehen konstituiert, das sie ursprünglich und, wie noch zu zeigen sein wird, mit Recht die »Auferweckung Jesu« nannten. Die ersten Bekenntnisse, die wir kennen, sprechen von »Jesus dem Herrn« und von »Gott, der ihn von den Toten auferweckt hat« (Röm. 10,6; 1. Kor. 15,3), in einem Atemzuge. Sie verbinden eine Personformel mit einer Werkformel. Das Bekenntnis zum gekreuzigten Jesus als Kyrios wurde durch den Glauben an den Gott begründet, der ihn auferweckt hat. Umgekehrt war dieser Gottesglaube ganz und gar Auferstehungsglaube und betraf die Person des Gekreuzigten, an dem Gott gehandelt, der totenerweckende Gott sich offenbart hat. Die Auferweckung war als Vorgang und als Ereignis sozusagen ein Licht, in das man nicht direkt sehen konnte. Man mußte sich an den halten, den sie erleuchtete und offenbarte, und das war Jesus allein, der Gekreuzigte. Wenn Jesu Person und Geschichte und Gottes auferweckendes Handeln beide für den christlichen Glauben konstitutiv sind, dann geht es nicht an, das Leben und Sterben Jesu als historisches Faktum festzustellen, die Auferweckung, seine Erscheinungen und den österlichen Glauben hingegen für auswechselbare Deutungen jenes Faktums zu halten. Das würde nicht einmal der Entstehung des christlichen Glaubens gerecht. Die berechtigte kritische Frage lautet vielmehr: wird der urchristliche Auferstehungsglaube dem Leben und Sterben Jesu gerecht, oder hat er etwas anderes an die Stelle Jesu gesetzt? Die wahre Kritik des Dogmas ist seine Geschichte, sagte D. Fr. Strauß. Wir haben das abgewandelt und gesagt: die wahre Kritik des Auferstehungsglaubens ist die Geschichte des Gekreuzigten. Also müssen wir den Auferstehungsglauben an der Geschichte des Gekreuzigten seiner wahren Kritik unterziehen.

»Ist Christus nicht auferstanden, so ist unsere Predigt vergeblich, so ist auch euer Glaube vergeblich«, sagt Paulus 1. Kor. 15,14. Nennt man das Kreuz Jesu das »Kern-Faktum« des christlichen Glaubens, so muß man seine Auferweckung das Urdatum des christlichen Glaubens nennen[3]. Die Analyse des urchristlichen Traditionsprozesses bestätigt das. Um seine Auferweckung gab es kaum Streit, wohl aber über die Deutung seines Kreuzestodes im Licht der Auferweckung. Die urchristlichen Erinnerungen an Jesus waren von der Erfahrung seiner Aufer-

---

3. *H. Conzelmann*, Historie und Theologie in den synoptischen Passionsberichten, in: Zur Bedeutung des Todes Jesu, 1967, 35 ff.

weckung durch Gott von vornherein bestimmt. Nur darum erinnerte man sich an seine Worte und seine Geschichte und beschäftigte sich mit ihm. Es gibt wohl auch heute keinen anderen zureichenden Grund, sich mit der längst vergangenen Person und Geschichte Jesu von Nazareth zu beschäftigen. Als nur historische Person wäre er längst vergessen, weil seine Botschaft durch seinen Kreuzestod bereits widerlegt war. Als eschatologisch geglaubte und verkündigte Person aber wird er jeder neuen Zeit zum Geheimnis und zur Frage.

Wollen wir Jesus in seiner Wahrheit nach den Zeugnissen des Neuen Testamentes verstehen und begreifen, so müssen wir beide Wege einschlagen: wir müssen seine Geschichte von vorn und von hinten lesen und beide Lesarten, die ontisch-historische und die noetisch-eschatologische, aufeinander beziehen und ihre Ergebnisse miteinander identifizieren.

»Geht im Bereich des Historischen die Kreuzigung den Ostererscheinungen vorauf, so ist für den Glauben der Urgemeinde alles Erkennen Jesu im Sinne der Heilsgewißheit erst seit Ostern möglich, und das gilt für den Inkarnierten und Gekreuzigten ebenso wie für den Präexistenten und Erhöhten. Man wird solche Feststellung auch nicht auf die Erfahrung der Urgemeinde beschränken dürfen. Sie gilt grundsätzlich und für alle Zeiten. Anders wäre eine Theologie des Wortes überhaupt nicht zu rechtfertigen.«[4]

Zunächst gilt dies aber nur für den christlichen Glauben. Er liest, wie das Neue Testament nicht nur in den Briefen, sondern auch in den Evangelien zeigt, die Geschichte Jesu im Grunde von hinten her: sein Kreuz wird im Licht seiner Auferweckung begriffen, sein Weg zum Kreuz im Licht der Heilsbedeutung seines Kreuzes, seine Worte und Wunder im Licht seiner österlichen Erhöhung zum Herrn, selbst seine unansehnliche Geburt wird im Licht seiner Kreuzigung erinnert und erzählt. In Bezug auf diese Lesart der Geschichte Jesu Christi im Licht seiner Auferweckung hat E. Bloch recht: »Ja selbst das Ende Christi, es war immerhin sein Anfang.«[5] Seine Auferweckung von den Toten durch Gott wurde niemals als ein auf Jesus privat isoliertes Beglaubigungsmirakel aufgefaßt, sondern als Anfang der allgemeinen Auferweckung der Toten, d. h. als Beginn des Endes der Geschichte mitten in der Geschichte. Seine Auferweckung galt nicht als Zufallswunder in einer unwandelbaren Welt, sondern als Anfang der endzeitlichen Verwandlung der Welt durch ihren Schöpfer. Jesu Auferweckung stand also im Rahmen einer universalen Hoffnung des eschatologischen Glaubens, der sich an ihr entzündete. Die ersten unter dem Eindruck der Erscheinungen des gekreuzigten Jesus im Licht der kommenden Herrlichkeit Gottes formulierten Christustitel sind Titel der Verheißung

---

4. *E. Käsemann*, Paulinische Perspektiven, 98.
5. *E. Bloch*, Verfremdungen I, 1962, 218.

und der Hoffnung: »Der Erstling der Entschlafenen«, »der Erste aus
der Totenauferstehung«, der »Anführer des Lebens«[6]. Das heißt, der
Gekreuzigte wurde im Licht seiner Auferweckung und seine Auferweckung im Licht seiner Zukunft im kommenden Gott und seiner Herrlichkeit begriffen. Darum wurde seine historische Kreuzigung als das
eschatologische Gerichtsereignis begriffen und seine Auferweckung als
verborgene Vorwegnahme des eschatologischen Reiches der Herrlichkeit, in dem die Toten auferweckt werden. Die »Zukunft«, von der man
in seiner Auferweckung den ersten realen Vor-schein wahrnahm,
wurde nicht als zukünftige Geschichte und also als Teil der Vergänglichkeit, sondern eschatologisch als Zukunft der Geschichte und also als
Vorschuß der neuen Schöpfung verstanden. »Ostern« war ein Vorschein und eine Realantizipation der qualitativ neuen Zukunft Gottes
und der neuen Schöpfung mitten in der Leidensgeschichte der Welt.
Darum mußte man im Licht dieses Vorscheins des kommenden Gottes
und des kommenden Endes dieser verlassenen Welt dann auch den, den
dieser Vorschein vorstellte, nämlich Jesus von Nazareth, den Gekreuzigten, eschatologisch erinnern, verstehen und verkündigen. Denn die
Osterhoffnung leuchtet nicht nur nach vorne in das unbekannte Novum
der durch sie eröffneten Geschichte, sondern zugleich nach rückwärts
auf die Totenfelder der Geschichte und mitten darin zuerst auf den
einen Gekreuzigten, der in jenem Vor-schein erschien. Das Symbol der
»Auferweckung *der* Toten«, das vom eschatologischen Glauben verwendet wird, verbindet selbst die Zukunft Gottes mit der Vergangenheit der Toten und drückt nicht nur Hoffnung für die Zukünftigen aus,
sondern eben Hoffnung für die Zukunft der Vergangenen in Gott. Entsprechend drückt das Symbol des urchristlichen Glaubens der »Auferweckung Jesu *von* den Toten« eine Gewißheit der Zukunft des getöteten und durch den Tod zur Vergangenheit verurteilten Jesus aus.
Entzündet sich die christliche Auferstehungshoffnung an den Erscheinungen Jesu, so erleuchtet sie darum nach rückwärts zuerst den am
Kreuz gestorbenen Jesus. Erst von ihm her und durch ihn breitet sich
dann die Auferstehungshoffnung auf die Lebenden und Toten aus.
»Denn dazu ist Christus gestorben und wieder lebendig geworden, daß
er über Tote und Lebendige der Herr sei« (Röm. 14,9).
Im modern historischen Sinne spricht man von *Jesus von Nazareth*,
weil im historischen Zeitsinn seine Herkunft seine Zukunft und sein Anfang sein Ende erläutern soll. Der eschatologische Glaube aber spricht
von Jesus, den Gott von den Toten auferweckt hat, und von Jesus als
dem Christus Gottes, dem »Platzhalter des kommenden Gottes«, wie

6. Vgl. *J. Moltmann*, Theologie der Hoffnung, 13 f, 179 ff; *W. Pannenberg*, Grundzüge der Christologie, 61 ff.

man den Christustitel auslegen kann, weil seine Zukunft seine Herkunft und sein Ende seinen Anfang bestimmt und erläutert. Der historische Titel »Jesus von Nazareth« verbindet Jesus mit seiner Vergangenheit. Der eschatologische Christustitel verbindet ihn mit seiner Zukunft.

Gibt es für diese eschatologische Lesart der Geschichte Jesu Anhaltspunkte im allgemeinen geschichtlichen Denken? R. Bultmann hat einmal gesagt:

»Ereignisse oder historische Gestalten sind geschichtliche Phänomene überhaupt nicht ›an sich‹, auch nicht als Glieder eines Kausalzusammenhangs. Sie sind es nur in ihrer Bezogenheit auf ihre Zukunft, für die sie Bedeutung haben und für die die Gegenwart Verantwortung trägt.«[7]

Leider hat er selbst diesen fruchtbaren Gedanken dann aus Furcht vor Hegelianismus fallen gelassen und die sich hier naheliegende »eschatologische Interpretation« der Geschichte durch eine existentiale Interpretation eschatologischer Geschichtlichkeit der Existenz ersetzt. Ist seine zitierte Bemerkung aber richtig, so folgt in unserem Fall daraus, daß Jesus als »geschichtliches Phänomen« nur in seiner Bezogenheit auf seine Zukunft, für die er Bedeutung hat, »geschichtlich« verstanden wird, und daß in solchem geschichtlichen Verstehen Jesu zusammen mit seiner Zukunft der gegenwärtige Glaube seine Verantwortung trägt. Seine eigene Geschichtlichkeit entsteht erst aus dem eschatologischen Zusammenhang Jesu mit seiner Zukunft, die er wahrnimmt.

Noch treffender hat Fr. Rosenzweig von der Geschichte als »unfertiger Welt« gesprochen:

»Dieser Zustand des Werdens und der Unfertigkeit läßt sich nur fassen durch eine Umkehrung der objektiven Zeitverhältnisse. Während nämlich das Vergangene, das schon Fertige daliegt von seinem Anfang bis zu seinem Ende und erzählt werden kann, ... ist das Zukünftige, als das was es ist, nämlich als Zukünftiges nur zu fassen durch das Mittel der Vorwegnahme.«[8]

Wäre die Geschichte fertig und stünden wir selbst an ihrem Ende, so könnte man die Weltgeschichte erzählen vom Anfang bis zum Ende und wüßte alles in seiner Bedeutung für das Ganze richtig einzuschätzen. Da wir aber nicht am Ende, sondern mitten in der Geschichte stehen, verbinden wir bewußt oder unbewußt immer die Erinnerungen des Vergangenen mit Hoffnungen oder Befürchtungen der Zukunft und deuten die Vergangenheit im Blick auf die Zukunft der eigenen Gegenwart. Mit den geschichtlichen Erinnerungen verbinden wir einen Entwurf auf das Ganze der Geschichte, d. h. auf das Ende der Geschichte.

7. *R. Bultmann,* Glauben und Verstehen III, 113; dazu *J. Moltmann,* Perspektiven der Theologie, 128 ff.
8. *Fr. Rosenzweig,* Der Stern der Erlösung, 170.

Noch differenzierter hat W. Benjamin die dialektische Identität von Eschatologie und Geschichte ausgedrückt:

»Erst der Messias selbst vollendet alles historische Geschehen, und zwar in dem Sinne, daß er dessen Beziehung auf das Messianische selbst erst erlöst, vollendet, schafft. Darum kann nichts Historisches von sich aus sich auf Messianisches beziehen wollen. Darum ist das Reich Gottes nicht das Telos der historischen Dynamis. Historisch gesehen ist es nicht Ziel, sondern Ende ... Das Profane ist also keine Kategorie des Reiches, aber eine Kategorie, und zwar der zutreffendsten eine, seines leisesten Nahens.«[9]

»Nur *dem* Geschichtsschreiber wohnt die Gabe bei, dem Vergangenen den Funken der Hoffnung anzufachen, der davon durchdrungen ist, *auch die Toten* werden vor dem Feind, wenn er siegt, nicht sicher sein. Und dieser Feind hat zu siegen nicht aufgehört.«[10]

Ähnlich hat Benjamin es im Bild des Angelus Novus dargestellt[11]. Da für ihn Geschichte im Grunde Leidensgeschichte ist, kann sie nicht selbst mit messianischer Zukunft schwanger gehen. Die messianische Geschichte des Lebens kommt gegenläufig von der Zukunft her in die Leidensgeschichte der Welt hinein, die zum Tode führt. In dieser Gegenläufigkeit aber ist sie auf die ganze Geschichte des Todes und der Toten erlösend bezogen. Diese Auffassung kommt einer eschatologischen Theologie des Gekreuzigten sehr nahe, wenn diese in der Lage ist, aus der Leidensgeschichte des auferweckten Christus Hoffnung und Befreiung in der Leidensgeschichte der Welt zu entfalten. So ist denn auch in den allgemeinen Problemen der Universalgeschichtsschreibung jene umgekehrte »eschatologische Lesart der Geschichte« so fremd nicht, wie es dem positivistischen Blick erscheint. Der historische Positivismus ist vielmehr selbst eschatologisch in seinem Pathos, die Geschichte dadurch zu »beenden«, daß er sie in feststellende Erkenntnis ihrer Fakten und Gesetze aufheben will[12]. Die allgemeinen Strukturzusammenhänge von Erinnerung und Hoffnung, Profanität und Messianität für jede Geschichtserkenntnis und Geschichtsschreibung mitten in der offenen Geschichte des Leidens und des Todes »beweisen« nicht das Recht der urchristlichen Eschatologie des Lebens und Sterbens Jesu, können es aber verständlicher machen.

---

9. *W. Benjamin*, Illuminationen, 1961, 280.
10. Ebd. 270 f.
11. *W. Benjamin*, Angelus Novus, 1969.
12. Zum messianischen Pathos des Positivismus bei Saint-Simon und Auguste Comte vgl. *J. L. Talmon*, Politischer Messianismus, 1963, 21 ff.

2. Jesu Auferweckung von den Toten

Wir fragen zunächst, was der Osterglaube sagt und was er nicht sagt,
und beginnen mit der Situation der Augenzeugen. Jesus wurde öffentlich gekreuzigt. Von seiner Auferweckung durch Gott erfuhren aber
zunächst nur seine Jünger etwas durch »Erscheinungen Jesu«. Sie sprachen daraufhin von Jesus als dem Christus wiederum in aller Öffentlichkeit. Was ist ihnen nach ihrer eigenen Auskunft geschehen? Der
Osterglaube entstand bei denen, die Jesus kannten, mit ihm gezogen
waren und seine Kreuzigung in menschlicher Ohnmacht und Gottverlassenheit erlebt hatten. Er entstand zuerst bei denen, die ausnahmslos
vom Ort seiner Kreuzigung geflohen waren und deren Jesusglaube
durch diese harte Tatsache widerlegt war. Die Situation der Osterzeugen war also bestimmt: 1. durch die Verkündigung Jesu und ihre
Nachfolge, 2. durch Jesu Kreuzigung, ihren darin zerstörten Glauben
und erst 3. durch die Motive und Symbole der allgemeinen apokalyptischen Naherwartung des von den Römern beherrschten Judentums
ihrer Zeit. Man muß diese Reihenfolge beachten, um den Osterglauben
nicht unvermittelt aus der allgemeinen apokalyptischen Stimmung des
Judentums jener Zeit herzuleiten. Der Osterglaube war als christlicher
primär durch Jesu Verkündigung der gnädig nahenden Gerechtigkeit
des Reiches Gottes bestimmt, in welcher das apokalyptische Gerechtig-
keitsschema bereits durchbrochen war, und er war durch das Ende Jesu
als »Gesetzloser«, »Aufrührer« und »Gottverlassener« bestimmt. Zwischen dem eschatologischen Osterglauben und der spätjüdischen Apokalyptik in ihren verschiedenen Spielarten stand Jesus selbst und sein
Kreuz[13]. Wenn diese Tatsache in den ersten, enthusiastischen Formen des christlichen Auferstehungsglaubens auch nicht immer sehr klar
bewußt war, konnte man doch je länger je weniger davon absehen. Wie
haben die Augenzeugen den Auferstandenen gesehen? Im Osterkerygma wird der Osterglaube stets mit einem »Sehen« begründet. Welche
Struktur hatte dieses »Sehen«? Der Ausdruck ὤφϑη, der schon im
vorpaulinischen Traditionsgut begegnet, ist vermutlich der älteste. Er
kann sagen: *Christus wurde gesehen*; er kann auch sagen: *Christus erschien* und *ließ sich sehen*. Endlich kann er nach jüdischer, passivischer
Umschreibung des Gottesnamens auch sagen: *Gott hat ihn sehen las-*

---

13. Es scheint, als habe *W. Pannenberg* das in seinem Kapitel: »Die Bedeutung der
Auferweckung Jesu in der traditionsgeschichtlichen Situation des Urchristentums«,
Grundzüge der Christologie, 61 ff, zu wenig beachtet. Es reicht aber auch nicht aus,
hier nur von »Anleihen bei apokalyptischen Vorstellungen« zu sprechen, weil die
Osterbotschaft das »schon eingetretene Eschaton« verkündigte und damit das »Wesen
der Apokalyptik« sprenge. Vgl. *G. Ebeling*, Theologie und Verkündigung, 1962,
91. Richtig ist aber der Hinweis Ebelings, daß der Gekreuzigte in die Situation des
Glauben stelle (ebd.).

sen[14]. Dann ist er eine Offenbarungsformel, wie sie im Alten Testament bei Theophanien begegnet. Die Aktivität liegt bei dem Erscheinenden oder dem, der einen anderen zur Erscheinung bringt. Der von der Erscheinung betroffene Mensch ist passiv. Er erleidet die Gotteserscheinung in seiner Gotteserkenntnis. Es ist das Sehen von etwas, was einem zu sehen gegeben wird. Es ist damit nicht ein Sehen von etwas, was immer da ist. Es ist auch kein wiederholbares und durch seine Wiederholbarkeit verifizierbares Sehen. Paulus verbindet dieses »Erscheinen« und »Sehen« Gal. 1,15 mit dem Ausdruck ἀποκάλυψις. Wird die Wortgruppe des Erscheinens und Sehens mit dieser Wortgruppe des Offenbarens verbunden, so ist etwas sehr Bestimmtes gemeint: Gott enthüllt etwas, was für die Erkenntnis der gegenwärtigen Weltzeit verhüllt ist. Er offenbart etwas, was nach den Erkenntnisbedingungen der gegenwärtigen Weltzeit unerkennbar ist. Verhüllt und unter den gegebenen Bedingungen nicht erkennbar aber sind der gegenwärtigen Weltzeit »die Geheimnisse der Endzeit«, d. h. die Zukunft Gottes und der Gerechtigkeit seines Reiches[15]. Die gegenwärtige Weltzeit der Ungerechtigkeit kann die Gerechtigkeit Gottes nicht tragen, darum schafft diese einen neuen Äon. Also wird sie erst am Ende der ungerechten Welt als Grund für die neue Welt offenbar. Also wird auch Gott selbst sich erst am Ende des alten und im Anfang des neuen Äon in seiner Herrlichkeit offenbaren. Aber es gibt in der Geschichte der ungerechten Welt schon antizipierende Offenbarungen seiner Zukunft. Das ist alte prophetische und apokalyptische Tradition: »Denn der Herr tut nichts, er offenbare denn sein Geheimnis den Propheten, seinen Knechten« (Amos 3,7)[16]. »Denn wie alles, was in der Welt geschehen ist, einen verborgenen Anfang hat im Wort, aber ein offenkundiges Ende, so sind auch des Höchsten Zeiten: ihr Anfang in Wort und Vorzeichen, ihr Ende aber in Taten und Wundern« (4. Esra 9,5)[17]. Antizipierende Offenbarungen der Zukunft Gottes sind im Alten Testament stets mit Prophetenberufungen und -sendungen in diese Welt verbunden. Auch Paulus verstand die Erscheinung des auferweckten Christus, die ihm widerfuhr, als seine Berufung zum Apostolat nach dem Bilde der Prophetenberufungen. Das aber heißt, daß die Erscheinungen des Auferstandenen nach Auffassung der Betroffenen die Struktur des antizipierenden Sehens hatten und mit Berufung zum besonderen Dienst am Kommenden in der vergehenden

---

14. Zum österlichen »Sehen« zuletzt *U. Wilckens,* Auferstehung, 1970, 69 ff, und die bei *Pannenberg,* aaO. 85 ff verarbeitete Literatur.
15. Vgl. *U. Wilckens,* aaO. 90 ff.
16. Dazu *H. W. Wolff,* Gesammelte Studien zum Alten Testament, ThB 22, 1964, 289 ff.
17. *P. Stuhlmacher,* Gerechtigkeit Gottes bei Paulus, 1965, 79 Anm. 1.

Welt verbunden waren. Es waren mithin nicht mystische Entrückungen in eine andere, jenseitige Welt, und auch nicht innerliche Erleuchtungen, sondern ein Sehen des Vor-scheins des kommenden Gottes auf dem Angesicht des Gekreuzigten und also ein Ergriffensein von der kommenden Weltveränderung durch Gottes Herrlichkeit. Das österliche Sehen hatte zwei Seiten: die Augenzeugen sahen 1. den Vorschein der kommenden Herrlichkeit des Reiches Gottes an der Gestalt Jesu, und 2. erkannten sie Jesus wieder an den Zeichen der Kreuzigung. Man kann also sagen: es war ein Wiedererkennen im Voraussehen und ein Voraussehen im Wiedererkennen. Sie sahen Jesus in der Herrlichkeit des kommenden Gottes und die Herrlichkeit des kommenden Gottes in Jesus. Es war ein wechselseitiger Identifikationsprozeß.

Aus dieser Form des österlichen Sehens erklärt sich auch die Rückkehr der Jünger von Galiläa nach Jerusalem, »obgleich jeder andere Platz den Anhängern des gekreuzigten Nazareners mehr Schutz geboten hätte«[18]. Sie mußten das Reich des Gekreuzigten, dessen Vorschein sie gesehen hatten, in Jerusalem erwarten, denn einmal war er dort gekreuzigt worden, und zum anderen war Jerusalem nach apokalyptischer Tradition der Ort für die Ankunft des erwarteten Messias-Menschensohnes. Erst in Jerusalem werden sie die Erzählungen vom leeren Grab vorgefunden und sie als Bestätigung ihres mitgebrachten, neuen eschatologischen Glaubens an Jesus aufgenommen haben. Nach dieser Analyse des österlichen Erscheinens und Sehens liegt der originale Sinn des Osterglaubens darin, daß die Augenzeugen den irdischen, gekreuzigten und vergangenen Jesus in der Herrlichkeit des kommenden Gottes wahrgenommen und daraus in Berufungserfahrung und Sendung die Konsequenzen gezogen haben. Dann muß man sagen, daß Jesus in die Zukunft Gottes hinein auferweckt ist und als gegenwärtiger Repräsentant dieser Zukunft Gottes, des freien, neuen Menschen und der neuen Schöpfung, gesehen und geglaubt wurde. Er ist dann nicht in den Himmel hinein auferweckt und in diesem Sinne verewigt oder vergöttert worden. Er ist auch nicht ins Kerygma hinein auferweckt oder in den Glauben hinein auferstanden, denn Kerygma und Glauben verstehen sich ja selbst eschatologisch als Verheißung und Hoffnung auf Kommendes. Er ist in »das Endgericht Gottes hinein auferstanden«[19], von dem Kerygma und Glauben zeugen.

Das aber heißt dann in der nach rückwärts leuchtenden Hoffnung umgekehrt: Die Herrlichkeit des kommenden Gottes ist an dem in Ohnmacht und Schande gekreuzigten Jesus offenbar geworden. Das End-

---

18. *E. Käsemann*, aaO. II, 110.

19. *U. Wilckens*, aaO. 145 ff. Vgl. dagegen *E. Fuchs*, Marburger Hermeneutik, 1968, 200: Jesus ist »ins Wort der Liebe auferstanden«.

gericht ist in seiner Hinrichtung schon entschieden. Die Hingabe Jesu an die Menschen und ihre Stellung zu ihm sind für das Endgericht entscheidend. Seine Sündenvergebung ist das Gottesrecht der Gnade. Der kommende Gott ist in Jesus von Nazareth Fleisch geworden. Die Zukunft der qualitativ neuen Schöpfung hat durch die Leidensgeschichte Jesu mitten in der Leidensgeschichte der verlassenen Welt schon begonnen. Das Gericht ist vorweggenommen und durch seinen Tod zugunsten der Angeklagten schon entschieden. Hat, wie das österliche Sehen impliziert, Gott selbst sich, sein Gericht und sein Reich, mit dem gekreuzigten Jesus, seinem Kreuz und seiner Ohnmacht identifiziert, dann liegt in der Auferweckung des gekreuzigten Jesus in die kommende Herrlichkeit Gottes umgekehrt auch der Vorgang der Inkarnation des kommenden Gottes und seiner Herrlichkeit in den gekreuzigten Jesus. Wenn Johannes betont, daß Jesus am Kreuz verherrlicht worden sei, so bedeutet das umgekehrt, daß die Herrlichkeit Gottes in ihm gekreuzigt wurde und so in dieser ungerechten Welt offenbar geworden ist. Der christliche Auferstehungsglaube begründet nicht nur die Transzendenz, sondern auch die Immanenz dieses Glaubens, weil er den transzendenten Gott in Jesus immanent und umgekehrt den immanenten Jesus in Gott transzendiert sieht.

Wir kommen damit zu den Dingen, die der Osterglaube nicht sagt. Was zwischen Karfreitag und Ostern geschehen ist, behauptet keiner der Zeugen gesehen zu haben. Es gibt keine Augenzeugen für den Vorgang der Auferweckung Jesu aus dem Grabe. Warum aber sprachen sie dann von seiner »Auferweckung« und nicht etwa von seiner Entrückung oder Verewigung? Wenn das »Sehen« Jesu nach seinem Tode die Struktur der Antizipation auf Grund des Vor-scheins seiner Zukunft im kommenden Gott hatte, dann wird verständlich, warum die Betroffenen von seiner »Auferweckung von den Toten« sprachen und dieses apokalyptische Symbol für das neuschaffende Handeln Gottes aufgriffen. Es ist ein Symbol für das »Ende der Geschichte« von Ungerechtigkeit, bösem Tod und Gottverlassenheit und für den Anfang der neuen Welt der Gerechtigkeit Gottes. Ist dieses Symbol der Sache angemessen?

»Auferweckung der Toten« schließt zunächst jeden Gedanken an eine Wiederbelebung des toten Jesus aus, mit der sein Tod rückgängig gemacht wurde. Osterglaube kann niemals heißen, der tote Jesus sei in dieses Leben zurückgekehrt, das zum Tode führt. Wäre es so, dann wäre sein nächster Tod zu erwarten wie bei Lazarus, der nach Johannes 11 von Christus auferweckt wurde, obwohl der Leichnam schon stank, der aber später wieder gestorben ist. Das Symbol »Auferweckung der Toten« meint ein qualitativ neues Leben, das den Tod nicht mehr kennt und darum auch nicht eine Fortsetzung dieses sterblichen Lebens sein kann. »Christus, von den Toten auferweckt, stirbt hinfort nicht mehr«, sagt Paulus (Röm. 6,9). Auferweckung meint »Leben aus den Toten« (Röm. 9,15) und ist mit der Vernichtung der Todesmacht selbst verbunden. »Auferweckung der Toten« schließt auf der anderen Seite jeden Gedanken auf »ein Leben nach dem Tode« aus, von dem viele Religionen, sei es in der Idee der Unsterblichkeit der Seele oder der Vorstellung der Seelenwanderung, sprechen. Auferstehungsleben ist nicht ein Weiterleben nach dem Tode, sei es in der Seele oder im Geist, in den Kindern oder im Tatenruhm, sondern meint die Vernichtung des Todes in den Sieg des neuen, ewigen Lebens (1. Kor. 15,55). Die Vorstellung vom »Leben nach dem Tode« kann mit der Erfahrung, daß dieses Leben ein »Leben zum Tode« ist, friedlich koexistieren. »Auferweckung der Toten« aber, als gegenwärtige Hoffnung mitten im »Leib des Todes« ergriffen, widerspricht der härtesten Gegentatsache des Lebens und kann weder den Tod noch die Toten in Ruhe lassen, weil es die Zukunft der Toten symbolisiert. Der Ausdruck »Auferweckung der Toten«, der sich dem österlichen Sehen nahelegte, verleugnet also nicht die Tödlichkeit des Todes, weder des Kreuzestodes Jesu noch des allgemeinen Todes, mit Hilfe von Vorstellungen eines irgendwie gearteten Weiterlebens nach dem Tode. Er reduziert das Novum, das die Jünger an Jesus wahrnahmen, auch nicht auf eine Dimension des irdischen Jesus, wie das Weiterwirken seiner Sache oder seines Geistes, oder auf eine Dimension des Glaubens der Jünger, wie ihre Sehnsucht nach eigenem Rechthaben trotz der Enttäuschung am Kreuz oder ihr Verlangen nach Hoffnung für ihre gekreuzigte Vergangenheit. Er ist darum den beiden Erfahrungen – der Erfahrung seines Kreuzestodes und der Erfahrung seiner Erscheinungen im Licht der kommenden Herrlichkeit Gottes – angemessen. Kann er aber im Christentum weiter gebraucht werden, wenn doch die Vorstellungswelt jüdischer Apokalyptik längst vergangen und unverständlich geworden ist? Das Symbol der Totenauferweckung stammt aus der jüdischen Apokalyptik und war ein fester Bestandteil jüdischer Erwartung in vielen Gruppen zur Zeit Jesu. Was sagt dieses Symbol in jenem Kontext, und was sagt es im christlichen Kontext?

Am Ende der Tage wird Gott die Toten auferwecken und darin seine Macht über die Macht des Todes beweisen. Die Endzeit der Welt und der Beginn der neuen Schöpfung hebt mit der allgemeinen Totenauferweckung an. Wird nun von den Osterzeugen verkündet, daß Gott diesen toten Jesus »von den Toten auferweckt« habe, so wird nichts Geringeres behauptet, als daß diese Zukunft der neuen Welt der Gerechtigkeit und Gegenwart Gottes mitten in dieser Geschichte des Todes an diesem Einen schon angebrochen sei. Alle, die das hören und glauben, kommen damit aus einer fernen Erwartung einer ungewissen

Zukunft zu einer gewissen Hoffnung auf eine nahe und an jenem Einen
schon angebrochene Zukunft Gottes. Hieß es in der jüdischen Apokalyptik, man erwarte »die Auferweckung *der Toten*«, so heißt es im
Osterglauben, man glaube »die Auferweckung Jesu *von den Toten*«.
Das ist schon eine wichtige Veränderung im Symbol der Totenauferweckung selbst. Diese Veränderung sagt, daß dieser Eine allen anderen
voran auferweckt ist und der Prozeß der Totenerweckung mit ihm in
Gang gekommen sei, insofern, als diese Welt des Todes und die kommende Welt des Lebens sich nicht mehr wie zwei getrennte Weltzeiten
gegenüberstehen. Die Glaubenden leben auch nicht mehr nur in dieser
unerlösten Welt des Todes. An jenem Einen ist die Zukunft der neuen
Welt des Lebens schon dieser unerlösten Welt des Todes mächtig geworden und hat sie zur vergehenden Welt verurteilt. Im Glauben an
den auferweckten Jesus lebt man darum mitten in der vergehenden
Welt des Todes schon aus den Kräften der an ihm angebrochenen neuen
Welt des Lebens. Es gibt schon wahres Leben mitten im falschen, wenn
auch nur in der Gemeinschaft mit dem durch das falsche Leben Gekreuzigten[20]. »Die Zukunft hat schon begonnen.« Durch Jesu Auferwek-
kung ist jetzt schon möglich gemacht, was sonst noch unmöglich ist,
nämlich Versöhnung mitten im Streit, das Recht der Gnade mitten im
Gericht und schöpferische Liebe mitten in der Gesetzlichkeit. Wie Jesus
verkündete: »Das Reich Gottes ist nahe herbeigekommen«, so verkündet strukturähnlich die Urgemeinde auf Grund seiner Auferweckung
von den Toten: »Der Tag (scil. Gottes) ist nahe herbeigekommen«
(Röm. 13,12) und »das Ende aller Dinge ist nahe herbeigekommen«
(1. Petr. 4,7). Also ist die »Nacht« des falschen Lebens und der Ungerechtigkeit und der »unerlösten Welt« »vorgerückt«. Darin drückt sich
gegenüber der jüdischen Apokalyptik ein neues eschatologisches Zeitbewußtsein aus, und eben dieses ist, bei allem Wandel weltbildlicher
Vorstellungen, konstitutiv für den eschatologischen Glauben der Christenheit. Ohne dieses eschatologische Zeitbewußtsein sind im Grunde
alle Dinge unmöglich, die die christliche Kirche als gegenwärtig behauptet und verbreitet, nämlich Sündenvergebung, Versöhnung und
Nachfolge in der Liebe. Die bezeugte Auferweckung Jesu allen anderen Menschen voran ist in der Tat proleptisch gemeint[21]. Nun war aber

---

20. *Th. W. Adorno*, Negative Dialektik, 1966, 354.
21. Im Verständnis des eschatologischen Charakters der »Auferweckung Jesu« und
der darin liegenden Antizipation der Totenauferweckung bin ich mit *W. Pannenberg*
einig. Die Differenz liegt keineswegs in meiner »Berufung auf göttliche Verheißung«,
deren Recht durch »ein autoritäres Prinzip wie das ›Wort Gottes‹ der dialektischen
Theologie begründet« werde und in »Moltmanns Verheißungsbegriff noch fortzule-
ben scheine« (W. Pannenberg, Grundfragen systematischer Theologie, Vorwort, 1967,
5, Anm. 2). 1. hatte die sog. Dialektische Theologie keinen »autoritären Wort-Gottes-
Begriff«. Wer das noch behauptet, verkennt sowohl ihr Wortverständnis wie den

nach der apokalyptischen Hoffnungsordnung eine solche Antizipation der alle betreffenden Zukunft an zunächst nur einem nicht vorgesehen. Die Erlösung der unerlösten Welt ist öffentlich und universal, oder sie ist noch nicht. Dennoch gab es auch in der apokalyptischen Tradition Legenden von der vorzeitigen Entrückung besonderer Gerechter, wie Elia und Henoch. Es gab auch die Vorstellung, daß große Geister der Vergangenheit in großen Nachfolgern gleichsam »wiederauferstehen«. So fragte man sich z. B., ob Johannes der Täufer in Jesus »wiederauferstanden« sei oder Elia. W. Pannenberg meint, das Besondere am christlichen Glauben gegenüber der Apokalyptik sei diese Prolepse. Wie Jesus proleptisch das ferne Reich Gottes in Anspruch genommen habe, und sein Anspruch deshalb auf zukünftige Bestätigung durch Gott angewiesen sei, so habe der Osterglaube das »Ende der Geschichte«, in welchem Gott sich selbst vollständig offenbare, als an Jesus kraft seiner Auferweckung »vorwegereignet« verkündet. »Im Geschick Jesu ist das Ende der Geschichte im voraus als Vorwegnahme ereignet.«[22] Das ist, was die formale Struktur des österlichen Sehens und des christlichen Symbols der »Auferweckung Jesu von den Toten« und des Osterkerygma angeht, auch schwer zu bestreiten. Nur ist damit noch kein historischer Wahrheitsbeweis für den Anspruch Jesu geliefert, denn das Verifikationsschema von Anspruch und Bestätigung ist im Falle des Anspruchs des irdischen Jesus und seiner Auferweckung von den Toten seinerseits wiederum angewiesen auf die Bestätigung seiner Auferweckung *von den Toten* durch die allgemeine Auferweckung *der Toten*. Was sich an Jesus ereignet hat, ist seinerseits wieder auf Bestätigung durch jenes Ende der Geschichte angewiesen, das hier vorgenommen sein soll. Es ist richtig, daß die Verkündigung der »Auferweckung Jesu *von den Toten*« nur sinnvoll im endgeschichtlichen Horizont der »Auferweckung *der Toten*« spricht. Doch kann eine Vorwegnahme sich als solche und damit das Vorwegzunehmende nur im Kontext des Vorweggenommenen selbst bestätigen. Und dieses eschatologisch Vorweggenommene in der Folge der aufeinander angewiesenen und sich bestätigenden geschichtlichen Vorwegnahmen zu erkennen, fordert Glauben, nämlich Glauben an die vorweggenommene Sache, die nur in den Vorwegnahmen erkennbar ist. Während Jesus durch sein Wort das kommende Reich vorwegnahm und dafür öffentlich gekreuzigt wurde,

---

Begriff der Autorität. Hier ist von *H.-G. Gadamer* zu lernen: Rhetorik, Hermeneutik und Ideologiekritik, in: Hermeneutik und Ideologiekritik, 1971, 73ff. 2. habe ich den Verheißungsbegriff in den konkreten geschichtlichen Differenzen begründet, die im Befreiungsgeschehen liegen, bei Israel im Exodusgeschehen, im Christentum im Geschehen der Auferweckung des Gekreuzigten. Der Standpunkt bei dem Gekreuzigten ist auf seine Weise »außergeschichtlich«.

22. So *W. Pannenberg*, Offenbarung als Geschichte, 1961, 98.

wurde die österliche Vorwegnahme der Auferweckung nur so offenbar, daß die Erkenntnis unmittelbar zum Glauben an Jesus, zur gewissen Hoffnung auf sein Kommen und zur Praxis des Apostolats führte. Es war mithin keine unparteilich und neutral festgestellte Erkenntnis, sondern eine engagierende, parteiliche und zu apostolischer Praxis berufende Erkenntnis. Damit entzieht sie sich dem, was man neuzeitlich unter einem historischen Tatsachenbeweis versteht. Die Auferweckung Jesu von den Toten durch Gott spricht noch nicht »die Sprache der Tatsachen«, sondern erst die Sprache des Glaubens und der Hoffnung, d. h. die »Sprache der Verheißung«. Ich habe darum jene proleptische Struktur der Verkündigung Jesu und des christlichen Auferstehungsglaubens mit dem Wort »Verheißung« bezeichnet[23]. Das drückt im Bereich der Sprache eben jene Antizipation aus, die für W. Pannenberg in der Tatsache selbst liegt. Es braucht hier kein Streit zwischen den Ausdrücken der »Verbalprolepse« (Verheißung) und der »Realprolepse« (Vorwegereignung) geführt zu werden. Beide Ausdrücke sagen auf verschiedenen Ebenen dasselbe. Nur meine ich, daß der Ausdruck »Verheißungsgeschehen« der noch bleibenden Differenz zwischen der erfahrbar »unerlösten Welt« und dem Glauben an die zuvorgekommene Versöhnung mitten im Streit realer entspricht als die verbal ruhestiftende Rede von der tatsächlichen Vorwegereignung des Endes.

Der Differenzpunkt liegt aber an anderer Stelle. Erst die neue Schöpfung in Christus und durch Christus wird das Novum der Verkündigung Jesu und das Novum seiner antizipierten Auferweckung von den Toten erweisen. Das deutet auf »eschatologische Verifikation« hin. Umgekehrt aber sagt diese, daß die alte, unerlöste und unverwandelte Welt von Leiden, Schuld und Tod für jene neue Schöpfung, in der es kein Leid, kein Geschrei und keine Tränen mehr geben wird, nicht beweisfähig ist. Dieser »Skandal der qualitativen Differenz«[24] zwischen der unfreien und der freien Welt, zwischen dem falschen und dem wahren Leben, zwischen der unerlösten Welt und dem erlösten Dasein darf nicht eingeebnet werden. Sofern und solange das Kreuz Jesu Ärgernis und Torheit in der Welt darstellt, ist seine Auferweckung an dieser Welt nicht beweisbar, es sei denn durch die Freiheit des dieser Welt widersprechenden und darum angefochtenen Glaubens. Sie liegt mit der Wirklichkeit im Streit um die Zukunft des wahren Seins. Der »Skandal der qualitativen Differenz« kann dabei christlich kein abstrakter sein, der den Traum vom anderen Leben durch »große Weige-

---

23. So gegenüber *W. Pannenberg*, Offenbarung als Geschichte, 112, 114, *J. Moltmann*, Theologie der Hoffnung, 204 ff.
24. Diesen beziehungsvollen Ausdruck verwendete *H. Marcuse*, Das Ende der Utopie, 1967, 20.

rung« bezeugt[25]. Der christliche Skandal der qualitativen Differenz liegt im Kreuz des auferweckten Christus.

Wir fragen darum noch einmal zurück: war der proleptische Zug von Vorwegereignung und Vorwegnahme wirklich das Besondere am christlichen Osterglauben?

Nach apokalyptischer Erwartung war, wie Daniel 12 zeigt, die Erwartung der allgemeinen Totenauferweckung integraler Bestandteil der Erwartung Gottes. In den letzten Tagen wird Gott die Toten auferwecken. Doch warum? Das war in der apokalyptischen Erwartung keine Heilssehnsucht auf ewiges Leben. »Auferweckung der Toten« war kein anthropologisches oder soteriologisches Symbol, sondern ein Hilfssymbol für den Glauben an die Gerechtigkeit Gottes. Gott ist gerecht. Seine Gerechtigkeit wird siegen. Als Gottes Gerechtigkeit kann ihr auch der Tod keine Grenzen setzen. Darum wird Gott die Toten und die Lebendigen vor sein Gericht ziehen. Das aber ist nur möglich, wenn er zuvor die Toten auferweckt, so daß diese sich in seinem Gericht mit den Taten und Untaten ihres irdischen Lebens identifizieren können. Im Gericht kommt Gott auf das vergangene Leben der Toten zurück. So ergab sich der Gedanke einer allgemeinen Totenauferweckung logisch aus dem Zuendedenken der unwiderstehlich siegenden Gerechtigkeit Gottes. Die Ausgangsfrage war: Warum muß der Gerechte leiden und geht es dem Gottlosen hier gut? »Weshalb ist Israel den Heiden dahingegeben zur Schmach, dein geliebtes Volk den gottlosen Stämmen?« (4. Esra 4,23). Drauf antwortet der Apokalyptiker: »Warum nimmst du dir nicht die Zukunft zu Herzen, sondern nur die Gegenwart?!« (4. Esra 7,16)[26]. Nimmt man sich aber in der Frage nach Gerechtigkeit die Zukunft zu Herzen, dann wird Gottes Gerechtigkeit durch den Tod des Unschuldigen und auch durch den Tod des Ungerechten in Frage gestellt. Setzt also der Tod der Gerechtigkeit Gottes seine Grenzen? Das ist angesichts der geglaubten Gottheit Gottes unmöglich zu denken. Erst auf diese Frage antwortet darum Dan. 12,2 mit dem Symbol der Erwartung einer allgemeinen Totenauferweckung zum Endgericht, damit die Gerechtigkeit Gottes die

---

25. *H. Marcuse,* Der eindimensionale Mensch, 1967, 268: »Die kritische Theorie der Gesellschaft besitzt keine Begriffe, die die Kluft zwischen dem Gegenwärtigen und seiner Zukunft überbrücken könnten; indem sie nichts verspricht und keinen Erfolg zeigt, bleibt sie negativ. Damit will sie jenen die Treue halten, die ohne Hoffnung ihr Leben der Großen Weigerung hingegeben haben und hingeben«. Dazu kritisch *E. Fromm,* The Revolution of Hope, New York, 1968, 8, Anm. 3, und *W. F. Haug,* Das Ganze und das ganz Andere. Zur Kritik der reinen revolutionären Transzendenz, in: Antworten auf Herbert Marcuse, ed. J. Habermas, 1968, 50 ff, 63: »Statt den Herren dieser Welt diese Welt streitig zu machen, entwirft Marcuse eine zweite Welt.«

26. Dazu *L. Mattern,* Das Verständnis des Gerichtes bei Paulus, 1966, 15 ff.

einen »zum ewigen Leben« und die anderen zur ewigen Schmach und
Verdammnis verurteilen kann. Die hier nach dem Gesetz des Gottes-
bundes Gerechten kommen zum ewigen Leben. Die Gesetzlosen und
Gesetzesbrecher kommen zur ewigen Verdammnis. Ist dieses Symbol
der allgemeinen Totenauferweckung ein Hoffnungssymbol? Für die
Ungerechten ist es eher ein Ausdruck der Befürchtung. Es wäre ihnen
besser, sie blieben tot. Für die Gerechten aber ist es eine ungewisse
Hoffnung, denn niemand kann mit Gewißheit sagen, daß er gerecht ist.
Besser als manche Theologen hat E. Bloch verstanden, daß Auferstehungshoffnung keine menschliche Glückshoffnung ist, sondern die Er-
wartung der Gottesgerechtigkeit zum Ausdruck bringt[27]; es also eine
Hoffnung für Gott um Gottes und seines Rechtes willen darstellt.

Im Rahmen der für die Apokalyptik grundlegenden Frage nach Gerechtigkeit kann man nicht sagen, daß mit ihrer Vorstellungswelt auch
sie selbst antiquiert und für einen modernen Menschen unverständlich
sei. Jeder Blick in die Weltgeschichte wirft die Frage auf, warum es den
Unmenschen so gut geht und ihren Opfern so schlecht. Nur auf der
Oberfläche ist »Weltgeschichte« ein universalgeschichtliches Problem,
mit dessen Lösung man einen sinnstiftenden Horizont für das Ganze
des Daseins finden kann. In ihrer Tiefe ist die Frage der Weltgeschichte die Frage nach Gerechtigkeit. Und diese Frage mündet in
Transzendenz. Die Frage, ob es einen Gott gibt oder nicht, ist eine
spekulative Frage angesichts des Schreis der Ermordeten und Vergasten, der Verhungerten und Unterdrückten nach Gerechtigkeit. Läßt
sich die Theodizeefrage als Frage nach der Gerechtigkeit Gottes in der
Leidensgeschichte der Welt verstehen, dann steht alles Verstehen und
Darstellen der »Weltgeschichte« im Horizont der Theodizeefrage. Oder
sollen endlich die Henker über ihre unschuldigen Opfer triumphieren?
Auch der christliche Osterglaube steht im Grunde im Kontext der
Frage nach Gottesgerechtigkeit in der Geschichte: triumphiert die unmenschliche Gesetzlichkeit über den Gekreuzigten, oder siegt das Gottesrecht der Gnade über die Gesetze der Werke und der Macht? Mit
dieser Frage kommen wir über die formalen Feststellungen der proleptischen Strukturen des eschatologischen Glaubens zur Sache des
christlichen Glaubens selbst. Wir fragen nicht nur, ob es möglich und
denkbar ist, daß einer allen anderen voran von den Toten auferweckt
worden ist, und suchen nicht nur nach Analogien in der geschichtlichen
Struktur der Wirklichkeit und der antizipatorischen Struktur der Ver-

---

27. *E. Bloch,* Das Prinzip Hoffnung, 1959, 1324: »Durchbruch der Unsterblichkeit
geschah im Judentum erst durch den *Propheten Daniel . . .,* und der Antrieb dahinter kam nicht aus dem alten Wunsch nach langem Leben, nach Wohlergehen auf Erden, nun transzendent verlängert. Er kam vielmehr aus Hiob und den Propheten,
aus dem *Durst nach Gerechtigkeit.*«

nunft, sondern wir fragen, wer denn dieser eine war. Wir finden dann, daß dieser eine nach dem Gesetzesverständnis seines Volkes als »Gotteslästerer« verurteilt und von den Römern nach der göttlichen Ordnung ihrer Pax Romana als »Aufrührer« gekreuzigt wurde. Er war einer, der mit allen Zeichen der Verlassenheit von seinem Gott und Vater höllisch starb. Nicht daß irgendeiner allen anderen voran auferweckt, sondern daß es dieser Verurteilte, Gehenkte und Verlassene ist, macht das Neue und Anstößige der christlichen Osterbotschaft aus. Das war der unerwartbare Faktor im Auferstehungskerygma, der jene neue Glaubensgerechtigkeit schuf. Es war und es ist wohl auch heute nicht nur die Frage, ob die Auferweckung Jesu physikalisch, biologisch oder geschichtlich möglich und denkbar ist, sondern ob die Auferweckung des Gekreuzigten der Gottesgerechtigkeit entspricht, die geschichtlich in Frage steht, sie offenbar macht oder nicht. Hat Gott diesen Entrechteten in seine kommende Gerechtigkeit auferweckt, so bedeutet das umgekehrt, daß er durch diesen Gekreuzigten seine wahre Gerechtigkeit offenbar macht, nämlich das Recht der unbedingten Gnade, die Ungerechte und Rechtlose gerecht macht.

Im Rahmen der apokalyptischen Erwartung des endzeitlich triumphierenden Gesetzes ist »Totenauferweckung« eine zweischneidige Erwartung. Die Auferweckung des gekreuzigten Christus aber offenbart die Gerechtigkeit Gottes anders, nämlich als gerechtmachende Gnade und schöpferische Liebe zu den Gottlosen. Darum ist die Auferstehungshoffnung des christlichen Glaubens nicht länger zweideutig und vom ungewissen Endgericht und seinem Urteil bedroht, sondern ist eindeutig »eine fröhliche Hoffnung«. Sie läßt das Kreuz Christi als einmalige und ein für allemal gültige Vorwegnahme des großen Weltgerichtes sehen zugunsten derer, die in ihm anders nicht bestehen können. Auferstehung ist darum nicht mehr die ontische Voraussetzung für den Vollzug des Endgerichtes an Toten und Lebendigen, sondern ist schon selbst die neue Schöpfung. Das paulinische Auferstehungskerygma enthält darum die Verkündigung der neuen Schöpfung in sich. Gerechtigkeit heißt dann nicht mehr Belohnung der Gerechten mit ewigem Leben und Bestrafung der Ungerechten mit ewiger Verdammnis, sondern Recht der Gnade für Ungerechte und Selbstgerechte.

W. Pannenberg hat die formale Struktur der Prolepse in Jesu Anspruch und ihrer Bestätigung im Auferweckungsgeschehen so einseitig betont, daß dabei die Bedeutung der harten Antithese zwischen Anspruch und Bestätigung Jesu in seinem Kreuz leicht übersehen werden kann[28]. Er hat die Apokalyptik und die Christologie zu sehr auf ihre

---

28. *W. Pannenberg*, Grundzüge der Christologie, 60: »Gemessen an der unmittelbaren Nähe der Endereignisse mußte es für Jesus von zweitrangiger Bedeutung sein,

universalhistorische Bedeutung hin ausgelegt, so daß darüber die fundamentale Frage der Gerechtigkeit zu kurz kommen kann. Er hat darum endlich den apokalyptischen Kontext, in welchem das Symbol der
»Auferweckung Jesu von den Toten« spricht, nur auf dem Wege einer
Anthropologie der Weltoffenheit des modernen Menschen hermeneutisch vergegenwärtigen können[29]. Die Feststellung solcher Struktur-
ähnlichkeiten ist nicht falsch, denn die moderne Anthropologie der
Weltoffenheit des Menschen stammt ja aus der Wirkungsgeschichte von
Apokalyptik und Christologie. Jesu Anspruch und sein Auferwek-
kungsgeschick werden damit aber leicht zum bloßen Beispiel für einen
universalgeschichtlichen oder anthropologischen Gedanken, dessen
Wahrheit von der Geschichte Jesu letztlich unabhängig ist[30]. Erst wenn
man über die formalen Antizipationskategorien hinaus zum materialen Gehalt der Verkündigung Jesu und des christlichen Kerygma der
Auferweckung des Gekreuzigten kommt, wird das unverwechselbar
Christliche sichtbar. Und erst in der Frage nach Gerechtigkeit im Leiden an der Bosheit und am Elend der Menschenwelt stößt man m. E.
auf die bleibende und nicht zu erledigende Frage der Apokalyptik und
auf die in ihrer Anstößigkeit unerledigte Antwort Jesu und seiner Geschichte.

Wir fassen zusammen:

1. Apokalyptik ist ein synkretistisches Gebilde mit mehr als nur einer
Idee. Doch steht in ihrem Zentrum nicht die Anthropologie oder die
Universalgeschichte, sondern die Erwartung des zukünftigen Sieges der
Gerechtigkeit Gottes über Tote und Lebendige. »Auferweckung der
Toten« hat keine Eigenbedeutung, sondern ist gedacht als conditio sine

---

ob er selbst zuvor noch durch den Tod hindurch mußte. Daran brauchte die Wahrheit
seiner Verkündigung nicht zu hängen.« Vgl. jedoch auch seine Ausführungen in § 7
über den Kreuzestod Jesu.
29. Ebd. 80 ff.
30. Die folgenden Sätze W. *Pannenbergs*, Grundzüge, 79, lassen sich leicht gegen
seine eigene anthropologische Fortsetzung der Apokalyptik wenden: »Die in diesem
apokalyptischen Erwartungshorizont gewonnene Erkenntnis Jesu läßt sich zwar
nachträglich in andere Denkweisen übersetzen, z.B. in die gnostische, aber sie läßt sich
aus solchen anderen Vorstellungsweisen nicht eigentlich begründen. Wo eine solche
Begründung versucht worden ist, da ist Jesus immer wieder zum bloßen Beispiel
für einen gnostischen oder philosophischen Gedanken geworden, dessen Wahrheit
von der Geschichte Jesu letztlich unabhängig ist . . .« So z.B. H.-G. *Geyer*, Die Bedeutung der Auferstehungsbotschaft für den Glauben an Jesus Christus, 1966, 114, der
meint, daß bei W. Pannenberg »die Auferweckung Jesu als der erklärte Grund des
christlichen Glaubens auf die historische Konfirmation einer an sich bestehenden
Wesensstruktur des menschlichen Lebens herunterkommt«. Das ist als bloße Feststellung kaum treffend, weist aber auf eine Schwäche in der Dialektik zwischen
ursprungsgeschichtlicher und wirkungsgeschichtlicher Hermeneutik bei Pannenberg
hin.

qua non für die universale Vollstreckung der Gerechtigkeit im Gericht über Gerechte und Ungerechte.

2. Jesu Verkündigung war formal apokalyptisch, sofern er wie der Täufer die Nähe des fernen Reiches verkündete. Sachlich aber durchbrach schon Jesus die gesetzliche Apokalyptik, weil er nicht justitia distributiva, sondern justitia justificans als die Gerechtigkeit des Reiches Gottes verkündete und im Recht der Gnade bei Ungerechten und Rechtlosen vorwegnahm.

3. Die Auferstehungsbotschaft der Urgemeinde war formal apokalyptische Vorwegnahme des Kommenden, der Sache nach aber die Verkündigung des Gekreuzigten als des Herrn der Gerechtigkeit. Nicht schon die Botschaft, daß Einer allen andern voran in das Endgericht und das Reich Gottes auferweckt sei, war anstößig, sondern die Gewißheit, daß es dieser gekreuzigte Jesus ist. Formal ist christlicher Auferstehungsglaube eschatologischer Glaube. Der Sache nach aber ist dieser eschatologische Glaube christlich, weil er die Auferweckung des Gekreuzigten verkündet. Christlicher Auferstehungsglaube verkündet nicht weltgeschichtliche Tendenzen oder anthropologische Hoffnungen, sondern im Kern eine neue Gerechtigkeit in einer Welt, wo Tote und Lebendige nach Gerechtigkeit schreien.

4. Der hermeneutische Ort zum Verständnis des christlichen Auferstehungsglaubens muß darum in der offenen, der sowohl unbeantwortbaren wie unaufgebbaren Frage nach Gerechtigkeit in der Leidensgeschichte der Welt gesucht werden. Der universalgeschichtliche Horizont und die existenzgeschichtliche Tiefe sind Hilfsrahmen für diese Frage. Macht der universalgeschichtliche Horizont die Breite der Frage nach Gerechtigkeit in Gestalt der Theodizeefrage deutlich, so macht die existenzgeschichtliche Dimension die Tiefe dieser Frage nach Gerechtigkeit in der Rechtfertigungsfrage klar.

5. Im Streit um die Auferweckung Jesu geht es um die Frage nach der Gerechtigkeit in der Geschichte. Gehört sie dem Nomos, der endlich jedem das Seine gibt, oder gehört sie dem Recht der Gnade, wie es durch Jesus und in der Auferweckung des Gekreuzigten offenbar wurde? Die Botschaft der neuen Gerechtigkeit, die der eschatologische Glaube in die Welt bringt, sagt, daß in der Tat die Henker nicht endgültig über ihre Opfer triumphieren werden. Sie sagt dann aber auch, daß die Opfer am Ende nicht über ihre Henker triumphieren werden. Es wird der triumphieren, der für die Opfer zuerst und dann auch für die Henker gestorben ist und dadurch eine neue Gerechtigkeit offenbart hat, die den Teufelskreis von Haß und Rache durchbricht und aus den verlorenen Opfern und Henkern eine neue Menschheit mit einer neuen Menschlichkeit schafft. Erst wo Gerechtigkeit schöpferisch wird und Rechtlosen wie Ungerechten Recht schafft, erst wo schöpferische Liebe

das Häßliche und Hassenswerte verändert, erst wo der neue Mensch geboren wird, der weder unterdrückt ist noch unterdrückt, kann man von der wahren Revolution der Gerechtigkeit und von Gottes Gerechtigkeit sprechen.

3. Die Bedeutung des Kreuzes des auferweckten Christus

Im Lichte der Osterereignisse hat die Gemeinde zuerst nach vorne gesehen. Der ihnen im Glanz der göttlichen Herrlichkeit erschien, war für sie der Bürge dafür, daß jene Herrlichkeit Gottes und seine neue Schöpfung nicht ferne, sondern nahe sind. Indem sie seine »Auferweckung von den Toten« erkannten, spürten sie in sich selbst schon den »Geist der Auferweckung«, den »Geist, der lebendig macht« (Röm. 8,11) und warteten in der »Kraft der Auferweckung« (Phil. 3,10) auf die kommende »Erscheinung Christi« in Herrlichkeit. Sie verstanden seine Auferweckung als ein vorausgehendes und vorzeitiges Handeln Gottes an Jesus zu ihrer und der Welt Gunsten. Gott hatte auf das böse Tun der Menschen in Jesu Kreuzigung durch Jesu Auferweckung herrlich geantwortet (Acta 2,24). Wie die urchristlichen Hymnen zeigen, verblaßte seine Erniedrigung am Kreuz hinter seiner gegenwärtig erfahrenen Erhöhung zum Kyrios, zum Herrn, der die Endzeit heraufführt. Der eschatologische Enthusiasmus, der aus den frühen Hymnen spricht, war ganz von der Gegenwart des Kommenden im Geist erfüllt. Man brauchte des irdischen Weges dieses Herrn zum Kreuz nicht mehr zu gedenken. Der Geist überstrahlte die Erfahrung der noch unerlösten Welt. Die Zukunft des Herrn überwog in ihrem Gewicht seine Vergangenheit. Dennoch mußte sich von der Sache her die Frage aufdrängen: Ist Jesus jetzt im Geist der Herr, – wer war er in seinem Erdenleben und seinem Leiden und Sterben am Kreuz? Diese Rückfrage ist wiederum nicht nur eine historische Frage, sondern zugleich eine systematische Frage jeder Christologie.

Die ältesten Christustitel, die sagen, wer Jesus ist, stammen aus der Erfahrung der Erscheinungen Jesu und gründen in dem Auferweckungsgeschehen[31]. Durch seine Auferweckung war Jesus durch Gott zum Christus, zum Gottessohn, zum Kyrios gemacht[32]. Für diesen Akt wurden *Adoptionsformeln* verwendet: durch seine Auferweckung wurde Jesus zum Gottessohn adoptiert (Röm. 1,4). Es wurden dafür

---

31. Darin bin ich mit W. *Pannenberg* einig. Vgl. auch R. *Schnackenburg*, Die Auferweckung Jesu als theologischer Ansatzpunkt der urchristlichen Theologie, Mysterium Salutis III, 1, 1970, 237–247.
32. *W. Kramer*, Christos, Kyrios, Gottessohn, 1963.

auch *Inthronisationsformeln* verwendet: durch Auferweckung wurde
Jesus zum Kyrios erhöht und eingesetzt. Damit aber wollte man sa-
gen: durch seine Auferweckung wurde nicht nur ein Mensch allen an-
deren Menschen voran von den Toten auferweckt. Er wurde dadurch
zugleich für die anderen Menschen mit einem göttlichen Auftrag und
Beruf versehen. Das sagen die Christustitel zunächst aus. Sie drücken
weniger seine Hoheit, Würde und Erhabenheit aus, als vielmehr seine
Funktion, seinen Beruf, seinen göttlichen Auftrag und seine Sendung.
Man kann sie darum als *Repräsentationstitel* verstehen. Der Christus
Gottes repräsentiert Gott selbst in der noch unerlösten Welt. Der Sohn
Gottes vertritt den Vater in einer gottlosen und verlassenen Welt. Der
Kyrios vermittelt zwischen den vergehenden Menschen und dem kommenden Gott, sowie zwischen dem Vergehen der Menschen, das sie in
solche Vergänglichkeit stürzt, den Sündern also, und dem richtenden
und heiligen Gott, der kommt. Jesu Adoption und Inthronisation
durch seine Auferweckung von den Toten definiert seine sachliche und
zeitliche Mittlerrolle zwischen Gott und den Menschen. Darum heißt es
immer wieder, daß wir nur »durch Christus Zugang zu Gott, dem Vater haben«. Darum wurde im urchristlichen Gottesdienst Jesus der
Herr in Not angerufen, Gott der Vater aber lobpreisend angebetet[33].
Nach 1. Kor. 15,20–28 hat Gott, der Vater, mit der Auferweckung
Jesu seine Herrschaft seinem Kyrios übergeben, damit Jesus nach Vollendung seiner Herrschaft das Reich dem Vater übergibt, auf »daß Gott
sei alles in allem«. Mit den frühen Christustiteln wird Jesus also als
der »Platzhalter Gottes auf Erden« oder als der »Stellvertreter Gottes« bezeichnet, der Gott vor den Menschen und die Menschen vor Gott
vertritt. Die Herrschaft des Christus Gottes ist begrenzt und vorläufig.
»Sie dient einzig dem Zweck, der Alleinherrschaft Gottes Platz zu
schaffen. Christus ist der Platzhalter Gottes gegenüber einer Welt, welche Gott noch nicht völlig unterworfen ist, obgleich ihre eschatologische
Unterwerfung seit Ostern in Gang gekommen und ihr Ende abzuse-
hen ist.«[34] Für Paulus wird »das regnum Christi« dadurch gekenn-
zeichnet, daß er, aber nicht wir, dem Tode entnommen ist. »Es wird
darum durch die beiden Termine seiner und unserer Auferweckung
begrenzt und muß sachlich als der Bereich der Auferweckungsmacht in
einer noch dem Tode und damit auch den übrigen kosmischen Mächten
verfallenen Welt beschrieben werden.«[35] Die an den Erscheinungen
des auferweckten Jesus gewonnenen Christustitel zeigen darum durch-

---

33. *H. Conzelmann,* Christus im Gottesdienst der neutestamentlichen Zeit, Pth 55,
1960, 361.
34. *E. Käsemann,* aaO. II, 128. Ganz ähnlich *D. Sölle,* Stellvertretung, 1965, 142 ff,
für die Vorläufigkeit zur Struktur personaler Stellvertretung gehört.
35. *E. Käsemann,* ebd. II, 129.

weg einen »eschatologischen Subordinatianismus«[36]. Die Christologie
steht im Dienst der Eschatologie des kommenden Gottes und seiner
neuschaffenden Gerechtigkeit.

Nun hatten wir aber festgestellt, daß die Auferstehungshoffnung nicht
nur nach vorne in die Zukunft Gottes leuchtet, indem sie in den Antizipationen des Geistes deren Vorschein verbreitet. Sie leuchtet auch
nach rückwärts in das Geheimnis des Leidens und Sterbens des erhöhten Herrn. Wird in den Erscheinungen des Auferstandenen seine Zukunft in Gott und seine Sendung in die Welt für die Zukunft Gottes
offenbar, so muß zugleich damit auch nach rückwärts die Bedeutung
seines Kreuzes und seines Weges zum Kreuz offenbar werden, anders
würde die Identität seiner Person nicht festgehalten, und Auferstehungsglaube wäre ein Weg, sich von dem Gekreuzigten und der Erinnerung an seinen Weg zu trennen. Wenn nun mit seiner Auferweckung
die Zukunft Gottes »schon begonnen hat«, welchen Sinn hat dann sein
Leiden und Sterben? Als das Leiden und Sterben eines gerechten Menschen war es kein Rätsel, denn verkannt und mißverstanden zu werden war das Schicksal vieler Gerechter in Israel und vieler Weiser
außerhalb Israels. Als Ende eines unzeitgemäßen Propheten war es
auch kein Rätsel. Es gab genug Präzedenzfälle in Israels Geschichte.
Wenn aber für den Osterglauben die Auferweckung durch Gott die
Person Jesu von Nazareth zum Christus Gottes qualifiziert, dann
muß unausweichlich die Frage entstehen: »Warum mußte der Christus solches leiden?« (Luk. 24,26). Ostern löst nicht das Rätsel des
Kreuzes, sondern macht das Kreuz Christi zum Geheimnis. Die Qua-
lifikation seiner Person zum Christus Gottes und seine Inthronisation
zum Kyrios konnten nicht von seiner Auferweckung an datiert werden, so als sei sie vorher nicht gewesen, oder als sei der irdische Jesus
nur der Vorläufer des himmlischen Christus. Das würde der Identität
seiner Person nicht gerecht, sondern würde sie in zwei Personen, eine
irdische und eine eschatologische, zerreißen. Die Einheit seiner Person
verlangt sachlich die Aussage, daß der gekreuzigte Jesus von Nazareth zum Kyrios Gottes erhöht ist. W. Pannenberg hat diesen Zusammenhang mit der »rückwirkenden Kraft« der österlichen Bestätigung
des Anspruchs Jesu durch Gott begründet und dafür die Analogie von
Gesetzen und Verordnungen herangezogen, die rückwirkend in Kraft
gesetzt werden. Er will damit sagen, daß die Auferweckung Jesu vom
Ende seines Weges her rückwirkend sein Wesen begründet, und zwar
nicht nur für unsere Erkenntnis, sondern auch seinshaft[37]. Das ist ein

36. *E. Brunner*, Das Ewige als Zukunft und Gegenwart, 1964, 226 f; *P. Stuhlmacher*,
aaO. 208.
37. *W. Pannenberg*, Grundzüge, 134 ff.

hilfreicher Gedanke zum Verständnis des Auferstehungsglaubens, der zum Christusglauben an Jesus führt. Doch kommt im Zusammenklang zwischen Jesu Anspruch und Gottes Bestätigung m. E. zu wenig die durch Auferweckung identifizierte *Person* Jesu zum Ausdruck. Eines der frühesten, vorpaulinischen Glaubensbekenntnisse sagt:

»Christus gestorben für unsere Sünden nach der Schrift und begraben

und auferweckt am dritten Tag nach der Schrift« (1. Kor. 15,3b–4). Mit eigenen Worten sagt Paulus: »Christus für uns gestorben« (Röm. 5,8). Man kann mit W. Kramer die paulinische Formel für ursprünglicher halten, weil die erste, traditionelle Formel das »für uns« schon in dem speziellen Sinne des »für unsere Sünden« auslegt[38]. Wichtig ist zunächst, daß die Gemeinde sehr früh das Sterben Jesu Christi als ein Geschehen »für uns«, d. h. zu unseren Gunsten, verstanden hat, wobei die paulinische Formel offen läßt, ob es im Sinne personaler Stellvertretung »für uns«, oder im kultmateriellen Sinne der Sühne »für unsere Sünden« verstanden wird. Die Deutung »für uns« scheint die überall wiederkehrende, grundlegende Wendung zu sein. Die näheren und sehr verschiedenen Erläuterungen im Sinne einer Sühnopfertheorie oder der Rechtfertigungslehre scheinen sekundär jenes fundamentale »für uns« auslegen zu wollen. Die Bedeutung seines Todes kann horizontal den Bereich »für alle« und »für uns« betreffen. Sie kann material Sühne für die Sünden oder Versöhnung der Welt meinen. Sie kann personal »Christus für uns« und »Gott für uns« aussagen. Abgesehen von gelegentlichen Worten, die das »für uns« auch auf seine Auferweckung beziehen (Röm. 4,25), taucht diese Deutung durchweg beim Tod Christi auf. Die Glaubensformel 1. Kor. 15,3b–4 spricht in der zweiten Zeile nur von der Tatsächlichkeit seiner Auferweckung und seiner Erscheinung bei den Jüngern, während die erste Zeile den Heilssinn seines Sterbens nennt. »Gerade dadurch aber bleibt die sachliche Einheit der beiden Aussagen gewahrt. Denn während die Auferweckung die eschatologische Stellung Jesu konstituiert bzw. bestätigt, so ist das ὑπὲρ ἡμῶν die Interpretation des Sterbens Jesu als das Sterben eben dieser eschatologischen Person.«[39] Durch seine Auferweckung ist Jesus in Person zum Christus Gottes qualifiziert. Darum muß sein Leiden und Sterben als das Leiden und Sterben des Christus Gottes verstanden werden. Erst im Licht seiner Auferweckung von den Toten gewinnt sein Tod jenen besonderen, einmaligen Heilssinn, den er sonst nicht gewinnen kann, auch nicht im Licht seines gelebten Lebens. »Die Auferweckung Jesu relativiert das Kreuz darum nicht zu einem über-

---

38. W. *Kramer*, aaO. 32 f.

39. W. *Kramer*, ebd. 32.

holten Datum oder zu einem Durchgangsstadium auf dem Weg zur
himmlischen Herrlichkeit, sondern qualifiziert es zum eschatologischen
Heilsereignis«[40], weil nur sie sagt, *wer* hier eigentlich litt und starb.
Der Gekreuzigte hat sich also nicht in einen Auferstandenen und Verherrlichten verwandelt. Seine Auferweckung qualifiziert vielmehr den
Gekreuzigten zum Christus und sein Leiden und Sterben zum Heilsgeschehen für uns und für viele. Die Auferweckung »entleert nicht das
Kreuz« (1. Kor. 1,17), sondern erfüllt es mit Eschatologie und Heilsbedeutung. Daraus folgt systematisch, daß alle näheren Auslegungen
der Heilsbedeutung seines Kreuzestodes »für uns« von seiner Auferweckung ausgehen müssen. Wenn ferner ausführlich nur bei seinem
Tod von einer Heilsbedeutung für uns gesprochen wird, so heißt das
doch, daß sein Kreuzestod die Bedeutung seiner Auferweckung für uns
darstellt, und nicht umgekehrt seine Auferweckung die Bedeutsamkeit
seines Kreuzes darstellt. Die Auferweckung von den Toten qualifiziert
die Person des Gekreuzigten und damit auch die Heilsbedeutung seines
Kreuzestodes für uns, die »Toten«. Die Heilsbedeutung seines Kreuzes
offenbart darum seine Auferweckung. Nicht seine Auferstehung legt
seinen Kreuzestod als »für uns« geschehen aus, sondern umgekehrt
macht sein Kreuzestod »für uns« seine Auferweckung »uns voran«
relevant[41]. Das muß betont werden, weil die alte judenchristliche und
in Variationen von der Tradition immer wiederholte Vorstellung vom
sterbenden Christus als Sühnopfer für unsere Sünden keinen inneren
theo-logischen Zusammenhang mit dem Auferweckungskerygma zeigen kann. Von einer Auferweckung des Sühnopfers kann man schwerlich sprechen, ebenso wenig wie von einer Auferweckung des zur Satis-
faktion der beleidigten Ehre Gottes sich opfernden Gottessohnes. Im
Rahmen des Sühnopferdenkens bedürfen einzelne wie das Volk im
ganzen für ihre Sünden der Sühne, damit die Gerechtigkeit des Bun-
desgesetzes wiederhergestellt wird. Diese Sühne wurde im Opferkult
des Jerusalemer Tempels geleistet. Auch der beispielhafte Märtyrertod
der Gerechten hatte Sühnekraft für die ganze Gemeinschaft. Die Vorstellung von der besonders sühnenden Kraft des »Blutes Jesu« (Röm.
3,25; 1. Kor. 10,16 u. a.) hat hier ihre Wurzel. Die Wendung »gestorben für unsere Sünden« sagt: die Ursache seines Leidens sind unsere
Sünden, das Ziel seines Leidens ist unsere Entsühnung, der Grund seines Leidens ist die Liebe Gottes zu uns. Die Auferweckung Jesu ist mit
diesen Deutungen seines Todes, und diese Deutungen seines Todes sind

---

40. *W. Schrage*, aaO. 61.
41. Diese Umkehrung muß gegenüber *R. Bultmanns* Auffassung von der Auferstehung betont werden: »Kann die Rede von der Auferstehung Christi etwas anderes
sein als Ausdruck der Bedeutsamkeit des Kreuzes?«, Kerygma und Mythos I, 1948,
478.

mit seiner Auferweckung von den Toten nur schwer harmonisierbar. Denn die Sühnopfervorstellungen bewegen sich durchweg im Rahmen des Gesetzes: Sünden verletzen das Gesetz, Sühne stellt das Gesetz wieder her. Durch Sünden fällt der Mensch aus der Gerechtigkeit des Gesetzes heraus und kommt unter die Anklage des Gesetzes, durch Sühne wird er wieder in die Gerechtigkeit des Gesetzes eingesetzt. Sühne für die Sünden hat immer einen retrospektiven Charakter. Ihr Zukunftssinn ist die restitutio in integrum, aber nicht der Anfang eines neuen Lebens. Dennoch ist an diesen Sühnevorstellungen festzuhalten, daß sie 1. zeigen, wie wenig sich der ungerechte Mensch seine Gerechtigkeit selbst beschaffen kann, und daß es ohne Annahme der Schuld und Befreiung von ihr keine neue Zukunft für ihn geben kann, am wenigsten durch gute Vorsätze, durch die er sich nur selbst verleugnet, 2. daß Jesus als der Christus Gottes stellvertretend für den ohnmächtigen Menschen an seine Stelle getreten ist und ihm dadurch ermöglicht, in seiner Gemeinschaft an die Stelle vor Gott zu treten, an der er sonst nicht stehen und bestehen kann, und 3. daß im Tode Christi Gott selbst zugunsten dieser Menschen gehandelt hat.

Wollen wir aber das Kreuz strikt als Kreuz Christi, d. h. des Auferweckten begreifen, so müssen wir über die vorgefundenen Sühnopfervorstellungen hinausgehen. Wir müssen dafür noch einmal versuchen, die Geschichte eschatologisch mit »umgekehrtem Zeitsinn« zu lesen und also von der Zukunft Christi auf seine Vergangenheit zurückkommen. Im Sinne der Historie und ihres Zeitsinnes ist Jesus zuerst gestorben und dann auferweckt worden. Im eschatologischen Zeitsinn aber wird das Letzte das Erste: Als der Auferweckte ist er gestorben, und als der Kommende ist er Fleisch geworden. Im historischen Zeitsinn kann Christus die *Antizipation* des kommenden Gottes auf Grund seiner Auferweckung von den Toten genannt werden. Im eschatologischen Zeitsinn aber muß er die *Inkarnation* des kommenden Gottes in unser Fleisch und in den Tod am Kreuz genannt werden. Es ist einseitig und verfehlt leicht die Bedeutung seines Kreuzestodes, sieht man auf Grund seiner proleptischen Auferweckung nur in die Zukunft Gottes und auf das Ende der Geschichte[42]. Im Sinne der Umkehrung der noetischen Ordnung in die ontische Ordnung muß man in dieser Antizipation auch die Inkarnation jener Zukunft des erlösenden Reiches in die Vergangenheit des Gekreuzigten erkennen. Welchen Sinn hat dann sein Kreuzestod? Wozu ist der Auferstandene, der Platzhalter Gottes und der Stellvertreter der Menschen bei Gott, am Kreuz gestorben?

Für Paulus und Markus liegt der theologische Akzent ganz im Sinne

---

42. Vgl. dazu meine Kritik in: Diskussion über die »Theologie der Hoffnung«, 1967, 215 ff.

jener Umkehrung von der noetischen in die ontische Ordnung und vom historischen in den eschatologischen Zeitsinn darauf, daß der Auferstandene der Gekreuzigte ist[43]. Die eingangs dargestellte proleptisch-eschatologische Christologie hängt in der Luft, weil sich jeder fragen muß: Warum wurde nur dieser eine und wurden nicht alle Menschen zugleich auferweckt? Welchen Sinn hat die Prolepse der Auferweckung Jesu für alle anderen Menschen, die noch nicht auferweckt sind? Das ist im Grunde der Kern der christlichen Theodizeefrage, die gewöhnlich als Phänomen der »Parusieverzögerung« beschrieben wird[44]: Warum zuerst nur Jesus und nicht das ganze Heil der Welt auf einen Schlag? Die Antwort darauf liegt im Kreuz Christi, wie auch nur die Kreuzeserkenntnis dem sog. Enttäuschungserlebnis der Parusieverzögerung gewachsen ist. Der Christus, der *uns voran* von den Toten auferweckt ist, wird durch sein Leiden und Sterben der Christus *für uns,* wie damit auch der »Gott vor uns« zum »Gott für uns« wurde[45]. Die Vorwegnahme der Totenauferweckung an ihm gewinnt ihren Heilssinn für uns nur durch seine Hingabe für uns am Kreuz. Seine Prolepse begründet seine Pro-existenz und wird in ihr für uns sinnvoll. Erst wenn der, der proleptisch auferweckt wurde, stellvertretend für uns eintritt und stirbt, hat seine Prolepse Heilsbedeutung für uns. Der neutestamentliche Grundgedanke der Stellvertretung Christi »für uns«, »für alle«, muß darum systematisch aus dem Begriff der für die Auferweckung verwendeten Prolepse entwickelt werden. Österliche Hoffnungstheologie muß zur Kreuzestheologie umgekehrt werden, wenn sie die Füße auf den Boden der Realität des Todes Christi und unseres eigenen Sterbens bringen will. Das ist durch jene Umkehrung möglich. Gott hat die Zukunft seiner befreienden Gerechtigkeit an diesem einen vorweggenommen und vorausgeschickt, um sie durch diesen einen den anderen zu vermitteln. Ist an ihm Auferweckung schon vorweg geschehen, so kommen »Auferstehung, Leben und Gerechtigkeit« durch den Tod dieses einen denen zugute, die an den Tod durch ihre Ungerechtigkeit dahingegeben sind. Durch sein Leiden und Sterben bringt der auferstandene Christus Gerechtigkeit und Leben zu den Ungerechten und Sterbenden. Das Kreuz Christi modifiziert also die Auferweckung Christi unter den Bedingungen der Leidensgeschichte der Welt aus einem reinen Zukunftsgeschehen zum Geschehen der befreienden Liebe. Durch seinen Tod bringt der Auferstandene die kommende Gottesherrschaft durch stellvertretendes Leiden in die gottlose Gegenwart hin-

---

43. *W. Schrage,* aaO. 65.
44. Dazu *J. Moltmann,* Problem der neueren evangelischen Eschatologie, VuF 1966, 120 ff.
45. Das hebt den Gedanken des »Gottes vor uns« nicht auf, vertieft ihn aber. Dazu *J. B. Metz,* Gott vor uns, in: Ernst Bloch zu ehren, 1965, 227 ff.

ein. Er antizipiert die kommende Gottesgerechtigkeit unter den Verhältnissen menschlichen Unrechts im Recht der Gnade und in der Rechtfertigung der Gottlosen durch seinen Tod. Das Gesicht des allen Sterbenden voran auferweckten Christus ist für diese Sterbenden das Gesicht des für sie Gekreuzigten. Durch die Gemeinschaft der Leiden Christi bekommen sie Anteil an der Auferstehung (Phil. 3,10–12). Das kommende Reich, dessen Gewißheit die Jünger in den Ostererscheinungen Christi fanden, hat dann durch diesen Christus Kreuzesgestalt in einer entfremdeten Welt angenommen. Das Kreuz ist die Form des kommenden, erlösenden Reiches, und der Gekreuzigte ist die Inkarnation des Auferstandenen. Im Gekreuzigten ist das »Ende der Geschichte« mitten in den Verhältnissen der Geschichte präsent. Darum findet sich in ihm Versöhnung mitten im Streit und Hoffnung auf die Überwindung des Streites.

Ohne den stellvertretenden Heilssinn seines Kreuzestodes wäre der »von den Toten auferweckte« Christus ein Mirakel oder bestenfalls ein Vorbild oder ein Vorläufer der Zukunft. Das aber hilft denen nichts, die unter ihrer eigenen und der Welt Ungerechtigkeit leiden und im Schatten des Todes leben. Erst sein Kreuzestod macht die Bedeutung seiner Auferweckung für sie offenbar, denn erst durch seine Stellvertretung kommt die an ihm vorweggenommene Herrlichkeit in ihr Elend hinein. Erst durch seinen Tod »für sie« kommt jenes neue Leben ihnen zugute, in dem er kraft Auferweckung durch Gott lebt.

Für welt- und zukunftsoffene Menschen mag die Antizipation der Totenauferweckung in der Auferweckung Jesu von den Toten eine stimulierende Wirkung haben. Für zukunftsverschlossene und hoffnungslose Menschen aber, für den homo incurvatus in se und für den in sich selbst traurig verliebten Narziß aber bedeutet sie nichts, denn sie erreicht sie nicht. Erst die stellvertretenden Leiden und die Hingabe Christi in seinem Kreuzestod »für sie« bringt Hoffnung zu den Hoffnungslosen, Zukunft zu den Vergehenden und neues Recht zu den Ungerechten.

Man muß darum sagen: sein Kreuzestod ist »die Bedeutung« seiner Auferstehung für uns. Umgekehrt wird jede Sinndeutung seines Todes ohne Voraussetzung seiner Auferweckung von den Toten eine hoffnungslose Sache, weil sie jenes Novum des Lebens und des Heils nicht mitteilen kann, das in seiner Auferweckung zum Vorschein gekommen ist. Christus ist nicht nur als jenes Sühnopfer gestorben, in dem das Gesetz wiederhergestellt oder die ursprüngliche Schöpfung aus dem Sündenfall der Menschen restituiert wurde. Er ist »für uns« gestorben, um uns »Toten« Anteil an seinem neuen Leben der Auferstehung und an seiner Zukunft des ewigen Lebens zu geben. Seine Auferstehung ist der Inhalt der Bedeutung seines Kreuzestodes »für uns«, weil der Auferstandene selbst der Gekreuzigte ist. In seinem Tod »für viele« ist seine Auferweckung von den Toten zu erkennen. Nicht seine »Auferstehung« ist eine Dimension des Todes am Kreuz, sondern umgekehrt ist seine Hingabe am Kreuz zur Versöhnung der Welt die immanente Dimension seiner eschatologischen Auferweckung in die Herrlichkeit des kommenden Reiches. An Hand des Verstehens seines Todes als »für viele« geschehen, versteht man seine Auferweckung von den Toten als zugunsten der noch Toten geschehen. Ist das richtig, dann kann sein Kreuzestod »für uns« als *Beweis* seiner Auferweckung verstanden werden. Sofern sein Tod in seiner stellvertretenden Bedeutung begriffen wird, wird seine Auferweckung begriffen. In seinem Sterben für uns sieht uns der Auferstandene an und zieht uns in sein Leben hinein. In dem, der arm wurde um unsertwillen, öffnet sich der Reichtum Gottes für uns. In dem, der für uns zum Knecht wurde, ergreift uns Gottes Freiheit. In dem, der für uns zur Sünde gemacht wurde, werden Sünder zur Gerechtigkeit Gottes in der Welt.

Der, den das Osterkerygma als den Herrn verkündet, wurde für uns zum Knecht (Phil. 2), um uns aus Knechten zu freien Herren aller Dinge zu machen. So macht sein Tod am Kreuz »für uns« uns zu Sündern und Gottlosen und gerade so zugleich zu Gerechten und Gottessöhnen. »Das Kreuz ist seine Methode und das währt bis zu seiner Zukunft.«[46] Gerade wenn wir die stellvertretende Bedeutung seines Todes aus der antizipatorischen Gestalt seiner Auferweckung uns voran verstehen, wird die eschatologisch-vorläufige Weise seiner Stellvertretung klar. Ist das Reich Christi durch seine geschehene und unsere ausstehende Auferweckung von den Toten sachlich und zeitlich begrenzt, so ist auch seine Stellvertretung so begründet und begrenzt. Die versöhnende Kraft seines Leidens und Sterbens ist Auferweckungsmacht. Sie zielt dann jedoch nicht darauf, sich einmal selbst überflüssig zu machen, sondern zum Grund für das neue, erlöste Dasein zu werden, das sie dem Gekreuzigten verdankt.

4. Zukunft Gottes im Zeichen des Gekreuzigten

Wir beschließen dieses Kapitel mit der Frage nach dem Gottesbegriff, der sich im Blick einerseits auf die *Auferweckung* des Gekreuzigten und andererseits auf das *Kreuz* des Auferweckten ergibt. Wir können in dieser Frage von zwei Erkenntnisschritten in der urchristlichen Traditionsgeschichte des Christuskerygma sprechen.

46. *Zinzendorf* zit. in *S. Eberhard*, Kreuzestheologie. Das reformatorische Anliegen in Zinzendorfs Verkündigung, 1937, 89.

Die erste Schicht in der urchristlichen Ostertheologie sagt: »Ihr habt ihn getötet, Gott aber hat ihn auferweckt« (Acta 2,23; 3,15; 4,10 u. ö.). Die Missionsreden der Apostelgeschichte sind auf den Tenor dieser Gegenüberstellung gestimmt[47]. Es sind Reden von Christen an Juden und wollen sagen: Gott hat Jesus von den Toten auferweckt und ihn damit ins Recht gesetzt. Das hat der Gott des Bundes und des Gesetzes, der gerechte Gott getan. Also haben die Juden ihn gegen den Willen Gottes und d. h. gegen das Gesetz aus Unverstand und Gesetzlosigkeit verurteilt und zur Kreuzigung ausgeliefert. Wenn sie nun in Gottes auferweckendem Handeln an Jesus den wahren Willen Gottes erkennen, dann werden sie auch den Gotteswillen im Gesetz nach der Auslegung Jesu richtig verstehen und befolgen, wie es das doppelte Liebesgebot sagt. Die judenchristliche Gemeinde, die so sprach, verstand sich selbst darum in der Figur der »zwölf Apostel« als das nach Gottes Willen erneuerte Zwölf-Stämme-Volk, also als inner-israelitische, christlich-messianische Erweckungsbewegung. Sie ging darum, wie am Streit zwischen Petrus und Paulus zu sehen ist, nicht über die Grenzen Israels und der Synagogen hinaus zu den Heiden. Nach israelitischer Hoffnungsordnung hieß es: zuerst die Juden – dann die Heiden. Ist erst der Zion durch den Messias-Menschensohn restauriert, dann werden die Heiden von selbst zum Zion wallfahren, um dort Recht und Gerechtigkeit zu empfangen. Kommen aber in der Diaspora jetzt schon Heiden zum christlichen Glauben, so müssen sie sich an das Gesetz halten und beschnitten werden. Diese judenchristliche Gemeinde sprach von »Auferweckung Jesu«. Das handelnde Subjekt war Gott, das leidende Objekt der getötete Jesus, und das Geschehen galt als eschatologisches Geschehen. Nach diesem Glauben hat Gott sich »zuletzt« und damit endgültig in Jesu Auferweckung offenbart. Auch für Paulus wurde »auferwecken« deshalb zur Bezeichnung des Gottes Jesu Christi. Nach Röm. 8,11 ist Gott der, der »Christus Jesus von den Toten auferweckt hat«. Gal. 1,1 charakterisiert Gott als den, »der ihn von den Toten auferweckt hat«. Das meint, daß Gott sich endzeitlich und endgültig durch Jesu Auferweckung als der *totenerweckende Gott* definiert hat[48]. Alle früheren Gottesaussagen aus der Geschichte Israels, aus dem Bundesgesetz oder aus dem Bestand der Welt überhaupt verblassen zu nur noch geschichtlichen Aussagen im Vergleich mit dieser neuen eschatologischen Selbstdefinition Gottes als des Totenerweckers. Paulus hat dieses Osterkerygma aufgenommen und in Röm. 4,17 den »Gott« genannt, »der da lebendig macht die Toten und ruft dem, was nicht ist, daß es sei«. Er hat damit von der eschatologischen Gottesbe-

47. Vgl. *U. Wilckens*, Die Missionsreden der Apostelgeschichte, 1963².
48. Vgl. dazu *J. Schniewind*, Nachgelassene Reden und Aufsätze, 1951, 120, 130.

zeichnung des Totenerweckers auf den Schöpfer aller Dinge aus dem Nichts zurückgeschlossen. Und er fand, wie der Kontext zeigt, diesen totenerweckenden und schöpferischen Gott im Wort der Verheißung gegenwärtig, das Glauben schafft.

Mit der eschatologischen Auferweckung der Toten ist nicht eine Wiedergutmachung der durch menschliche Sünde veralteten Schöpfung gemeint, sondern die anhebende »Schöpfung der Endzeit«[49]. Totenauferweckung ist für Paulus nicht mehr die ontische Voraussetzung für die Vollstreckung der Gottesgerechtigkeit im Endgericht über Tote und Lebendige, sondern ist selbst schon die neue Gerechtigkeit Gottes und neue Schöpfung aus dieser Gerechtigkeit. Im »Geist der Auferweckung« und in der Rechtfertigung der Gottlosen geht diese neue Schöpfung weiter, bis sie sich in der Erscheinung Christi und der Übergabe des Reiches an den Vater vollenden wird. Die Menge der im Judentum umlaufenden Gottesprädikate wie »Vorweltlicher, Alleinherrscher, Unverweslicher, Unbefleckter, Ungewordener« treten zugunsten des neuen Gottesnamens zurück, der Gott mit dem Novum der Auferweckung Christi identifiziert: ὁ ἐγείρας Ἰησοῦν lautet dieser neue Gottesname. Die Osterbotschaft enthält im Kern also eine neue Gottesbotschaft. Sie enthält nicht nur ein neues Gottesprädikat, sondern spricht von Gott als Subjekt seines eschatologischen Handelns an Jesus und muß darum als Gottesname verstanden werden. Doch ist dieser Gottesname noch ganz parallel zum 1. Gebot des Bundes Israels formuliert. Dort hieß es: »Ich bin der Herr, dein Gott, der ich dich aus Ägyptenland, aus dem Knechthaus geführt habe.« Hier wird von dem Gott gesprochen, der Jesus aus dem Tod am Kreuz in seine Herrlichkeit auferweckt hat. Der Gottesname ist dort wie hier mit einem geschichtlichen Handeln Gottes verbunden, das Gott offenbar macht. Dort wie hier bringt das geschichtliche Handeln Gottes den Betroffenen die Freiheit: dort das Volk in die Freiheit von einem geschichtlichen Tyrannen, hier Jesus in die Freiheit von der Tyrannei des Todes. Darum wird dort von einem geschichtlichen Ereignis gesprochen, das in der Vergangenheit geschah, aber fortwirkende Kraft für Israel hat, hier aber von einem eschatologischen Geschehen, das vorauswirkt für alle, die es ergreift.

Nach dieser ersten Schicht im Osterkerygma hat das eschatologische Handeln Gottes in Jesu Auferweckung das geschichtliche Handeln der Menschen in seiner Kreuzigung durchgestrichen und sich an seine Stelle gesetzt. Dieses Gottesverständnis aus Jesu Auferweckung entspricht gewissen Schichten des israelitischen Verständnisses Gottes aus seinen Geschichtstaten, nur mit dem Unterschied, daß Auferweckung eines Toten

---

49. *H. Schwantes,* Schöpfung der Endzeit, 1962, bes. 88 ff.

aus dem Rahmen der Geschichte fällt, die durch den Tod und das Sterben der Menschen beherrscht wird.

Das eschatologische Gottesverständnis aus der Auferweckung Jesu tritt darum mit einem endgültigen Anspruch auf. In diesem Sinne kann man sagen, daß der »Gedanke einer indirekten Selbstoffenbarung Gottes im Spiegel seines Geschichtshandelns«[50] hier endgültig wird, weil Auferweckung Christi eschatologisches Geschehen ist.

Kehren wir aber wieder den Zeitsinn von der Historie, die aus der Vergangenheit in die Zukunft blickt, zur Eschatologie, die von der Zukunft in die Vergangenheit blickt, herum, so entsteht die Frage: Was tat der »Gott, der Jesus auferweckt hat«, in, bei und während der Kreuzigung Jesu? Haben dort nur die bösen, unverständigen Menschen, Juden und Römer gehandelt, so hat jener Gott dort offenbar nicht gehandelt, sondern sich zurückgehalten und es zugelassen. Warum aber hat er zum Kreuz Jesu und seinem Todesschrei geschwiegen? Hat er ihn vergessen? War er abwesend? Sieht man, wie die erste Ostertheologie, nur in Jesu Auferweckung das eschatologische Handeln Gottes in seiner Macht über den Tod, so werden das Kreuz Jesu im Blick auf Gott und Gott im Blick auf das Kreuz unverständlich.

Paulus und Markus haben aber in ihrer Kreuzes- und Passionstheologie den Auferstandenen *als den Gekreuzigten* verstanden. Das bedeutet für das Gottesverständnis, daß sie den auferweckenden Gott auch als den kreuzigenden und gekreuzigten Gott begreifen mußten. Sahen sie in der Auferweckung Jesu Gott in Aktion, so mußten sie in der Kreuzigung Jesu Gott in Passion zu verstehen suchen. Wie aber kann der Tod Jesu am Kreuz als Gottes Tat, gar als Gottes Leiden, verstanden werden? Paulus geht 2. Kor. 5,19 ff sogar noch einen Schritt weiter, wenn er sagt: »Gott *war* in Christus«. D. h. Gott hat nicht nur in der Kreuzigung Jesu gehandelt oder sie leidend zugelassen, sondern er war mit seinem Sein selbst handelnd und leidend im sterbenden Jesus. »Wenn Gott durch das Kreuz die Welt mit sich versöhnt, so heißt das, daß Gott im Kreuz Christi sichtbar wird und gleichsam spricht: hier bin ich.«[51] Damit stehen wir vor einem Paradox: Wie kann der allmächtige Gott in einem ohnmächtigen Menschen sein? Wie kann der gerechte Gott in einem rechtmäßig Verurteilten sein? Wie kann Gott selbst in einem Gottverlassenen sein? Muß man nicht alles verlassen, was man unter »Gott« sich vorgestellt, gewünscht oder befürchtet hatte, um Gott so im Gekreuzigten zu begreifen? Kann man den Gekreuzigten noch unter der Voraussetzung eines »wo-

50. *W. Pannenberg,* Offenbarung als Geschichte, 16.
51. *R. Bultmann,* Jesus und Paulus, in: Jesus Christus im Zeugnis der Hl. Schrift, 1936, 85.

anders her« gewonnenen Gottesbegriffs verstehen? Muß man nicht umgekehrt diesen »Gott und Vater Jesu Christi« ganz vom Kreuzesgeschehen her begreifen?

Die urchristliche Auferstehungstheologie hat die Konstitution der Gottessohnschaft Jesu im Auferweckungsgeschehen gesehen. Die vorpaulinische Formel Röm. 1,3b spricht von der irdischen und der himmlischen Seinsweise Jesu: κατὰ σάρκα ist er Davidsohn, κατὰ πνεῦμα ἁγιωσύνης ἐξ ἀναστάσεως νεκρῶν ist er Gottessohn. Dementsprechend wurde seine Einsetzung zum Gottessohn zur Deutung der Auferstehung[52]. Paulus selbst aber hat dann in seiner eschatologischen Rückblendung auf das Leben und Sterben Jesu diese österliche Gottessohnformel stets mit der Sendung des Sohnes und seiner Hingabe durch den Vater verbunden.

Die *Sendung* soll dabei den ganzen Weg und die ganze Erscheinung Jesu auf den Begriff bringen: »Als die Zeit erfüllt war, sandte Gott seinen Sohn, geboren von einem Weib und unter das Gesetz getan, auf daß er die, so unter dem Gesetz waren, erlöste, auf daß wir die Kindschaft empfingen« (Gal. 4,4–5). Der Grund des Kommens Jesu ist seine Sendung durch Gott. Das Ziel der Sendung des Gottessohnes ist die Befreiung von der Knechtschaft unter dem Gesetz zur Freiheit der Kinder Gottes.

Die *Dahingabe* des Sohnes (Röm. 8,32; Gal. 2,20; Joh. 3,16; Eph. 5,2,25 u. ä.) soll dagegen das besondere Leiden und Sterben Jesu deuten[53]. »Gott hat seines eigenen Sohnes nicht verschont, sondern hat ihn für uns alle dahingegeben; wie sollte er uns mit ihm nicht alles schenken?« (Röm. 8,32). Die hier verwendete Formel paradidonai ist Passionsterminologie, heißt dort so viel wie ausliefern, verraten, verlassen, wird hier bei Paulus aber zum Ausdruck der Liebe und Erwählung Gottes. »Der Sohn Gottes hat sich selbst dahingegeben und mich geliebt«, wie Paulus Gal. 2,20 bekennt. Handelt in der Hingabe Jesu nach Röm. 8,32 Gott, so handelt in dieser Hingabe nach Gal. 2,20 Jesus als der Sohn Gottes selbst. An beiden Stellen und besonders dann in Joh. 3,16 ist damit die sich hingebende, sich entäußernde Liebe gemeint. In Röm. 4,25 (»welcher um unserer Sünden willen dahingegeben ist . . .«) wird deutlich, daß damit das Sterben Jesu gemeint ist.

»Daß Gott seinen Sohn dahingibt, gehört zu den unerhörtesten Aussagen des Neuen Testaments; wir müssen das ›Dahingeben‹ im Vollsinn verstehen und es nicht zu ›Sendung‹ oder ›Geschenk‹ abschwächen. Hier ist geschehen, was Abraham an Isaak nicht zu tun brauchte: Christus wurde vom Vater in voller Absicht dem Schicksal des Todes überlassen; Gott hat ihn hinausgestoßen in die Mächte des Verderbens, ob diese nun Mensch oder Tod heißen . . ., Gott hat Christus zur Sünde gemacht (2. Kor.

52. *W. Kramer*, aaO. 106–108.
53. So gegen *W. Kramer*, aaO. 112 f, mit *W. Schrage*, aaO. 72, Anm. 66.

5,21), Christus ist der Verfluchte Gottes ... Hier kommt theologia crucis zur Sprache, wie sie radikaler nicht sein kann.«[54]

Paulus übernimmt aus der Tradition zwar die Vorstellung, daß die Gottessohnschaft Jesu durch seine Auferweckung von den Toten konstituiert ist, er sieht sie aber am Werke in Jesu Sendung durch Gott und in seiner Hingabe durch den Vater, welche zugleich seine Selbsthingabe ist. Das heißt, daß er die Gottessohnschaft Jesu nicht mit den Farben seiner Auferstehungsherrlichkeit, sondern mit den Farben seiner Passion und seines Kreuzestodes malt. Nicht erst in seiner Erhöhung und Hoheit, sondern schon in seiner Erniedrigung und Niedrigkeit ist der Sohn Gottes am Werk. Der »Sohn Gottes« ist hier der Repräsentant und Offenbarer Gottes in der gottlosen und gottverlassenen Welt. Das heißt: Gott repräsentiert und offenbart sich in der Hingabe Jesu und seiner Passion und seinem Tod am Kreuz. Wo aber Gott sich repräsentiert und offenbart, da identifiziert und definiert er sich auch. Darum kann Paulus sagen: »Gott (selbst) *war* in Christus« (2. Kor. 5,19), was logisch einschließt: Gott (selbst) litt in Jesus, Gott selbst starb in Jesus für uns. Gott ist im Kreuz Jesu »für uns« und wird durch ihn zum Gott und Vater der Gottlosen und Gottverlassenen. Die unvergebbare Sünde und die unsühnbare Schuld und mit ihr den unabwendbaren Zorn und die Verwerfung nahm er auf sich, damit wir in Christus zu seiner Gerechtigkeit in der Welt würden. Das wieder heißt in letzter Konsequenz: Gott starb, damit wir leben. Gott wurde der gekreuzigte Gott, damit wir zu freien Söhnen Gottes werden. Was also hat Gott in der Kreuzigung Jesu getan? Während die Auferweckung Jesu als Offenbarung der Macht (dynamis) und Herrlichkeit (doxa) Gottes verstanden und als neuschaffendes Handeln begriffen wurde, hat Gott im Kreuz Jesu nicht geschwiegen und auch nicht nichtgehandelt. Er war auch nicht abwesend in der Gottverlassenheit Jesu. Er hat an Jesus, dem Sohn Gottes, gehandelt: indem die Menschen ihn verraten, ausliefern und dem Tode überantworten, hat Gott selbst ihn dahingegeben. In der Passion des Sohnes erleidet der Vater selbst den Schmerz der Verlassenheit. Im Tod des Sohnes kommt der Tod auf Gott selbst, und der Vater erleidet den Tod seines Sohnes an seiner Liebe zu den verlassenen Menschen. Das Geschehen am Kreuz muß folglich als ein Geschehen zwischen Gott und dem Gottessohn verstanden werden. Indem der Vater seinen Sohn ans Leiden und an den gottlosen Tod dahingibt, handelt Gott an sich selbst. Er handelt an sich selbst in dieser Weise des Leidens und Sterbens, um in sich selbst Leben und Freiheit den Sündern zu eröffnen. Schöpfung, Neuschöpfung und Auferweckung sind

---

54. *W. Popkes,* Christus traditus. Eine Untersuchung zum Begriff der Dahingabe im Neuen Testament, 1967, 286 f.

Werke Gottes nach außen gegen das Chaos, das Nichts und den Tod. Das Leiden und Sterben Jesu, verstanden als Leiden und Sterben des Gottessohnes, aber sind Werke Gottes gegenüber sich selbst und darum zugleich Passionen Gottes. Gott überwindet sich selbst, Gott entschließt sich selbst, Gott nimmt das Gericht über die Sünde der Menschen auf sich selbst. Er rechnet sich selbst zu, was rechtens dem Menschen widerfahren muß. Das Kreuz Jesu, verstanden als Kreuz des Sohnes Gottes, offenbart darum eine Umkehr in Gott, eine innergöttliche stasis: »Gott ist anders.« Und dieses Geschehen in Gott ist das Geschehen am Kreuz. Es wird christlich auf die einfache, aber allen metaphysisch und weltgeschichtlich möglichen Gottesideen widersprechende Formel gebracht: »Gott *ist* Liebe.«

Auch Markus hat ähnlich wie Paulus die Gottessohnschaft des Auferstandenen im Weg Jesu zum Kreuz dargestellt. Er nennt Jesus schon am Anfang seines Evangeliums »den Sohn Gottes« (1,1) und erklärt, daß die Gottessohnschaft mit der Taufe als Geist Gottes auf Jesus gekommen sei (1,11). Die Reden und Wunder Jesu sind folglich als Reden und Wunder des Sohnes Gottes dargestellt. Noch mehr aber werden die Leidensgeschichte und der Tod Jesu am Kreuz als Leidensgeschichte und Tod des Sohnes Gottes verkündigend berichtet. Und für Markus stirbt Jesus am Kreuz mit dem Schrei: »Mein Gott, warum hast du mich verlassen?« (15,34), stirbt der Gottessohn in Gottverlassenheit. Als Jesus mit »lautem Geschrei seinen Geist aufgibt« (15,39), antwortet der heidnische Hauptmann mit dem Bekenntnis: »Wahrlich, dieser Mensch ist Gottes Sohn gewesen« (15,39). Das scheint in mehrfacher Hinsicht paradox zu sein:

1. Auf den eschatologischen Schrei der Gottverlassenheit des Gottessohnes nach dem verlassenden Gott erfolgt als menschliche Antwort der Glaube und das Bekenntnis der Gottessohnschaft Jesu. Dieser Glaube entsteht nach Markus nicht erst an der göttlichen Machttat der Auferweckung, wie das im Sinne der zeitgenössischen Apokalyptik vielleicht denkbar gewesen wäre, sondern am Kreuz des Gottverlassenen. Der mit Geschrei und Tränen sterbende Jesus hat nach Markus das Bekenntnis zu seiner Gottessohnschaft hervorgerufen und den Glauben erweckt, der Menschen aus Knechten des Gesetzes zu freien Söhnen Gottes macht.

2. Es ist kein Glaubensbekenntnis frommer Jünger Jesu, auch nicht eines verständnisvollen Juden, sondern des heidnischen, römischen Centurio, der vermutlich das Hinrichtungskommando leitete. Was soll das aussagen? Während die Ostererscheinungen nur den geflohenen Jüngern zuteil wurden und Jesu »Auferweckung von den Toten« in einem gewissen gemeinsamen Kontext zu den Juden durch die Predigt der Jünger sprach, spricht nach Markus die Passion und das Kreuz Jesu

direkt zu den Heiden. Waren die Ostererscheinungen nur privatissime von Jüngern wahrgenommen worden und war die Auferweckungsbotschaft zunächst nur im Bereich israelitisch-apokalyptischer Traditionen verständlich, so geschah das durch die Kreuzigung Jesu publice. Sie geschah sogar draußen vor dem Tor der Stadt Jerusalem mit ihrem Tempel und damit außerhalb der Grenzen Israels auf Golgatha und außerhalb des »Zaunes Israels«, d. h. der Gesetzestradition. Sie geschah im Grunde an jenem Rande menschlicher Gesellschaften, wo es gleichgültig wird, ob einer Jude oder Heide, Grieche oder Barbar, Herr oder Knecht, Mann oder Frau ist, weil der Tod diese Unterschiede nicht mehr kennt. Darum kennt auch der Gekreuzigte diese Unterschiede nicht. Wenn sein Tod als der Tod des Sohnes Gottes »für viele« verkündigt und bekannt wird, wie durch jenen Centurio, dann ist in diesem Tod Gottes Sohn für alle gestorben, und die Verkündigung seines Todes geschieht zugunsten der Welt an alle Welt und muß die Unterschiede der Menschen in Erwählte und Nichterwählte, Gebildete und Ungebildete, Besitzende und Besitzlose, Freie und Unfreie unterwandern, aufheben und sprengen. Die heidenchristliche Verkündigung betrifft alle Menschen, weil angesichts des Kreuzes alle Menschen, wie immer sie sich auch gegeneinander abgrenzen und sich gegen andere behaupten, »Sünder sind und der Herrlichkeit Gottes mangeln« (Röm. 3,23). »Es ist hier kein Unterschied« (Röm. 3,23a). Heidenchristliche Verkündigung muß darum im Kern die Verkündigung des Gekreuzigten, d. h. »das Wort vom Kreuz« sein (1. Kor. 1,18). Kreuzesverkündigung ist »Allerweltschristentum« (Blumhardt) und darf keine neuen Unterschiede zwischen Menschen aufrichten: etwa zwischen Christen und Nichtchristen, Frommen und Gottlosen. Ihre erste Erkenntnis führt zur Selbsterkenntnis: zur Erkenntnis des Sünderseins in der Solidarität aller Menschen unter der Macht des Verderbens. Darum ist Kreuzestheologie der wahre christliche Universalismus. Es ist hier kein Unterschied, und es gibt keine Unterschiede mehr. Alle sind unterschiedslos Sünder, und alle werden ohne Verdienst durch seine Gnade gerecht, die in Christus Jesus geschehen ist (Röm. 3,24).

Als der Gekreuzigte ist der Auferstandene »für alle« da. Im Kreuz des Gottessohnes, in seiner Gottverlassenheit ist der »gekreuzigte Gott« der menschliche Gott aller gottlosen und gottverlassenen Menschen.

Was ergibt sich aus dieser Wendung von der Auferweckung zum Kreuz Christi für den Gottesbegriff?

1. »Ohne Jesus wäre ich Atheist«, sagte der Ritschlianer J. Gottschick[55]. Wird Gottes Sein in der Passion und im Tode Jesu offenbar,

---

55 Dazu *H. Benckert*, »Ohne Christus wäre ich Atheist«, EvTh 18, 1958, 445 ff.

so wird er durch Jesu Leiden und Sterben »für uns« und zu unseren Gunsten durch jenen Glauben erkannt, der Freiheit heißt. Der Gott der Freiheit, der wahre Gott wird also nicht durch seine Macht und Herrlichkeit in Welt und Weltgeschichte erkannt, sondern durch seine Ohnmacht und sein Sterben am Schandpfahl des Kreuzes Jesu. Die Götter der Macht und des Reichtums in Welt und Weltgeschichte gehören dann auf die andere Seite des Kreuzes, denn in ihrem Namen wurde Jesus gekreuzigt. Der Gott der Freiheit, der menschliche Gott, wird dann nicht mehr durch gottähnliche Herrscher politisch repräsentiert. Ist der Gekreuzigte der »Sohn Gottes«, so ist kein Pharao und kein Caesar mehr »Gottes Sohn«, obgleich sie sich immer so genannt haben. Ist der Gekreuzigte Kyrios, so muß den Caesaren der Kyrios-Titel verweigert werden. Diese vergotteten Herrscher gehören vielmehr auf die andere Seite des Kreuzes Jesu, denn er wurde im Namen eines solchen gekreuzigt. »Ohne Jesus wäre ich Atheist«, sagte Gottschick. »Atheist« ist aber ein Relationsbegriff und ein polemischer Ausdruck. Man muß es darum viel schärfer sagen: »Um Christi willen bin ich Atheist«, nämlich Atheist hinsichtlich der Götter der Welt und der Weltgeschichte, der Caesaren und der ihnen folgenden politischen Halbgötter. »Nur ein Christ kann ein guter Atheist sein«, habe ich einmal zu Bloch gesagt und seinen Satz: »Nur ein Atheist kann ein guter Christ sein» umgekehrt. Er hat diese Offerte angenommen[56]. Ein »guter Christ« aber ist wie der heidnische Centurio, der zum Gekreuzigten sagt: »Wahrlich, dieser ist Gottes Sohn«, und dem darum die Welt, die Weltgeschichte und die Weltherrscher entgöttert sind.

2. »Fände ich Gott nicht in Jesus, so müßte ich Gott für den Teufel halten«, hat Zinzendorf zu seiner Brüdergemeinde gesagt mit Bezug auf Luther: »Du betest ebenso leicht den Teufel an, wenn du einen anderen Gott haben mußt als Jesum.«[57] Zwischen dem Gekreuzigten und den Göttern handelt es sich christlich nicht um eine Abstufung in dem Sinne, daß Gott in Welt, Weltgeschichte und Weltpolitik weniger, in Christus aber mehr offenbar ist. Diese Vorstellung von einer Stufenfolge zwischen theologia naturalis und theologia christiana ist leicht als Ideologie einer Staatskirche zu entlarven, die sich auf die vorhandene, politische Religion einer Gesellschaft als deren höhere Vollendung und damit als deren übernatürliche Rechtfertigung aufsetzen will und sich für »die Krone der Gesellschaft« hält. Zwischen dem »Gott in Christus« und den Göttern außerhalb und in anderen Repräsentationen steht das Kreuz jenes Gottes und darum die Alternative »aut Christus – aut

56. Das ist in den Untertitel des Buches von *E. Bloch*, Atheismus im Christentum, 1969, eingegangen.
57. Vgl. *S. Eberhard*, Kreuzestheologie, 1937, 89.

Caesar« wie einst bei Elia zwischen »Jahwe und den Baalim«. Darum sprachen Luther und Zinzendorf nicht von anderen Göttern oder anderen Offenbarungen desselben Gottes, sondern von »Gott und Abgott« und von »Gott und dem Teufel«. Das Kreuz Jesu scheidet zwischen dem menschlichen Gott, der Freiheit und Liebe ist, und dem »Gegen-Gott«, der Menschen mit Übermacht gefangen und durch Furcht besessen hält, wie Dämonen es tun, und sie ins Nichts saugt. Der »gekreuzigte Gott« kann dabei jedoch nicht mit dem »Gott der Christen« verwechselt werden, denn religionspsychologisch und religionssoziologisch analysiert ist der »Gott der Christen« nicht immer oder nur selten der »gekreuzigte Gott«. Auch für das historische Christentum ist das Kreuz, wird es radikal und mit seinen letzten Konsequenzen erkannt, Ärgernis und Torheit. Die Freiheit des Glaubens an den gekreuzigten Gott ist nicht »jedermanns Sache«, gerade weil der menschliche Gott für jedermann da ist; denn wer ist schon gern »jedermann« und »allzumal Sünder«?

VI. Der »gekreuzigte Gott«

Nach den drei christologischen Kapiteln sollen nun in drei systematischen Kapiteln die Konsequenzen jener Theologie des Gekreuzigten für den Gottesbegriff (Kapitel VI), für die Anthropologie (Kapitel VII) und für eine kritische Theorie von Kirche und Gesellschaft (Kapitel VIII) entfaltet werden. Wir gehen dabei in der umgekehrten Reihenfolge vor und beginnen mit dem Gottesbegriff, der die »Gottverlassenheit Jesu« am Kreuz zu begreifen sucht, kommen dann zu einem Verständnis des Menschen, das dem gekreuzigten »Gotteslästerer« gerecht zu werden versucht, und fragen zuletzt nach einer »politischen Theologie«, in der die politische Dimension seiner Kreuzigung in ihrer Bedeutung für Kirche und Gesellschaft entfaltet wird.

1. Der »Tod Gottes« als Ursprung christlicher Theologie?

Der Streit um die Existenz Gottes und den Gottesglauben hat in den letzten Jahren viele Christen und Theologen verunsichert. Altvertraute religiöse Vorstellungen sind zerbrochen, und manche fühlen sich orientierungslos zwischen den Schlagworten »Gott ist tot« und »Gott kann nicht sterben«[1]. Dennoch sind in diesen öffentlich ausgetragenen Konflikten neue konvergierende Richtungen im theologischen Denken entstanden, die eine konsequent *christliche* Gotteslehre erwarten lassen. Da sie sowohl in der katholischen wie in der evangelischen Theologie im Entstehen begriffen sind, kann man von einer ökumenischen Aufgabe und Hoffnung sprechen. Zwar haben manche im Kampf um eine neue Kirche und eine humane Gesellschaft die Gottesfrage aus dem aktuellen Gespräch ausgeklammert. Zwar haben andere sich nach dem poetischen »Tod Gottes« in der Neuzeit auf neuprotestantische Weise

---

1. Zur Einführung in die amerikanische »Got-ist-tot-Theologie«: *Th. Altizer, W. Hamilton*, Radical Theology and the death of God, 1966; zur Einführung in die amerikanische und deutsche Diskussion *S. M. Daecke*, Der Mythos vom Tode Gottes, 1970. Journalistisch vereinfachend *H. Zahrnt*, Gott kann nicht sterben, 1969. Ich verzichte im folgenden auf eine Diskussion ihrer Thesen und halte mich an die in jeder Hinsicht gründlicheren Arbeiten, die auf den nächsten Seiten vorgestellt werden.

nur noch an Jesus, sein Vorbild und seinen humanen Entwurf gehalten. Doch solche Oberflächlichkeiten lösen die Krise nicht. Hinter der politisch-sozialen Krise der Kirche, hinter der wachsenden Krise ihrer Glaubwürdigkeit in öffentlichen Erklärungen und in ihrer institutionellen Gestalt lauert die christologische Frage: Wer ist Christus für uns heute eigentlich? Wir sind auf diese christologische Krise hinter der politischen Krise der Kirche schon eingegangen. In der christologischen Frage nach Jesus aber steckt zuletzt die Frage nach Gott: Welcher Gott motiviert den christlichen Glauben: der Gekreuzigte oder die Götter von Religion, Rasse und Klasse?

Ohne neue Gewißheit und neue Erkenntnis im christlichen Glauben selbst wird es keine öffentliche Glaubwürdigkeit der Christenheit in den menschlichen und sozialen Problemen der geteilten Welt geben.

Die neuen konvergierenden Richtungen im theologischen Denken konzentrieren heute die Frage und die Erkenntnis Gottes auf den Tod Christi am Kreuz und versuchen, Gottes Sein aus dem Tod Jesu zu verstehen. Jene etwas pathetisch klingende »Gott-ist-tot-Theologie« hat immerhin den Erfolg gehabt, daß sie dazu nötigte, in der Theologie mit der Christologie zu beginnen und also um Jesu willen von Gott zu reden, und d. h. konkret, Theologie im Hören des Todesschreis Jesu zu entfalten[2]. Die theologischen Traditionen haben durchweg Kreuz und Auferstehung Jesu im Horizont der Soteriologie wahrgenommen. Auch die EKU-Studien, auf die wir uns in den vorigen Kapiteln bezogen haben, fragen nach dem Kreuz Jesu nur, indem sie nach dem »Grund des Heils« fragen[3].

Das ist nicht falsch, aber es ist nicht radikal genug. Man muß darüber hinaus fragen: *Was bedeutet das Kreuz Jesu für Gott selbst?* »Jesus starb für Gott, ehe er für uns starb«, sagte P. Althaus vieldeutig und meinte, daß es ein schwerer Mangel der altprotestantischen Theologie war, das Kreuz nicht schon aus dem Verhältnis des Sohnes zum Vater zu begreifen, sondern es unvermittelt sofort als Sühnetod auf die Sünde der Menschheit zu beziehen, ganz zu schweigen von der neuprotestantischen Jesulogie, die in seinem Tod nur ein vorbildliches Gehorsamsleiden und die Bewährung seiner Berufstreue sah[4]. Wie aber kann der »Tod Jesu« eine *Gottesaussage* sein? Bedeutet das nicht eine Revolution im Gottesbegriff?

---

2. Diese Auffassung, von der ich in den vorigen Kapiteln ausgegangen bin, hat soeben auch *E. Jüngel,* Unterwegs zur Sache. Theologische Bemerkungen, 1972, 297, vertreten: »Jedes christliche Glaubensbekenntnis muß sich mit dem Todesschrei Jesu vertragen – oder es bekennt sich eben nicht zum Glauben an Gott.«

3. Vgl. die Zusammenfassung der Studien durch *Fr. Viering,* Der Kreuzestod Jesu. Interpretation eines theologischen Gutachtens, 1969.

4. *P. Althaus,* Theologische Aufsätze, 1929, 23. Sein Aufsatz in diesem Band über »Das Kreuz Christi« verdient hervorgehoben zu werden.

In der katholischen Theologie hat K. Rahner schon 1960 den Tod Jesu
als den *Tod Gottes* in dem Sinne verstanden, daß durch seinen Tod
»unser Tod der Tod des unsterblichen Gottes selbst wurde«. Dieser
Satz findet sich in seinen »Bemerkungen zum Traktat ›de Trinitate‹«[5]
und ist nur im trinitarischen Kontext sinnvoll. Er hat damit den Tod
Jesu nicht nur in seiner Heilswirkung, sondern in sich selber genauer
zu bedenken aufgefordert. Da man nicht annehmen darf, daß dieser
Tod Gott »nicht berühre«, »sagt eben dieser Tod Gott aus«. »Der Tod
Jesu gehört zur Selbstaussage Gottes.«[6] Inwiefern aber ist Gott selbst
durch das Geschick Jesu am Kreuz »betroffen« oder »affiziert«? Hat
er darin an sich selbst oder nur an einem anderen gelitten? Geht die
Berührung so weit, daß man identifizieren kann: »der Tod Jesu *als* der
Tod Gottes«? Und wer ist dann Gott: der, der Jesus sterben läßt, oder
zugleich auch Jesus, der gestorben ist? Welche Entzweiung in Gott
setzt das voraus? H. Urs v. Balthasar hat jene ominöse Formel vom
»Tod Gottes« gleichfalls aufgenommen und das »Mysterium Paschale«
unter dem Titel entfaltet: »Der Tod Gottes als Quellort von Heil, Offenbarung und Theologie.«[7] Auch er führt die Gotteserkenntnis und
den Empfang des Heils auf den Gekreuzigten zurück, versteht die Kirche als Kirche »unter dem Kreuz« und »aus dem Kreuz« und entfaltet
die Gotteslehre als trinitarische Kreuzestheologie. Das führt ihn, bei
allen Vorbehalten, immer wieder zu Luthers theologia crucis, zu Hegel
und Kierkegaard, zu den deutschen, englischen und russischen Kenoti-
kern des 19. Jahrhunderts und zu K. Barth. Theologischer als K. Rah-

5. *K. Rahner*, Schriften zur Theologie IV, 1964, 146.
6. *K. Rahner*, Sacramentum Mundi II, 1968, 951 f: »*Der Tod Jesu als Tod
Gottes:* Nicht um einer oberflächlich–modischen ›Gott–ist–tot–Theologie‹ Vorschub
zu leisten, sondern von der Sache her ist in einer Christologie von heute der Tod
Jesu nicht nur in seiner Heilswirkung (Erlösung), sondern in sich selbst genauer zu
denken ... Wenn man sagt, der fleischgewordene Logos sei ›bloß‹ in seiner menschlichen Wirklichkeit gestorben, und dies stillschweigend dahin versteht, daß dieser
Tod also Gott nicht berühre, dann hat man nur die halbe Wahrheit gesagt und die
eigentlich christliche Wahrheit ausgelassen. Der ›unwandelbare Gott‹ hat zwar
›an sich selbst‹ kein Schicksal und so keinen Tod, aber er selbst (und nicht nur das
andere) hat am anderen durch die Inkarnation ein Schicksal ... So sagt eben dieser
Tod (wie die Menschheit Christi) Gott aus, wie er ist und uns gegenüber sein
wollte in einem freien Entschluß, ewig gültig bleibt. Dieser Tod Gottes in seinem
Sein und Werden am anderen der Welt muß dann offenbar zum Gesetz der Geschichte des neuen und ewigen Bundes gehören, den wir zu leben haben. Wir haben
das Schicksal Gottes an der Welt zu teilen. Nicht indem wir in modischer Gott-losig-
keit erklären, Gott sei nicht oder wir hätten mit ihm nichts zu tun, sondern indem
unser ›Haben‹ Gottes immer wieder durch die Gottverlassenheit (Mt 27,46; Mk
15,34) des Todes, in der Gott allein radikal uns entgegentritt, darum hindurchgeht,
weil Gott sich selbst in Liebe und als die Liebe preisgegeben hat und dies in seinem
Tod real wird und zur Erscheinung kommt. Der Tod Jesu gehört zur Selbstaussage
Gottes.«
7. *H. Urs v. Balthasar*, Mysterium Paschale, in: Mysterium Salutis. Grundriß
heilsgeschichtlicher Dogmatik III, 2, 1969, 133–326, bes. 159 ff.

ner führt er die Hingabe, den Schmerz und den Tod des Gekreuzigten auf das innere Geheimnis in Gott selbst zurück und findet umgekehrt in diesem Tod Jesu die Fülle der trinitarischen Beziehungen Gottes selbst. Die Grundfragen nach der Veränderlichkeit Gottes, seiner Leidensfähigkeit und seinem »Tod« sind in dieser Arbeit jedoch nicht thematisch gemacht worden.

Das haben dann H. Mühlen in einer kleinen Arbeit über »Die Veränderlichkeit Gottes als Horizont einer zukünftigen Christologie«[8] und H. Küng in Exkursen zu seinem Hegelbuch »Menschwerdung Gottes. Einführung in Hegels theologisches Denken als Prolegomena zu einer künftigen Christologie« über die Fragen: »Kann Gott leiden?« und »Unveränderlichkeit Gottes?« versucht[9].

Auf evangelischer Seite hat, nach A. Schlatter[10] und P. Althaus, K. Barth in der Prädestinationslehre und der Versöhnungslehre seiner »Kirchlichen Dogmatik« eine theologia crucis entfaltet[11]. Der »gekreuzigte Jesus ist das Ebenbild des unsichtbaren Gottes«[12]. Seine bekannte christologische Konzentration der Theologie, die niemals »Christomonismus« wurde, führte ihn in der Versöhnungslehre dazu, die traditionellen Lehren der zwei Naturen Christi, der göttlichen und der menschlichen Natur, und der zwei Stände Christi, des Standes der Erniedrigung und des Standes der Erhöhung, miteinander zu kombinieren. Danach offenbart sich die Gottheit Jesu gerade in seiner Erniedrigung und seine Menschheit in seiner Erhöhung. Barth hat damit konsequent die Härte des Kreuzes in den Gottesbegriff eingezeichnet[13]. Seine Kritik an einer einseitigen lutherischen theologia crucis führte ihn gerade zur Aufnahme und Vertiefung der Kreuzestheologie, denn nur im Zusammenhang mit der Auferstehung Jesu kann Kreuzestheologie Theologie und zugleich radikale Erkenntnis der Verlassenheit des Gekreuzigten sein. Weil Barth konsequent »Gott in Christus«

8. *H. Mühlen,* Die Veränderlichkeit Gottes als Horizont einer zukünftigen Christologie. Auf dem Wege zu einer Kreuzestheologie in Auseinandersetzung mit der altkirchlichen Christologie, 1969.

9. *H. Küng,* Menschwerdung Gottes, 1970. Die genannten Exkurse finden sich auf S. 622 ff und 637 ff.

10. *A. Schlatter,* Jesu Gottheit und das Kreuz, 1913², verdient in den heutigen christologischen Fragen ebenso der Vergessenheit wieder entrissen zu werden wie *B. Steffen,* Das Dogma vom Kreuz. Beitrag zu einer staurozentrischen Theologie, 1920.

11. *K. Barth,* Kirchliche Dogmatik II, 2 und IV, 1–4.

12. Ebd. II, 2, 132. Dazu *E. Jüngel,* Gottes Sein ist im Werden. Verantwortliche Rede vom Sein Gottes bei Karl Barth. Eine Paraphrase, 1965.

13. Das hebt mit Recht *B. Klappert,* Die Auferweckung des Gekreuzigten, 1971, 180 f hervor: »Die Ablehnung der Paradoxie in der Christologie (hat) bei Barth gerade die Funktion und Intention, die theologia crucis konsequent bis zur Einzeichnung des Kreuzes in den Gottesbegriff zu Ende zu denken und so allererst der Theologie als Rede von Gott ihren Ort im Kreuz, d. h. ›auf Erden‹ anzuweisen.«

dachte, konnte er Gottes Sein geschichtlich denken, von Gottes Leiden und Mitleiden am Kreuz des Sohnes fast theopaschitisch sprechen und endlich, wenn nicht wörtlich, so doch der Sache nach vom »Tod Gottes« sprechen. »Verworfen ist in Gottes ewigem Ratschluß in seinem Sohne Gott selber«, denn »Gott will verlieren, damit der Mensch gewinne«[14]. Seine kritische Grenze liegt m. E. merkwürdigerweise darin, daß Barth noch zu theo-logisch und nicht entschieden genug trinitarisch denkt[15]. Indem er stets und mit Recht betont, daß »*Gott* in Christus« war, *Gott* selbst sich erniedrigt habe, *Gott* selbst am Kreuz sei, verwendet er einen einfachen Gottesbegriff, der noch nicht trinitarisch entfaltet ist. Eben darum muß er, ähnlich wie K. Rahner, in dem »Gott in Christus«, dem Gott, der in seiner Urentscheidung aus sich herausgeht, noch einmal Gott, der zuvor in sich selbst, in seiner Unberührbarkeit vom Bösen ist, unterscheiden[16]. Bei aller Polemik gegen Luthers Unterscheidung zwischen dem Deus revelatus und dem Deus absconditus kommt Barth damit selber wieder in die Nähe solcher Unterscheidung. Sie kann aber an dieser Stelle vermieden werden, wenn man differenzierter trinitarisch vom Kreuzesgeschehen redet: der Sohn leidet und stirbt am Kreuz. Der Vater leidet mit ihm, aber nicht auf dieselbe Weise. Das Paradox, daß Gott am Kreuz »tot« ist und doch nicht tot ist, läßt sich trinitarisch lösen, wenn man den einfachen Gottesbegriff zunächst draußen läßt. Die theopaschitische Rede vom »Tod Gottes«

---

14. Kirchliche Dogmatik II, 2, 182, 177. Darum heißt es in Kirchliche Dogmatik VI, 1, 622: »Eine *theologia gloriae,* das Lob dessen, was Jesus Christus in seiner Auferweckung für uns empfangen hat und als der Auferstandene für uns ist, hätte keinen Sinn, wenn sie nicht die *theologia crucis* immer auch in sich schlösse: das Lob dessen, was er in seinem Tod für uns getan hat und als der Gekreuzigte für uns ist. Es hätte aber auch eine abstrakte *theologia crucis* keinen Sinn. Man kann Jesu Christi Passion und Tod nicht recht loben, wenn dieses Lob die *theologia gloriae* nicht schon in sich schließt: das Lob dessen, der in seiner Auferstehung der Empfänger unseres Rechtes und unseres Lebens ist, der für uns von den Toten Auferstandene.«
15. So nach *G. C. Berkouwers* Kritik (Der Triumph der Gnade in der Theologie Karl Barths, 1957, 277) auch *B. Klappert,* aaO. 182. Anm. 58.
16. Vgl. dazu Kirchliche Dogmatik II, 2, (neben 168, 178) 181: »Gott konnte sich an sich selbst und an der unangerührten Herrlichkeit und Seligkeit seines inneren Lebens genügen lassen. Er hat das nicht getan.« 185: »Indem Gott jenes Überströmen seiner Herrlichkeit beschließt, beschließt er notwendig auch dies, daß seine Herrlichkeit, die in ihm selber, die in seinem inneren Leben als dem des Vaters, des Sohnes und des Heiligen Geistes keiner Anfechtung und Trübung unterliegt, die in ihm selber ohne Gegensatz ist, in den Bereich des Gegensatzes tritt . . .« Die »Ruhe Gottes in sich selber« und sein »Sein in der Entscheidung« schließen sich in seiner Lebendigkeit sicher nicht aus, darum habe ich hier von einer »Unterscheidung« gesprochen. Gott wählt das Verbrecherkreuz zu seinem Thron, sagt Barth (182). Existiert aber Gott so im Kreuz Jesu, was bedeutet es umgekehrt, daß das Kreuz in Gott existiert? Oder erreicht es nicht Gottes Sein in sich selber? Dann hätte der christologische Gottesbegriff bei Barth noch einen transchristologischen Vorbehalt bei sich. Auf diese Problematik ist auch die gute Arbeit von *W. Krötke,* Sünde und Nichtiges bei K. Barth, 1970, nicht eingegangen.

kann eine allgemeine Metapher sein. Sie läßt sich aber bei näherem Zusehen nicht halten.

Nach K. Barth hat dann E. Jüngel, veranlaßt durch die »Gott-ist-tot-Theologie«, den Grundgedanken »vom Tod des lebendigen Gottes« weiter entfaltet[17]. In Auseinandersetzung mit Theismus und Atheismus ist ihm H.-G. Geyer darin gefolgt[18]. Die weiterführende trinitarische Kritik an Barths Gottesrede im Blick auf das Kreuz Jesu trifft zunächst auch sie. Wenn man die Bedeutung des Todes Jesu für Gott selbst bedenkt, muß man in die innertrinitarischen Spannungen und Verhältnisse Gottes kommen und vom Vater, vom Sohn und vom Geist reden. Dann aber wird die einfache Rede von »Gott« im Blick auf das Christusgeschehen unangemessen. Meint man mit dem »Gott in Christus« nur den Vater, der ihn verläßt und hingibt, oder zugleich auch den verlassenen und dahingegebenen Sohn? Je mehr man das ganze Kreuzesgeschehen als Gottesgeschehen versteht, um so mehr zerbricht der einfache Gottesbegriff. Er tritt dem Erkennenden gleichsam trinitarisch auseinander. Von der Außenseite des Geheimnisses, das »Gott« genannt wird, kommt man in seinen Innenraum, der trinitarisch ist. Das ist die »Revolution im Gottesbegriff«, die der Gekreuzigte offenbart. Wer oder was aber ist dann mit »Gott« gemeint?

Der Tod Jesu am Kreuz ist das *Zentrum* der ganzen christlichen Theologie. Er ist nicht das einzige Thema der Theologie, wohl aber so etwas wie die Eingangstür zu ihren Problemen und Antworten auf der Erde. Alle christlichen Aussagen über Gott, über die Schöpfung, über Sünde und Tod weisen auf den Gekreuzigten hin. Alle christlichen Aussagen über die Geschichte, die Kirche, den Glauben und die Heiligung, die Zukunft und die Hoffnung kommen von dem Gekreuzigten her. Das Neue Testament läuft in seiner Vielfalt auf das Geschehen von Kreuzigung und Auferweckung Jesu zu und kommt von ihm her. Es ist *ein* Geschehen und *eine* Person. Die Addition von »Kreuz und Auferweckung« meint nur das zeitlich unausweichliche Nacheinander der Rede, nicht eine Aneinanderreihung von Tatsachen, denn Kreuz und Auferweckung sind nicht Tatsachen auf derselben Ebene; mit dem ersten Ausdruck wird ein historisches, mit dem zweiten ein eschatologisches Geschehen an Jesus bezeichnet. Im Zentrum stehen darum nicht »Kreuz und Auferweckung«, sondern die *Auferweckung des Gekreuzigten,* die seinen Tod als für uns geschehen qualifiziert, und das *Kreuz des Auferweckten,* das seine Auferweckung von den Toten den Sterbenden offenbart und zugänglich macht.

---

17. *E. Jüngel,* Vom Tod des lebendigen Gottes. Ein Plakat, ZThK 65, 1968, 1–24, jetzt in: Unterwegs zur Sache, 80 ff.
18. *H.-G. Geyer,* Atheismus und Christentum, EvTh 30, 1970, 255–274.

Die christologische Tradition folgte bei der Erfassung dieses Christus-
geschehens durchweg dem Christushymnus von Phil. 2. Sie hat darum
die Menschwerdung des Gottessohnes als seinen Weg zur Erniedrigung
am Kreuz verstanden. Die Inkarnation des Logos vollendet sich am
Kreuz. Die Menschwerdung ist auf seine Passion ausgerichtet. Die Sendung Jesu vollendet sich in seiner Verlassenheit am Kreuz. Man kann
darum von einer Menschwerdung Gottes nicht reden, ohne dieses Ende
ins Auge zu fassen. Es kann keine Inkarnationstheologie geben, die
nicht zur Kreuzestheologie wird. »Schon wer Menschwerdung sagt,
sagt Kreuz.«[19] Gott wurde nicht Mensch nach Maßgabe unserer Vorstellungen vom Menschsein. Er wurde ein Mensch, wie wir nicht sein
wollen, ein Ausgestoßener, Verfluchter, Gekreuzigter. *Ecce Homo!* Sehet den Menschen! ist keine Aussage, die sich aus der Bestätigung
unseres Menschseins ergibt und auf der Basis: »Gleiches wird von Gleichem erkannt« gemacht wird, sondern ein Bekenntnis des Glaubens,
der in dem entmenschten Christus am Kreuz Gottes Menschlichkeit erkennt. Das Bekenntnis sagt darum zugleich: *Ecce Deus!* Sehet Gott am
Kreuz! In seiner Menschwerdung »bis zum Tod am Kreuz« liegt darum zuletzt nicht eine Verhüllung Gottes vor, sondern seine sich entäußernde Erniedrigung, in der er ganz bei sich selbst und ganz beim
anderen, bei dem Unmenschen, ist. Die Erniedrigung zum Tod am
Kreuz entspricht Gottes Wesen im Widerspruch der Verlassenheit.
Wird der gekreuzigte Jesus das »Ebenbild des unsichtbaren Gottes« genannt, so heißt das: *das* ist Gott und *so* ist Gott. Gott ist nicht größer
als in dieser Erniedrigung. Gott ist nicht herrlicher als in dieser Hingabe. Gott ist nicht mächtiger als in dieser Ohnmacht. Gott ist nicht
göttlicher als in dieser Menschlichkeit[20]. Alles, was christliche Theologie von »Gott« sagt, gründet im Kern in diesem Christusgeschehen.
Das Christusgeschehen am Kreuz ist Gottesgeschehen. Umgekehrt ist
das Gottesgeschehen das Geschehen am Kreuz des Auferstandenen.
Hier hat Gott nicht aus seiner unberührbaren Herrlichkeit und Ewigkeit nur nach außen gehandelt. Hier hat er an sich selbst gehandelt und
folglich an sich selbst gelitten. Hier ist er selbst mit seinem ganzen Sein
Liebe. Die neue Christologie, die »Jesu Tod als Tod Gottes« zu denken
sich bemüht, muß darum die Wahrheitsmomente der *Kenotik* (der

---

19. *H. Urs v. Balthasar*, aaO. 142.
20. Vgl. dazu *Gregor von Nyssa*, Or. cat. 24 (zit. bei H. Urs v. Balthasar, aaO.
152): »Daß die allmächtige Natur imstande war, auch zur Niedrigkeit des Menschen
herabzusteigen, darin liegt ein viel deutlicherer Erweis ihrer Macht als in der Größe
ihrer Wunder ... Gottes Herabsteigen ist ein gewisses Übermaß an Macht, für die
auch in dem kein Hindernis liegt, was ihrer Natur entgegengesetzt scheint ... Die
Hoheit erscheint in der Niedrigkeit, und doch wird die Hoheit dadurch nicht
erniedrigt.«

Lehre von der Entäußerung Gottes) aufnehmen[21]. Sie kann nicht das göttliche Sein zum menschlichen Sein nur in dialektische Beziehungen setzen, die das eine und das andere Sein unverändert lassen, sondern muß das göttliche Sein auf seinem Wege ins menschliche Sein und umgekehrt erfassen. Das heißt, sie muß das Kreuzesgeschehen im Sein Gottes trinitarisch und personal verstehen. Gegenüber der traditionellen Zwei-Naturen-Lehre in der Person Christi muß sie darum von dem ganzheitlichen Aspekt der Person Christi ausgehen und den Tod des Sohnes in seiner Beziehung zum Vater und zum Geist verstehen. Die Lehre von der Kenosis, der Selbstentäußerung Gottes, dachte selbst noch im Rahmen der Unterscheidung der zwei Naturen Gottes und des Menschen. Sie versuchte aber, das Sein Gottes in Bewegung zu begreifen. Sie hat wenig Nachfolger gefunden, weil jener beibehaltene Denkrahmen zu schwierigen und unmöglichen Aussagen führte. P. Althaus hat aber recht, wenn er sagt:

»Die Christologie muß vom Kreuz her denken: in der völligen Ohnmacht, in der Todesnot des Gekreuzigten, aus der man keine ›göttliche Natur‹ heraushalten darf, waltet die volle unverminderte Gottheit Gottes. Was Paulus als Wort des Herrn für sein eigenes Leben vernahm (›Meine Kraft ist in der Schwachheit mächtig‹, 2. Kor. 12,9), das erkennen wir im Glauben an Jesus Christus als ein Gesetz des Lebens Gottes selbst. An dieser Erkenntnis zerbricht freilich die alte Fassung der Unveränderlichkeit Gottes. Die Christologie muß damit ernst machen, daß Gott selbst in dem Sohne wirklich in das Leiden eintritt und eben darin ganz Gott ist und bleibt. Dieses Gotteswunder kann man nicht durch eine Theorie rationalisieren wollen, die Gott nur soweit in Jesus Christus gegenwärtig und wirksam sein läßt, als die Grenzen des Menschlichen nach unseren Begriffen nicht sprengt. Aber ebensowenig darf man die Gottheit ontologisch in dem Menschsein Christi direkt aufzuweisen unternehmen. Die Gottheit ist unter der Menschheit verborgen da, nur dem Glauben offenbar, aber nicht anzuschauen, daher jenseits jeder Möglichkeit einer Theorie. Daß es so steht, daß Gott in die Verborgenheit seiner Gottheit unter der Menschlichkeit eingeht, das ist Kenosis.«[22]

Althaus ist mit dieser Stellungnahme zur alten Kenosislehre dem personalen Verständnis des Leidens und Sterbens Jesu als des Sohnes in Beziehung zum Vater sehr nahe gekommen. Er hat das Theorem der Unveränderlichkeit und damit auch das Axiom der Leidensunfähigkeit der Gottesnatur in Frage gestellt. Dann aber ist er doch wieder in die alte Dialektik von Gottheit und Menschheit zurückgewichen und hat sich das trinitarische Verständnis der Kenosis verbaut. Die »mystische Theologie der morgenländischen Kirche« konnte hier ungehemmt durch die Lehre von den zwei Naturen, mit der Gott und Mensch unterschieden werden, weiter gehen und sagen: »Die Kenosis . . . (und) das Werk des menschgewordenen Sohnes (ist) das Werk der ganzen

---

21. *P. Althaus,* Art. Kenosis, RGG³ III, 1244–1246; *H. Urs v. Balthasar,* aaO. 143: »Die Kenosis und das neue Gottesbild«.
22. *P. Althaus,* aaO. 1243.

heiligsten Dreifaltigkeit, von der man Christus nicht trennen kann.«[23]
Ist aber die Kenosis des Sohnes bis zum Tode am Kreuz die »Offenbarung der ganzen Trinität«, dann kann dieses Geschehen auch nur
trinitarisch als Gottesgeschehen dargestellt werden. Im Kreuzesgeschehen werden die Beziehungen Jesu, des Sohnes, zum Vater und umgekehrt offenbar. Aus dem Kreuzesgeschehen und seiner befreienden
Wirkung wird der Ausgang des Geistes vom Vater uns offenbar. Das
Kreuz steht mitten *im* trinitarischen Sein Gottes, trennt und verbindet
die Personen in ihren Beziehungen zueinander und zeigt sie konkret.
Denn die theologische Dimension des Kreuzestodes Jesu, sagten wir, ist
das Geschehen zwischen Jesus und seinem Vater im Geist der Verlassenheit und Hingabe. In diesen Beziehungen tritt die Person Jesu in
ihrer Ganzheit als Sohn hervor und tritt das Verhältnis von Gottheit
und Menschheit in seiner Person zurück. Wer wirklich Trinität sagt,
der spricht vom Kreuz Jesu und spekuliert nicht in himmlischen Rät-
seln.

Wir müssen darum differenzierter reden, als es der Ausgangspunkt dieses Abschnittes vom »Tod Gottes« vermuten ließ.
Jesu Tod kann nicht »als Tod Gottes« verstanden werden, sondern nur
als Tod *in* Gott. Nicht der »Tod Gottes« kann als Ursprung christlicher
Theologie bezeichnet werden, wenngleich das Stichwort auf etwas
Richtiges hindeutet, sondern nur der Kreuzestod in Gott und Gott in
diesem Tod Jesu. Sagt man es so, dann ist es ratsam, den Gottesbegriff
zu verlassen und in dem Raum, der »Gott« genannt zu werden verdient, von den Beziehungen des Sohnes und des Vaters und des Geistes
zu sprechen. Aus ihrem Leben, das den Tod Jesu in sich hat, geht dann
hervor, wer Gott ist und was seine Gottheit bedeutet. Den bisherigen
Aussagen über das spezifisch christliche Verständnis der Rede vom
»Tod Gottes« fehlt meistens eine Dimension, nämlich die trinitarische.
»Ausgespannt hat Gott am Kreuz seine Hände, um die Grenzen des
Erdkreises zu umspannen«, heißt es bei Kyrill von Jerusalem. Das ist
ein symbolischer Ausdruck. Er lädt dazu ein, den ganzen Erdkreis,
seine Leidensgeschichte und seine Hoffnungen in den ausgespannten
Armen des Gekreuzigten und d. h. in Gott zu verstehen. »O selig
Holz, an dem Gott ausgespannt ward.«[24] Dieses Symbol lädt dazu
ein, den am Kreuz hängenden Christus als den trinitarisch »ausgespannten« Gott zu verstehen.

23. *A. Lossky*, zit. bei H. Urs v. Balthasar, aaO. 149.
24. Zitate bei H. Urs v. Balthasar, aaO. 217.

2. Theismus und Kreuzestheologie

Während Kreuzestheologie im Spätmittelalter ein Ausdruck der Leidensmystik war, verwendet sie Luther strikt als ein neues theologisches Erkenntnisprinzip. Das Kreuz ist ihm nicht ein Symbol für den Leidensweg zur Gottesgemeinschaft, eine Umkehrung des Weges der Werke zur Gottwohlgefälligkeit, sondern ist als Kreuz des ausgestoßenen und verlassenen Christus die sichtbare Offenbarung des Seins Gottes für den Menschen in der Wirklichkeit seiner Welt. Die Heidelberger Disputation war am 26. April 1518 eine reguläre theologische Konferenz des Ordenskapitels der Augustiner Eremiten[25]. Luther hat sein neues theologisches Erkenntnisprinzip anschließend an der Auslegung von Psalm 22 dargestellt. Dann mußte er nach Worms. Die theologia crucis steht also auf dem Höhepunkt seiner »reformatorischen Entscheidung« und stellt deren theoretische Basis dar. Denn Luther versteht das Kreuz Christi ganz unmystisch als den Protest Gottes gegen den Mißbrauch seines Namens zum Zwecke religiöser Krönung menschlicher Weisheit, menschlicher Wirksamkeit und des christlichen Imperiums der mittelalterlichen Kirchengesellschaft und für die Freiheit des Glaubens. Mit der theologia crucis beginnt der reformatorische Kampf um die wahre oder falsche Kirche, um die Befreiung des durch den Zwang der Werke und Leistungen versklavten Menschen und also um ein neues Verhältnis zur Wirklichkeit selbst[26].

These 19: »Nicht der heißt mit Recht ein Theologe, der Gottes unsichtbares Wesen durch seine Werke wahrnimmt und versteht. Das wird an denen klar, die solche ›Theologen‹ waren und doch vom Apostel Röm. 1,22 töricht genannt werden. Das unsichtbare Wesen Gottes ist seine Kraft, Gottheit, Weisheit, Gerechtigkeit, Güte u. ä. Die Erkenntnis aller dieser Dinge macht nicht weise und würdig.«

Luther spricht hier nicht von der Theologie als Gotteserkenntnis an sich, sondern von dem Theologen, d. h. dem Menschen, der Gott zu erkennen versucht. Jeder Christ ist für ihn ein »Theologe«, d. h. einer, der Gott erkennt. Was macht die Gotteserkenntnis aus ihm? Nicht die theologische Theorie an sich, ihre Sache und ihre Methode wird betrachtet, sondern die Theorie im Zusammenhang mit ihrem usus durch den Menschen. Wir nannten das in Kap. II einen Übergang von einer reinen Theorie zu einer kritischen Theorie[27], weil schon Luther hier

---

25. Text nach Luthers Werken in Auswahl V, ed. E. Vogelsang, Berlin 1933, 375 bis 392; deutsch nach der Münchener Lutherausgabe I, 131–145. Vgl. dazu *W. v. Loewenich*, Luthers Theologia crucis, 1967⁵; *H. J. Iwand*, Nachgelassene Werke II, 1966, 281 ff: Theologia crucis; *K. Schwarzwäller*, Theologia crucis. Luthers Lehre von der Prädestination nach De servo arbitrio, 1970.
26. *H. J. Iwand*, aaO. 382.
27. Vgl. dazu *M. Horkheimer*, Kritische Theorie II, 1968, 137 ff, und *J. Habermas*, Erkenntnis und Interesse, in: Technik und Wissenschaft als »Ideologie«, 1968, 160 ff.

Erkenntnis und Interesse in ihren bewußten und unbewußten Zusammenhängen reflektiert. Er fragt nach dem erkenntnisleitenden Interesse in der Gotteserkenntnis und nach dem Gebrauch der Erkenntnis durch den Menschen. Darum spricht er nicht von einer theologia gloriae, sondern von dem theologus gloriae.

Der Erkenntnisweg, den er kritisiert, ist der Erkenntnisweg der theologia naturalis nach dem Sentenzenkommentar des Petrus Lombardus, nicht einer Theologie im Reich der Herrlichkeit. Diese Methode geht nach Luthers These 19 von den Werken Gottes aus – ea, quae facta sunt – und schließt aus den Wirkungen auf die Ursache, aus den Werken auf den Wirker des Werkes zurück und kommt so mittels eines Rückschlußverfahrens zur indirekten Erkenntnis des unsichtbaren Wesens Gottes: seiner Kraft, Gottheit, Weisheit und Gerechtigkeit. So hatte auch Paulus Röm. 1,19–20 von den Heiden gesagt: »Denn was man von Gott weiß, ist ihnen offenbar, denn Gott hat es ihnen offenbart, damit daß Gottes unsichtbares Wesen, das ist seine Kraft und Gottheit, wird ersehen, so man des wahrnimmt, an den Werken, nämlich an der Schöpfung der Welt.« Petrus Lombardus gab dieser natürlichen Gotteserkenntnis die Fassung: »Der Mensch nimmt ihn (den Schöpfer) am Geschaffenen der Welt wahr kraft der Vorzüglichkeit (excellentia), durch die er unter allen Geschöpfen herausragt und kraft seiner Übereinstimmung mit aller Kreatur.«[28] Hier liegt zunächst alte stoische Tradition vor: a) der Kosmos ist vom göttlichen Logos durchwaltet und entspricht in seiner Rationalität dem göttlichen Wesen selbst; b) allen Menschen sind die Keime der Vernunft eingeboren. Erkennt der Mensch mit Hilfe seiner eingeborenen Ideen, seiner Vernunft die Vernünftigkeit des Kosmos (Gleiches wird nur durch Gleiches erkannt), so kommt er zu einem naturgemäßen Leben[29]. Ist die Natur (physis) aber gottentsprechend und selber göttlich, so kommt der Mensch durch natur- und vernunftentsprechendes Leben zu einem gottentsprechenden Leben. Die christlich-theologische Formulierung des Lombarden löst zwar den stoischen Pantheismus und Panrationalismus durch die Einführung der Differenz zwischen dem Schöpfer und den Geschöpfen auf, überbrückt aber die Differenz mit Hilfe der analogia entis zwischen der Schöpfung und ihrem Schöpfer. Sie hält weiter an der *excellentia* des Menschen gegenüber allen anderen und seiner *convenientia* mit allen anderen Geschöpfen fest. Als intelligibles Wesen steht der Mensch zugleich in der Schöpfung wie ihr gegenüber. Das

---

28. Sent. I, dist. 3,1, zit. nach H. J. Iwand, aaO. 385.

29. *Diogenes Laertes* VII, 88; dazu *E. Topitsch,* Das Problem des Naturrechts, in: Naturrecht oder Rechtspositivismus?, ed. W. Maihofer, 1962, 159 ff; und *E. Wolf,* Menschwerdung des Menschen?, in: Peregrinatio II, 1965, 119 ff.

macht seine »exzentrische Position« aus[30], die auch seine »Selbsttran-
szendenz« genannt wird. Durch das intelligere transzendiert er die
Schöpfung, und durch das conspicere, das Hindurchschauen, bekommt
er Anteil an der Weisheit Gottes. Die intelligible Anschauung steigt im
Rückschlußverfahren vom Sichtbaren zum Unsichtbaren, vom Vielen
zum Einen, von den Wirklichkeiten zum Wirker der Wirklichkeit auf.
Das erkenntnisleitende Interesse liegt in der excellentia des Menschen.
Die Folge ist die Erhöhung des Menschen über alle Kreaturen und
sein Ausgang aus der convenientia mit allen Kreaturen. Dieser Erkenntnisweg ist die Grundlage aller kosmologischen Gottesbeweise. Hegel
sagte: »Der Ausgangspunkt dieser Beweise ist die Endlichkeit, diese hat
aber mehrere Bestimmungen in sich, und daher gibt es mehrere Beweise.«[31] Der Ausgangspunkt der fünf Wege dieser Gotteserkenntnis
ist nach Thomas von Aquin die Wahrnehmung der Bewegung, der
Wirkung, des möglichen Seins, des endlichen Seins, des geordneten
Seins[32]. Die Methode ist das Rückschlußverfahren. Die ontologische
Voraussetzung für das Rückschlußverfahren ist der ontische Zusammenhang zwischen Bewegung und Beweger, zwischen Wirkung und
Ursache, zwischen möglichem und notwendigem, endlichem und un-
endlichem, sowie dem geordneten Sein und seinem vernünftigen Ord-
ner. Es muß eine Seinsgemeinschaft zwischen Wirkung und Ursache
etc. geben, sonst wäre die Rückschlußlogik nicht möglich. Es muß
eine dem Menschen im Erfahren und Anschauen zugängliche Wirklichkeit geben, die zugleich mit Gott verwandt ist und ihm entspricht,
sonst gäbe es keine jedermann unmittelbar zugängliche Gotteserkenntnis.
Die kosmologischen Gottesbeweise setzen einen indirekt durch
seine Werke offenbaren und offenkundigen Gott voraus. Darum
schließen sie aus »ea, quae facta sunt« auf das unsichtbare Wesen
Gottes. Dieses Rückschlußverfahren ist selbst nicht fraglich, sondern
stringent; wohl ist seine Voraussetzung fragwürdig, daß nämlich
alles, was ist, Gott entspricht und durch Seinsanalogien mit seinem
Sein in Verbindung steht. Die Rückschlußlogik bringt eigentlich nur
diese Seinsentsprechungen zu Entsprechungen in der Erkenntnis. In der
intelligiblen Erkenntnis, die sie produziert, wird darum beides erkannt: 1. Gottes unsichtbares Wesen wird aus seinen Werken und
Wirklichkeiten in der Welt erkannt, 2. umgekehrt wird die Wirklichkeit der Welt als Gotteswelt erkannt, d. h. als sichtbarer Leib der Gottheit (Stoa), d. h. christlich als seine gute Schöpfung. Die erfahrbare und

---

30. So *H. Plessner*, Lachen und Weinen, 1961³, 42 ff.
31. *G. W. F. Hegel,* Vorlesungen über die Beweise vom Dasein Gottes, PhB 64, 70.
32. *Thomas von Aquin,* Summa Theologica I qu 2, a 3.

erkennbare Wirklichkeit der Welt ist wie ein Spiegel, in dem man indirekt Gottes Gottheit, Gottes Kraft, Gottes Weisheit und Gottes Gerechtigkeit erkennen kann, denn sie ist eine geschaffene, gewirkte, bewegte, geordnete und gerechte Welt, ist Kosmos oder Schöpfung.

Wenn Thomas auf seinen fünf Wegen dieser Rückschlußerkenntnis zu dem Letzten, nicht weiter Hinterfragbaren gelangt, zur causa prima, zum primum movens, zum ens per se necessarium und zum maxime ens, dann sagt er: »et hoc omnes intelligunt Deum.« Das Letzte auf diesem Erkenntnisweg ist das Erste im Sein. Er nennt das »Gott«, was als das Erste, das Umgreifende, als Ursprung und Prinzip gedacht werden muß, um die Einheit der endlichen Welt zu denken. D. h. er denkt ein Letztes, Erstes, Absolutes, Unbedingtes und Endgültiges um des Begriffes der Welt im ganzen willen. Gott wird dann nicht um seiner selbst willen gedacht, sondern um eines anderen, um des endlichen Seins willen. Die »Sicherstellung« Gottes in dem und für das endliche Sein ist das erkenntnisleitende Interesse.

These 20: »Sondern der heißt mit Recht ein Theologe, der das, was von Gottes Wesen sichtbar und der Welt zugewandt ist, als in Leiden und im Kreuz dargestellt begreift. Das der Welt Zugewandte, Sichtbare am Wesen Gottes ist dem Unsichtbaren entgegengesetzt, seine Menschheit, Schwachheit, Torheit ... Denn da die Menschen die Erkenntnis Gottes auf Grund seiner Werke mißbrauchten, wollte wiederum Gott, daß er aus den Leiden erkannt werde, und wollte darum solche Weisheit des Unsichtbaren durch eine Weisheit des Sichtbaren verwerfen, auf daß so die, die Gott nicht verehrten, wie er in seinen Werken offenbar wird, ihn verehren sollen als den, der in den Leiden verborgen ist (1. Kor. 1,21). So ist es für niemand genug und nütze, Gott in seiner Herrlichkeit und Majestät zu erkennen, wenn er ihn nicht zugleich in der Niedrigkeit und Schmach seines Kreuzes erkennt ... also in Christus dem Gekreuzigten ist die wahre Theologie und Gotteserkenntnis.«

Luther folgt hier dem Gedankengang von Röm. 1,18 ff, bringt ihn aber mit 1. Kor. 1 zusammen und stellt darum die Erkenntnis Gottes im Kreuz der natürlichen Gotteserkenntnis aus den Werken Gottes entgegen. Er bestreitet nicht die Möglichkeit natürlicher Gotteserkenntnis, wohl aber ihre Wirklichkeit. Er bestreitet sie auf Grund von 1. Kor. 1,21: »Weil die Menschen faktisch Gott aus der Schöpfung nicht erkannten« – sondern diese Wahrheit in die Lüge des Götzendienstes verkehrten –, »darum gefiel es Gott durch törichte Predigt (des Gekreuzigten) selig zu machen, die daran glauben.« Potentiell steht die natürliche Gotteserkenntnis dem Menschen offen, faktisch aber mißbraucht er sie im Interesse seiner Selbsterhöhung und Selbstvergottung. Wie er seine Werke zur Selbstrechtfertigung mißbraucht, um seine Angst vor Gott und sich selbst zu verdecken, so mißbraucht er auch die Erkenntnis Gottes im Sinne seiner Hybris. In dieser Interessenlage des Menschen nützt diese Gotteserkenntnis nichts, sondern schadet ihm nur, weil sie ihn »aufbläht« und ihm Illusionen über seine wahre Situation macht. Die Erkenntnis Gottes im Leiden und Sterben Christi macht dagegen mit dieser perversen Interessenlage des Menschen ernst. Sie ist keine aufsteigende, erhöhende Erkenntnis, sondern eine herabsteigende, überführende Erkenntnis. Hier ist Gott nicht im Himmel, sondern er will etwas auf Erden. Indem er sich im Gekreuzigten offenbart, widerspricht er dem sich selbst erhöhenden Gottmenschen, zerstört seine Hybris, tötet seine Götter und bringt ihm die verachtete und verlassene Menschlichkeit zurück. Kreuzestheologie nimmt darum das Interesse Gottes in seiner Erkenntnis durch den Menschen ernst. Gott offenbart sich im Widerspruch und Protest des Leidens Christi gegen alles Hohe, Schöne und Gute, was der Unmensch für sich sucht und darum pervertiert. Darum wird Gott hier nicht durch seine Werke in der Wirklichkeit erkannt, sondern durch sein Leiden in der Passivität des Glaubens, der Gott an sich wirken läßt, tötend, um lebendig zu machen, kritisch, um zu befreien. Darum vollzieht sich seine Erkenntnis nicht am Leitfaden der Analogien von der Erde zum Himmel, sondern sub contrario, durch Widerspruch, Schmerz, Leiden. Gott erkennen, heißt Gott erleiden. Gott im Kreuz Christi erkennen, das ist eine kreuzigende Erkenntnis, weil sie einem alles zerschlägt, woran man sich halten und erbauen kann, die Werke sowohl wie die Erkenntnis der Wirklichkeit, und einen gerade dadurch befreit. Die »Himmelfahrt der Gotteserkenntnis« geschieht in der »Höllenfahrt der Selbsterkenntnis« und beide zusammen in der Christuserkenntnis[33].

Kreuzestheologie geht nach Luther nicht von den sichtbaren Werken Gottes aus, um das unsichtbare Wesen Gottes zu erschließen, sondern geht umgekehrt von dem aus, »was von Gottes Wesen sichtbar und der Welt zugewandt ist«. Dieses sichtbare Wesen Gottes aber ist für ihn »Leiden und Kreuz Christi«. Es ist jenem »unsichtbaren Wesen« Gottes in der aufsteigenden Erkenntnis des theologus gloriae entgegengesetzt und widerspricht ihm. Allein Christus der Gekreuzigte ist die »wahre Theologie und Gotteserkenntnis des Menschen«. Das setzt voraus, daß zwar durch die Werke indirekte Gotteserkenntnis möglich ist, daß aber nur im Kreuz Christi Gottes Wesen sichtbar und direkt erkennbar und also Gotteserkenntnis wirklich und heilsam ist. Sieht man dort gleichsam nur auf seine Hände, so hier in sein Herz. Das ist wiederum nur möglich, wenn als der gekreuzigte Christus Gott aus sich selbst herausgegangen ist und Mensch wird und sich in ihm für den Menschen sichtbar macht. Tatsächlich ist Luthers theologia crucis hier eine Radikalisierung der Inkarnationslehre in soteriologischer Absicht.

---

33. *Bl. Pascal,* Pensées, deutsch von E. Wasmuth, 1946, Nr. 526 und 527: »Das Wissen von Gott ohne Kenntnis unseres Elends zeugt den Dünkel. Das Wissen unseres Elends ohne Kenntnis von Gott zeugt die Verzweiflung. Das Wissen von Jesus Christus schafft die Mitte, weil wir in ihm sowohl Gott als unser Elend finden.«

»Durch das Regiment seiner Menschlichkeit und seines Fleisches, in dem wir durch den Glauben leben, macht er uns sich gleichförmig und kreuzigt uns, indem er aus unglücklichen und stolzen Göttern wahre Menschen macht, d. h. Menschen in ihrem Elend und in ihrer Sünde. Weil wir in Adam zur Gottähnlichkeit emporgestiegen sind, darum stieg er herunter zur Ähnlichkeit mit uns, um uns zur Erkenntnis unserer selbst zurückzuführen. Das nämlich ist der Sinn der Inkarnation. Das ist das Reich des Glaubens, in dem das Kreuz Christi regiert, welches die Gottheit, die wir perverserweise erstreben, zunichte macht, und die Menschlichkeit und verachtete Schwachheit des Fleisches, die wir perverserweise verlassen haben, wieder zurückbringt.«[34]

Wer Gott in der Niedrigkeit, Schwachheit und im Sterben Christi erkennt, erkennt ihn nicht in der vom gottsuchenden Menschen erträumten Hoheit und Gottheit, sondern in der von ihm selbst verlassenen, verworfenen und verachteten Menschlichkeit. Und das macht seine erträumte Gottähnlichkeit zunichte, die ihn zum Unmenschen werden ließ, und bringt ihm seine Menschlichkeit zurück, die der wahre Gott sich zu eigen machte.

Während die mittelalterliche Mystik den Weg des Leidens und die meditatio crucis als Weg zur Vergottung des Menschen via negationis verstand, kehrt Luther diesen Weg herum und sieht im Kreuz die Selbsterniedrigung Gottes in unser sündiges Wesen und in unseren Tod, so daß es gerade nicht zur Vergottung des Menschen kommt, sondern zu seiner Entgottung und zur neuen Menschlichkeit in der Gemeinschaft des Gekreuzigten. Darum heißt es in These 21: »Der Theologe der Herrlichkeit nennt das Schlechte gut und das Gute schlecht; der Theologe des Kreuzes nennt die Dinge beim richtigen Namen (dicit quod res est).« Der Theologe der Herrlichkeit, und das ist der »natürliche Mensch«, der unheilbar religiös ist (Berdjajew), haßt Kreuz und Leiden. Er sucht Werke und Erfolge und hält darum die Erkenntnis eines ewig wirkenden, allmächtigen Gottes für herrlich und erbauend. Der Theologe des Kreuzes aber, und das ist der Glaubende, kommt zur Selbsterkenntnis, wo er Gott in seiner verachteten Menschlichkeit erkennt, und nennt die menschlichen Dinge beim Namen ihres wirklichen Seins, nicht bei den Bildern ihres schönen Scheins. Er nennt sie nicht so, wie sie sein wollen aus Angst vor dem Nichtsein, sondern so, wie sie aufgenommen sind von der grenzenlos leidenden Liebe Gottes. Der »Theologe der Herrlichkeit« des unsichtbaren Wesens Gottes verschafft sich heimlich freien Raum für die Aktivität im eigenen Interesse, der es ihm erlaubt, »Gleiches zu lieben«. Denn seine »Theologie« bedarf der Gleichungen und Bestätigungen. Der »Theologe des Kreuzes« aber ist vom sichtbaren Wesen Gottes im Kreuz überführt. Er ist dazu befreit, das ungleiche und andere zu lieben. Das hat weitreichende Folgen: die religiöse Begierde nach Ruhm, Macht und Selbstbe-

---

34. *M. Luther*, W. A. V, 128, 36.

stätigung wird blind gegenüber dem Leiden – dem eigenen und dem fremden Leiden –, weil sie in den Erfolg verliebt ist. Ihre Liebe ist Eros zum Schönen, das den Liebenden selbst schön machen soll. Der Glaube aber erfährt im Kreuz und Leiden Christi jene ganz andere Liebe Gottes, die das ganz andere liebt. Sie liebt, »was sündig, schlecht, töricht, schwach und häßlich ist, um es schön, gut, weise und gerecht zu machen. Denn die Sünder sind schön, weil sie geliebt werden, sie werden nicht geliebt, weil sie schön sind«[35].

Wir kommen damit zur Konfrontation der Kreuzestheologie mit dem philosophischen Theismus der indirekten Gotteserkenntnis aus der Welt[36].

Ist der theistische Gottesbegriff auf den christlichen Glauben des gekreuzigten Gottes anwendbar?

Für die Metaphysik ist das Wesen des göttlichen Seins durch seine Einheit und Unteilbarkeit, seine Anfangs- und Endlosigkeit, seine Unbeweglichkeit und Unveränderlichkeit bestimmt. Da das Wesen des göttlichen Seins um des endlichen Seins willen gedacht wird, muß es alle Bestimmungen des endlichen Seins umschließen und die gegen das Sein gerichteten Bestimmungen ausschließen, anders könnte das endliche Sein im göttlichen Sein nicht Grund und Bestand gegen das bedrohende Nichts in Tod, Leiden und Chaos finden. Tod, Leiden und Sterblichkeit müssen darum vom göttlichen Sein ausgeschlossen werden. Diesen Gottesbegriff der philosophischen Theologie hat die christliche Theologie bis heute übernommen[37], weil der christliche Glaube praktisch bis heute die religiöse Bedürftigkeit des endlichen, bedrohten und sterblichen Menschen nach Geborgenheit in einer höheren Allmacht und Autorität in sich aufgenommen hat. Auch Fr. Schleiermacher dachte Gott als reine Ursächlichkeit für das schlechthinnige Abhängigkeitsgefühl[38] und mußte darum aus Gott als reiner Tätigkeit alles Leiden ausschließen, das Gott zum Gegenstand menschlicher Tätigkeit machen würde. Im metaphysischen Gottesbegriff der alten Kosmologie

---

35. These 28 Erläuterung. Vgl. als sprechenden Kommentar die Romane Dostojewskis und dazu M. Doerne, Gott und Mensch in Dostojewskijs Werk, 1957.
36. Mit »Theismus« ist hier zunächst jene natürliche Gotteserkenntnis gemeint, die von der katholischen und protestantischen Tradition im Artikel »De Deo uno« aufgenommen wird, sodann allgemeiner die monotheistische Philosophie in ihrer politischen, moralischen und kosmologischen Bedeutung. Dazu A. N. Whitehead, Process and Reality, 1960, 520: »In the great formative period of theistic philosophy, which ended with the rise of Mohametanism, after a continuance coeval with civilization, three strains of thought emerge which, amid many variations in detail, respectively fashion God in the image of an imperial ruler, God in the image of a personification of moral energy, God in the image of an ultimate philosophical principle.«
37. Vgl. dazu den Artikel »De Deo uno« in den altprotestantischen Dogmatiken.
38. Fr. Schleiermacher, Glaubenslehre § 50–55.

und im neuzeitlichen psychologischen Gottesbegriff stehen einander getrennt gegenüber das Sein der Gottheit, des Ursprungs aller Dinge oder
des Unbedingt-Angehenden, als die Zone der Unmöglichkeit des Todes und das menschliche Sein als die Zone der Notwendigkeit des Todes[39]. Wird dieser Gottesbegriff auf Christi Tod am Kreuz angewendet, so *muß* das Kreuz um die Gottheit »entleert« werden, denn Gott
kann per definitionem nicht leiden und sterben. Er ist reine Ursächlichkeit. Die christliche Theologie aber muß Gottes Sein im Leiden und
Sterben und zuletzt im Tode Jesu denken, wenn sie sich nicht selbst
aufgeben will und ihre Identität verlieren soll. Von einem als reine Ursächlichkeit und als Unbedingt-Angehendes Gedachten können Leiden,
Sterben und ähnliche Negationen schlechterdings nicht ausgesagt werden[40]. Der Gott, der das Subjekt eines Erleidens wäre, könnte nicht
wahrhaft Gott sein[41].

An diesem Punkt muß heute die Auseinandersetzung zwischen christlicher Theologie und philosophischem Gottesbegriff weitergeführt werden. Nachdem so lange Zeit den Theologen aus dem Christusbild »das
unbewegliche, affektlose Antlitz des Gottes Platons, vermehrt um
einige Züge der stoischen Ethik«[42] anblickte, ist die Zeit der Differen-
zierung des Vaters Jesu Christi von dem Gott der Heiden und der
Philosophen (Pascal) im Blick auf den christlichen Glauben endgültig
gekommen. Das entspricht auf theoretischer Ebene dem kritischen Dis-
establishment der Christenheit von den bürgerlichen Religionen ihrer
jeweiligen Gesellschaften, in denen jener Theismus vorherrscht. Die
Theologie der Alten Kirche war auf diesem Wege am weitesten voran-
geschritten in der Ausbildung der Trinitätslehre im Gottesbegriff, denn
die Trinitätslehre spricht von Gott im Blick auf die Inkarnation und
den Tod Jesu und durchbricht damit den Bann des alten philosophischen Gottesbegriffs, wie sie zugleich auch die Götter der politischen
Religionen der Völker destruiert[43].

Die neuzeitliche Preisgabe oder Verdrängung der Trinitätslehre zu
einer leeren, orthodoxen Formel ist ein Zeichen für die Assimilierung
des Christentums an die Bedürfnisreligionen der modernen Gesellschaft.

Mit der christlichen Gottesbotschaft vom Kreuz Christi ist in die metaphysische Welt etwas Fremdes und Neues eingedrungen. Denn dieser

---

39. *H.-G. Geyer,* aaO. 270.
40. *E. Jüngel,* Vom Tod des lebendigen Gottes, ZThK 1968, 106.
41. *H. Küng,* Menschwerdung Gottes, 626.
42. *W. Elert,* Der Ausgang der altkirchlichen Christologie, 1957, 74.
43. *E. Peterson,* Monotheismus als politisches Problem, in: Theologische Traktate,
1951, 104: »Doch die Lehre von der göttlichen Monarchie mußte am trinitarischen
Dogma und die Interpretation der Pax Augusta an der christlichen Eschatologie
scheitern.«

Glaube muß Gottes Gottheit aus dem Ereignis des Leidens und des Todes des Gottessohnes verstehen und damit die Seinsordnungen des metaphysischen Denkens und die Werttafeln des religiösen Fühlens fundamental verändern. Er muß das Leiden Christi als Kraft Gottes und
den Tod Christi als Seinsmöglichkeit Gottes denken. Er muß umgekehrt die Freiheit von Leiden und Tod als Möglichkeit des Menschen
denken. Christliche Theologie kann darum den Tod Jesu nicht unter
der Voraussetzung jenes metaphysischen oder moralischen Gottesbegriffs zu verstehen suchen. Gilt diese Voraussetzung, so kann man den
Tod Jesu überhaupt nicht theologisch verstehen. Der Glaube muß vielmehr umgekehrt »Gottes Gottsein vom Ereignis dieses Todes her verstehen«[44]. Das Christentum kann darum nicht länger als »monotheistische Glaubensweise« (Schleiermacher)[45] dargestellt werden. Christlicher Glaube ist nicht »radikaler Monotheismus«[46]. Als Kreuzestheologie ist christliche Theologie die Kritik und Befreiung vom philosophischen und politischen Monotheismus. Gott kann nicht leiden, Gott kann
nicht sterben, sagt der Theismus, um das leidende, sterbliche Sein in
seinen Schutz zu bringen. Gott litt in Jesu Leiden, Gott starb im Kreuz
Christi, sagt der christliche Glaube, damit wir leben und in seine Zukunft auferstehen. Auf religionspsychologischer Ebene bewirkt christlicher Glaube damit die Befreiung von den kindlichen Projektionen
menschlicher Bedürfnisse in den Reichtum Gottes und menschlicher
Ohnmacht in die Allmacht Gottes und menschlicher Hilflosigkeit
in die Verantwortung Gottes. Er befreit von den vergotteten Vater-
figuren, mit denen der Mensch seine Kindheit erhalten will. Er befreit von der Furcht in den politischen Allmachtsvorstellungen, mit
denen die Mächtigen auf Erden ihre Herrschaft legitimieren und den
Machtlosen Inferioritätskomplexe machen, und mit denen die Ohnmächtigen ihre Ohnmacht im Traum kompensieren. Er befreit von der
Fremdbestimmung und Fremdleitung, die ängstliche Seelen lieben und
zugleich hassen. Dieser Gott des Kreuzes ist nicht der »große Jagd-
herr« (Cardonnel)[47], der dem Gewissen wie die Faust im Nacken sitzt.
Wer Gott so versteht, mißbraucht seinen Namen und ist dem Kreuz
ferne.

---

44. *E. Jüngel*, aaO. 188 f.
45. *Fr. Schleiermacher*, Glaubenslehre § 8,11.
46. *H. R. Niebuhr*, Radical Monotheism and Western Culture, 1943.
47. *J. Cardonnel*, Gott in Zukunft. Aufforderung zu einer menschlichen Welt, 1969,
    24. Vgl. auch *Fr. Nietzsches* Zarathustra-Gedicht:
        »Biege mich, winde mich, gequält
        von allen ewigen Martern,
        Getroffen
        von dir, grausamster Jäger,
        Du – unbekannter – Gott!«

Ist der christliche Glaube auf den theistischen Gottesbegriff anwendbar?

Wir sahen, daß der christliche Glaube dem theistischen Gottesbegriff in seinen philosophischen, politischen und moralischen Spielarten entgegensteht. Sind aber damit auch schon die Probleme gelöst, die zu jenem Gottesbegriff geführt haben? Ist für den christlichen Glauben die Welt etwa nicht mehr endlich, vergänglich und vom Chaos bedroht? Ist der Mensch etwa nicht mehr ein Wesen, das sich seiner Endlichkeit im Tode und der Absurdität seiner Existenz in Erfahrungen seiner Nichtigkeit bewußt wird? Es hat keinen Sinn, mit Hilfe des von Nietzsche proklamierten »Endes der Metaphysik« die Metaphysik aus der christlichen Theologie auszutreiben, wenn man in der Welterfahrung und in der Selbsterfahrung des Menschen nichts an ihre Stelle setzen kann. Warum hatte denn die kirchliche Tradition die philosophische Theologie als eine Aufgabe der christlichen Theologie übernommen? Die bloße Separation christlicher Theologie von philosophischer Theologie und Deutung von Welt, Zeit und Selbst führt nur zur Selbstisolation der Theologie und hilft niemandem. Sie führt zur theologia gloriae von unten. Es kommt also darauf an, den Gott des Kreuzes mit allen Konsequenzen nicht nur im theologischen Bereich, sondern auch im Bereich der Sozialität und der Personalität des Menschen, im Bereich der Gesellschaft und der Politik und endlich im Bereich der Kosmologie zu denken.

An dieser Stelle brechen die analogen Versuche von H.-G. Geyer und E. Jüngel merkwürdig kurzschlüssig ab. Beide versuchen, den Tod Christi als Möglichkeit des Seins Gottes zu denken, d. h. den Tod Christi als »Tod Gottes« zu verstehen, und enden damit, daß dann der Mensch frei werde, die »Verwandlung des Verhängnisses zum Sterben in die Freiheit des Sterbenkönnens« zu erfassen[48]. »Der zum Gottesphänomen gewordene Tod erwartet den Glaubenden noch als Weltphänomen. Aber er ist als solches zum Sterben entmythologisiert . . . Das Sterben entfremdet nicht mehr den Menschen und Gott, sondern gehört von Anfang an in die christliche Existenz.«[49] Ist der von Gott trennende Fluchtod in den »Tod Gottes« aufgehoben, so bleibt der natürliche Tod übrig, den anzunehmen die existentiale Interpretation – Auferstehungshoffnung heißt: »Gott ist mein Jenseits« – möglich macht.

Nun gehörte das gelassene Sterbenkönnen immer schon zur stoischen und christlichen ars moriendi. Das neuzeitlich mit dem »Tod Gottes« symbolisch beschriebene Phänomen betrifft aber gar nicht den indivi-

---

48. H.-G. Geyer, aaO. 272.
49. E. Jüngel, aaO. 115. Vgl. auch E. Jüngel, Tod, 1971, Kap. VI: »Der Tod des Todes – der Tod als Verewigung gelebten Lebens«.

duellen Tod, sondern die »Gottesfinsternis« (Buber), die Ausweglosigkeit des Weltprozesses und die Absurdität des Existierens. Soll auch die Welt gelassen zu sterben lernen, oder gibt es Hoffnungen für die Welt, die persönlich und sozialpolitisch verantwortet werden müssen? Man muß über die Bedeutung des christlichen »Todes Gottes« für das eigene Sterbenkönnen hinausgehen und nach der Bedeutung des Todes Gottes am Kreuz Christi für den universalen Tod Gottes heute – dem »spekulativen Karfreitag« Hegels – fragen. Der Tod Christi kann nicht nur, existential interpretiert, im getrosten Sterbenkönnen des Glaubenden zum Ziel kommen, so wichtig das ist, sondern der Gekreuzigte muß als Ursprung der Schöpfung und als Inbegriff der Eschatologie des Seins gedacht werden. Gott nahm im Kreuz des Sohnes nicht nur den Tod auf sich, um dem Menschen getrostes Sterbenkönnen zu ermöglichen in der Gewißheit, daß ihn auch der Tod nicht von Gott zu trennen vermag, sondern noch mehr, um den Gekreuzigten zum Grund seiner neuen Schöpfung zu machen, in der der Tod selbst verschlungen ist in den Sieg des Lebens und »kein Leid, kein Geschrei noch Tränen mehr sein werden«. Off. Joh. 5,12 und 7,17 sagen darum, daß »das Lamm, das erwürgt ist, würdig sei zu nehmen Kraft und Reichtum, Weisheit und Stärke und Ehre und Preis und Lob« und »die Überwinder« zum »lebendigen Wasserbrunnen leiten wird« und »der Tod nicht mehr sein wird, weil das Erste vergangen ist« (21,4). Das schließt das getroste Sterbenkönnen im Glauben ein, weil es den Glauben einschließt in die universale Hoffnung auf die neue Schöpfung in Christus. Kreuzestheologie sieht *wie* die Metaphysik des endlichen Seins alle Kreaturen der Vergänglichkeit und dem Nichtigen unterworfen. Weil sie aber nicht an diesem Gegenstand entsteht, sondern das Nichts selbst in dem Sein Gottes aufgehoben sieht, der sich im Tode Jesu am Nichts offenbart und konstituiert hat, verwandelt sie den allgemeinen Eindruck der Vergänglichkeit aller Dinge in die Aussicht der Hoffnung auf die Befreiung aller Dinge. »Die Kreatur ist der Nichtigkeit unterworfen ohne ihren Willen, sondern um deswillen, der sie unterworfen hat, auf Hoffnung hin« (Röm. 8,20). Damit wird die metaphysische Sehnsucht alles Vergänglichen nach Unvergänglichkeit und alles Endlichen nach Unendlichkeit eschatologisch verwandelt und in die Hoffnung auf die Freiheit der Söhne Gottes und die Freiheit der neuen unvergänglichen Schöpfung aufgehoben. Wer »Auferstehung der Toten« sagt, sagt »Gott« (Barth)[50]. Wer umgekehrt »Gott« sagt und nicht auf

---

50. *K. Barth*, Die Auferstehung der Toten, 1924, 115: »Ganz unzweifelhaft ist ja das Wort ›Auferstehung der Toten‹ für ihn (scil. Paulus) nichts anderes als eine Umschreibung des Wortes ›Gott‹. Was könnte die Osterbotschaft anderes sein als die ganz konkret gewordene Botschaft, daß Gott der Herr ist. Aber eine *notwendige* Umschreibung und Konkretion.«

die »Auferstehung der Toten« und eine neue Schöpfung aus der Gerechtigkeit Gottes hofft, hat nicht »Gott« gesagt. Was kann der Gottesglaube der »Toten« anders sein als »Auferstehungsglaube«?[51]
Christliche Theologie ist nicht das »Ende der Metaphysik«. Gerade weil
der metaphysische Theismus auf sie nicht anwendbar ist, ist sie ihrerseits frei, Metaphysik als Aufgabe der Theologie zu übernehmen
und den Glauben mit seinen Konsequenzen denkend im Bereich der
Erfahrungen und Hoffnungen der Welt zu verantworten. Eine »Philosophie des Kreuzes« führt leicht zu gnostischen Spekulationen. Dennoch hat die Kreuzestheologie auch kosmologische Dimensionen, weil
sie den Kosmos in der eschatologischen Geschichte Gottes sieht. Denn
die »Geschichte Gottes«, deren Kernstück das Kreuzesgeschehen ist,
kann nicht als Geschichte in der Welt gedacht werden, sondern nötigt
dazu, umgekehrt die Welt in dieser Geschichte zu begreifen. Das Geschehen der Auferweckung des Gekreuzigten nötigt dazu, Weltvernichtung und Schöpfung alles Seienden aus dem Nichts zu denken. Die
»Geschichte« Gottes ist keine »innerweltliche« Möglichkeit, sondern
umgekehrt ist die Welt eine Möglichkeit und eine Wirklichkeit in dieser
Geschichte. Ohne die Erkenntnis des ex nihilo schaffenden und den
Gekreuzigten auferweckenden Gottes ist keine christliche Eschatologie
möglich. Sieht man aber die Welt und alles, was der Fall ist, in dieser
Geschichte, dann fallen die metaphysischen Unterscheidungen von in-
nerweltlicher und transzendenter Hoffnung dahin. Die neuen Möglichkeiten in der Welt entspringen aus der Welt als Möglichkeit des schöpferischen Gottes[52]. Die Geschichte Gottes ist dann als Horizont der
Welt zu denken, nicht umgekehrt die Welt als Horizont seiner Geschichte. Das Kreuz ist »im Kosmos aufgerichtet, um das Unstete zu be-
festigen«, heißt es in den apokryphen Andreasakten[53]. Darin steckt
eine Wahrheit: es ist im Kosmos aufgerichtet, um dem Vergehenden
Zukunft, dem Unsteten Festigkeit und dem Festen Offenheit, dem
Hoffnungslosen Hoffnung zu geben und also alles Seiende und alles
Nicht-mehr-Seiende in die neue Schöpfung zu versammeln.

---

51. Vgl. *F. Dostojewski*, Aufzeichnungen aus einem Totenhaus. *M. Doerne* schreibt
dazu mit Recht (aaO. 35): »Wirklicher *Glaube* an Gott ist *Glaube an die Auferstehung,* ja er ist selbst schon ein Anfang des ewigen Lebens.«
52. Vgl. dazu *E. Jüngel,* Die Welt als Möglichkeit und Wirklichkeit. Zum ontologi-
schen Ansatz der Rechtfertigungslehre, EvTh 29, 1969, 417–422, der bei seiner
berechtigten theologischen Kritik an Aristoteles und E. Bloch doch die Vermittlung
zwischen »der Welt als Möglichkeit« und den Möglichkeiten der Weltgeschichte außer
acht läßt. Seine kritischen Bemerkungen an der »Theologie der Hoffnung« treffen
darum die dort vorgenommenen Vermittlungen nicht.
53. Zit. nach *M. Hornschuh,* Andreasakten, in: W. Schneemelcher, Neutestamentliche
Apokryphen II, 1964, 292 f.

3. Kreuzestheologie und Atheismus

Wir haben die von Luther angegriffene theologia gloriae in der philosophischen Theologie der kosmologischen Gottesbeweise namhaft gemacht. Diese metaphysische Theologie bedient sich des Rückschlußverfahrens aus »ea, quae facta sunt« auf die unsichtbaren Eigenschaften Gottes, seine absolute Ursächlichkeit, seine Kraft und seine Weisheit, und kommt auf diesem Wege zur intelligiblen Anschauung des unendlichen Seins, das sie »Gott« nennt. Sie denkt das göttliche Sein in seiner qualitativen Erhabenheit über das endliche und bedrohte Sein um eben dieses endlichen Seins willen. Diese Rückschlußlogik beweist sowohl das göttliche Sein wie das von ihm verursachte, bewegte und gehaltene, endliche und sterbliche Sein. Sie beweist sowohl Gott wie diese Welt als Gotteswelt. Nun kann diese Rückschlußlogik als solche nicht fraglich sein, wohl aber ihre Voraussetzung. Der Atheismus richtet sich auch nicht gegen diese Rückschlußlogik, sondern gegen deren ontische Voraussetzung der Seinsgemeinschaft des erfahrbaren endlichen Seins mit dem unsichtbaren göttlichen Sein. Der Atheismus bedient sich dabei selbst jener Rückschlußlogik. Er bezweifelt nicht die Existenz Gottes an sich, die kein nichtgöttliches Wesen etwas anginge, sondern bezweifelt, daß die erfahrbare Welt in einem göttlichen Sein gegründet ist und von einem solchen gelenkt wird. Auch der metaphysische Atheismus nimmt die Welt als einen Spiegel der Gottheit. Aber er erkennt in dem zerbrochenen Spiegel einer ungerechten und absurden Welt des triumphierenden Bösen und des Leidens ohne Grund und Ende nicht das Angesicht eines Gottes, sondern nur die Fratzen des Absurden und des Nichts. Auch der Atheismus schließt vom Dasein und Sosein der endlichen Welt zurück auf Ursache und Ziel. Er findet dort aber keinen guten und gerechten Gott, sondern allenfalls einen launischen Dämon, ein blindes Schicksal, ein verdammendes Gesetz oder das vernichtende Nichts. Solange diese Welt nicht »gottfarben« ist, läßt sich aus ihr auch auf keines Gottes Existenz, Gerechtigkeit, Weisheit und Güte zurückschließen[54]. So, wie die Welt wirklich beschaffen ist, legt sich der Glaube an den Teufel viel näher als der Glaube an Gott. Die Höllen der Weltkriege, die Höllen von Auschwitz, Hiroshima und Vietnam, aber auch alltägliche Erfahrungen, die einen Menschen zum anderen sagen lassen: »Du machst mir das Leben zur Hölle«, legen es oft nahe, sich die Welt im ganzen als »Totenhaus«, als Zuchthaus, Irrenhaus oder univers concentrationnaire vorzustellen und nicht als gute Erde unter dem gütigen Himmel eines gerechten Gottes. A. Strindberg erklärte: »Jesus Christus ist niedergefahren zur Hölle; diese Höllen-

---

54. So *D. Sölle*, Stellvertretung, 1965, 199.

fahrt, das war seine Wanderung hier auf Erden, sein Leidensweg durch
das Irrenhaus, das Zuchthaus, das Leichenschauhaus dieser Erde.«[55]
In Schillers Ode »An die Freude« heißt es:

> »Duldet mutig, Millionen!
> Duldet für die bessre Welt!
> Droben überm Sternenzelt
> Wird ein großer Gott belohnen.«

Iwan Karamasow erzählt gegen diese Theodizee des deutschen Idealismus in Dostojewskis Roman die Geschichte von einem armen Jungen,
der beim Spielen den Jagdhund seines Gutsherrn mit einem Stein getroffen hat. Der Herr läßt ihn festnehmen und am nächsten Morgen
vor den Augen der Mutter von seiner Meute jagen und zerfleischen.
Iwan sagt:

> »Was ist das für eine Harmonie, wo es solche Hölle gibt? Vergeben will ich, will
> umarmen, aber ich will nicht, daß noch mehr gelitten wird. Ich will es schließlich
> nicht, daß die Mutter den Peiniger ihrer Kinder umarmt. Sie darf es nicht wagen,
> ihm zu verzeihen. Dazu hätte sie kein Recht. Wenn es sich aber so verhält, daß sie
> nicht vergeben darf, wo bleibt dann die Harmonie? Ich mag diese Harmonie nicht,
> aus Liebe zur Welt mag ich sie nicht. Da behalte ich lieber die ungerächt gebliebenen
> Leiden. Einen gar zu hohen Preis hat man auf die Harmonie gesetzt. Meine Tasche
> erlaubt es mir durchaus nicht, einen so hohen Eintrittspreis zu zahlen. Daher beeile
> ich mich, meine Eintrittskarte zurückzugeben. Nicht daß ich Gott nicht gelten lasse,
> Aljoscha, aber ehrerbietigst gebe ich ihm die Eintrittskarte in eine solche Welt zu-
> rück. Gott nehme ich an, begreife das, aber die von ihm erschaffene Welt, die Gottes-
> welt, erkenne ich nicht an, ich kann mich nicht entschließen sie anzunehmen.«[55a]

Das ist die klassische Gestalt des *Protestatheismus*. Die Frage nach der
Existenz Gottes an sich ist eine Kleinigkeit angesichts der Frage nach
seiner Gerechtigkeit in der Welt. Und diese Frage des Leidens und der
Empörung wird durch keinen kosmologischen Gottesbeweis und keinen
Theismus beantwortet, sondern durch beide vielmehr erst provoziert.
Schließt man vom Weltbestand und vom Weltzustand auf Ursache,
Grund und Prinzip zurück, so kann man ebensogut von »Gott« sprechen wie vom Teufel, vom Sein wie vom Nichts, vom Weltsinn wie
von Absurdität. Die Geschichte des abendländischen Atheismus wurde
darum zugleich die Geschichte des Nihilismus. Die Literatur in dieser
atheistisch entgötterten Welt ist voll vom »Monotheismus des Satans«
und von Mythologemen des Bösen. Sie variiert die Figuren: Gott als
Betrüger, Henker, Sadist, Despot, Spieler, Marionettentheaterdirektor
sowie die Figuren des schlafenden, irrenden, gelangweilten, hilflosen
und tölpelhaften Gottes. »Ich möchte in dieser Zeit nicht Gott sein.«[56]

---

55. *A. Strindberg*, Gespenstersonate, 3. Akt.
55a. Dazu *G. Steiner*, Tolstoy or Dostoevsky. An Essay in the Old Criticism, New
York 1971, 334 ff.
56. *K. S. Guthke*, Die Mythologie der entgötterten Welt, 1971, zeigt die negative
Theodizee in der Satanologie der Literatur des 19. Jahrhunderts auf großartige
Weise! »Wo keine Götter sind, walten Gespenster« (Novalis); *H. Gollwitzer*, Der

Diese Blasphemien sind im Grunde Provokationen Gottes, denn es gibt etwas, das der Atheist über alle Qualen hinaus fürchtet. Das ist die Indifferenz Gottes und sein endgültiger Rückzug von der Welt des Menschen.

Der Atheismus erweist sich hier als der Bruder des Theismus. Auch er bedient sich der Rückschlußlogik. Auch er sieht die Welt als Spiegel eines anderen, höheren Wesens an. Mit gleichem Recht, wie der Theismus von Gott, dem höchsten, besten und gerechten Sein spricht, spricht er vom Nichts, das sich in allen vernichtenden Erfahrungen des Leidens und des Bösen manifestiert. Er ist die unausweichliche Antithese zum Theismus. Wenn aber der metaphysische Theismus verschwindet, kann sich dann der Protestatheismus noch am Leben erhalten? Braucht er nicht zu seinem Protest gegen Unrecht und Tod die Instanz, die er anklagen kann, weil er sie dafür verantwortlich macht? Kann er sie verantwortlich machen, wenn sie zuvor nicht für Bestand und Zustand der Welt zuständig erklärt wurde? A. Camus nannte im Gefolge Dostojewskijs diesen Atheismus eine »metaphysische Revolte«[57]. Sie ist »die Bewegung, mit der ein Mensch sich gegen seine Lebensbedingung und die ganze Schöpfung auflehnt. Sie ist metaphysisch, weil sie die Ziele des Menschen und der Schöpfung bestreitet«. Die metaphysische Revolte stammt nach Camus nicht aus der griechischen Tragödie, sondern aus der Bibel mit ihrem Begriff des persönlichen Gottes. »Die Geschichte der Revolte, wie wir sie heute leben, ist weit mehr diejenige der Abkömmlinge Kains als diejenige der Schüler des Prometheus. In diesem Sinne setzt vor allen anderen der Gott des Alten Testamentes die Energie der Revolte in Bewegung.«[58]

Wozu führt diese metaphysische Revolte des Atheismus?
»Ich empöre mich, also sind wir«, sagt Camus. Als die Leidenden und am Unrecht Empörten »sind wir«, und sind wir sogar mehr als die Götter oder der Gott des Theismus. Denn jene Götter »wandeln droben im Licht« als »selige Genien« (Hölderlin). Sie sind unsterblich und allmächtig. Was für ein armes Wesen ist ein Gott, der nicht leiden kann und auch nicht sterben kann! Er ist wohl dem sterblichen Menschen überlegen, solange dieser Leiden und Tod nur als Verhängnis über sich zusammenschlagen läßt. Er ist dem Menschen aber unterlegen, wenn dieser Leiden und Tod als seine eigenen Möglichkeiten ergreift und selbst wählt. Wo ein Mensch seinen eigenen Tod annimmt und wählt, erhebt er sich zu einer Freiheit, die kein Tier und kein Gott haben kann, sagte schon die griechische Tragödie. Denn der selbstgewählte, angenommene

Einspruch des neuzeitlichen Atheismus gegen den christlichen Glauben im Namen der leidenden Kreatur, in: Krummes Holz – aufrechter Gang, 1970, 373 ff.
57. *A. Camus,* Der Mensch in der Revolte, 1951, 28 ff.   58. Ebd. 37.

Tod ist eine menschliche und nur eine menschliche Möglichkeit. »Die
Erfahrung des Todes ist der Überschuß und der Vorsprung, den er aller
göttlichen Weisheit voraus hat.«[59] Der Gipfel der metaphysischen Revolte gegen den Gott, der nicht sterben kann, ist darum der Freitod,
genannt Selbstmord. Er ist die äußerste Möglichkeit des Protestatheismus, weil erst er den Menschen zum Gott seiner selbst macht, so daß
die Götter entbehrlich werden. Aber auch abgesehen von dieser Ex-
tremposition, die Dostojewskij in seinen »Dämonen« immer wieder
durchgespielt hat, ist ein Gott, der nicht leiden kann, ärmer als jeder
Mensch. Denn ein leidensunfähiger Gott ist ein teilnahmsloses Wesen.
Ihn rühren Leiden und Unrecht nicht. Affektlos wie er ist, kann ihn
nichts affizieren, nichts erschüttern. Er kann nicht weinen, denn er hat
keine Tränen. Wer aber nicht leiden kann, kann auch nicht lieben.
Also ist er ein liebloses Wesen. Der Gott des Aristoteles kann nicht lieben, er kann sich nur kraft seiner Vollkommenheit und Schönheit von
allen nichtgöttlichen Wesen lieben lassen und sie auf diese Weise zu sich
ziehen. Der »unbewegte Beweger« ist ein »Liebloser-Geliebter«. Ist er
der Grund für die Liebe (Eros) aller Dinge nach ihm (causa prima), zugleich Grund seiner selbst (causa sui), so ist er der in sich selbst Ver-
liebt-Geliebte; ein Narziß in metaphysischer Potenz: Deus incurvatus
in se. Ein Mensch aber kann leiden, weil er lieben kann, auch als Narziß, und er leidet immer nur soweit, wie er liebt. Tötet er alle Liebe
ab, so leidet er auch nicht mehr. Er wird apathisch. Doch ist er dann
ein Gott und nicht vielmehr ein Stein?
Endlich ist ein nur allmächtiger Gott ein an sich unvollkommenes Wesen, denn Ohnmacht und Machtlosigkeit kann er nicht erfahren. Allmacht kann zwar ersehnt und von ohnmächtigen Menschen verehrt
werden, aber Allmacht wird nie geliebt, sondern nur gefürchtet[60]. Was
für ein Wesen also soll ein nur »Allmächtiger Gott« sein? Er ist ein
Wesen ohne Erfahrung, ein Wesen ohne Schicksal und ein Wesen, das
von niemandem geliebt wird. Ein Mensch, der Ohnmacht erfährt, ein
Mensch, der leidet, weil er liebt, ein Mensch, der sterben kann, ist darum ein reicheres Wesen als ein allmächtiger, leidens- und liebesunfä-
higer, unsterblicher Gott. Darum ist für einen Menschen, der sich des
Reichtums seines eigenen Wesens in seiner Liebe, in seinem Leiden, in
seinem Protest und in seiner Freiheit bewußt wird, ein solcher Gott
kein notwendiges und höchstes Wesen, sondern ein höchst entbehrliches
und überflüssiges Wesen.
Der Protestatheismus geht jedoch in die Irre, wenn er den Menschen
anstelle Gottes vergottet, um ihn zum höchsten Wesen für den Men-

59. H.-G. Geyer, aaO. 270.
60. Alain, zit. bei H. Urs v. Balthasar, aaO. 169.

schen als allmächtig, gerecht, unendlich und gut zu erklären. Der Protestatheismus geht in die Irre, wenn er die menschliche Gattung oder die menschliche Gesellschaft oder ihre Vorhut, eine humanistische Partei, mit geerbten theistischen Gottesprädikaten versieht; daß sie unsterblich sei, daß sie immer recht habe, daß sie Geborgenheit und Autorität gewähre usw. Er kommt nur dann auf seine eigene Wahrheit, wenn er den irrenden, liebenden und leidenden, ungerechten und gegen Unrecht protestierenden, ohnmächtigen Menschen in seiner Menschlichkeit erkennt und einsieht, daß er in diesen seinen menschlichen Erfahrungen größer ist als alle Götter und alle Götzen und Idole.

Was aber hält den Protest Iwan Karamasows am Leben, und was hält den Protestierenden selbst am Leben, der seine Eintrittskarte in »eine solche Welt« zurückgeben möchte?

Der Selbstmord bringt den Protestierenden selbst aus dem Spiel und löst den Widerspruch durch Selbstbeseitigung des Widersprechenden. Das theistische Vertrauen löst den Widerspruch durch eine unerschwingliche und nutzlose Antwort. Max Horkheimer hat die Quintessenz seiner kritischen Theorie einmal mit dem Wort ausgedrückt: »Die Sehnsucht, daß der Mörder nicht über das unschuldige Opfer triumphieren möge.« Horkheimer hat diese Sehnsucht und Gerechtigkeit in seiner kritischen Theorie der kapitalistischen Gesellschaft durchdacht, aber auch das Unrecht der sich marxistisch nennenden Gesellschaften bei Stalin und seinen Anbetern namhaft gemacht[61]. Er hat die religiösen Idole der Religion kritisiert, aber auch die Idole und die Totalisationen, die sich im Kapitalismus, im Nationalismus und im etablierten Marxismus als treue Abbilder jener älteren religiösen Idole erwiesen haben. Seine kritische Gesellschaftstheorie übernimmt »die produktive Kritik am Bestehenden, die sich in der früheren Epoche als Glaube an einen himmlischen Richter geäußert hat«[62]. Seine »Sehnsucht nach dem ganz Anderen« ist die Sehnsucht nach der Gerechtigkeit Gottes in der Welt. Wäre diese Sehnsucht nicht da, so wäre auch das Leiden an Ungerechtigkeit und Bosheit kein unstillbarer Schmerz.

»Ohne den Gedanken an die Wahrheit und damit an das, was sie verbürgt, ist kein Wissen um ihr Gegenteil, die Verlassenheit des Menschen, um derentwillen die wahre Philosophie kritisch und pessimistisch ist, ja nicht einmal die Trauer, ohne die es kein Glück gibt.«[63]

Horkheimer hat das »ganz Andere«, eine Formel der frühen Dialekti-

61. *M. Horkheimer,* Kritische Theorie I, 374 ff; Die Sehnsucht nach dem ganz Anderen, 1970, 11.
62. *M. Horkheimer,* Die Sehnsucht, 36; Kritische Theorie I, 274.
63. *M. Horkheimer,* Die Sehnsucht, 40.

schen Theologie, niemals mit dem Namen »Gott« bezeichnet. Seine
ideologiekritische Theorie hat viel mehr die These zur Voraussetzung:
»Was Gott ist, wissen wir nicht.« Das ist ein alter theologischer Satz:
Deus definiri nequit. Seine kritische Theorie ist darum im Kern *negative Theologie des Bilderverbotes:* kritisch, insofern sie sich mit keinen
immanenten Idolen und Gerechtigkeiten zufrieden geben kann, sondern nach einem widerspruchslosen Allgemeinen strebt, in das die gesellschaftlichen Subjekte ohne Zwang eingehen können; negativ, insofern sie keine positiven Bestimmungen Gottes gelten lassen kann, weder dogmatisch, noch säkularisiert. Seine negative Rede vom unaussag-
baren Gott, dem ganz Anderen, beweist sich daran, daß sie die Welt
nur als relative gelten läßt[64]. Er behauptet nicht, daß es einen allmächtigen, gerechten und guten Gott gibt, aber er bestreitet radikal,
daß irgendein immanenter Ersatz an seine Stelle treten könnte. Er bestreitet in der kritischen Theorie sowohl den herkömmlichen Theismus
wie seinen Bruder, den herkömmlichen Atheismus. Es gibt auf die
Frage des Leidens und des Unrechts keine theistische Antwort, aber
noch viel weniger irgendeine atheistische Möglichkeit, auf diese Frage
zu verzichten und sich mit der Welt abzufinden. Man kann sich nicht
einmal mit den eigenen, immer nur begrenzten Möglichkeiten abfinden.
Darum verwendet Horkheimer die zwischen Theismus und Atheismus schwebende Formel von der »Sehnsucht nach dem ganz Anderen«.

»Diese Sehnsucht nach vollendeter Gerechtigkeit kann in der säkularen Geschichte
niemals verwirklicht werden; denn selbst wenn eine bessere Gesellschaft die gegenwärtige soziale Unordnung ablösen würde, wird das vergangene Elend nicht gut-
gemacht und die Not in der umgebenden Natur nicht aufgehoben.«[65]

---

64. *M. Horkheimer,* ebd. 57.
65. Ebd. 69. Auch *Th. W. Adorno,* dessen »Negative Dialektik«, 1966, den Versuch
darstellt, die von Horkheimer skizzierte Theorie durchzuführen, treibt den Gedanken
der Gerechtigkeit bis zur Transzendenz voran: »Was von Entmythologisierung nicht
getroffen würde, ohne apologetisch sich zur Verfügung zu stellen, wäre kein Argu-
ment – dessen Sphäre ist die antinomische schlechthin – sondern die Erfahrung,
daß der Gedanke, der sich nicht enthaupten, in Transzendenz mündet, bis zur Idee
einer Verfassung der Welt, in der nicht nur bestehendes Leid abgeschafft, sondern
noch das unwiderruflich vergangene widerrufen wäre« (393). Das aber heißt – in
positiven und darum unangemessenen Symbolen ausgedrückt – vollendete Gerechtigkeit ist nicht ohne Auferweckung der Toten, und zwar ihrer leiblichen Auferweckung. *Horkheimers* »Kritische Theorie« und *Adornos* »Negative Dialektik«
haben ein wichtiges Denkmotiv in der Vergegenwärtigung des alttestamentlichen
Bilderverbots in der Vernunft. Beide sind kritisch gegen jeglichen Dogmatismus in
der Vernunft, um die wahren Bedürfnisse und Triebkräfte aus den Bildern, Dogmen
und Begriffen zu befreien, die sie besetzt halten. »Indem die Ideen der Auferstehung
der Toten, des Jüngsten Gerichts, des ewigen Lebens als dogmatische Setzungen
negiert sind, wird das Bedürfnis des Menschen nach unendlicher Seligkeit ganz
offenbar und tritt zu den schlechten irdischen Verhältnissen in Gegensatz« (Kritische
Theorie I, 371). »Der gute Wille, die Solidarität mit dem Elend und das Streben
nach einer besseren Welt haben ihr religiöses Gewand abgeworfen« (ebd. 375). »Wer

Bei Horkheimer begegnet uns ein protestierender Glaube, der über den platten Gegensatz von Theismus und Atheismus hinausführt. »Angesichts des Leidens auf dieser Welt, angesichts des Unrechts, ist es doch unmöglich, an das Dogma von der Existenz eines allmächtigen und allgütigen Gottes zu glauben«, sagt er gegen den optimistischen Theismus[66]. Angesichts des Leidens auf dieser Welt, angesichts des Unrechts, ist es aber auch unmöglich, nicht auf die Wahrheit und die Gerechtigkeit und den, der sie verbürgt, zu hoffen, scheint er auf der anderen Seite zu sagen. Denn ohne die Sehnsucht nach dem ganz Anderen ist die radikale Kritik des Hiesigen unmöglich. Ohne den Gedanken an die Wahrheit und das, was sie verbürgt, ist kein Wissen um ihr Gegenteil, die Verlassenheit des Menschen[67].

Über den Streit zwischen Theisten und Atheisten hinaus ist Horkheimer damit einen Schritt näher an das Geheimnis »Gott und das Leiden«, das dem Streit zugrunde liegt, gekommen. Stellt das unschuldige

an Gott glaubt, kann deshalb an ihn nicht glauben. Die Möglichkeit, für welche der göttliche Name steht, wird festgehalten von dem, der nicht glaubt. Erstreckte einst das Bilderverbot sich auf die Nennung des Namens, so ist es in dieser Gestalt selbst der Superstition verdächtig geworden. Es hat sich verschärft: Hoffnung auch nur zu denken, frevelt an ihr und arbeitet ihr entgegen« (Negative Dialektik, 392). Nach Adorno muß der Materialismus »bilderlos« sein. »Die aufklärende Intention des Gedankens, Entmythologisierung, tilgt den Bildcharakter des Bewußtseins. Was ans Bild sich klammert, bleibt mythisch befangen, Götzendienst« (ebd. 203). »Die materialistische Sehnsucht, die Sache zu begreifen, will das Gegenteil: nur bilderlos wäre das volle Objekt zu denken. Solche Bilderlosigkeit konvergiert mit dem theologischen Bilderverbot. Der Materialismus säkularisierte es, indem er nicht gestattete, die Utopie positiv auszumalen; das ist der Gehalt seiner Negativität. Mit der Theologie kommt er dort überein, wo er am materialistischsten ist. Seine Sehnsucht wäre die Auferstehung des Fleisches; dem Idealismus, dem Reich des absoluten Geistes, ist sie ganz fremd« (ebd. 205). Doch bemerkte schon *Horkheimer* eine gewisse »metaphysische Trauer« in den Schriften der großen Materialisten (Kritische Theorie I, 372). Ist *Adorno* ihr in der »Negativen Dialektik« entgangen? Ist die Durchführung des Bilderverbotes im Denken nicht ein ebenso notwendiger wie unmöglicher Traum? Horkheimer und Adorno sind auf diesem Wege, der in der europäischen Philosophie schon mit Bacon begann, am weitesten vorangegangen. Auch jüdische und christliche Theologie stehen, wenn sie nicht der Idolatrie verfallen, sondern auf die Sache Gottes selbst kommen wollen, unter dem Gericht des Bilderverbotes. Seine endgültige Erfüllung ist Teil der jüdisch-messianischen Hoffnung und Gebete. Für die christliche Theologie ist die Realität des Kreuzes Jesu, sein leibliches Leiden und Sterben der Punkt, wo für sie das Bilderverbot erfüllt ist und durch permanente Kritik seine Erfüllung verlangt. Jener leibliche Schmerz und Tod Christi ist für sie darum die negative Seite ihrer Symbolik von Gott, Auferstehung, Gericht und ewigem Leben. Theologie, die durch Kreuzeserkenntnis nicht die Wahrheit der negativen Theologie aufnimmt, wird schwerlich zu einer Theologie des gekreuzigten Gottes. Hier muß sie »materialistisch« werden.

66. *M. Horkheimer*, Die Sehnsucht, 56 f.
67. Ebd. 56. Ähnlich *A. Camus*, aaO. 29, 69: »Vom Augenblick an, da der Mensch Gott einem moralischen Urteil unterwirft, tötet er ihn in sich selbst. Aber was ist dann die Grundlage der Moral? Man leugnet Gott im Namen der Gerechtigkeit, aber kann man die Idee der Gerechtigkeit verstehen ohne die Idee Gottes?«

Leiden die Idee eines gerechten Gottes in Frage, so stellt umgekehrt die Sehnsucht nach der ganz anderen Gerechtigkeit das Leiden in Frage und macht es zum bewußten Schmerz und macht das Bewußtsein vom Schmerz zum Protest gegen das Leiden. Der Schmerz ist ein besonderer Affekt im allgemeinen Leiden. Er nimmt sich die Freiheit, das Leiden als Besonderes zu sehen und dagegen zu protestieren. Nennen wir den Stachel in der Frage: unde malum? *Gott*, so ist umgekehrt der Stachel in der Frage: an Deus sit? das *Leiden*. Der kosmologische Theismus beantwortet diese Doppelfrage mit einer Rechtfertigung dieser Welt als Gotteswelt. Er übergeht dabei die Leidensgeschichte dieser Welt. Sie muß entweder hingenommen werden, oder sie wird durch die zweite Welt im Himmel ausgeglichen.

Diese Antwort ist Idolatrie.

Der herkömmliche Atheismus aber will der Leidensfrage nach Gott den Boden entziehen. »Einfachste Antwort: es gibt keinen Gott«, sagte Voltaire. Raffinierter ist das Bonmot Stendhals, um das ihn Nietzsche beneidete: »Die einzige Entschuldigung Gottes ist, daß er nicht existiert.« Damit wird die Nichtexistenz Gottes zur Entschuldigung Gottes angesichts einer mißglückten Schöpfung. Das ist Atheismus als Theodizee!

Horkheimers kritische Theorie aber gibt sich mit keiner Antwort zufrieden und hält doch die Frage wach. Ihre negative Theologie hat damit eine Nähe zur kritischen Theologie, die ihren Grund in der offenen Frage des Gekreuzigten findet: »Mein Gott, warum hast du mich verlassen?«

Radikale Kreuzestheologie kann auf die Frage des sterbenden Christus keine theistische Antwort geben. Sie würde damit das Kreuz entleeren. Sie kann darauf auch keine atheistische Antwort geben. Sie würde dann den Todesschrei Jesu nach Gott nicht mehr ernst nehmen. Der Gott des Theismus kann ihn nicht verlassen haben, und nach einem nichtexistenten Gott kann er in seiner Verlassenheit nicht gerufen haben.

Kritische Theologie und kritische Theorie treffen sich im Rahmen der offenen Fragen, der unbeantwortbaren Frage des Leidens und der unaufgebbaren Frage nach Gerechtigkeit. »Alle diese Wünsche nach Ewigkeit und vor allem nach dem Eintritt der universalen Gerechtigkeit und Güte sind dem materialistischen Denker und dem religiösen, im Gegensatz zur Stumpfheit der positivistischen Haltung, gemeinsam.«[68] A. Camus kommt dem Geheimnis näher, wenn er schreibt:

»Christus kam, zwei Hauptprobleme zu lösen: das Böse und den Tod, die beide gerade die Probleme der Revolte sind. Seine Lösung bestand zuerst darin, sie auf sich

---

68. *M. Horkheimer*, Kritische Theorie I, 372.

zu nehmen. Der Gottmensch leidet auch, und mit Geduld. Das Böse wie der Tod
können ihm nicht völlig zugeschrieben werden, da auch er zerrissen ist und stirbt.
Die Nacht von Golgatha hat nur darum für die Geschichte der Menschen soviel Bedeutung, weil in ihrem Dunkel die Gottheit, sichtbar auf alle hergebrachten Privilegien verzichtend, bis zu ihrem Ende, alle Verzweiflung eingeschlossen, die Todesangst durchlebt. So erklärt sich das Lama asabthani und Christi grauenhafter Zweifel
in der Agonie. Die Agonie wäre leicht, wenn sie getragen würde von der ewigen
Hoffnung. Damit der Gott ein Mensch sei, muß er verzweifeln.«[69]

Hat aber Christus auf Golgatha, so wie Camus ihn als göttlichen Dulder darstellt, wirklich die »Probleme der Revolte«, das Böse und den
Tod, gelöst?

Camus war nicht der Meinung. Er sah Christus zu sehr im traditionellen Sinne der Leidensmystik und zu wenig im Sinne des in den menschlichen Schmerz und das Leiden verwickelten protestierenden Gottes. Er
verstand wohl, daß Christi Kreuz heißen muß, daß Gott selbst auf
seine hergebrachten Privilegien verzichtet und die Todesangst selber
durchlebt, wie die kenotische Kreuzestheologie sagt, aber er konnte
nicht umgekehrt das Kreuz und die Todesangst der Gottverlassenheit
in Gott erkennen. Er sah Gott im Kreuz verschwinden, aber sah nicht
den Kreuzestod Christi aufgehoben in Gott. Doch gibt erst diese Umkehr den Grund dafür her, daß die Nacht von Golgatha so viel Bedeutung für die Menschheit gewann.

Der platte Atheismus, für den diese Welt eben alles ist, ist ebenso oberflächlich wie der Theismus, der Gottes Sein aus der Wirklichkeit dieser
Welt zu beweisen behauptet. Über beide hinaus führt der Protestatheismus, der Gott und das Leiden, das Leiden und Gott, konfrontiert
und zum atheistischen Protest gegen das Unrecht »um Gottes willen«
wird. Im Rahmen der Frage, die Gott und das Leiden konfrontiert,
wird auch für die Theologie ein Gott, der in teilnahmsloser Seligkeit
im Himmel thront, unannehmbar. Ebenso wird ein Schmerz, der den
Menschen nur äußerlich berührt und nicht in seiner Person ergreift und
verwandelt, ihr nicht gerecht. Muß also die christliche Theologie nicht
die alte theopaschitische Frage »Hat Gott selbst gelitten?« wieder
aufnehmen, um Gott nicht in der üblichen Weise absolut, sondern in
Christus konkret zu denken? Bevor von der Bedeutung der Leidensgeschichte Christi für die Leidensgeschichte der Welt gesprochen werden kann, muß die christliche Theologie sich dem inneren Problem der
Leidensgeschichte Christi selbst gestellt und Gottes Sein in der Gottverlassenheit Christi verstanden haben. Erst wenn sie erkannt hat,
was zwischen Jesus und seinem Vater am Kreuz geschehen ist, kann sie
davon sprechen, wer dieser Gott für die Leidenden und Protestierenden der Geschichte der Welt ist.

---

69. *A. Camus*, aaO. 38.

Über den Protestatheismus führt erst eine Kreuzestheologie hinaus, die
Gott im Leiden Christi als den leidenden Gott begreift und mit dem
gottverlassenen Gott schreit: Mein Gott, warum hast du mich verlassen? Denn für sie sind Gott und Leiden nicht mehr Widersprüche wie
im Theismus und Atheismus, sondern Gottes Sein ist im Leiden, und
das Leiden ist in Gottes Sein selbst, weil Gott Liebe ist. Sie nimmt die
»metaphysische Revolte« in sich auf, weil sie im Kreuz Christi eine
Revolte in der Metaphysik oder besser: eine Revolte in Gott selbst erkennt: Gott selbst liebt und leidet an seiner Liebe den Tod Christi. Er
ist keine »kalte Himmelsmacht« und »geht nicht über Leichen«, sondern wird als der menschliche Gott im gekreuzigten Menschensohn erkannt.

4. Die Zwei-Naturen-Lehre und das Leiden Christi

Die neueren protestantischen und katholischen Darstellungen der Dogmengeschichte der Alten Kirche sind sich darin einig, daß die unverstellte Wahrnehmung der Verlassenheit Jesu eine zentrale Schwierig-
keit der altkirchlichen Christologie war[70]. Zwar konnte Ignatius noch
unreflektiert sagen, er sei ein Nachfolger der »Leiden meines Gottes«
(Röm. 6,3). Auch die Anbetung des Gekreuzigten in den Karfreitags-
liturgien zeigt so etwas wie eine »Religion des Kreuzes«.
Aber die theologische Reflexion war nicht in der Lage, Gott selbst mit
dem Leiden und dem Tod Jesu zu identifizieren. Die traditionelle
Christologie geriet damit in die Nähe des Doketismus, nach dem Jesus
nur scheinbar, nicht wirklich gelitten hat und nur scheinbar, nicht wirklich von Gott verlassen gestorben ist. Die geistige Sperre dagegen ging
einmal vom philosophischen Gottesbegriff aus. Danach ist Gottes Sein
unvergänglich, unveränderlich, unteilbar, leidensunfähig und unsterblich; das menschliche Sein hingegen vergänglich, veränderlich, teilbar,
leidensfähig und sterblich. Von dieser fundamentalen Unterscheidung
ging die Zwei-Naturen-Lehre in der Christologie aus, um von dieser
Differenz her die unio personalis beider Naturen in Christus zu denken. Die geistige Sperre ging zum anderen aber von der Heilssehnsucht

---

70. W. Elert, Die Theopaschitische Formel, ThL 75, 1950, 195 ff; ders., Der Ausgang
der altkirchlichen Christologie, 1957; A. Grillmeier/H. Bacht, Das Konzil von
Chalcedon. Geschichte und Gegenwart I–III, 1951–1954; H. Küng, Menschwerdung Gottes, Exkurs II: Kann Gott leiden?, 622 ff; H. Mühlen, Die Veränderlichkeit
Gottes als Horizont einer zukünftigen Christologie, 1969; W. Pannenberg, Die Aufnahme des philosophischen Gottesbegriffs als dogmatisches Problem der frühchristlichen Theologie, 1959, in: Grundfragen systematischer Theologie, 266 ff.

aus. Denn worin kann das Heil der vergänglichen und sterbenden Menschen liegen, wenn nicht in der Unvergänglichkeit und Unsterblichkeit, also in der Teilnahme am göttlichen Sein in jener Gottesgemeinschaft, die man theosis nannte? Es ist falsch, an der altkirchlichen Christologie nur den metaphysischen Rahmen zu kritisieren, um ihn durch einen moralischen zu ersetzen, wie es Dogmengeschichtler und Dogmatiker des ausgehenden 19. Jahrhunderts taten[71]. Gilt die ontotheologische Voraussetzung nicht mehr, dann fehlt auch der eschatologischen Hoffnung auf Gottähnlichkeit das Gewicht, und es bleibt der bescheidene Trost, daß der moralisch sündlose Jesus seine Nachfolger besser oder leichter leben läßt. Nicht nur aus Gründen des Weltbildes, sondern mehr noch aus Gründen der transzendenten Heilshoffnung wurde die Zwei-Naturen-Lehre zum Denkrahmen der Christologie: Gott wurde Mensch, damit wir Menschen Gottes teilhaftig werden (Athanasius). Der theistische Gottesbegriff, nach dem Gott nicht sterben kann, und die Heilshoffnung, nach der der Mensch unsterblich werden soll, machten es unmöglich, Jesus wirklich für Gott und zugleich für gottverlassen zu halten.

Bedenkt man das Kreuzesgeschehen zwischen Jesus und seinem Gott im Rahmen der Zwei-Naturen-Lehre, dann bewirkt das platonische Axiom der wesenhaften Apathie Gottes jene geistige Sperre gegenüber der Wahrnehmung des Leidens Christi, denn ein Gott, der dem Leiden wie alle anderen Kreaturen unterworfen ist, kann nicht »Gott« sein. Darum kann der Gottmensch Christus nur »nach dem Fleisch« und »im Fleisch«, d. h. in seiner menschlichen Natur gelitten haben. Zwar hatte die umstrittene theopaschitische Formel behauptet: »Einer aus der heiligen Trinität hat im Fleisch gelitten«[72], aber weiter ging der christologische Angriff auf die Vorherrschaft des Apathieaxioms in der Christologie nicht. Diese Formel des Theopaschitismus wurde verworfen. Auch Kyrill von Alexandrien, der wie keiner sonst die personale Einheit Christi gegenüber den Vertretern der Differenz beider Naturen betonte, hat die »Fehlstelle«[73], welche die gesamte altkirchliche Christologie an dieser Stelle aufweist, nicht zu füllen vermocht. In der Konsequenz seiner Einheitschristologie mußte er eigentlich den Schrei der Verlassenheit Christi am Kreuz auf die ganze, gottmenschliche Person des Sohnes beziehen. »Aber das bringt Kyrill nicht fertig. Gewiß,

71. Diese soteriologische Ausrichtung der altkirchlichen Zwei-Naturen-Lehre wurde im liberalen Metaphysikvorwurf übersehen, der seit A. Ritschl, Theologie und Metaphysik, 1881, ständig wiederholt wird. Die Folge ist eine Reduktion der eigenen Soteriologie auf Moral, die in der gewünschten metaphysikfreien Christologie sich einstellt.
72. W. Elert, aaO. 110 ff.
73. W. Elert, aaO. 95.

es ist Christus, der das sagt, aber es ist nicht seine eigene, persönlich-
menschliche Not, die ihn dazu veranlaßt. Wer behauptet, sagt Kyrill,
Christus sei hier von Furcht und Schwäche überwältigt worden, der
verweigert ihm das Bekenntnis, er sei Gott. Christus sagt das nicht in
seinem eigenen Namen, sondern im Namen der Gesamtnatur, weil nur
diese, nicht er selbst, dem Verderben verfallen war. Er ruft nach dem
Vater nicht für sich selbst, sondern für uns.«[74] Dieses Verständnis des
Verlassenheitsrufes Christi ist bei Kyrill ein letztes Zurückweichen vor
dem Apathieaxiom. Auch nach Thomas von Aquin gehört das Leiden
nur zum suppositum der göttlichen Natur hinsichtlich der angenommenen, leidensfähigen Menschennatur, nicht hinsichtlich der annehmen-
den, leidensunfähigen Gottesnatur selbst[75].

Stellen wir uns zunächst auf den Boden der Voraussetzungen der altkirchlichen und traditionellen Christologie und fragen: War es wirklich
nicht möglich, das Leiden Christi Gott selbst zuzuschreiben? Mußte
man die personale Einheit der beiden Naturen in Christus im Schrei
seiner Verlassenheit auflösen?

1. Nicäa sagt mit Recht gegen Arius: Gott ist nicht veränderlich. Das
aber ist keine absolute, sondern nur eine Vergleichsaussage. Gott ist
nicht so veränderlich, wie das Geschöpf veränderlich ist. Man muß daraus nicht den Schluß ziehen, daß Gott in jeder Hinsicht unveränderlich
sei, denn diese negative Bestimmung sagt lediglich, daß Gott keiner
Nötigung durch Nichtgöttliches unterliegt[76]. Die Negation der Veränderlichkeit, mit der hier allgemein Gott und Mensch unterschieden werden, muß nicht zum Schluß seiner inneren Unveränderlichkeit führen.
Ist Gott nicht so passiv durch anderes veränderlich wie das Geschöpf,
so kann er doch in sich frei sein, sich selbst zu verändern, und auch frei
sein, sich aus eigenem Willen durch anderes verändern zu lassen. Zwar
ist Gott nicht teilbar wie das Geschöpf, aber er kann sich doch selbst
mitteilen. Aus der relativen Bestimmung seiner Unveränderbarkeit ergibt sich also nicht ein Schluß auf seine absolute und seine innere Unveränderlichkeit.

2. Gegen die syrischen Monophysiten hatte die Großkirche an der Lei-

74. Ebd.
75. H. Küng, aaO. 634; H. Mühlen, aaO. 16 ff.
76. M. Löhrer, Mysterium Salutis II, 1967, 311 ff, der mit Recht auf den Unterschied zwischen der philosophischen immutabilitas Dei und der biblisch bezeugten
Treue Gottes hinweist; ebenso H. Mühlen, aaO. 28 ff. Vgl. dazu auch O. Weber, Die
Treue Gottes und die Kontinuität der menschlichen Existenz, 1967, 99 ff, 105: »Denn
Gottes Wesen ist nach der Bibel nicht seine Absolutheit-an-sich, sondern die Beständigkeit der von ihm frei vollzogenen Relation zum Geschöpf, die Beständigkeit seiner
erwählenden Barmherzigkeit und Treue.« Zu den Problemen der Prädestinationslehre, die sich aus dem Axiom der immutabilitas Dei ergaben, vgl. J. Moltmann, Prädestination und Perseveranz, 1961.

densunfähigkeit Gottes festgehalten[77]. Gott ist nicht in dem Sinne leidensfähig wie die Kreatur, die der Krankheit, dem Schmerz und dem Tod ausgesetzt ist. Aber muß Gott darum in jeder Hinsicht als leidensunfähig gedacht werden? Auch dieser Schluß ist nicht zwingend. Zwar kannte die altkirchliche Theologie als Gegensatz zum Erleiden nur die Leidensunfähigkeit (Apathie), das Nichtleiden. Aber es gibt zwischen dem ungewollten Leiden durch ein Fremdes und der substantiellen Leidensunfähigkeit auch andere Formen des Leidens, nämlich das aktive Leiden, das Leiden der Liebe, in der einer sich freiwillig für die Affizierung durch anderes öffnet. Es gibt ungewolltes Leiden, es gibt angenommenes Leiden und es gibt das Leiden der Liebe. Wäre Gott in jeder Hinsicht und also in einem absoluten Sinne leidensunfähig, so wäre er auch liebesunfähig. Ist Liebe die Annahme des anderen ohne Rücksicht auf das eigene Wohlergehen, so enthält sie in sich die Potenz des Mitleidens und die Freiheit zum Erleiden der Andersartigkeit des anderen. Eine Leidensunfähigkeit in diesem Sinne widerspräche der christlichen Grundaussage »Gott ist Liebe«, mit der der Bann der aristotelischen Gotteslehre im Prinzip gebrochen ist. Wer liebesfähig ist, ist auch leidensfähig, denn er öffnet sich selbst den Leiden, die die Liebe einbringt, und bleibt ihnen doch kraft seiner Liebe überlegen. Die berechtigte Verneinung einer Leidensfähigkeit Gottes aus Mangel an Sein darf nicht zu einer Verneinung seiner Leidensfähigkeit aus der Fülle seines Seins, d. h. seiner Liebe, führen[78].

3. Kann endlich das Heil, auf das der Glaube hofft, sinnvoll mit jenen allgemeinen Gottesprädikaten via negativa ausgedrückt werden, wie Unvergänglichkeit, Unsterblichkeit, Unveränderlichkeit? Wird die Vergänglichkeit, die Sterblichkeit und Veränderlichkeit als Unheil und Elend erfahren, so kann das Heil hier tatsächlich zunächst nur in den Wendungen der Negation des Negativen umschrieben werden[79]. Aber mehr als Umschreibungen sind es nicht, denn aus der Negation des Negativen entspringt nicht magisch oder mirakelhaft die Position des Positiven. Lassen sich keine inhaltlichen Angaben über das Heil machen, nimmt man die negativen Umschreibungen für den Inhalt selbst,

---

77. Vgl. dazu *H. Küng,* aaO. 647 ff.
78. Ebd. 652.
79. Zur Stilform der Negation des Negativen in der christlichen Eschatologie sagt *E. Brunner,* Das Ewige als Zukunft und Gegenwart, 219 ff, 221: »Das Negative ist klar und bestimmt, daß ›die Gestalt dieser Welt vergeht‹, daß der Tod, daß die Vergänglichkeit nicht mehr sein wird. Das Positive aber bleibt, abgesehen von dem, was das neue Sein des Menschen und der Menschheit betrifft, so gut wie völlig im Unbestimmten. Offenbar brauchen wir darüber nichts zu wissen außer dem einen, daß es auch in der Ewigkeit eine ›Welt‹ geben soll.« Anders *J. Moltmann,* Umkehr zur Zukunft, 1970, 124 ff, wo die Negation des Negativen an der geschichtlichen Antizipation des eschatologisch Positiven formuliert wird, weil erst an ihr die Erfahrung der Negativität des Negativen entsteht.

so erscheinen zuletzt Unvergänglichkeit und Unsterblichkeit nicht als besonders wünschenswert, sondern eher als erschreckend und langweilig. Sie verneinen mit dem erfahrenen Elend des »Vergehens« – im doppelten Sinne des Schuldigwerdens und des Sterbens – auch das relative Gute der Schöpfung und das vergängliche und sterbliche Glück dieses Lebens. Wird das Heil nur als totaliter aliter umschrieben, so muß es nicht einmal Heil sein, denn totaliter aliter ist auch das endgültige Verderben. Will man also ernsthaft vom Heil der Gottesgemeinschaft sprechen, so muß man über die allgemeinen Unterscheidungen von Gott und Welt, bzw. Gott und Mensch, hinausgehen und in die speziellen Beziehungen Gottes zur Welt und zum Menschen in der Geschichte Christi eindringen. Dann verändert sich aber die Formel des Athanasius im Sinne Luthers: Gott wurde Mensch, damit aus Unmenschen wahre Menschen werden. Wir werden zu wahren Menschen in der Gemeinschaft des menschgewordenen, des leidenden und liebenden, des menschlichen Gottes. Auch dieses Heil in der Menschlichkeit Gottes ist nach außen hin unvergänglich und unsterblich, in sich selbst aber ist es ein neues Leben voller innerer Bewegung, mit Leiden und Freude, Liebe und Schmerz, Nehmen und Geben; ist also Veränderlichkeit im Sinne der Lebendigkeit in höchster Potenz.

Die Zwei-Naturen-Lehre hat in der Christologie nicht nur die beiden Naturen Gottheit und Menschheit sauber zu trennen, sondern zugleich auch ihre Einheit in der Person Christi zu behaupten und zu denken versucht. Sie hat in der unio personalis die beiden Naturen ins Verhältnis zueinander gesetzt, und zwar in Verhältnisse, die nicht abstrakt für das Verhältnis von Gottheit und Menschheit, Schöpfer und Geschöpf überhaupt gelten sollten, sondern nur und exklusiv konkret für den Gottmenschen Christus. Die göttliche Natur ist dabei mit der Person Christi ursprünglich identisch, sofern die Person Christi die zweite Person der Trinität, der ewige Gottessohn ist. D. h. die göttliche Natur ist in Christus nicht als Natur, sondern als Person wirksam. Die zweite Person der Trinität ist das personbildende Zentrum in dem Gottmenschen Christus. Die menschliche Natur Christi hingegen ist mit der Person Christi nicht gleich ursprünglich identisch, sondern wird von der göttlichen Person des Gottessohnes durch seine Inkarnation angenommen (assumptio humanae naturae) und wird in der Person Christi zur konkreten Existenz Jesu Christi[80]. Die göttliche Natur zeigt sich in Christus hypostatisch als Person, die menschliche Natur aber anhypostatisch als konkrete Existenz jener göttlichen Person. Ist aber das per-

---

80. Vgl. zum folgenden E. Jüngel, Vom Tod des lebendigen Gottes, in: Unterwegs zur Sache, 105 ff.

sonbildende Zentrum in Christus göttlicher Natur, kann dann von der ganzen gottmenschlichen Person Christi gesagt werden, daß sie litt und in Gottverlassenheit starb? Die scholastische Theologie hat mit strenger Logik gefragt, ob aufgrund der Einheit beider Naturen in der Person Christi die Prädikate der göttlichen Natur auf die menschliche Natur und die Prädikate der menschlichen Natur auf die göttliche Natur übertragen werden können. Diese Fragen wurden in der Lehre von der communicatio idiomatum abgehandelt. Festgehalten wurde, daß es keine communicatio idiomatum in abstracto gäbe, d. h. abgesehen von der Person Christi. Also darf es nur eine communicatio idiomatum in concreto geben[81]. D. h. man kann sagen: Christus, der Sohn Gottes, litt und starb. Man kann die menschlichen Eigenschaften des Leidens und des Sterbens von der ganzen Person Christi mit Hilfe der Denkform der communicatio idiomatum aussagen. Man kann nicht sagen: also ist die göttliche Natur leidensfähig und sterblich, sondern nur: also ist die Person Christi sterblich. Man kann nicht sagen: also ist der Leib des auferstandenen Christus allgegenwärtig, sondern nur: also ist Christus in Person allgegenwärtig. Die reformatorische Theologie hat diese Lehre in ihren Abendmahlstreitigkeiten weiterentwickelt.

Zwingli hat noch auf gut scholastisch-humanistische Weise die Denkfiguren der communicatio idiomatum rhetorisch aufgefaßt, »dann communicatio idiomatum i. e. gemeynsame der eygenschafften, heyßt uns alloeosis«. Die Alloiosis gilt hier als Redefigur der Verkündigung des Gottmenschen Christus. Im Sein Christi selbst bleiben die beiden Naturen, was sie vorher gewesen sind. Zwingli sieht also in der unio personalis Christi nur zwei Naturen gemeinsam in einer Person und betont den Unterschied beider Naturen, denn Gott ist Schöpfer und der Mensch Geschöpf[82]. Melanchthon und seine Schüler sagten auf altkirchlich-scholastische Weise: »Communicatio idiomatum est praedicatio, qua proprietas unius naturae tribuitur personae in concreto.« Sie ist eine praedicatio, nicht eine communicatio, wobei die Verkündigung Christi allerdings zum Christusgeschehen selbst dazu gehört[83]. Luther hat dagegen ernst damit gemacht, daß nicht zwei gleichwertige Naturen in einer Person nur zu denken sind, sondern eine göttliche Person eine anhypostatische menschliche Natur angenommen hat. Die Einheit

---

81. Dazu R. *Schwarz*, Gott ist Mensch. Zur Lehre von der Person Christi bei den Ockhamisten und bei Luther, ZThK 63, 1966, 289–351.
82. Dazu G. *Locher*, Die Theologie H. Zwinglis im Lichte seiner Christologie I, 1952; und E. *Jüngel*, aaO. 112. Zu Zwinglis Christologie im Rahmen seiner Abendmahlslehre ausführlich und gerecht urteilend O. *Weber*, Grundlagen der Dogmatik II, 1962, 687 ff.
83. *J. Moltmann*, Christoph Pezel und der Calvinismus in Bremen, 1958, 66 ff; H. E. *Weber*, Reformation, Orthodoxie und Rationalismus I, 2, 1940, 123 ff; für die reformierte Christologie: 131 ff, für die Christologie der Lutheraner: 150 ff.

220

VI. Der »gekreuzigte Gott«

im Gottmenschen Christus ist für ihn durch das Handeln der göttlichen
Person selbst geschehen und bestimmt. Infolgedessen stammt die gottmenschliche Einheit in Christus nicht nur verbaliter, sondern realiter
aus der Eigenbewegung des Gottessohnes. Die Lutheraner, wie z. B.
Brenz, sprachen darum von einer communicatio idiomatum realis und
polemisierten gegen die melanchthonisch-reformierte Lehre, die sie eine
bloße communicatio idiomatum verbalis nannten. »Für Luther ist bereits die unitio naturarum ein über das bloße Beieinander und Zusam-
mendenken zweier Naturen hinausgehendes ›Geschehen im Sein der
Person‹.«[84]

»Nein geselle/ wo du mir Gott hinsetzt/ da mußt du mir die menschheit mit hin
setzen/ Sie lassen sich nicht sondern und von einander trennen/ Es ist eine person
worden/ und scheidet die menschheit nicht so von sich/ wie meister Hans seinen
rock auszeucht und von sich legt/ wenn er schlaffen gehet.«[85]

Für Luther rücken darum nicht nur in der Offenbarung, sondern schon
im Sein Christus und Gott bis zur Identität zusammen, wie seine Formel sagt: »Christus allein und kein ander Gott.« Jesus Christus ist »der
Herr Zebaoth«. »Den aller Weltkreis nie beschloß, der liegt in Marien
Schoß«, heißt es in seinen Liedern. »Denn ynn yhm ist Gott nicht allein
gegenwärtig und wesenlich wie ynn allen andern (Kreaturen), sondern
wonet auch leibhafftig ynn yhm also, das eine person ist mensch und
Gott. Und wie wohl ich sagen kan von allen Creaturn: da ist Gott
odder Gott ist ynn dem, so kann ich doch nicht sagen: das ist Gott
selbs. Aber von Christo sagt der glaube nicht alleine, das Gott ynn yhm
ist, sondern also: Christus ist Gott selbs.«[86] Die neuerdings üblich gewordene Rede von Gott in Christo wird damit noch überboten: Gott
ist Christus und Christus ist Gott.
Für Zwingli bleibt Gott durch die Annahme der menschlichen Natur
Christi in seiner Souveränität unberührt. Christus leidet und stirbt
nach seiner Menschheit, seiner Hülle aus Fleisch um unsertwillen. Für
Luther aber ist die Person Christi durch die göttliche Person bestimmt.
Darum leidet und stirbt auch die göttliche Person im Leiden und Sterben Christi. Darum kann er sagen: »Vere dicitur: Iste homo creavit
mundum et Deus iste est passus, mortuus, sepultus etc.«[87] Obgleich er
mit dieser Wendung »iste Deus« und »iste homo« die Person Christi
wieder zerlegt, wird damit in der Tat die Rede vom »Tod Gottes«
möglich, zugleich aber auch die Rede, daß Jesus die Welt geschaffen hat

84 E. Jüngel, aaO. 114, nach R. Schwarz.
85. Vom Abendmahl Christi, Bekenntnis, BoA 3, 397.
86. WA 23, 141, 23. Vgl. dazu den großartigen Aufsatz von E. Wolf, Die Christusverkündigung bei Luther, in: Peregrinatio I, 1954, 30–80, dem dieser Hinweis auf
S. 56 f entnommen ist.
87. WA 39, II, 93 ff.

und der Mann aus Nazareth allgegenwärtig ist. Die kritische Gegenfrage der Reformierten lautete, ob damit nicht anstelle von Gott und Mensch und ihrer personalen Einheit in Christus ein drittes, ein Ungeheuer mit fleischlicher Gottheit und vergottetem Fleisch, getreten sei.

Im Karfreitagslied von Johann Rist heißt es:

»O große Not, Gott selbst liegt todt,
am Kreuz ist er gestorben,
hat dadurch das Himmelreich
uns aus Lieb erworben.«[88]

Im Deutschen Evangelischen Kirchengesangbuch von 1915 und im Evangelischen Kirchengesangbuch Nr. 73 erscheint diese Strophe mit der dogmatischen Korrektur:

»O große Not, Gottes Sohn liegt tot . . .«

Luther selbst hatte gesagt: »Gott in seiner natur kan nicht sterben. Aber nu Gott und Mensch vereinigt ist in einer Person, so heißts recht Gottestod, wenn der Mensch stirbt, der mit Gott ein ding oder eine Person ist.«[89] Dies entspricht seiner Unterscheidung zwischen der Natur Gottes (nach außen) in der Relation zur Welt und der Person des Gottessohnes (nach innen) in den Relationen der Trinität. Dort aber, wo er beides nicht unterscheidet, sondern mit »Gott« sowohl die Natur der Trinität wie eine Person der Trinität meint, wo diese Unterscheidung in »Gott« nicht gemacht wird, entstehen Paradoxa, wie die z. B., daß am Kreuz Christi »Gott mit Gott streitet«, daß in der Gottverlassenheit Jesu Gott selbst verlassen und tot ist, und umgekehrt, der tote Jesus selbst Gott und der Schöpfer sei usw.

Geht man nur von »Gott« in genere aus und spricht dann von Gott in Christus und dann vom Tod Gottes am Kreuz, so wird einem der Tod selbst zum »Gottesphänomen«[90]. Das muß für den Tod Jesu am Kreuz auf Golgatha gesagt werden, kann aber nicht auf den Tod generell übertragen werden. Ist dieser Tod Jesu Gottesoffenbarung, so wird vielmehr die Liebe zum »Gottesphänomen«.

Fassen wir die Tradition kritisch zusammen, so können wir sagen:
1. Mit der Lehre von der communicatio idiomatum hat besonders Luther versucht, die geistige Sperre gegen die Wahrnehmung Gottes in Christi Tod, die von der Zwei-Naturen-Lehre ausging, zu überwinden. Die Zwei-Naturen-Lehre unterschied nach außen zwischen Gott und Mensch und zerstörte damit alle Selbstvergottungsversuche des Menschen. Die communicatio idiomatum drang unter dieser Voraus-

88. Zuerst bei *J. Porst*, Geistliche und liebliche Lieder, Berlin 1796, Nr. 114.
89. WA 50, 590, 19. Vgl. auch FC Solid. decl. VIII, 44.
90. *E. Jüngel*, aaO. 123: »Im Ereignis des Todes Gottes wird der Tod dazu bestimmt, ein Gottesphänomen zu *werden*.«

setzung in die inneren Verhältnisse zwischen Gott und Jesus ein und
durchdachte das innere Leben des Gottmenschen Christus, das den
Menschen Gottesgemeinschaft vermittelt.

2. Sie machte es möglich, Gott selbst in der Gottverlassenheit Christi zu
denken und Leiden und Sterben am Kreuz der gottmenschlichen Person
Christi zuzuschreiben. Ist die göttliche Natur in der Person des ewigen
Gottessohnes das personbildende Zentrum in Christus, so litt und starb
auch sie.

3. Wichtig ist die Unterscheidung zwischen der göttlichen Natur in
genere und der zweiten Person der Trinität in concreto, die Luther hin
und wieder vor Augen hatte, obgleich er sie nicht immer durchhielt. Er
benutzte diese Unterscheidung, um im Leiden und Sterben Christi Gott
in Person zu erkennen. Er ließ aber gelegentlich die Verhältnisse außer
acht, in die diese leidende und sterbende Gottesperson des Sohnes zu
der Person des Vaters und des Geistes in Gott tritt. D. h. er dachte in
seiner Christologie inkarnatorisch und kreuzestheologisch, aber nicht
immer entfaltet trinitarisch. Er verwendete den Namen »Gott« in genere und promiscue für a) die Natur Gottes, b) die Person des Gottessohnes und c) für die Person des Vaters und des Geistes. Weil er beton-
termaßen von Gott und Mensch, dem menschgewordenen Gott und
dem göttlich werdenden Menschen Jesus sprach, kam er zu paradoxen
Unterscheidungen zwischen Gott und Gott, dem kreuzigenden Gott
und dem gekreuzigten Gott; dem Gott, der tot ist und doch nicht tot ist,
zwischen dem offenbaren Gott in Christus und dem verborgenen Gott
über und jenseits Christi.

4. Luthers Christologie des gekreuzigten Gottes bleibt im Rahmen der
altkirchlichen Zwei-Naturen-Lehre, stellt eine wichtige Weiterentwick-
lung der communicatio idiomatum-Lehre dar und radikalisiert die Inkarnationslehre auf das Kreuz. Indem er den aus der allgemeinen Unterscheidung von Gott und Welt, sowie Gott und Mensch, gewonnenen
Gottesbegriff in seiner Christologie voraussetzte, kam er zwar in der
Kreuzestheologie zu einer nachhaltigen Veränderung dieses Gottesbegriffs, aber noch nicht zu einer entfalteten, christologischen Trinitätslehre.

5. Trinitarische Kreuzestheologie

In allen christlichen Kirchen ist das Kreuz das Unterscheidungszeichen
gegenüber anderen Religionen und Glaubensweisen. Zugleich muß man
beachten, daß in der religiösen Umwelt der Antike die Trinitätslehre
im Gottesbegriff die christliche Unterscheidungslehre gegenüber Poly-

theismus, Pantheismus und Monotheismus war. Als der Islam Klein-
asien eroberte, wurden vielerorts christliche Kirchen zu Moscheen um-
funktioniert und gegen die noch vorhandenen Christen mit der Auf-
schrift versehen: »Gott hat nicht gezeugt – Gott ist nicht gezeugt.«
Der islamische Monotheismus bekämpfte am Christentum vornehmlich
und leidenschaftlich den trinitarischen Glauben. Gehört dieser unab-
dingbar zum christlichen Gottesglauben? Gibt es einen inneren logischen Zusammenhang zwischen diesen beiden christlichen Besonderheiten: dem Glauben an den Gekreuzigten und dem Glauben an den
dreieinigen Gott? Uns beschäftigt dabei nicht, zwei christliche Traditionen ökumenisch miteinander zu vermitteln, von denen die eine besonders im Protestantismus, die andere vornehmlich in der griechischen Orthodoxie gepflegt wird. Wir fragen vielmehr: muß man, um
den »menschlichen«, den »gekreuzigten Gott« zu verstehen, Gott trinitarisch denken? Kann man umgekehrt konkret trinitarisch Gott denken,
wenn man nicht das Kreuzesgeschehen vor Augen hat?
Die Trinitätslehre erfreut sich in der Geschichte der abendländischen
Theologie keiner besonderen Bedeutung. Im Leben der Kirchen und im
Verständnis der Glaubenden scheint es schon schwierig genug zu sein,
einigermaßen redlich von »Gott« überhaupt zu sprechen. Zwar beginnen Gottesdienste mit der althergebrachten Formel »Im Namen des
Vaters, des Sohnes und des Heiligen Geistes«, und das Apostolicum
samt seinen Modernisierungen hat drei Artikel, und viele meinen, trinitarisch denken hieße, von Gott dem Schöpfer, Versöhner und Erlöser
zu sprechen.
Aber praktisch zeigen die religiösen Vorstellungen vieler Christen nur
einen schwach christianisierten Monotheismus. Doch bringt genau dieser allgemeine Monotheismus in Theologie und Glauben das Christentum heute in seine Identitätskrise. Denn dieser allgemeine religiöse
Monotheismus ist der permanente Anlaß zum Protestatheismus; – mit
Recht. K. Rahner hat auch für die protestantische Theologie recht,
wenn er bemerkt, daß heutzutage theologisch und religiös nur davon
gesprochen wird, daß »Gott« Mensch geworden ist, nicht aber, daß
»das Wort Fleisch geworden ist« (Joh. 3,16). »Man kann den Verdacht
haben, daß für den Katechismus des Kopfes und des Herzens ... die
Vorstellungen des Christen von der Inkarnation sich gar nicht ändern
müßten, wenn es keine Dreifaltigkeit gäbe.«[91] Auch die Gnadenlehre
ist faktisch monotheistisch, nicht trinitarisch. Man wird der Gnade
Gottes oder der göttlichen Natur teilhaftig. Man sagt noch, daß diese
Gnade durch Christus uns erworben sei, aber eine trinitarische Diffe-

91. *K. Rahner*, Bemerkungen zum dogmatischen Traktat »De Trinitate«, in: Schriften zur Theologie IV, 103–133, hier 105.

renzierung in Gott scheint unnötig zu sein. Nicht anders steht es mit der
Schöpfungslehre. Der Glaube an den einen Schöpfergott scheint zu genügen, – wie bei Mohammedanern. Auch in der Eschatologie spricht
man bestenfalls vom kommenden Gott und seinem Reich oder von
Gott als der absoluten Zukunft. Verständlich, daß Christus dann zum
Propheten dieser Zukunft verblaßt, der seine Funktion als Stellvertreter des jetzt abwesenden Gottes erfüllt und gehen kann, wenn Gott
selbst kommt und seine Stelle einnimmt. Die christliche Ethik endlich
stellt den Gehorsam des Menschen unter die Herrschaft Gottes und
Christi und geht selten über eine moralische Monarchie hinaus.

Im Protestantismus scheint seit Melanchthon und vollends seit Schleiermacher und der moralischen Theologie des 19. Jahrhunderts die Trinitätslehre nur als eine theologische Spekulation ohne Relevanz fürs Leben zu gelten; eine Art höheres theologisches Mysterium für Einge-
weihte. Obgleich Melanchthon später durchaus trinitarisch dachte,
wurde im 19. Jahrhundert vom liberalen Protestantismus immer nur
jenes Stück aus den Loci communes von 1521 zitiert, das dem modernen Geist so sehr entsprach:

»Die Geheimnisse der Gottheit beten wir an. Das ist richtiger, als daß wir sie erfor-
schen ... Der allgütige, allmächtige Gott hat seinen Sohn in das Gewand unseres
Fleisches gehüllt, um uns vor der Anschauung seiner göttlichen Majestät zur Betrachtung der Natur unseres Fleisches und gerade unserer Gebrechlichkeit hinzuleiten ...
Demnach besteht kein Grund dafür, viele Mühe zu verwenden auf das Verständnis
der allertiefsten Fragen, wie Gott, die Einheit seines Wesens, die Dreifaltigkeit, das
Geheimnis der Schöpfung, die Art der Menschwerdung ... Christus erkennen heißt
ja, seine Wohltaten erkennen, nicht, wie man sonst lehre, seine Naturen, die Arten
seiner Menschwerdung anschauen ... Philosophierte Paulus etwa in dem Brief an die
Römer, in welchem er eine Zusammenfassung der christlichen Lehre gibt, über die
Geheimnisse der Dreifaltigkeit, über die Art der Menschwerdung, über die aktive
und passive Schöpfung? Der Apostel stellt Gesetz, Sünde und Gnade in den Mittelpunkt.«[92]

Der reformatorische Übergang von der reinen theologischen Anschauung zur kritischen Theorie der theologischen Praxis für den Glauben
hat in der Tat zur Preisgabe der Trinitätslehre geführt, weil die Trinitätslehre allerdings in der altkirchlichen Tradition ihren Ort im Gotteslob und in der Gottesschau hatte und nicht in der Heilsökonomie[93].
Aber gehört die Trinitätslehre sachlich wirklich in die »Anschauung
der göttlichen Majestät« an sich, abgesehen von der Offenbarung Gottes durch Christus für uns, in unserer Geschichte und in unserem Fleisch?
Wenn man diese Unterscheidung macht, ist die Abkehr von der Trinitätslehre als reiner Spekulation und die Hinwendung zur uns betreffenden Geschichte von Gesetz, Sünde und Gnade richtig. Aber jene

92. Loci Communes von 1521. Melanchthons Werke, Studienausgabe ed. R. Stuppe-
rich II, 1, 1952, 7.
93. Vgl. Kap. II, 5, S. 67.

Unterscheidung ist selbst schon von Grund auf falsch. Man »philosophiert« nicht beschaulich über die Geheimnisse der Trinität, wie Melanchthon es nannte, sondern steht vor der Frage, wie man Gott im Geschehen des Kreuzes Christi verstehen soll. Das ist ein ganz anderer Problemhorizont.

Die Wendung von der reinen Theorie zur Theorie der Praxis zeigt sich ferner im gesamten neuzeitlichen Denken. Es ist nicht mehr anschauendes Denken, sondern operationelles Denken. Die Vernunft ist nicht mehr vernehmende, sondern produzierende Vernunft. Sie sucht nicht mehr in der Wirklichkeit das bleibende Wesen zu erkennen, sondern will erkennen, um zu verändern. Das moderne Denken ist ein Erzeugungs- und Arbeitsdenken. Es ist pragmatisch: Wirklichkeit ist Wirksamkeit. Theorien werden nicht an den ewigen Ideen verifiziert, sondern durch ihre Praxis und deren Resultate. Das hat, wie gezeigt, auch die Hermeneutik der Theologie im 19. Jahrhundert beherrscht. Kanon der Auslegung der biblischen und theologischen Traditionen ist nach Kant »das Praktische«. Darum erklärt er lapidar:

»Aus der Dreieinigkeitslehre, nach den Buchstaben genommen, läßt sich schlechterdings nichts fürs Praktische machen, wenn man sie gleich zu verstehen glaubte, noch weniger aber, wenn man inne wird, daß sie gar alle unsere Begriffe übersteigt.« Denn »unter Glaubenssätzen versteht man nicht, was geglaubt werden soll, (...) sondern das, was in praktischer (moralischer) Absicht anzunehmen möglich und zweckmäßig, obgleich nicht eben erweislich ist, mithin nur geglaubt werden kann«. »So ist ein solcher Glaube, weil er weder einen besseren Menschen macht, noch einen solchen beweiset, gar kein Stück der Religion.«[94]

Nach Schleiermacher müssen theologische Aussagen als Aussagen des christlichen Selbstbewußtseins möglich sein. Er stellte darum die Trinitätslehre an den Schluß seiner Glaubenslehre und damit in ihren Anhang und sagte: »Diese Lehre selbst aber in ihrer kirchlichen Form ist nicht eine unmittelbare Aussage über christliches Selbstbewußtsein, sondern nur eine Verknüpfung mehrerer solcher.«[95] Dennoch hielt sich Schleiermacher offen für eine gänzliche Neugestaltung der Trinitätslehre. »Da wir diese um so weniger für abgeschlossen halten können, als sie bei der Feststellung der evangelischen Kirche keine neue Bearbeitung erfahren hat, so muß ihr eine auf ihre ersten Anfänge zurückgehende Umgestaltung bevorstehen.«[96] Genau das muß heute versucht werden. In Gestalt der reinen Theorie der Antike ist sie uns nicht nachvollziehbar, sondern erscheint uns als reine Spekulation. Quod supra

94. *I. Kant*, Der Streit der Fakultäten, A 50, 57.
95. *Fr. Schleiermacher*, Glaubenslehre § 170.
96. Ebd. § 172. Er selbst dachte an eine Wiederaufnahme des »Sabellianismus«. Vgl. *M. Tetz*, Fr. Schleiermacher und die Trinitätslehre, Texte zur Kirchen- und Theologiegeschichte, Heft 11, 1969.

nos, nihil ad nos![97] Von Gott können wir nicht sagen, wer er an sich
und in sich selbst ist, sondern wer er für uns in der Geschichte Christi
ist, die uns in unserer Geschichte erreicht. In den Formen des neuzeitlichen, auf Erfahrung und Praxis bezogenen Arbeitsdenkens ist sie auch
nicht nachvollziehbar. Oder läßt sich aus dem, wie sich Gott zu Gott
verhält, doch etwas fürs Praktische und fürs christliche Selbstbewußtsein ausmachen? Dann müßte man die altkirchliche und traditionelle
Unterscheidung zwischen dem »Gott an sich« und dem »Gott für uns«
oder zwischen »Gott in seiner Majestät« und »Gott in der Hülle des
Fleisches Christi«, wie Luther und Melanchthon sagten, aufgeben und
müßte das Verhältnis Gottes zu Gott in der Wirklichkeit des Kreuzesgeschehens und also in unserer Wirklichkeit finden und dort bedenken.
Das käme tatsächlich einer »gänzlichen Neugestaltung der Trinitätslehre« gleich, weil dann nicht eine von Menschen getrennte göttliche
Natur, sondern die menschliche Geschichte Christi zum »Wesen« Gottes werden muß.

Warum wurde in der Tradition seit dem Mittelalter die Trinitätslehre
zur isolierten Spekulation und zur bloßen Dekoration der Dogmatik?
K. Rahner hat darauf hingewiesen, daß seit der Verdrängung der Sen-
tenzen des Petrus Lombardus durch die Summe des Thomas von Aquin
eine folgenreiche Unterscheidung in die Gotteslehre eingeführt wurde,
nämlich die auch heute noch als selbstverständlich empfundene Unterscheidung und Reihung der Traktate »De Deo uno« und dann »De Deo
triuno«. Diese Trennung und Anordnung war apologetisch gemeint.
Man begann im Gefolge des Thomas mit der Frage »An Deus sit?«
und bewies hier mit Hilfe des natürlichen Lichts der menschlichen Vernunft und der kosmologischen Gottesbeweise, daß ein Gott sei und daß
Gott einer sei. Sodann schloß man mit der gleichen Methode auf die
metaphysischen, nicht-menschlichen Eigenschaften des göttlichen Wesens. Diese Erkenntnis ordnete man der natürlichen Theologie zu. Erst
danach kam es zur Darstellung des inneren Wesens Gottes mit Hilfe
des übernatürlichen Gnadenlichtes, also zur theologia christiana, zur
theologia salvifica, zur heilsamen Gotteserkenntnis.

Im ersten Traktat sprach man von den metaphysischen Eigenschaften
Gottes an sich, im zweiten von den heilsgeschichtlichen Verhältnissen
Gottes zu uns. Auch in der protestantischen Orthodoxie wurde zuerst
eine allgemeine Gotteslehre »De Deo« geliefert und danach das »Mysterium de sancta trinitate« gelehrt. Die große griechische Theologie
der Kappadozier verstand zwar die ganze Theologie als Lehre von der

97. Zur Geschichte dieser Formel vgl. E. Jüngel, Quae supra nos, nihil ad nos. Eine
Kurzformel der Lehre vom verborgenen Gott – im Anschluß an Luther interpretiert, EvTh 32, 1972, 197–240.

Trinität. Sie machte aber den Unterschied von »immanenter Trinität« und »heilsökonomischer Trinität« und unterschied damit auf ihre Weise zwischen dem inneren Wesen Gottes und der Heilsgeschichte, wie zwischen Urbild und Abbild, Idee und Erscheinung. Auch K. Barth, der seine kirchliche Dogmatik entgegen der protestantischen Tradition des 19. Jahrhunderts nicht mit apologetischen Prolegomena oder hermeneutischen Grundregeln begann, sondern mit der Trinitätslehre, die für ihn der hermeneutische Kanon für das Verständnis des christlichen Grundsatzes »Jesus Christus der Herr« ist, hat ähnlich wie die Kappadozier zwischen der immanenten Trinität und der ökonomischen Trinität unterschieden. Alles, was Gott in Christus offenbart, das ist er »zuvor in sich selbst«. Gott entspricht sich selbst.

K. Rahner[98] hat die These aufgestellt, daß beide Unterscheidungen unangemessen seien und es heißen müsse:

1. Die Trinität *ist* das Wesen Gottes, und das Wesen Gottes *ist* die Trinität.

2. Die ökonomische Trinität *ist* die immanente Trinität, und die immanente Trinität *ist* die ökonomische Trinität.

»Gott verhält sich zu uns dreifaltig, und eben dieses dreifaltige (freie und ungeschuldete) Verhalten zu uns ist nicht nur Abbild oder eine Analogie zur inneren Trinität, sondern ist diese selbst, wenn auch als frei und gnadenhaft mitgeteilte.«[99]

Die Einheit und die Dreieinigkeit Gottes gehören also in einen Traktat zusammen. Man kann nicht erst die Einheit des Wesens Gottes darstellen und dann die drei göttlichen Personen oder Hypostasen unterscheiden, denn dann hat man im Grund vier Wesenheiten. Das Wesen Gottes wird einem dann zur Gotthypostase, so daß einem die drei Personen verzichtbar werden und man monotheistisch denkt.

Bevor wir hier weiterdenken, müssen wir uns aber nach dem konkreten Ort umsehen, an welchem das trinitarische Denken überhaupt notwendig wird. Sonst könnten diese Überlegungen leicht zu einer Neuauflage traditioneller Lehre unter den veränderten Verhältnissen der Neuzeit führen, nur um einer einmal vorhandenen Tradition willen. Jede Neubearbeitung der Trinitätslehre muß, wie Schleiermacher mit Recht sagte, »eine auf ihre ersten Anfänge zurückgehende Umgestaltung« sein. Der Ort der Trinitätslehre ist nicht das »Denken des Denkens«, sondern das Kreuz Jesu. »Begriffe ohne Anschauung sind leer« (Kant). Die Anschauung des trinitarischen Gottesbegriffes ist das Kreuz Jesu. »Anschauungen ohne Begriffe sind blind« (Kant). Der theologische Begriff der Anschauung des Gekreuzigten ist die Trini-

---

98. *K. Rahner*, aaO. 115 ff.
99. Ebd. 125.

tätslehre. Das Materialprinzip der Trinitätslehre ist das Kreuz Christi.
Das Formalprinzip der Kreuzeserkenntnis ist die Trinitätslehre. Wo
liegen die ersten Anfänge? Bekanntlich kommt im Neuen Testament
eine ausgeführte Trinitätslehre nicht vor. Sie ist erst in den altkirchlichen Auseinandersetzungen über die Einheit Christi mit Gott selbst
entstanden. Ich glaube, daß B. Steffen in seinem längst vergessenen
Buch »Das Dogma vom Kreuz. Beitrag zu einer staurozentrischen
Theologie« (1920) etwas ganz Erstaunliches gesehen hat:

> »Nicht die spärlichen trinitarischen Formeln des Neuen Testamentes, sondern das
> durchgehende, einheitliche Zeugnis vom Kreuz ist der Schriftgrund für den christ-
> lichen Glauben an den dreieinigen Gott, und der kürzeste Ausdruck für die Trinität
> ist die göttliche Kreuzestat, in welcher der Vater den Sohn sich durch den Geist opfern
> läßt.«[100]

Wir wollen diese These prüfen, nach der Kreuzestheologie Trinitätslehre und Trinitätslehre Kreuzestheologie sein muß, weil anders der
menschliche, gekreuzigte Gott nicht voll wahrgenommen werden
kann[101].

Was ist am Kreuz Christi zwischen Christus und dem Gott, den er seinen Vater nannte und als »nahe herbeigekommen« den verlassenen
Menschen verkündete, geschehen? Nach Paulus und Markus wurde
Jesus selbst von eben diesem Gott, seinem Vater, verlassen und starb
mit dem Schrei der Gottverlassenheit.

> »Der Satz, daß Gott seinen Sohn preisgibt, gehört zu den unerhörtesten Aussagen des
> Neuen Testaments; wir müssen das ›dahingeben‹ im Vollsinn verstehen und es
> nicht zu ›Sendung‹ oder ›Geschenk‹ abschwächen. Hier ist das geschehen, was Abra-
> ham an Isaak nicht zu tun brauchte (vgl. Röm. 8,32): Christus wurde vom Vater in
> voller Absicht dem Schicksal des Todes überlassen; Gott hat ihn hinausgestoßen unter
> die Mächte des Verderbens, ob diese nun Mensch oder Tod heißen. Um den Gedanken
> in höchster Schärfe zum Ausdruck zu bringen, könnte man mit den Worten der alt-
> kirchlichen Dogmatik sagen: die erste Person der Trinität verstößt und vernichtet die
> zweite ... Hier kommt theologia crucis zur Sprache, wie sie radikaler nicht sein
> kann.«[102]

Wir beginnen darum mit einer theologischen Interpretation der Verlas-
senheitsaussagen.

Das Wort für hingeben – παραδιδόναι – hat in den Passionsgeschichten,
die Jesu Tod im Lichte seines gelebten Lebens darstellen, einen eindeutig negativen Klang. Es bedeutet: übergeben, hingeben, ausliefern, verraten, verstoßen, töten. Auch in der paulinischen Theologie tritt die
Wendung »dahingegeben« (Röm. 1,18 ff) als Ausdruck für den Zorn

---

100. AaO. 152. Vgl. dazu *H. Mühlen*, aaO. 33, der auch an B. Steffen anknüpft.
101. *H. Urs von Balthasar*, aaO. 223: »Nur als Handeln des dreieinigen Gottes wird
das Ärgernis des Kreuzes für den Glaubenden ertragbar, ja zum einzigen, worin er
sich rühmen kann.«
102. *W. Popkes*, Christus Traditus. Eine Untersuchung zum Begriff der Dahingabe
im Neuen Testament, 1967, 286 f.

und das Gericht Gottes und also für die Verlorenheit des Menschen auf. Gottes Zorn über die Gottlosigkeit der Menschen wird darin offenbar, daß er sie an ihre Gottlosigkeit und Unmenschlichkeit »dahingibt«. Nach israelitischem Verständnis liegen Schuld und Strafe in ein und demselben Geschehen. So ist es auch hier: Menschen, die Gott verlassen, werden von Gott verlassen. Gottlosigkeit und Gottverlassenheit **sind zwei Seiten** desselben Geschehens. Die Heiden verwandeln die Herrlichkeit des unsichtbaren Gottes in ein Bild gleich dem vergänglichen Wesen – »und Gott gibt sie dahin an ihres Herzens Gelüste« (Röm. 1,24 par. 1,26 und 1,28). Das Gericht liegt darin, daß Gott die Menschen an ihr selbstgewähltes Verderben dahingibt und sie in ihrer Verlassenheit verläßt. Es ist nicht so, daß Paulus den Sündern, ob Juden oder Heiden, mit einem fernen Gericht droht, er sieht den Zorn Gottes vielmehr »jetzt« schon offenbar werden in der unmenschlichen Abgötterei der Heiden und der unmenschlichen Werkgerechtigkeit der Juden. Schuld und Strafe sind nicht zeitlich und juristisch auseinandergelegt. Paulus sieht in der Gottverlassenheit der gottlosen Götzendiener jetzt schon die Offenbarung des Zornes Gottes, also das sich vollstreckende Gericht[103]. In dieser Situation (Röm. 1,18) verkündet er die rettende Gottesgerechtigkeit im gekreuzigten Christus. Wie aber kann in dem gottverlassenen Gekreuzigten Rettung und Befreiung für die gottverlassenen Menschen liegen?

Eine radikale Umkehrung des Sinnes von »dahingegeben« bringt Paulus, wenn er die Gottverlassenheit Jesu nicht im historischen Kontext seines Lebens, sondern im eschatologischen Kontext seiner Auferweckung erkennt und verkündet. Röm. 8,31 und 32 heißt es: »Ist Gott für uns, wer mag wider uns sein? Der auch seines eignen Sohnes nicht verschont hat, sondern ihn für uns alle dahingegeben hat? Wie sollte er uns mit ihm nicht alles schenken?« Danach hat Gott seinen eigenen Sohn dahingegeben, verlassen, verstoßen und dem Fluchtod ausgeliefert. Noch stärker sagt Paulus: »Er hat ihn für uns zur Sünde gemacht« (2. Kor. 5,21) und: »Er wurde zum Fluch für uns« (Gal. 3,13). In der totalen, ausweglosen Verlassenheit Jesu von seinem Gott und Vater sieht Paulus also die Hingabe des Sohnes durch den Vater für die gottlosen und gottverlassenen Menschen. Indem Gott seinen Sohn »nicht verschont«, liegt darin eine Verschonung aller Gottlosen. Sie sind als Gottlose gerade darum nicht gottverlassen, weil Gott seinen eigenen Sohn verlassen und für sie dahingegeben hat. Darum liegt in der Hingabe des Sohnes an die Gottverlassenheit der Grund für die Rechtfertigung der Gottlosen und die Annahme der Feinde durch Gott.

---

103. Vgl. dazu G. *Bornkamm*, Die Offenbarung des Zornes Gottes, in: Das Ende des Gesetzes, 1952, 9–33.

So kann man sagen: Der Vater gibt seinen Sohn am Kreuz dahin, um der Dahingegebenen Vater zu werden. Der Sohn wird an diesen Tod dahingegeben, um über Tote und Lebendige der Herr zu werden. Und wenn Paulus hier betont von Gottes »eigenem Sohn« spricht, so ergreift jenes Nicht-Verschonen und Verlassen auch den Vater selbst. In der Verlassenheit des Sohnes verläßt auch der Vater sich selbst. In der Hingabe des Sohnes gibt auch der Vater sich hin, jedoch nicht in derselben Weise. Denn Jesus erleidet das Sterben in Verlassenheit, nicht aber den Tod selbst, denn den Tod kann man nicht mehr »erleiden«, weil Leiden Leben voraussetzt. Der Vater aber, der ihn verläßt und hingibt, erleidet den Tod des Sohnes im unendlichen Schmerz der Liebe. Man kann hier also nicht patripassianisch sagen, daß auch der Vater gelitten habe und gestorben sei. Das Leiden und Sterben des Sohnes in der Verlassenheit durch den Vater ist ein anderes Leiden als das Leiden des Vaters am Tod des Sohnes. Der Tod Jesu ist darum auch nicht einfach theopaschitisch als der »Tod Gottes« zu verstehen. Man muß, um zu begreifen, was zwischen Jesus und seinem Gott und Vater am Kreuz geschehen ist, trinitarisch reden. Der Sohn erleidet das Sterben, der Vater erleidet den Tod des Sohnes. Der Schmerz des Vaters ist dabei von gleichem Gewicht wie der Tod des Sohnes. Der Vaterlosigkeit des Sohnes entspricht die Sohneslosigkeit des Vaters, und wenn sich Gott als Vater Jesu Christi konstituiert hat, dann erleidet er im Tod des Sohnes auch den Tod seines Vaterseins. Anders hätte die Trinitätslehre noch einen monotheistischen Hintergrund.

In Gal. 2,20 begegnet die Hingabe-Formel auch mit Christus als ihrem Subjekt: ». . . der Sohn Gottes, der mich geliebt hat und sich selbst für mich dahingegeben hat.« Danach gibt nicht allein der Vater Jesus zum gottverlassenen Sterben am Kreuz dahin, sondern der Sohn gibt sich auch selbst dahin. Das entspricht der synoptischen Darstellung der Passionsgeschichte, nach der Jesus bewußt und willentlich den Leidensweg antrat und vom Tod keineswegs wie von einem bösen, unglücklichen Geschick überfallen wurde. Theologisch ist es wichtig, daß die Hingabe-Formel bei Paulus sowohl mit dem Vater wie mit dem Sohn als Subjekt begegnet, denn es wird damit eine tiefe Willenskonformität von Vater und Sohn im Kreuzesgeschehen ausgedrückt, wie auch die Gethsemanegeschichte berichtet. Diese tiefe Willensgemeinschaft zwischen Jesus und seinem Gott und Vater wird nun aber gerade am Punkt ihrer tiefsten Trennung, im gottverlassenen und verfluchten Sterben Jesu am Kreuz ausgedrückt. Wenn im Kreuzestod sowohl historisch Gottverlassenheit wie eschatologisch Hingabe gesehen wird, so liegt in diesem Geschehen zwischen Jesus und seinem Vater Gemeinschaft im Getrenntsein und Getrenntsein in der Gemeinschaft vor.

Schon Paulus hat, wie Röm. 8,32 und Gal. 2,20 zeigen, die Gottverlassenheit Jesu als Hingabe und die Hingabe als Liebe bezeichnet. Die johanneische Theologie faßt das in den Satz zusammen: »Also hat Gott die Welt geliebt, daß er seinen eingeborenen Sohn dahingab, auf daß alle, die an ihn glauben, nicht verloren werden, sondern das ewige Leben haben« (3,16). Und der 1. Johannesbrief sieht in diesem Geschehen der Liebe am Kreuz Christi die Existenz Gottes selbst: »Gott ist Liebe« (4,16). D. h. Gott liebt nicht nur, wie er auch zürnt, erwählt und verwirft. Er *ist* Liebe, d. h. er existiert in Liebe. Er konstituiert seine Existenz im Geschehen dieser Liebe. Er existiert als Liebe im Kreuzesgeschehen. In alten systematischen Begriffen läßt sich darum wohl im Blick auf die Willensgemeinschaft des Vaters und des Sohnes im Kreuz auch von einer Wesensgemeinschaft, von einer Homousie, reden. Nur enthält die Einheit nicht nur Wesensgleichheit, sondern die ganze und volle Differenz und Ungleichheit des Kreuzesgeschehens in sich. Im Kreuz sind Vater und Sohn in der Verlassenheit aufs tiefste getrennt und zugleich in der Hingabe aufs innigste eins[104]. Was aus diesem Geschehen zwischen Vater und Sohn hervorgeht, ist der Geist, der Gottlose rechtfertigt, Verlassene mit Liebe erfüllt und selbst die Toten lebendig machen wird, da auch ihr Totsein sie nicht von jenem Geschehen des Kreuzes ausschließen kann, sondern der Tod in Gott auch sie einschließt.

Wir haben damit für das Verständnis des Geschehens am Kreuz zwischen Jesus und seinem Gott und Vater schon trinitarische Wendungen gebraucht. Wollte man das Geschehen im Rahmen der Zwei-Naturen-Lehre darstellen, so könnte man nur den einfachen Gottesbegriff verwenden (esse simplex). Man müßte dann sagen: Was am Kreuz geschah, war ein Geschehen zwischen Gott und Gott. Es war eine tiefe Spaltung in Gott selbst, sofern Gott Gott verlassen hat und sich widersprach, und zugleich eine Einheit in Gott, sofern Gott mit Gott einig war und sich selbst entsprach. Man müßte dann paradox formulieren: Gott starb den gottlosen Tod am Kreuz und starb doch nicht. Gott ist tot und ist doch nicht tot. Wenn man nur den einfachen Gottesbegriff aus der Zwei-Naturen-Lehre verwenden kann, wird man immer, wie die Tradition zeigt, geneigt sein, ihn auf die Person des Vaters zu beschränken, die Jesus verläßt und aufnimmt, hingibt und auferweckt, würde damit das Kreuz um die Gottheit »entleeren«. Läßt man aber jeglichen vorausgesetzten und aus der Metaphysik beschafften Gottesbegriff zunächst draußen, so muß man von dem sprechen, den Jesus »Vater« nannte und in Bezug auf welchen er sich als »der Sohn« verstand. Dann versteht man die Tödlichkeit des Geschehens zwischen dem verlassenden Vater und dem verlassenen Sohn und umgekehrt die

---

104. *H. Mühlen,* aaO. 32.

Lebendigkeit dieses Geschehens zwischen dem liebenden Vater und dem liebenden Sohne. Der Sohn erleidet an seiner Liebe die Verlassenheit vom Vater in seinem Sterben. Der Vater erleidet an seiner Liebe den Schmerz des Todes des Sohnes. Was aus dem Geschehen zwischen dem Vater und dem Sohn hervorgeht, muß dann als der Geist der Hingabe des Vaters und des Sohnes verstanden werden, als der Geist, der den verlassenen Menschen Liebe schafft, als der Geist, der das Tote lebendig macht. Es ist die unbedingte und darum grenzenlose Liebe, die aus dem Schmerz des Vaters und dem Sterben des Sohnes hervorgeht und über die verlassenen Menschen kommt, um ihnen die Möglichkeit und Kraft des neuen Lebens zu schaffen. Die Zwei-Naturen-Lehre muß das Kreuzesgeschehen statisch als Wechselbeziehung zwischen zwei qualitativ verschiedenen Naturen verstehen, der leidensunfähigen göttlichen und der leidensfähigen menschlichen Natur. Wir haben hier das Kreuzesgeschehen trinitarisch als Beziehungsgeschehen zwischen Personen interpretiert, in welchem diese Personen sich in ihrem Verhältnis zueinander konstituieren. Wir haben damit im Kreuzesgeschehen nicht nur eine Person der Trinität leiden gesehen, als wäre die Trinität vorher in sich selbst, in der göttlichen Natur vorhanden. Wir haben also den Tod Jesu nicht als ein gottmenschliches Geschehen interpretiert, sondern als ein trinitarisches Geschehen zwischen dem Sohn und dem Vater. In der Beziehung zu seinem Vater steht nicht die Göttlichkeit und die Menschlichkeit Christi und ihr Verhältnis zueinander in Frage, sondern der ganzheitliche, personale Aspekt der Sohnschaft Jesu. Dieser Ansatzpunkt ist gegenüber der Tradition neu. Er überwindet die Dichotomie zwischen immanenter und ökonomischer Trinität, sowie zwischen der Natur Gottes und seiner inneren Dreieinigkeit. Er macht das trinitarische Denken um der vollen Wahrnehmung des Kreuzes Christi willen notwendig.

Der Glaube versteht das historische Geschehen zwischen dem verlassenden Vater und dem verlassenen Sohn am Kreuz eschatologisch als Geschehen zwischen dem liebenden Vater und dem geliebten Sohne im präsenten Geist der lebenschaffenden Liebe.

Wenn man das Kreuz Jesu als Gottesgeschehen, d. h. als Geschehen zwischen Jesus und seinem Gott und Vater versteht, so wird man genötigt, trinitarisch vom Sohn und vom Vater und vom Geist zu sprechen. Die Trinitätslehre ist dann keine unerschwingliche und unpraktische Gottesspekulation mehr, sondern nichts anderes als die Kurzfassung der Passionsgeschichte Christi in ihrer Bedeutung für die eschatologische Freiheit des Glaubens und des Lebens der bedrängten Natur. Sie bewahrt den Glauben vor dem Monotheismus ebenso wie vor dem Atheismus, weil sie den Glaubenden beim Kreuz festhält. Der Inhalt der Trinitätslehre ist das reale Kreuz Christi selbst. Die Form des Gekreuzigten ist die Trinität. Was ist dann das Heil? Nur wenn alles Unheil, die Gottverlassenheit, der absolute Tod, der unendliche Fluch der Verdammnis und das Versinken im Nichts in Gott selbst ist, ist die Gemeinschaft mit diesem Gott das ewige Heil, die unendliche Freude, die unzerstörbare Erwählung und das göttliche Leben. Die »Entzweiung« in Gott muß den ganzen Aufruhr der Geschichte in sich enthalten. In ihr muß man die Verstoßung, den Fluch und das endgültige Nichts selber erkennen. Zwischen dem Vater und dem Sohn steht das Kreuz in seiner ganzen Härte der Verlassenheit. Bezeichnet man das innere trinitarische Leben Gottes als »die Geschichte Gottes« (Hegel), so hat diese Geschichte Gottes den ganzen Abgrund der Gottverlassenheit, des absoluten Todes und des Nicht-Gottes in sich. »Nemo contra Deum nisi Deus ipse.« Weil in der Geschichte zwischen Vater und Sohn am Kreuz auf Golgatha eben dieser Tod geschehen ist, geht aus dieser Geschichte der Geist des Lebens, der Liebe und der Erwählung zum Heil hervor. Die im Kreuzestod Jesu auf Golgatha konkrete »Geschichte Gottes« hat darum alle Tiefen und Abgründe der menschlichen Geschichte in sich und kann darum als die Geschichte der Geschichte verstanden werden. Alle menschliche Geschichte, wie sehr sie von Schuld und Tod bestimmt sein mag, ist in dieser »Geschichte Gottes«, d. h. in der Trinität, aufgehoben und in die Zukunft der »Geschichte Gottes« integriert. Es gibt kein Leiden, das in dieser Geschichte Gottes nicht Gottes Leiden, es gibt keinen Tod, der nicht in der Geschichte auf Golgatha Gottes Tod geworden wäre. Darum gibt es auch kein Leben, kein Glück und keine Freude, die nicht durch seine Geschichte in das ewige Leben, die ewige Freude Gottes integriert werden. »Gott in der Geschichte« zu denken, führt immer zum Theismus und zum Atheismus. Die »Geschichte in Gott« zu denken, führt darüber hinaus: in die neue Schöpfung und in die Theopoiesis. Die »Geschichte in Gott zu denken« aber heißt zuerst, Menschsein in Teilnahme am Leiden und Sterben Christi zu verstehen, und zwar das ganze Menschsein mit allen seinen Aporien und Unheimlichkeiten.

Welchen Sinn hat es dann aber, von »Gott« zu reden? Ich denke, die Einheit der spannungsvollen und dialektischen Geschichte von Vater und Sohn und Geist im Kreuz auf Golgatha läßt sich dann – nachträglich sozusagen – als »Gott« bezeichnen. Trinitarische Kreuzestheologie interpretiert das Kreuzesgeschehen dann nicht mehr im Rahmen und im Namen eines vorausgesetzten metaphysischen oder moralischen Gottesbegriffs – wir haben gezeigt, daß das dem Kreuz nicht gerecht wird, sondern es entleert –, sondern entfaltet, was unter »Gott« zu verstehen ist, aus dieser Geschichte. Wer christlich von Gott redet, muß die Geschichte Jesu als Geschichte zwischen dem Sohn und dem Vater erzählen. Mit »Gott« ist dann nicht eine andere Natur oder eine himmlische Person oder eine moralische Instanz gemeint, sondern tatsächlich ein »Geschehen«[105]. Nur ist es nicht das Geschehen der Mitmenschlichkeit, sondern das Golgathageschehen, das Geschehen der Liebe des Sohnes und des Schmerzes des Vaters, aus dem der zukunftseröffnende, lebenschaffende Geist entspringt.

Gibt es dann keinen »persönlichen Gott«? Wenn mit »Gott« ein Geschehen gemeint ist, kann man dann zu ihm beten? Zu einem »Geschehen« kann man nicht beten. In der Tat gibt es dann keinen »persönlichen Gott« als eine in den Himmel projizierte Person. Aber es gibt Personen in Gott, den Sohn, den Vater und den Geist. Sodann betet man nicht einfach zu Gott als einem himmlischen Du, sondern *in* Gott. Man betet nicht zu einem Geschehen, sondern *in* diesem Geschehen. Man betet durch den Sohn zum Vater im Geist. In der Bruderschaft Jesu wird dem Beter die Vaterschaft seines Vaters zugänglich und der Geist der Hoffnung empfangen. Erst damit wird der christliche Charakter des Gebetes klar. Das Neue Testament hat im christlichen Gebet sehr sauber zwischen dem Sohn und dem Vater unterschieden. Wir sollten das aufnehmen, um nicht mehr so undifferenziert einfach von »Gott« zu reden und damit dem Atheismus Tor und Tür zu öffnen.

»Gott *ist* Liebe«, sagt der 1. Joh. 4,16. Und so kann die Trinitätslehre nach allem Gesagten auch als Interpretation des Grundes, des Geschehens und der Erfahrung jener Liebe verstanden werden, in der der zum Tod Verurteilte die neue Möglichkeit zum Leben findet, weil er in ihr die Gnade der Unmöglichkeit des Todes der Verstoßung gefunden hat. Es ist nicht die Interpretation der Liebe als Idee, als Himmelsmacht oder als Gebot, sondern der Liebe als Geschehen in einer lieblosen, gesetzlichen Welt: des Geschehens einer zuvorkommenden, unbedingten und grenzenlosen Liebe, die jeden Ungeliebten und Verlassenen, Ungerechten wie Rechtlosen ergreift und ihm eine neue Identität schenkt, ihn also von den Normen der gesellschaftlichen Identifikationen und von den Hütern der gesellschaftlichen Normen und Götzenbildern befreit. Was Jesus in der Bergpredigt als Feindesliebe geboten hat, ist im Kreuz durch Jesu Sterben und den Schmerz des Vaters in der Kraft des Geistes für die Gottlosen und Lieblosen geschehen. So wie die bedingungslose Liebe Jesu zu den Verworfenen die Pharisäer zu seinen Feinden machte und ihn ans Kreuz brachte, so bedeutet bedingungslose Liebe auch Feindschaft und Verfolgung in einer Welt, in

---

105. Ich nehme diesen Ausdruck von *H. Braun* auf. Nach seinem griechischen Gottesverständnis »geschieht« Gott (genauer: das Göttliche) dort, wo ein Mensch dem anderen hilft. Das läßt sich jedoch nur auf eine sehr lockere Weise zum christlichen Verständnis des hl. Geistes heranziehen und fällt rasch dem Vulgärritschlianismus anheim.

der das Leben von Menschen von bestimmten sozialen Normen, Bedingungen und Leistungen abhängig gemacht wird. Zuvorkommende und Bedingungen außer Kraft setzende Liebe ist Torheit und Ärgernis in dieser Welt. Wenn aber der Glaubende darin seine Freiheit und die neue Möglichkeit seines Lebens erfährt, daß ihn selbst, den Lieblosen und Ungeliebten, im Kreuz Christi die Liebe Gottes mitten in seinem Elend erreicht, wie muß dann die entsprechende Theologie diese Liebe denken? Es ist dann eine Liebe, die sich ihre eigenen Bedingungen schafft, da sie ja nicht auf die Bedingungen der Lieblosigkeit und des Gesetzes eingehen kann. Sie kann ferner Liebe und Gegenliebe nicht befehlen. Da sie befreien will, ist sie auf Freiheit angewiesen. Sie kann also die Sklaverei und die Feindschaft nicht verbieten, sondern muß an diesem Widerspruch leiden und kann nur den Schmerz an diesem Widerspruch und den Schmerz des Protestes dagegen auf sich nehmen und diesen Schmerz im Protest offenbaren. Eben das ist im Kreuz Jesu geschehen. Gott ist bedingungslose Liebe, weil er den Schmerz am Widerspruch der Menschen auf sich nimmt und den Widerspruch nicht zornig niederschlägt. Gott läßt sich verdrängen. Gott leidet, Gott läßt sich kreuzigen und wird gekreuzigt, und vollendet darin seine bedingungslose und hoffnungsvolle Liebe. Das aber heißt: er wird im Kreuz zur Bedingung dieser Liebe selbst. Der liebende Vater entspricht sich im liebenden Sohn und schafft im Geist Entsprechungen der Liebe im widersprechenden Menschen. Man kann dem Faktum dieser Liebe widersprechen. Man kann sie kreuzigen, aber sie erfüllt sich gerade darin, und sie wird darin zur Feindesliebe. Ihr Leiden erweist sich gerade so stärker als der Haß. Ihre Kraft ist in dieser Schwachheit mächtig und wird durch ihren Schmerz ihrer Feinde mächtig, weil sie auch noch ihren Feinden das Leben erhält und der Veränderung die Zukunft öffnet. Gerade wenn der Glaube in seiner erfahrenen Befreiung das Kreuzesgeschehen als Geschehen der Liebe des Sohnes und des Schmerzes des Vaters begreift, also als ein Geschehen zwischen Gott und Gott, also als innertrinitarisches Geschehen, vernimmt er das befreiende Wort der Liebe, die neues Leben schafft. Durch den Tod des Sohnes wird er in den Schmerz des Vaters hineingezogen und erfährt eine Befreiung, die in dieser vergotteten und gesetzlichen Welt ein Novum ist, die selbst noch gegenüber der anfänglichen Schöpfung der Welt ein Novum darstellt. Er wird nämlich in das innere Leben Gottes hineingezogen, wenn er im Kreuz Christi die Liebe Gottes zu den Gottlosen, den Feinden erfährt, sofern die Geschichte Christi das innere Leben Gottes selbst ist. Er lebt dann, wenn er in dieser Liebe lebt, in Gott und Gott in ihm. Er lebt, wo er in dieser Freiheit lebt, in Gott und Gott in ihm. Denkt man die Dreieinigkeit als Geschehen der Liebe im Leiden und im Tode Jesu – und das muß der Glaube tun –, dann ist die Trinität kein in

sich geschlossener Kreis im Himmel, sondern ein für die Menschen of-
fener eschatologischer Prozeß auf der Erde, der vom Kreuz Christi
ausgeht. Durch das profane Kreuz auf Golgatha, verstanden als offene
Verwundbarkeit und als Liebe Gottes zu lieblos-ungeliebten Unmenschen, ist Gottes Sein und Gottes Leben offen für den wahren Menschen. Es gibt bei Gott kein »Draußen vor der Tür« (W. Borchert),
wenn Gott doch selbst der ist, der draußen vor dem Tor auf Golgatha
für diejenigen starb, die draußen sind.

Zum Schluß dieses Kapitels müssen wir den entwickelten christlichen
Begriff des trinitarischen Gottesgeschehens am Kreuz Jesu in Beziehung
zu den Problemen des Theismus und des Atheismus setzen.

6. Jenseits von Theismus und Atheismus

Theismus und Atheismus gehen in ihrer gegenseitigen Bekämpfung davon aus, daß Gott und Mensch im Grunde eines Wesens sind. Was man
darum Gott zuschreibt, muß man dem Menschen genommen haben,
und was man umgekehrt dem Menschen zuschreibt, muß man Gott genommen haben[106]. Der Theismus denkt Gott auf Kosten des Menschen als ein übermächtiges, vollkommenes und unendliches Wesen[107].
Folglich erscheint hier der Mensch als ein ohnmächtiges, unvollkommenes und endliches Wesen. Es läßt sich historisch gut zeigen, daß die
christliche Kirche zwar die antike Welt mit ihrer Gottesverkündigung
gewann, daß dann aber spätestens seit Justinian die Caesaren in der
Kirche siegten. Das zeigt sich im Gottesbegriff darin, daß nun Gott
nach dem Bilde der ägyptischen Pharaonen, der persischen Großkönige
und der römischen Imperatoren verstanden wurde[108]. Die Kirche gab
Gott jene Attribute, die vormals exklusiv dem Caesar gehörten. Sie
stellte damit zwar die Caesaren unter die Autorität Gottes, und das
war kritisch gemeint, sie formulierte aber die Autorität Gottes nach
dem Bilde der Caesaren, und das war nur affirmativ gemeint. Die
große Entstehungszeit der theistischen Philosophie und Theologie, die
im Grunde zum Islam führte, hat auf drei Linien gedacht: 1. Gott im

106. So L. Feuerbach, Das Wesen des Glaubens im Sinne Luthers, ed. 1970, 2: »Jedem Mangel im Menschen steht eine Vollkommenheit in Gott gegenüber: Gott ist und
hat gerade das, was der Mensch nicht ist und hat. Was man Gott beilegt, wird dem
Menschen abgesprochen und umgekehrt, was man dem Menschen gibt, entzieht man
Gott ... Je weniger Gott ist, desto mehr ist der Mensch; je weniger der Mensch,
desto mehr Gott.«
107. So mit Recht R. Weth, Heil im gekreuzigten Gott, EvTh 31, 1971, 227 ff.
108. Vgl. E. Peterson, Monotheismus als politisches Problem.

Bilde des imperialen Herrschers, 2. Gott im Bilde der Personifikation der moralischen Energie und 3. Gott im Bilde des letzten philosophischen Prinzips[109]. Doch sind diese drei Bilder, gemessen am Ursprung des christlichen Glaubens im Gekreuzigten, Götzenbilder. Dieser Theismus erfüllt den religiösen Tatbestand der Idolatrie. Denn, wie Whitehead sich ausdrückt, »es gab im galiläischen Ursprung des Christentums eine andere Vorstellung, die nicht gut in diese drei Hauptströme des theistischen Denkens paßt. Sie betont nicht den herrschenden Caesar oder den unbarmherzigen Moralisten oder den unbewegten Beweger. Sie beruht auf schwächeren (tender, auch: zärtlichen) Elementen in der Welt, die langsam und in der Stille durch Liebe wirken. Liebe herrscht nicht, noch ist sie unbewegt, noch ist sie moralisch und gesetzlich. Sie sieht nicht in die Zukunft, sondern findet ihren Lohn und Sinn in ihrer eigenen Gegenwart«[110].

Kann mit Whitehead der Theismus in politischer, moralischer und philosophischer Hinsicht als Idolatrie bezeichnet werden, so heißt das umgekehrt, daß er den Menschen von seiner Menschlichkeit abbringt und ihn von seiner Freiheit, seiner Freude und seinem wahren Sein entfremdet. »Ist der Mensch frei, so gibt es keinen solchen Gott; gibt es einen solchen Gott, so ist der Mensch nicht frei«, lautet darum die Alternative gegenüber einem solchen hypostasierten Idol.

Ein Gott, der in seiner Allmacht, Vollkommenheit und Unendlichkeit auf Kosten des Menschen gedacht wird, kann nicht der Gott sein, der im Kreuz Jesu Liebe ist, der menschlich begegnet, um unglücklichen und stolzen Göttern ihre verlassene Menschlichkeit wiederzubringen, der »arm wird, um viele reich zu machen«. Gott auf Kosten des Menschen gedacht, kann nicht der Vater Jesu Christi sein. Zinzendorf hat das richtig gesehen, als er die »gesetzliche und knechtische Gemüthssituation des menschlichen Geschlechts gegen Gott« anklagte. »Die sogenannte Christenheit hat die fürchterliche Idee von Gott behalten und die Idee vom Lamm, von Seinem Verdienst und Seinem Tod ausgemerzt.«[111] Die Absage an den unmenschlichen Gott, an einen Gott ohne Jesus, ist für den befreiten Glaubenden um des Kreuzes willen unerläßlich. Hier liegt das Recht des »christlichen Atheismus«.

109. *A. N. Whitehead*, Process and Reality, 1960, 519 f.
110. Ebd. 520: »There is, however, in the Galilean origin of Christianity yet another suggestion which does not fit well with any of the three main strands of thought. It does not emphasize the ruling Caesar, or the ruthless moralist, or the unmoved mover. It dwells upon the tender elements in the world, which slowly and in quietness operate by love; and it finds purpose in the present immediacy of a kingdom not of this world. Love neither rules, nor is it unmoved; also it is a little oblivious as to morals. It does not look to the future; for it finds its own reward in the immediate present.«
111. Zit. nach *R. Weth*, aaO. 232. Vgl. dazu auch *E. Beyreuther*, Christozentrismus und Trinitätsauffassung bei Zinzendorf, EvTh 21, 1961, 28–47.

Der gegen jenen politischen, moralischen und philosophischen Theismus
rebellierende Atheismus ist aber besonders in der Neuzeit so lange
selbst nichts anderes als ein Theismus mit umgekehrtem Vorzeichen,
wie er sich nicht von seinem Gegner löst. Er denkt den Menschen auf
Kosten Gottes als ein mächtiges, vollkommenes und unendliches und
schöpferisches Wesen. Er macht »den Menschen zum höchsten Wesen
für den Menschen« (Marx) und wendet zum Zwecke der Menschwerdung des Menschen alle alten theistischen Gottesprädikate auf den
Menschen an: Nicht Gott schuf den Menschen nach seinem Bilde, sondern der Mensch schafft sich seine Götter nach seinem Bilde. Der
Mensch ist Grund und Schöpfer seiner selbst (causa sui)[112]. Die
Menschheit ist in ihrer Ganzheit vollkommen und unendlich. Je mehr
der humanistische Atheismus den theistischen Gott politisch, moralisch
und philosophisch entthront, um so mehr hebt er den mit den enteigne-
ten Hoheitszeichen Gottes geschmückten Menschen auf den Thron.
»Die Eigenschaften werden Gott, dem nicht Sagbaren, abgenommen,
fallen zurück an Schöpfung, an Liebe und Tod . . . Alles tief und innig
Hiesige, das die Kirche ans Jenseits veruntreut hat, kommt zurück, alle
Engel entschließen sich lobsingend zur Erde«, das ist die Botschaft Rilkes in den Duineser Elegien und den Sonetten an Orpheus[113]. Die
»frohe Botschaft vom Tod Gottes« soll auch in der amerikanischen
Gott-ist-tot-Bewegung zur »befreiten Menschheit« führen, weil sie
vom fremden, feindlichen, anderen Gott befreit[114].
Atheismus ist nach Feuerbach die Preisgabe eines von der Welt und
vom Menschen getrennten, außerhalb der Welt hockenden Gottes[115].
Wird aber dieser theistische Gott preisgegeben, wo ist er dann? Wird
nicht die mit dem theistischen Gott mitgedachte Machtposition beibe-
halten? – Gott ist dann der zu sich gekommene Mensch selbst, und
der Mensch selbst ist dann Gott. Gott und Mensch sind dann nicht mehr
getrennt und religiös voneinander entfremdet, sondern eines Wesens.
Dieser antitheistische Atheismus führt unausweichlich zum Anthropotheismus, zur Vergottung des Menschen, der Menschheit und jener Parteien, die beanspruchen, als Kader die nicht-entfremdete, göttliche
Menschheit im Reich der Entfremdung zu vertreten. Ist für diesen
Atheismus zuletzt der »Mensch des Menschen Gott«, so mag das als
Ideal gegen den Zustand, wo der Mensch des Menschen Wolf ist, moralisch schön sein. 100 Jahre Erfahrung mit diesem Anthropotheismus
haben aber gezeigt, daß auch diese Menschengötter des Menschen Wolf

112. *M. Heidegger*, Die Zeit des Weltbildes, in: Holzwege, 1957³, 69 ff.
113. Dazu *R. Guardini*, Zu R. M. Rilkes Deutung des Daseins, 1946, 21.
114. *Th. Altizer*, The Gospel of Christian Atheism, 1966.
115. Vgl. dazu *K. Löwith*, Die Hegelsche Linke, 1962, 228: »Atheismus, d. i. das
Aufgeben eines vom Menschen verschiedenen Gottes« (Feuerbachzitat).

werden konnten. Heißt die Konsequenz aus Feuerbachs Entthronung Gottes, daß dann »der Staat der unbeschränkte, unendliche, wahre, vollendete göttliche Mensch« ist, und die »Politik zur Religion« gemacht wird[116], so kehrt die Geschichte von Atheismus versus Theismus wieder an ihren Anfang zurück, und es wäre der alte Theismus relativ menschlicher zu nennen, sofern er Gott die Eigenschaften und Funktionen zuschreibt, die der Mensch gegenüber anderen Menschen besser nicht ausübt. Ist Gott ein anderer als der Mensch, so kann ein Mensch wenigstens nicht über andere Menschen Gott spielen.

Die Anthropotheisten der Neuzeit von Feuerbach bis Rilke, von Marx bis Bloch, haben im Enthusiasmus ihrer Religionsbeerbung doch wohl die dunklen Seiten des Bösen im Menschen und die Aporien des Leidens in der Welt übersehen.

Mit der trinitarischen Kreuzestheologie entgeht der Glaube dem Streit und der Alternative von Theismus und Atheismus: Gott ist nicht nur jenseitig, sondern auch diesseitig, er ist nicht nur Gott, sondern auch Mensch, er ist nicht Herrschaft, Autorität und Gesetz, sondern das Geschehen der leidenden, befreienden Liebe. Umgekehrt ist der Tod des Sohnes nicht der »Tod Gottes«, sondern der Anfang jenes Gottesgeschehens, in welchem aus dem Tod des Sohnes und dem Schmerz des Vaters der lebendigmachende Geist der Liebe hervorgeht.

7. Jenseits von Gehorsam und Revolte

Wir kommen damit auf den einzig ernsthaften Atheismus zurück, den Atheismus von Camus und Horkheimer, den Atheismus der »metaphysischen Revolte« und der Sehnsucht nach Gerechtigkeit, also jenen Atheismus, den man mit Bloch »Atheismus um Gottes willen« nennen kann. Sagt der christliche Begriff des trinitarischen Gottesgeschehens etwas zu diesen tieferen Problemen des ausweglosen Leidens und der unverzichtbaren Sehnsucht nach eschatologischer Gerechtigkeit? Was kann die Erkenntnis des »gekreuzigten Gottes« für ohnmächtige und leidende Menschen bedeuten?

Wer grundlos leidet, meint immer zuerst, er sei von Gott verlassen. Ihm erscheint Gott als der rätselhafte, unbegreifliche Gott, der das Glück, das er gab, wieder zerstört. Wer in diesem Leiden nach Gott schreit, der stimmt aber im Grunde ein in den Todesschrei des sterbenden Christus, d. h. des Sohnes Gottes. Gott ist ihm dann nicht nur das verborgene Gegenüber, nach dem er schreit, sondern in einem tieferen

116. Werke II, 202, 419.

Sinne der menschliche Gott, der mit ihm schreit und mit seinem Kreuz
für ihn eintritt, wo der Mensch in seiner Qual verstummt. Wer leidet,
ist nicht nur zornig und wütend und voller Protest gegen sein Geschick.
Er leidet ja, weil er lebt, und er ist lebendig, weil er liebt. Wer gar
nichts mehr lieben kann, auch sich selbst nicht, der leidet auch nicht
mehr, denn er ist schmerzlos, gefühllos und gleichgültig geworden.
Diese Apathie ist die Krankheit unserer Zeit, eine Krankheit von Personen und Systemen, eine Krankheit zum Tode, zum persönlichen
und universalen Tode. Je mehr aber einer liebt, um so mehr öffnet er
sich, wird empfänglich für Glück und Schmerz. Darum wird der, der
liebt, verwundbar, kann verletzt und enttäuscht werden. Das kann
man die Dialektik des menschlichen Lebens nennen: wir leben, weil
und sofern wir lieben – und wir leiden und sterben, weil und sofern
wir lieben. So erfahren wir das Leben und den Tod an der Liebe.
Der theistische Gott ist arm. Er kann nicht lieben und auch nicht leiden. Der protestierende Atheist liebt auf verzweifelte Weise. Er will
das Leiden nicht, weil er liebt. Aber er protestiert zugleich auch gegen
die Liebe, die ihn so verwundbar macht, und möchte »seine Eintrittskarte zurückgeben«, wie Iwan Karamasow sagte. Die Liebe macht das
Leben so lebendig und den Tod so tödlich. Sie macht umgekehrt auch
das Leben tödlich und den Tod lebendig. Ihr Existenzproblem ist, wie
sie diese Dialektik aushalten kann: wie man in der Liebe trotz
Schmerz, Enttäuschung und Tod bleiben kann.
Die pure Sehnsucht, daß der Mörder nicht über sein Opfer triumphieren soll, ist ein Protest der Ohnmacht der Liebe. Sie ist wahr und eine
würdige menschliche Haltung, aber schwer durchzuhalten, ohne bitter
oder oberflächlich zu werden. Der Glaube, der aus jenem Gottesgeschehen am Kreuz entspringt, beantwortet nicht die Frage des Leidens
mit einer theistischen Antwort, warum es so sein muß, wie es ist, und
erstarrt auch nicht zur bloßen Protestgebärde, warum es nicht so sein
darf, wie es ist, sondern er führt die angefochtene, verzweifelte Liebe
auf ihren Ursprung zurück. »Wer in der Liebe bleibt, der bleibt in
Gott und Gott in ihm« (1. Joh. 4,17). Wo wir leiden, weil wir lieben,
leidet Gott in uns. Wo er den Tod Jesu erlitten hat und dadurch die
Kraft seiner Liebe erweist, finden auch Menschen die Kraft, in der Liebe
zu bleiben, das Vernichtende auszuhalten und »das Tote festzuhalten«
(Hegel).
Hegel nannte eben dieses das Leben des Geistes:

»Nicht das Leben, das sich vor dem Tode scheut und von der Verwüstung rein bewahrt, sondern das ihn erträgt und in ihm sich erhält, ist das Leben des Geistes. Er
gewinnt seine Wahrheit nur, indem er in der absoluten Zerrissenheit sich selbst findet.
Diese Macht ist er nicht als das Positive, welches von dem Negativen wegsieht, wie
wenn wir von etwas sagen, dies ist nichts oder falsch, und nun, damit fertig, davon
weg zu irgend etwas anderem übergehen; sondern er ist diese Macht nur, indem er

dem Negativen ins Angesicht schaut, bei ihm verweilt. Dieses Verweilen ist die Zauberkraft, die es in das Sein umkehrt.«[117]

Was Hegel hier die dialektische Kraft des Geistes nennt, hatte er früher Liebe oder einfach Leben genannt (Theologische Jugendschriften), und er hat dieses Leben des Geistes nach dem Geschehen des Karfreitags dargestellt, weil in diesem »Tod Gottes« die Liebe den Tod getötet hat. Er hat das Leben des Geistes nach einem Karfreitag des Unergründlichen und Einzelnen der Naturreligionen und Philosophien erhofft. In der offenbaren Religion wird das Wahre gezeigt, im absoluten Wissen wird es be-wußt, in der Logik – in der Theorie – wird es vindiziert. Jesus hat als der Gottmensch in seiner Passion den Widerspruch zwischen Leben und Tod, Identität und Differenz durchgehalten und so Versöhnung geschaffen. »Der Tod Christi ist aber der Tod dieses Todes selbst, die Negation der Negation« (Religionsphilosophie). Gott hat diesen Tod zum Teil seines Lebens gemacht, das Liebe und Versöhnung heißt.

»›Gott selbst ist tot‹, heißt es in jenem lutherischen Liede; damit ist das Bewußtsein ausgedrückt, daß das Menschliche, Endliche, Gebrechliche, die Schwäche, das Negative, göttliches Moment selbst sind, daß es in Gott selbst ist.«[118]

Wer darum in die Liebe kommt und durch die Liebe in das ausweglose Leiden und die Tödlichkeit des Todes erfährt, der kommt in die Geschichte des menschlichen Gottes hinein, denn seine Verlassenheit ist für ihn aufgehoben in die Verlassenheit Christi, und so kann er in der Liebe bleiben, braucht nicht vom Negativen und vom Tod wegzusehen, sondern kann das Tote festhalten.

Bleibt noch zu bemerken, daß Hegel am Ende jenes Abschnittes der Religionsphilosophie sich ausdrücklich zur Trinitätslehre bekennt, weil nur sie dieses Verständnis des Kreuzes als der »Geschichte Gottes« möglich macht.

»Dies ist für die Gemeinde die Geschichte der Erscheinung Gottes. Diese Geschichte ist göttliche Geschichte, wodurch die Gemeinde zum Bewußtsein der Wahrheit gekommen ist. Daraus bildete sich das Bewußtsein, daß gewußt wird, daß Gott der Dreieinige ist. Die Versöhnung in Christo, an die geglaubt wird, hat keinen Sinn, ohne daß Gott als der Dreieinige gewußt wird; daß er ist, aber auch als das Andere ist, als das sich Unterscheidende, so, daß dies Andere Gott selbst ist, an sich die göttliche Natur an ihm hat, und daß das Aufheben dieses Unterschieds, Andersseins, daß diese Rückkehr der Liebe, der Geist ist.«[119]

Das trinitarische Gottesgeschehen am Kreuz wird für den eschatologischen Glauben zur zukunftsoffenen und zukunftseröffnenden Gottesgeschichte, deren Präsens Versöhnung mit dem Schmerz in der Liebe heißt und deren Eschaton die Erfüllung alles sterblichen Fleisches mit Geist

---

117. Phänomenologie des Geistes, 30.
118. Philosophie der Religion, Sämtliche Werke, ed. H. Glockner, 16, II, 306.
119. Ebd. 308.

und alles Toten mit dieser Liebe, also Verwandlung zur vollendeten
Lebendigkeit heißt. Da wir beim Denken immer bewußt oder unbewußt Bilder gebrauchen, liegt es nahe, sich die göttliche Trinität nicht
als einen in sich geschlossenen Kreis eines vollendeten Seins im Himmel
zu denken. So war die immanente Trinität in der Alten Kirche in der
Tat gedacht worden. Auch Barth verwendet diese Figur des »in sich
geschlossenen Kreises« für Gott. Dagegen sollte man aber die Trinität
als dialektisches Geschehen, und zwar als Kreuzesgeschehen begreifen
und dann als eschatologisch offene Geschichte denken. Der Geist, die
Liebe, ist zukunftsoffen für die ganze verlassene Menschheit, d. h. positiv für die neue Schöpfung. Von diesem Geist erfährt auch der Glaubende und der Liebende erst ein arrhabon, eine Antizipation. Damit ist
auch das Verhältnis des Sohnes zum Vater hinsichtlich der Funktion
des Sohnes in der Welt als Kyrios noch unabgeschlossen, wie 1. Kor.
15 sagt, wonach der Sohn nach Vollendung seiner befreienden Funktionen das Reich dem Vater übergeben wird, auf daß »Gott sei alles in
allem« (1. Kor. 15,28). Trinität meint also das Christusgeschehen in
der eschatologischen Deutung des Glaubens. Trinität meint darum weiter die Geschichte Gottes, die menschlich die Geschichte der Liebe und
der Befreiung ist. Trinität als Geschehen für Geschichte verstanden
drängt darum auf eschatologische Vollendung, auf daß die »Trinität
sei alles in allem«, einfacher: auf daß »die Liebe alles in allem sei«, auf
daß das Leben über den Tod und die Gerechtigkeit über die Höllen des
Negativen und alle Gewalt triumphiere. Wenn der christliche Glaube
trinitarisch denkt, so sagt er, daß die verlassenen Menschen durch Christi Verlassenheit schon in die »göttliche Geschichte« hineingenommen
sind und daß wir »in Gott leben«, weil wir kraft des Todes Christi am
eschatologischen Leben Gottes teilbekommen. Gott ist, Gott ist in uns,
Gott leidet in uns, wo die Liebe leidet. Wir nehmen teil am trinitarischen Geschichtsprozeß Gottes. Wie wir aktiv und passiv teilnehmen
am Leiden Gottes, so werden wir auch teilnehmen an der Freude Gottes, wo immer wir lieben und beten und hoffen. »In this sense, God is
the great companion — the fellow-sufferer, who understands.«[120]
Trinitarisch verstanden, ist Gott sowohl welttranszendierend wie ge-
schichtsimmanent, wie die Prozeßtheologie im bipolaren Gottesbegriff
ohne trinitarisches Denken sagt[121]. Er ist, wenn man mit unzureichen-
der Bildlichkeit fixieren will, als Vater transzendent, als Sohn immanent und als Geist der Geschichte zukunftsöffnend voran. Verstehen wir
Gott so, so verstehen wir unsere eigene Geschichte, die Leidens-

120. *A. N. Whitehead*, aaO. 532.
121. Vgl. dazu *Schubert M. Ogden*, The Reality of God, New York 1963, 59 ff,
206 ff.

geschichte und die Hoffnungsgeschichte, in der Geschichte Gottes. Jenseits von theistischer Unterwürfigkeit und atheistischem Protest ist das die Geschichte des Lebens, weil es die Geschichte der Liebe ist.

8. Trinität und Eschatologie

Die Eschatologie ist der modernen Theologie näher gerückt als vielen früheren theologischen Epochen. Aus einer abstrakten »Lehre von den letzten Dingen« wurde konkrete Eschatologie, aus einem verlegenen Anhang der Dogmatik »de novissimis« die »Theologie der Hoffnung«. »Das Christentum ist ganz und gar und nicht nur im Anhang Eschatologie, ist Hoffnung, Aussicht und Ausrichtung nach vorne, darum auch Aufbruch und Wandlung der Gegenwart.«[122] Gott wurde nicht mehr als der »Gott über uns« oder »in der Tiefe des Seins«, sondern als der »Gott vor uns« und uns geschichtlich vorangehend, als der »Gott der Hoffnung«, begriffen[123]. Die Bibel wurde als Zeugnis der Verheißungsgeschichte gelesen und der Glaube als lebendige Hoffnung ergriffen und als Widerspruch zu einer sich in innerer Apathie und äußeren Systemen verfestigenden Gegenwart relevant. »Hoffnung ist das Leiden und die Leidenschaft, die am Messias entstehen.« Darum wurde Jesus mit einem neuen Titel als der *Antizipator der Zukunft* Gottes, seiner Gerechtigkeit und der Freiheit des Menschen bezeichnet[124]. Diese Vorwegnahme der Zukunft, die in seiner ganzen Erscheinung, in seiner Person, seinen Funktionen und seiner Geschichte von Kreuzigung und Auferweckung zu erkennen ist, hat dazu geführt, in ihm die bedingungslose und universale *Inkraftsetzung der Verheißung* zu sehen, ihn die einzigartige *Vorwegereignung* des Endes mitten in der Geschichte zu nennen oder ihn als den *Platzhalter Gottes* in

---

122. *J. Moltmann,* Theologie der Hoffnung, 1968[8], 12.

123. *W. Pannenberg,* Der Gott der Hoffnung, in: Ernst Bloch zu ehren, 1965, 209 ff; *J. B. Metz,* Gott vor uns, ebd. 227 ff; *J. Moltmann,* Die Kategorie Novum in der christlichen Theologie, ebd. 243 ff; *G. Sauter,* Zukunft und Verheißung, 1965; *U. Hedinger,* Hoffnung zwischen Kreuz und Reich, 1968; *E. Schillebeeckx,* God-the Future of Man, 1969; *K. Rahner,* Zur Theologie der Zukunft, dtv 4076, 1971; *R. Alves,* A Theology of Human Hope, 1971; *H. Cox,* Stirb nicht im Warteraum der Zukunft, 1967; *G. O'Collins,* Man and his new Hopes, 1969. Über die Hoffnungstheologie vgl. *C. Braaten,* The Future of God, 1969; *W. Capps,* Time invades the Cathedral. Tensions in the School of Hope, 1972; *B. Mondin,* I teologi della Speranza, 1970.

124. So in der Botschaft der 4. Vollversammlung des Ökumenischen Rates der Kirchen, Uppsala 1968. Vgl. Uppsala spricht, Genf 1960, 1 f: »Im Vertrauen auf Gottes erneuernde Kraft rufen wir euch auf: Beteiligt euch an dieser Vorwegnahme des Reiches Gottes und laßt heute schon etwas von der Neuschöpfung sichtbar werden, die Christus an seinem Tag vollenden wird.«

einer gottlosen Welt und als den *vorläufigen Stellvertreter* des noch abwesenden Gottes zu verstehen[125]. Von dieser allgemeinen Ausrichtung der Theologie und der Praxis auf die eschatologische Hoffnung – wie verschieden sie auch bei den einzelnen theologischen Vertretern aussieht – ist nichts zurückzunehmen. Sie muß aber vertieft werden, soll sie nicht zur oberflächlichen Sanktionierung der Religion einer offiziell optimistischen, auf wirtschaftliches Wachstum und politisch-kulturelle Expansion eingeschworenen Gesellschaft werden. Deshalb muß die eschatologische Theologie auch theoretisch ihre möglichen eigenen Aporien zu Ende denken. Eschatologisch denken heißt, eine Sache zu Ende denken. Wo aber liegt und was ist das Ende? Wir wollen das an einer Streitfrage der christologischen Tradition zeigen.

Macht Christus sich selbst überflüssig, wenn das Reich Gottes kommt? Die Frage klingt zwar spekulativ, aber an ihr fallen Grundsatzentscheidungen von höchster Tragweite. Jede eschatologisch orientierte und funktional entworfene Christologie stößt »am Ende« auf die Frage nach der Selbsterübrigung des Mittlers. Ihre Vorstellungen von der Vermittlung und Stellvertretung Christi sind von der Entscheidung in dieser »letzten Frage« bestimmt. Das läßt sich an drei Beispielen zeigen.

J. Calvin kam auf diese Frage bei seiner Exegese von 1. Kor. 15,28, wo es heißt, daß zuletzt Christus das Reich dem Vater übergeben wird, auf daß Gott alles in allem sei[126]. Seine Christologie ist eine funktionalistisch gedachte Christologie: Wer Jesus ist, ergibt sich aus seinen Funktionen für die Menschen als Prophet, Priester und König. Jesus empfing seine Macht als der im Fleisch Erschienene (Deus manifestus in carne). Der Vater übergab die Gottesherrschaft seinem Christus mit der Sendung ins Fleisch. Der Vater herrscht zwar, aber er hat seine Regierung an den Menschgewordenen übergeben[127]. Darum nannte Calvin Christus gern den *lieutenant de Dieu*. Christus ist der Statthalter und der Stellvertreter Gottes in der Ausübung aller Gottesherrschaft in dieser gottlosen Welt. Als Gottes Stellvertreter übt er allerdings die

---

125. *J. Moltmann*, aaO. 129; *W. Pannenberg*, aaO. 224; *E. Käsemann*, Exegetische Versuche und Besinnungen II, 127; *P. Stuhlmacher*, Gerechtigkeit Gottes bei Paulus, 208; *D. Sölle*, Stellvertretung, 142 ff.

126. Joannis Calvini in Novum Testamentum commentarii, ed. A. Tholuck, Vol. V, 1864, 226 ff. Dazu *H. Quistorp*, Die letzten Dinge im Zeugnis Calvins, 1941, 166 ff; *T. F. Torrance*, Kingdom and Church. A study in the Theology of the Reformation, 1956, 90 ff: The Eschatology of Hope: John Calvin; *P. van Buren*, Christ in our place. The substitutionary character of Calvin's doctrine of reconciliation, 1954.

127. Das erinnert an den Spruch, der um 1600 lateinisch gegen den polnischen König Sigismund III. gerichtet wurde: rex regnat sed non gubernat, und dann in Frankreich im 19. Jahrhundert wieder auftaucht. *C. Schmitt* hat ihn für seine Politische Theologie verwendet. Vgl. Politische Theologie, 1934[2], Politische Theologie II, 1970, 52 ff: »Le roi règne, mais il ne gouverne pas.«

Regierung in Gemeinschaft mit dem Vater aus. Doch nur im Fleischge-
wordenen erkennen wir Gott. »So glauben wir an Gott als den obersten Herrn, aber wir sehen ihn nur im Angesicht des Menschen Jesus.«
Nicht um seiner selbst willen, sondern um unserer Stumpfheit und
Schwachheit willen hat Gott sich in die Menschheit Jesu herabgelas-
sen[128]. Diese entgegenkommende Akkomodation Gottes liegt auch in
der Statthalterschaft Christi. Für Calvin ist die Herrschaft des Menschgewordenen zeitlich und sachlich begrenzt. Sie beginnt mit der Inkarnation und endet mit der eschatologischen Übergabe des Reiches an den
Vater. Sie ist im freien Erbarmen Gottes begründet, in ihrer Christus-
gestalt aber durch die Sünde der Menschheit bedingt. Da Calvin nicht
grundsätzlich zwischen einer politischen und einer nur religiösen Herrschaft unterscheidet, sondern das Bekenntnis zu »Christus dem Herrn«
in den offenen realen Kampf um die Weltherrschaft stellt, wird seine
Auslegung von 1. Kor. 15,24–28 zum Herzstück seiner Lehre von der
»göttlichen Monarchie«. Die eschatologische Hoffnung sagt: »Christus
muß aber herrschen, bis daß er alle Feinde unter seine Füße lege«
(V. 25). Das ist für Calvin der Triumph Christi über den Teufel und
seine Mächte, zuletzt über den Tod. Christus wird weiter »alle Herrschaft und alle Obrigkeit und Gewalt vernichten« (V. 24), wenn er das
Reich dem Vater überantwortet. Für Calvin üben auch weltliche Ob-
rigkeiten und Autoritäten »eine gewisse Statthalterschaft für Gott« aus.
Doch haben sie nur geschichtlich-vorläufige Funktion. »Dies alles ist
aber überflüssig, wenn das Reich Gottes, wie es jetzt in uns beschaffen
ist, das gegenwärtige Leben auslöscht.«[129] Am Tage Christi, wenn er
das Reich dem Vater übergibt, findet deshalb auch die Vernichtung dieser vermittelnden Zwischeninstanzen statt. »Alsdann muß alle Hoheit
erniedrigt werden, auf daß allein Gottes Ehre erstrahle.«[130] Denn
jede Vermittlung enthält in sich auch das Element der Verhinderung[131].
Die Vollendung der Herrschaft Christi ist ferner auch das Ende aller
irdischen Ordnungen und Vermittlungen der Kirche, in denen Christus
durch den Dienst von Menschen im Medium von Wort und Sakrament
regiert[132]. Zuletzt hört für Calvin mit der Übergabe des Reiches an

---

128. Zitate bei *H. Quistorp*, aaO. 172.
129. CR 79, 339: »Wenn gesagt wird, daß Jesus Christus einen Herrschernamen
(un nom souverain) habe und das Ebenbild Gottes, seines Vaters sei, so geschieht
dies um unserer Stumpfheit und Schwachheit willen; ebenso auch wenn er genannt
wird der Statthalter Gottes (lieutenant de Dieu).«
130. Ebd.
131. Zu 1. Kor. 15,28, aaO. 230: »Impediunt enim quodammodo, ne Deus in se ipso
nobis recta nunc appareat. Deus autem per se ipsum tunc et absque medio, coeli et
terrae gubernacula tenens, omnia erit in hac parte: et tandem consequenter in om-
nibus non tantum personis, sed etiam creaturis.«
132. Zu 1. Kor. 15,24, aaO. 227: »Quin etiam tum in coelo principatus angelici,

den Vater auch die Mittlerschaft Christi selbst und damit auch die um
der Vermittlung willen angenommene Menschheit Christi auf. In der
Vollendung wird der Mittler aus dem Mittel getan, damit die Erlösten
unmittelbar an Gott selbst hängen. Auch die zwischen dem heiligen
Gott und den sündigen Menschen vermittelnde Menschheit Christi
trägt das Moment der Verhinderung in sich, denn sie ist für Calvin
eine Hülle (velum), in die sich die Gottheit verkleidet, um uns zu nahen. »Alsdann wird die Hülle fallen und wir werden ohne Schranke
die Herrlichkeit Gottes schauen, der sein Reich regiert; Christi Menschheit wird nicht mehr im Mittel stehen, welche uns an der letzten Schau
Gottes hinderte.«[133] Calvin denkt hier nicht an eine Vernichtung Christi in Person, sondern an eine Übertragung der Gottesherrschaft von der
Menschheit Christi auf die Gottheit Christi. War die Inkarnation in
die Menschheit durch die Sünde bedingt und auf die Erlösung gerichtet,
so wird sie in der Erlösung selbst überflüssig. Die unio personalis geschah um der Erlösung der Sünder willen und wird deshalb im erlösten
Dasein aufgegeben. Die Gottesherrschaft fällt dann an die Trinität zurück – das ist mit der Gottheit Christi gemeint –, und die ganze Trinität wohnt dann unmittelbar der neuen Schöpfung ein, so daß die
ganze Kreatur unvermittelt ihrer Herrlichkeit inne wird. Der ewige
Gottessohn tritt gleichsam in die Trinität zurück, und der Mensch Jesus
tritt in die Schar der Erlösten, oder umgekehrt tritt das ganze erlöste
Dasein in das Gottesverhältnis der unio personalis ein, d. h. in die
Gottunmittelbarkeit. Die für die Erlösung der Sünder gekreuzigte
Menschheit Christi hat im gottunmittelbaren erlösten Dasein keinen
Platz mehr.
Die Kritik kann sich an der allgemein bekannten spiritualistischen
Eschatologie Calvins entzünden, die hier zu einer gewissen doketischen
Christologie führt[134]. Im Grunde aber führt schon eine nur funktio-
nal verstandene Christologie logisch zur Selbsterübrigung des Gekreu-
zigten im Reich des erlösten, gottunmittelbaren Daseins. Weil Calvin
die Zwei-Naturen-Lehre einzig von der durch des Menschen Sünde
notwendig gewordenen Stellvertretung Christi her denkt, löst sich für

---

tum in Ecclesia cessabunt ministeria et praefecturae: ut solus Deus per se ipsum, non
per hominum vel angelorum manus potestatem suam principatumque exerceat.«
133. Zu 1. Kor. 15,27, aaO. f: »Tunc autem restituet Christus, quod accepit regnum,
ut perfecte adhaereamus Deo. Neque hoc modo regnum a se abdicabit, sed ab huma-
nitate sua ad gloriosam divinitatem quodammodo traducet: quia tunc patebit acces-
sus, quo nunc infirmitas nostra arcet. Sic ergo Christus subiicietur Patri: quia tunc
remoto velo palam cernemus Deum in sua majestate regnantem: neque amplius media
erit Christi humanitas, quae nos ab ulteriore Dei conspectu cohibeat.«
134. So H. Quistorp, aaO. 175: »Aber wir dürfen Calvin hier nicht ad absurdum
führen. Es bleibt bei ihm ein Widerspruch, der Widerspruch zwischen seiner Neigung
zum Spiritualismus – die ihn hier in die Nähe einer doketischen Christologie bringt
– und seinem biblischen Realismus.«

ihn die Personeinheit Christi bei der Übergabe des Reiches an den Vater auf. Ohne die Sünde der Menschen wäre der Sohn Gottes nicht Mensch geworden. Folglich wird seine Menschwerdung aufgehoben, wenn er seine Herrschaft vollendet und das Reich übergibt. Daraus folgt, daß im Eschaton die Schöpfung so rein und gut wie am Anfang Gott unmittelbar gegenübersteht und an seiner Herrlichkeit teilhat.

In der Nachfolge, doch nicht ohne Vereinseitigungen Calvins hat A. A. van Ruler diese Theokratielehre erneut vertreten[135]. Gott geht es mit Christus und seiner Kirche einzig um die Schöpfung und das Reich. Die Sünde ist eine zwischeneingekommene Not. Also ist Christus als der Versöhner die »Notmaßnahme Gottes«. Gottes besondere Gegenwart in Christus ist nur ein Moment in seinem totalen Handeln an der Welt. Es ist sein Wille in und durch Christus, daß die ganze Wirklichkeit sein Bild werde, daß sein Name geheiligt werde, sein Reich komme und sein Wille geschehe. Das Kreuz, die Überwindung der Sünde durch stellvertretende Sühne, ist der Mittelpunkt des Evangeliums. Sein Horizont aber ist das Reich, das gereinigte Herz, das geheiligte Leben, der entdämonisierte Staat, die befriedete Gesellschaft[136]. Geschichtliche Vorformen des Reiches sind Israel und der christliche Staat. Doch sind auch diese Vorläufer des Reiches in der Geschichte Notmaßnahmen. Nicht um einen christlichen Stempel auf der Kultur geht es, sondern um die Humanität selbst, um das Reich der Herrlichkeit. Darum sind alle Christianisierungen von Staat, Gesellschaft und Kultur notwendig, aber zugleich Torsos und Mißerfolge. Da wir nicht Menschen sind, um Christen zu werden, sondern umgekehrt Christen werden, um wahrhaft Menschen sein zu können, muß es in der Geschichte immer solche Vorgriffe und Antizipationen durch christliche Staaten und christliche Kulturen geben. Dabei ist für van Ruler der Staat besonders wichtig, denn er ist »die letzte Zusammenfassung aller Ding-Elemente in der menschlichen Existenz«[137]. Also muß die Kirche für die Theokratie eintreten. Theokratie ist nicht Klerikalismus und Kirchenstaat, sondern eine Ordnung und Gestaltung des staatlichen Lebens von Christus, vom Evangelium, vom Worte Gottes her. »In

---

135. Ich beschränke mich hier auf seine deutsche Schrift: Gestaltwerdung Christi in der Welt. Über das Verhältnis von Kirche und Kultur, 1956. Sein Grundgedanke kommt hier sehr klar heraus, wenngleich seine nicht übersetzten Schriften die spezielle christologische Frage sehr viel differenzierter behandeln.

136. Ebd. 18: »Das Eigentliche, worum es in der Bibel geht, ist die Vision der menschlichen Gemeinschaft, die eingerichtet ist nach den Grundlagen der Gerechtigkeit und der Liebe. Um dieses Leben der Gemeinschaft und der Gesellschaft willen ist Jesus Christus gekommen und hat er das Opfer gebracht. Nur so versteht man das Evangelium nicht gnostisch, sondern israelitisch.«

137. Ebd. 24.

der Theokratie ist die Bibel die geistige Grundlage des Staates«[138], was
nicht biblizistisch gemeint ist. Auch van Ruler stellt damit das Bekenntnis zu Christus dem Herrn in den realen Kampf um die Weltherrschaft. Die Frage der Theokratie ist im Neuen Testament die
Frage, »wer die Erde erblich bewohnen wird«. Im Neuen Testament
ist alles ausgerichtet auf die neue Erde, auf der Gerechtigkeit wohnt.

In seiner Christologie folgt van Ruler Calvin, indem er von dem »radikal anselmisch gefaßten Gedanken der Stellvertretung« ausgeht[139].
Gott ist in Christus in seiner besonderen Gestalt nur da, um die Schuld
der Sünde zu tragen und aus dem Leben der geschaffenen Wirklichkeit
hinwegzunehmen, damit diese vor dem Angesicht Gottes bestehen
kann. Weil Christus in seiner gottmenschlichen Gestalt als Notmaßnahme Gottes nur um der Not willen da ist, in die sich die Menschheit
durch die Sünde gebracht hat, wird er in dieser Gestalt überflüssig,
wenn einmal die Not behoben sein wird.

»Man soll Barth gegenüber die Schöpfung sauber halten und nichts von Christus,
dem Sohn Gottes im Fleisch, dareinmischen. Man soll auch das Reich der Herrlichkeit
sauber halten und nichts von Christus einmischen. Die assumptio carnis ist nur wegen
der Sünde nötig. Im letzten Gericht geht die Krisis auch in sie hinein, wird sie untertan gemacht, die Hülle des Fleisches, die besondere Gestalt Gottes in Christo, wird
dann abgelegt.«
»Protologisch und eschatologisch ist dann alles ausgerichtet auf die nackte Existenz
der Dinge als solcher vor Gott, ohne die Hülle der Sünde und ohne die Hülle
Christi ... Darauf ist dann aber auch die ganze Christianisierung aufgerichtet: Sie
hat ihren Ursprung in der Mitte, in der besonderen Gestalt Gottes in Christo. Ihre
endgültige Absicht aber hat sie in der protologischen und eschatologischen Absicht
Gottes: nicht im Immanuel, in dem Gott mit uns, sondern in der Humanität, in dem
Menschen vor Gott.«[140]

Das letzte Ziel ist das endlose Spiel der erlösten und befreiten Kreatur
in der unmittelbar gegenwärtigen Herrlichkeit Gottes selbst.

Van Ruler radikalisiert damit Calvin. Was Calvin in eschatologischen

---

138. Ebd. 24.
139. Ebd. 34. Aus dem radikalen Anselmianismus ergibt sich van Rulers These:
»Gott in Christo ist eine Notmaßnahme« (34). Er unterscheidet davon die anabap-
tistische Idee: »In der besonderen Offenbarung wird uns nicht eine recreatio, eine
Neuschöpfung, sondern eine nova creatio, eine neue Schöpfung, geschenkt ... Es ist
der Grundgedanke der Diastase, der hier herrscht« (33). Weiter verwirft er den rö-
misch-katholischen Gedanken der Synthese: »Schon die Schöpfung selber hat eine
Zweiteilung von Natur und Übernatur. Durch den Sündenfall ist die Übernatur
verlorengegangen. In der besonderen Offenbarung, in Jesus Christus, wird die Übernatur wieder der Natur hinzugefügt ... Die römisch-katholische Christianisierung
der Kultur hat diese übernatürliche Abzweckung« (34).
140. Ebd. 35. Damit geraten für van Ruler Paulus, Irenäus, Augustin, Barth und
die an sie anschließenden Traditionen in die Nähe der von ihm als »täuferisch« be-
zeichneten Lösungen, denn sie alle haben im Christusgeschehen und in der Gnade
eine Überschwenglichkeit von neuem Sein nicht nur gegenüber dem Mangel der
Sünde, sondern auch gegenüber der ersten Schöpfung und der anfänglichen Freiheit
des Menschen gesehen, welche die Sündenmöglichkeit in sich enthielt.

Vermutungen äußerte, wird bei ihm zur festen These. Liegt im Christusgeschehen nur Stellvertretung für die Schuld der Sünde vor, so wird die gottmenschliche Person des Stellvertreters nur von ihrer Funktion der Vergebung der Schuld und der Überwindung der Sündenfolgen her bestimmt. Nur die funktionalen Titel wie Kyrios, Christos und Opfer bezeichnen die gottmenschliche Person. Der Sohnestitel kann dann nur die Gottheit Christi bezeichnen, nicht aber die Beziehung der ganzen Person Jesu auf den Vater. Im Christusgeschehen liegt eine Negation (Sühne) des Negativen (Sünde) vor. Das Positive ist die Wirklichkeit selbst, die als Schöpfung und als Reich verstanden wird. Das Ziel der Sendung Christi ist die Wiederherstellung der ursprünglichen Schöpfung und Humanität. Wie Calvin löst auch van Ruler die Menschheit Christi im Eschaton auf. Anders als für Calvin aber gehört für ihn der Staat als »Zusammenfassung aller Ding-Elemente« zur menschlichen Existenz sowohl in der Schöpfung wie im Reich Gottes. Er wird keineswegs abgetan, sondern tritt dann von Schuld und Sünde gereinigt hervor. Während bei Calvin der Gedanke noch offen war, ob nicht das Eschaton auch die Vollendung der ersten Schöpfung in Christus sein könnte, ist für van Ruler das Eschaton nichts anderes als die restitutio in integrum. Ist Christus nichts als die Negation des Negativen, dann ist mit ihm hinsichtlich der anfänglichen Schöpfung nichts Neues in die Welt gekommen. Kann aber die Vollendung als völlig unberührt von dieser Geschichte, aus der sie hervorgeht, verstanden werden? Entsteht nicht aus der Identifikation von Reich und Schöpfung eine ungeschichtliche Auffassung Gottes und der menschlichen Wirklichkeit? Kann es wirklich schon bei der ersten Schöpfung heißen, daß in ihr »Gott alles in allem« war? Die theologische Tradition hat gegenüber einer solchen Auffassung von der Gnade, die einzig die Sünde wiedergutmacht, die spekulative Frage gestellt, wann dann der nächste Sündenfall beginne? Denn mit der Aufhebung der Sündenschuld durch Gnade ist ja keineswegs schon die Sündenmöglichkeit aufgehoben. Soll auch sie aufgehoben werden, so muß in der Gnade ein überschwengliches »mehr« gegenüber der Sünde liegen (Röm. 5,20) und folglich das erlöste Dasein mehr als das geschaffene Dasein und endlich die neue Freiheit der Kinder Gottes größer als die erste Freiheit des Menschen sein. Kommt aber in der Gnade durch die Überwindung auch der Sündenmöglichkeit ein Mehr an Dasein, d. h. ein neues Sein, in die Welt, so kann in Christus nicht nur der radikal anselmisch gefaßte Stellvertreter gesehen werden. Dann liegt in der assumptio carnis nicht nur die Ermöglichung der Stellvertretung, sondern auch schon eine Vorwegnahme des Daseins der neuen Schöpfung und damit die Erfüllung der ersten Schöpfungsverheißung. Dann gehört Christus als Fundament in die neue Schöpfung und in das Reich

der Herrlichkeit, während der Staat in seiner vermittelnden Autorität
abgeschafft wird.

Endlich taucht die These von der Selbsterübrigung des Mittlers auch
bei *D. Sölle* auf. Sie möchte deutlich machen, »was die Hoffnung aller
Vertretenen und das Ziel aller Vertreter ist: die Selbstaufhebung der
Stellvertretung«[141]. Ausgehend von der Frage nach der Identität des
Menschen in seiner entfremdeten Welt und endend bei der Frage nach
der Identität Gottes in einer gottlosen Welt, sucht sie mit Recht nach
einem personalen Verständnis des überlieferten christologischen Gedankens des Stellvertreters und seiner Stellvertretung am Kreuz. Wo
immer Angewiesenheit auf Vertretung vorliegt, und sie liegt in aller
Sozialität vor, kommt auch Stellvertretung vor. Diese Wirklichkeit des
Menschen kommt im christlichen Glauben zum Bewußtsein ihrer selbst
(75). Soll aber Stellvertretung das Verlangen nach Identität bewahren und nicht zerstören, so darf sie nicht zur Ersatzleistung werden.
Der Stellvertreter muß dem Vertretenen die Stelle offenhalten und
zurücktreten, wenn dieser seine Stelle selbst einnimmt. Nur so bewahrt
er ihm seine Identität und Selbstverantwortung. Jemanden vertreten
heißt also, auf Zeit für ihn eintreten. Anders ist Stellvertretung im
personalen Zeitalter der Neuzeit nicht denkbar. Auf Christus angewendet, fallen damit alle magischen und heilsmaterialistischen Vorstellungen vom Sühnopfer und vom Ersatzmann im Gericht Gottes.
»Eine personal begriffene Stellvertretung ist ohne Vorläufigkeit und
Zeitlichkeit nicht denkbar.« »Nur die eschatologisierte, die vorläufige
Stellvertretung bewahrt die Würde der ihr Anvertrauten.« »Stellvertretung als Vorläufigkeit ermöglicht Hoffnung«, nämlich Hoffnung
darauf, »daß sie sich selbst auflöse«[142]. Daraus folgt, daß die von
Christus für den nichtidentischen Menschen vor Gott geleistete Stellvertretung im Zusammenhang mit seiner »Auferweckung von den Toten« nur eine eschatologisch vorläufige Stellvertretung sein kann. Christus hält dem Menschen seine Zukunft bei Gott offen, und er hält als
Vorläufer Gott seine Zukunft in der Welt offen. In Christus liegt in
diesem Sinne eine doppelte Identifikation mit dem Menschen und mit
Gott vor. Sie wird einzig in dem neuen Himmel und der neuen Erde
überboten, in welcher der nichtidentische Mensch seine volle Identität vor Gott erlangt und der abwesende Gott zu seiner vollen Identität in der Welt kommt.

Bei D. Sölle ist jene allgemeine Theologie der Hoffnung in einen chri-

---

141. Das ist die Hauptthese ihres Buches: Stellvertretung. Ein Kapitel Theologie
nach dem »Tode Gottes«, 1965, 125. Dagegen siehe *H. Gollwitzer*, Von der Stellvertretung Gottes. Christlicher Glaube in der Erfahrung der Verborgenheit Gottes,
1967.
142. *D. Sölle*, Stellvertretung, 125, 128, 193.

stologischen Begriff gebracht worden. Auf Grund ihrer Betonung der Nichtidentität des vorfindlichen Menschen, der Abwesenheit Gottes und des Kreuzes als doppelseitige Stellvertretung in Vorläufigkeit kann man von einer negativen Hoffnungstheologie sprechen. Analog zu Calvin und van Ruler wird ihre eschatologische Christologie bei allen Wahrheitsmomenten zuletzt an folgenden Punkten fragwürdig:

1. Ein Stellvertreter kann sich nur selbst überflüssig machen, wenn die Stelle an sich objektiv da ist und nur auf Zeit aus Gründen subjektiver Schwäche und Unfähigkeit vom eigentlichen Inhaber nicht eingenommen werden kann. Wenn aber die Stelle selbst noch nicht da ist oder doch in ihrer vollen und freien Form noch nicht da ist, sondern erst bereitet werden muß, dann macht sich ein Stellvertreter nicht überflüssig wie ein Stellenvermittlungsbüro, sondern gründet sozusagen eine neue Firma. Er hat dann nicht nur Wirkung auf die subjektive Unfähigkeit des Stelleninhabers, sondern auch auf die Beschaffung der Stelle selbst. Er vertritt nicht nur, sondern er schafft auch.

2. Auf die Christologie angewandt, sagt das eine Stellvertretung Christi für uns aus, die nicht nur vermittelndes Eintreten, sondern darin und damit schöpferisches Handeln ist (Joh. 14,3: »Ich gehe hin, euch die Stätte zu bereiten«). Seine Stellvertretung ist dann nicht nur befristete Vermittlung, sondern auch der Grund für das neue Sein und die neue Identität, die über die vom Menschen immer verlangte Selbstidentität hinausgeht (1. Joh. 3,2)[143].

3. Christus ist nicht nur stellvertretend für das Reich der Identität Gottes und des Menschen da, sondern dieses Reich ist auch schon in ihm selbst da und hat sich in seiner Geschichte fundamental definiert. Gerade als eschatologischer Vorläufer bahnt er den Menschen einen Weg durch Gericht und Gottverlassenheit, der für den Menschen erst in seiner Gemeinschaft gangbar wird. Nicht daß durch Christi Vertretung dem Menschen etwas von der Not abgenommen würde, wohl aber erfährt Christus eine Hölle der Verstoßung und der Einsamkeit am Kreuz, die von den Glaubenden so nicht mehr erlitten werden muß. Als Vorläufer bahnt er den Weg. Dem Nachfolgenden ist der Weg gebahnt. Christus erfährt Tod und Hölle in Einsamkeit. Der Nachfolger erfährt sie in seiner Gemeinschaft. Darin liegt zwar kein Ersatz, wohl aber eine Befreiung. Stellvertretung als Ersatzleistung verstanden, entfremdet den Menschen. Personale Stellvertretung aber hat in sich das Moment der Befreiung. Sie bietet nicht nur aufgeschobene Selbstverantwortung, sondern auch schon die Befreiung von der unmöglichen Last und der Einsamkeit.

143. Dazu W. *Schrage,* Göttinger Predigtmeditationen 20,1/1965, 35: »Aus Gotteskindschaft wird Gottgleichheit.«

4. Soll sich der Stellvertreter selbst erübrigen, so muß Identität, wenn auch als verlorene und darum gesuchte, vorausgesetzt werden. Sie wird durch Stellvertretung offengehalten und in der Erfüllung wiederhergestellt. Ist aber das nicht ein idealistischer Identitätsbegriff, der jedenfalls im Blick auf die Sozialität des Stellvertreters Christus am Ende asozial wird? Wird Christus durch »den neuen Himmel und die neue Erde« überboten, in welchen für Gott und den Menschen die verlorene Identität wieder lacht, so kann es sich nicht um einen wirklich neuen Himmel und eine wirklich neue Erde und eine neue Identität für Gott und den Menschen handeln, sondern nur um die wiederhergestellten alten Verhältnisse. Die Kategorie Novum, die in der urchristlichen Erfahrung Christi steckt, wird durch die These von der Selbsterübrigung des Stellvertreters in der nur funktionalen Christologie verdeckt. An die Stelle der Vision des Novum treten romantische Ursprungsträume von der ursprünglichen Schöpfung oder der ursprünglichen Identität des Menschen, auf die hin die Christologie dann funktionalisiert wird. Damit wird der Gedanke der Stellvertretung keineswegs »eschatologisiert«, wie D. Sölle meint, sondern protologisiert. Am Ende kommt nur heraus, was am Anfang vorausgesetzt war. Das Zwischenspiel von Nichtidentität und Stellvertretung wird zum Schattenspiel vor dem Licht, das immer war, ist und sein wird.

Die Stelle in 1. Kor. 15 bei *Paulus*, auf die sich Calvin und van Ruler berufen, gibt keinen Beweis für die Selbsterübrigung des Mittlers her[144]. In auffälliger Weise wechselt Paulus vom Christustitel in V. 24 zum Sohnestitel in V. 28. Die Herrschaft des Christus hört allerdings auf, wenn er das Reich dem Vater übergibt. Damit enden dann auch seine Stellvertretung, Platzhalterschaft und Statthalterdienste. Die Herrschaft des Christus dient in der Tat »einzig dem Zwecke, der Alleinherrschaft Gottes Platz zu schaffen. Christus ist der Platzhalter Gottes gegenüber einer Welt, die Gott noch nicht völlig unterworfen ist«[145]. Nur spricht Paulus hier nicht von einer Ablösung der vermit-

---

144. Für *Zinzendorf* war die paulinische Rede von der Übergabe des Reiches an den Vater eine Irrlehre, für die Paulus nach 2. Kor. 12 hart bestraft worden sei. Denn diese Vorstellung bedrohe die ganze Bibelidee und sei eine »vermaledeite Teufelslehre«, weil sie sagt, »daß der Vater mehr ist als der Sohn«. Zinzendorf behauptete dagegen: »Wenn der Heiland einmal wird anfangen zu regieren, so wird er das Reich nicht wieder übergeben, sondern die ganze Kreatur ewig beherrschen und regieren.« Vgl. *E. Beyreuther*, Christozentrismus und Trinitätsauffassung bei Zinzendorf, EvTh 21, 1961, 28 f.

145. *E. Käsemann*, Exegetische Versuche und Besinnungen II, 127. Für *W. Pannenberg* wird die »Trinitätslehre das Siegel der reinen Zukünftigkeit Gottes, die nicht in ohnmächtiger Diastase, als ein Jenseits zur Gegenwart des Menschen verharrt, sondern sie in sich hineinzieht und durch den Schmerz des Negativen hindurch mit sich versöhnt«. Die Homousie Jesu mit Gott wird dadurch begründet, daß Jesus die Menschen ganz von sich weg auf die kommende Herrschaft des Vaters verwies. Eben darin

telnden Christusherrschaft durch die unmittelbare Gottesherrschaft, sondern von dem »Reich Gottes«, das von Christus dem Vater überantwortet wird. Das ist kein geschichtlich-eschatologischer Vorgang, in welchem das Vorläufige durch das Endgültige ersetzt wird, sondern ein innertrinitarischer Vorgang. Das »Reich Gottes« geht vom menschgewordenen Sohn auf den Vater über. Als »Christus« und »Kyrios« erübrigt sich Jesus damit. Seine vermittelnden Funktionen für den Vater an den verlassenen Menschen hören auf. Als »Sohn« aber bleibt er, ja seine Sohnschaft vollendet sich in dieser Übergabe des Reiches an den Vater. Mit dem Sohnestitel ist bei Paulus nicht nur eine Funktion Jesu für die Menschen ausgesagt, sondern sein ganzes Sein in Beziehung auf seinen Vater bezeichnet. In der Unterordnung des Sohnes unter den Vater (V. 28) vollendet sich der Gehorsam Jesu. Das verwendete Wort für Unterordnung meint nicht Selbsterübrigung, sondern Gehorsam. Das Verhältnis Jesu zu seinem Gott und Vater wird von Paulus in den Hingabeformeln mit Sohnschaft bezeichnet. Der Sohnestitel betrifft darum nicht eine von der Menschheit Christi separierte Gottheit Christi, sondern die ganze Person des dahingegebenen, auferweckten und herrschenden Christus in ihrer Beziehung zum Vater. Die innertrinitarischen Beziehungen zwischen dem Vater und dem Sohn sind nicht statisch ein für allemal fixiert, sondern sind eine lebendige Geschichte. Diese Geschichte Gottes oder diese Geschichte in Gott beginnt mit der Sendung und Hingabe des Sohnes, geht fort mit seiner Auferweckung und der Übertragung der Gottesherrschaft auf ihn und vollendet sich erst in der Übergabe der Gottesherrschaft vom Sohn auf den Vater. Die Hingabe am Kreuz ist der Mittelpunkt dieser Geschichte in Gott, aber nicht ihr Abschluß. Erst mit der Übergabe der Herrschaft an den Vater vollendet sich der Gehorsam des Sohnes und damit seine Sohnschaft.

Im Lichte dieser Zukunft wird deutlich, daß auch die Herrschaft des Gekreuzigten nicht nur die eines Vorläufers der kommenden Alleinherrschaft Gottes ist, sondern in ihrer eschatologischen Vorläufigkeit selbst schon die Herrschaft des Sohnes darstellt. Infolgedessen liegt in der Herrschaft des Christus nicht nur Stellvertretung für die kommende Gottesherrschaft, sondern auch schon die Inkarnation und die Verwirk-

---

erwies er sich als der Sohn des Vaters. »Die Differenz des gegenwärtig Vorhandenen zur Zukunft Gottes und seiner Herrschaft tritt also auch in Jesu eigenem Verhältnis zum Vater auf« (Grundfragen systematischer Theologie, 398). Führen aber diese Bemerkungen über eine eschatologisch orientierte ökonomische Trinität hinaus, die sich im Eschaton dann selbst auflöst? Die eschatologische Differenz des gegenwärtig Vorhandenen zur Zukunft Gottes ist in der Tat eine Differenz in der »Geschichte Gottes« selbst, aber nur eine tiefer eindringende trinitarische Reflexion kann in ihr mehr als eine eschatologisch verschwindende Differenz entdecken, indem sie aufzeigt, daß sich in ihr Gott als der Vater des Sohnes erweist.

lichung dieser Gottesherrschaft. Der Christus tritt nicht nur für die zukünftige Vollendung ein, sondern diese gewinnt in seiner leidenden
Liebe selbst schon ihre bleibende Gestalt. Der ewige Gott hat seine
Majestät keineswegs in die Menschheit Jesu nur »verhüllt«, um den
Menschen gnädig zu nahen. Eine solche modalistische Christologie muß
eschatologisch im unchristlichen Monotheismus oder Pantheismus enden. Eine nur funktionale Christologie muß in einer nichtchristlichen,
von woanders her beschafften Eschatologie des Seins enden. Das Ziel,
für das Christus gekommen ist, kann in ihr nicht von Christus bestimmt werden, sondern muß von woanders her übernommen werden.
Erst wenn, wie bei Paulus, die eschatologisch-funktionale Christologie
vom Anfang bis zum Ende in eine trinitarische Christologie aufgehoben wird, ist und bleibt sie christlich. Das aber bedeutet umgekehrt für
die trinitarische Christologie eine Veränderung des Gottesbegriffs.
Durch das Kreuz wird die trinitarische Geschichte in Gott zwischen
dem Vater und dem Sohn im Geist als eschatologische Geschichte nicht
abgeschlossen, sondern erst eröffnet. Das Ziel der Unterordnung des
Sohnes unter den Vater und der Sinn der Übertragung des Reiches auf
den Vater ist nicht einfach die Alleinherrschaft Gottes, sondern die
Vollendung der Vaterschaft des Vaters. Werden nach 1. Kor. 15,49
Menschen das Bild (eikon) des Himmlischen tragen, so vollendet sich
darin die Gleichgestaltung mit dem Bild des Sohnes, damit, wie Röm.
8,29 sagt, dieser der Erstgeborene unter vielen Brüdern sei. Das Voll-
endungsziel liegt nicht in der Selbstauflösung der Christusherrschaft in
der Gottesherrschaft, sondern in der Vollendung des Gehorsams des
Sohnes und damit in Vollendung der Bruderschaft der Glaubenden.
Hinsichtlich der Welt, der gottlosen Mächte und des Todes kann man
die Vollendung des Heils im Übergang von der Christusherrschaft zur
Alleinherrschaft Gottes sehen. Hinsichtlich des inneren Verhältnisses
des Sohnes zum Vater aber liegt die Vollendung des Heils der Welt in
der Vollendung der innertrinitarischen Geschichte Gottes. In der ersten
Hinsicht kann man von einer Selbsterübrigung der vorläufigen Stell-
vertreter- und Mittlerfunktionen des Christus Gottes sprechen. In der
zweiten Hinsicht muß man aber von der bleibenden Bedeutung des
hingegebenen und auferweckten Sohnes sprechen. Daraus folgt, daß
der Gekreuzigte nicht verschwindet, wenn die Erfüllung kommt, sondern vielmehr zum Grund für das erlöste Dasein in Gott und die Einwohnung Gottes in allem wird. Der Gekreuzigte hat dann tatsächlich
keine stellvertretenden Funktionen mehr. Aber das neue Dasein verdankt sich ihm in Ewigkeit. Aus der funktionalen und soteriologischen
Stellvertreterchristologie wird dann eine doxologische Sohneschristolo-
gie. Und wie das Ende diese Umkehrung bringt, so liegt sie auch schon
von Anfang an im Christusbekenntnis des Glaubenden. Auch die ge-

schichtliche Christologie kann nicht nur funktional Christi Bedeutung und Nutzen für Heil, Gerechtigkeit und Identität darstellen, sondern muß selbst Ausdruck der Bruderschaft des Glaubenden mit dem Sohn sein und das doxologisch im Dank und Lob zur Sprache bringen. Die Not-wendigkeit der Stellvertretung »für uns« geht damit in die Freiheit der Dankbarkeit »von uns« über. Christus ist mehr als notwendig, er ist frei und macht frei. Er gehört zum Reich der Notwendigkeit und zum Reich der Freiheit, weil er selbst der Übergang ist[145a].

9. Die Erfahrung des menschlichen Lebens im Pathos Gottes

Der Mensch entfaltet seine Menschlichkeit immer im Verhältnis zur Göttlichkeit seines Gottes. Er erfährt sein Dasein im Verhältnis zu dem, was ihm als das höchste Sein einleuchtet. Er richtet sein Leben auf den letzten Wert aus. Er entscheidet sich fundamental nach dem, was ihn unbedingt angeht. So ist das Göttliche die Situation, in der sich der Mensch erfährt, entfaltet und gestaltet. Theologie und Anthropologie stehen in einem Wechselverhältnis. Auch die Theologie des »gekreuzigten Gottes« leitet deshalb zu einer ihr entsprechenden Anthropologie über. Weil bisher die Frage nach der Geschichte und der Qualität des Leidens Gottes im Vordergrund stand, soll jetzt nach der Entfaltung der Menschlichkeit des Menschen in dieser Situation Gottes gefragt werden. Zur Ortsbestimmung bietet sich ein Vergleich der christlichen Theologie mit der *apathetischen Theologie* der griechischen Antike und mit der *pathetischen Theologie* der neueren jüdischen Religionsphilosophie an. Wir waren davon ausgegangen, daß die altkirchliche Übernahme des griechisch-philosophischen Begriffs vom »apathischen Gott« zu jenen Schwierigkeiten in der Christologie geführt hat, die erst die neuere Theologie zu überwinden sich anschickt. Bevor aber das »Leiden Gottes« zum Thema der christlichen Theologie der Gegenwart wurde, hat schon die jüdische Theologie dieses Thema behandelt. Von dieser neuen jüdischen Auslegung der Gottesgeschichte im Alten Testament und in den gegenwärtigen Leiden des eigenen Volkes kann christliche Theologie nur lernen.

145a. So *J. Moltmann*, Die ersten Freigelassenen der Schöpfung, 1971², 31 ff; und *E. Jüngel*, Unterwegs zur Sache, 1972, 7. Vgl. dazu auch die in der Theologiegeschichte immer wieder diskutierte Frage: Ob der Sohn Gottes Mensch geworden sein würde, wenn das menschliche Geschlecht ohne Sünde geblieben wäre? *J. Müllers* gleichnamige Abhandlung von 1870 jetzt in: Christologische Texte aus der Vermittlungstheologie des 19. Jahrhunderts, Texte zur Kirchen- und Theologiegeschichte, ed. J. Wirsching, 1968, 39–80.

a) Die Apathie Gottes und die Freiheit des Menschen

Aus der antiken Welt kam dem frühen Christentum mit unabweisbarer
Macht die *apatheia* als metaphysisches Axiom und als ethisches Ideal
entgegen[146]. Auf diesen Begriff konzentrierte sich die Verehrung der
Göttlichkeit Gottes und das Streben nach der Freiheit des Menschen.
Wie *pathos* ist das Wort *apatheia* vieldeutig. Es meint Unerreichbar-
keit für äußere Einwirkung, Unempfindlichkeit, wie sie toten Dingen
eigen ist, und Freiheit des Geistes von inneren Bedürfnissen und äußeren Beeinträchtigungen. *Apatheia* bedeutet im physischen Sinne Unveränderlichkeit, im psychischen Sinne Unempfindlichkeit und im
ethischen Sinne Freiheit. Im Gegensatz dazu werden mit *pathos* Bedürftigkeit, Zwang, Trieb, Abhängigkeit, niedere Leidenschaften und unge-
wollte Leiden bezeichnet. Seit Plato und Aristoteles wird die metaphysische und ethische Vollkommenheit Gottes mit *apatheia* beschrieben.
Nach Plato ist Gott gut und kann darum nicht Ursache von etwas Bösem, von Strafen und Leiden sein. Die dichterischen Vorstellungen der
launischen, neidischen, rächenden und strafenden Götter, die bei den
Zuschauern der Tragödie Affekte, *pathe,* zum Zwecke der *katharsis*
erwecken sollen, werden als »Gott unangemessen« verworfen. Sie pas-
sen nicht in die moralisch-politischen »Richtlinien für die Götter-
lehre«[147]. Es ist unangemessen, Gott als *auctor malorum* darzustellen.
Als das Vollkommene ist das Göttliche bedürfnislos[148]. Ist es bedürfnislos, so ist es auch unveränderlich, denn jede Veränderung zeigt einen
Mangel an Sein. Gott braucht nicht die Dienste oder die Affekte von
Menschen zu seinem eigenen Leben. Weil er vollkommen ist, braucht
er keine Freunde und wird auch keine haben. »Freundschaft ist da, wo
es Gegenliebe gibt. Bei der Freundschaft mit Gott aber ist kein Raum
für Gegenliebe, noch überhaupt für Liebe. Denn es wäre absurd, wenn
jemand behauptete, er liebe den Zeus.«[149] Da Gleiches nur von Gleichem erkannt und geliebt wird, genügt die Gottheit sich selbst. Daraus

---

146. Vgl. dazu *M. Pohlenz,* Vom Zorne Gottes. Eine Studie über den Einfluß der
griechischen Philosophie auf das alte Christentum, 1909; *J. K. Mozley,* The Impassi-
bility of God, 1926; *E. F. Micka,* The Problem of Divine Anger in Arnobins and
Lactantius, 1943; *Th. Rüther,* Die sittliche Forderung der Apatheia in den beiden
ersten christlichen Jahrhunderten und bei Klemens Alexandrinus, 1949; *J. Woltmann,*
᾽Απαθὴς ἔπαθεν – Apathie als metaphysisches Axiom und ethisches Ideal und das
Problem der Passion Christi in der Alten Kirche, Erlanger Dissertation 1972.
147. *J. Woltmann,* Der geschichtliche Hintergrund der Lehre Markions vom »fremden Gott«, in: Wegzeichen. Festgabe für H. M. Biedermann, 1971, 23 f.
148. Philebos 60 c: »Daß, welchem Lebendigen dieses beständig auf alle Weise und
überall beiwohnt, dieses nichts anderes mehr bedürfe, sondern das Hinreichende aufs
vollständigste habe.«
149. *Aristoteles,* Magna Moralia II, 1208 b.

folgt seit Aristoteles der metaphysische Grundsatz: θεὸς ἀπαθής [150]. Als actus purus und reine Ursächlichkeit kann ihm nichts widerfahren, das er erleiden müßte. Als der Vollkommene ist er ohne Affekte. Zorn, Haß und Neid sind ihm fremd. Ebenso fremd sind ihm Liebe, Mitleid und Erbarmen. »Das selige und unvergängliche Wesen trägt weder selbst Mühsal noch belädt es andere damit. Darum kennt es weder Zorn noch Gunst. Dergleichen gibt es nur bei einem schwachen Wesen.« [151] Gott denkt ewig sich selbst und ist darin das Denken des Denkens. Gott ist immer-wollend. Darum gehört der Wille wie das Denken zu seinem apathischen Wesen.

Ist es das sittliche Ideal des Weisen, dem Göttlichen ähnlich zu werden und an seiner Sphäre teilzuhaben, so muß er Bedürfnisse und Triebe überwinden und ein von Mühe und Furcht, von Zorn und Liebe freies Leben in der *apatheia* führen. Im Denken des Denkens findet er Ruhe in Gott. Im ewigen Willen findet er sich in der ewigen Gegenwart Gottes. Aus der skeptischen Schule stammt die Forderung nach der Enthaltung vom Urteil (ἐποχή). Der verständige Mensch muß feststehen in der *ataraxia*, und der Weise besitzt die *apatheia*. Seine Erkenntnis ist von keinen Affekten der Seele und keinen Interessen des Leibes getrübt. Er lebt in der höheren Sphäre des Logos. Er fühlt nicht einmal, was andere Menschen für gut oder übel halten. Er braucht alle Dinge, als ob sie einen Wert hätten, obgleich er ihnen keinen Wert zuschreibt. Der skeptischen *epoche* folgen die Unerschütterlichkeit, die Leidenschaftslosigkeit, die Milde wie Schatten [152]. Die anfänglich und auch von Aristoteles gepriesene Mittellage (μετριοπάθεια) im Gefühls- und Sinnenleben wurde dann durch die stoische Ethik der erstrebten *apatheia* des Weisen überboten. Im Tugendstreben erwirbt sich der Weise die Ähnlichkeit mit dem, was die Gottheit von Natur besitzt.

Das antike Judentum, vornehmlich durch Philon, und das antike Christentum haben in Theologie und Ethik dieses Apatheia-Ideal aufgenommen, es zu erfüllen und zu überbieten gesucht. Philon stellt Abraham als Vorbild der *apatheia* hin, er rühmt an ihm aber auch die *metriopatheia*. Die *apatheia* gilt auch ihm als Ziel der Vollkommenheit. Doch erstrebt der Mensch nicht, für sich selbst frei und mit sich zufrieden zu sein, sondern im Dienst Gottes frei und bedürfnislos zu werden, der allein die Kraft zur apatheia gibt. Weil Philon im Wirkungsbereich des alttestamentlichen Gottesverständnisses steht, ist seine *apatheia*-Lehre bei aller formalen Übernahme doch der Sache nach anders als die der Stoa. Zwar soll auch für ihn die erstrebte *apatheia* zur Gottähnlich-

150. *Aristoteles*, Metaphysik XII, 1073 a 11.
151. Zit. *Woltmann*, aaO. 26.
152. *Th. Rüther*, aaO. 11 ff.

keit führen, aber es ist im Kern eine andere »Gottessituation«, in die sie hineinführt[153].

Eine Prüfung der *apatheia*-Diskussion im antiken Griechentum, Judentum und Christentum ergibt, daß mit *apatheia* nicht die Versteinerung des Menschen gemeint ist und auch nicht jene Krankheitssymptome, die heute mit Apathie, Abstumpfung und Teilnahmslosigkeit bezeichnet werden, sondern die Freiheit des Menschen und seine Weltüberlegenheit in der Entsprechung zur vollkommenen, bedürfnislosen Freiheit der Gottheit. *Apathie* ist der Eintritt in die höhere, gottentsprechende Sphäre des Logos. Auf der anderen Seite wurden nur die niedrigen Triebe und Zwänge als *pathos* verstanden. Was heute als das *Pathos des Lebens* bezeichnet wird, der Sinn, der ein Leben erfüllt, lebendig macht und beglückt, wurde nicht unter die *pathe* gerechnet. Was das Christentum als *agape* Gottes und der Glaubenden verkündete, wurde sprachlich nur selten mit *pathos* gleichgesetzt. Weil die wahre Agape aus der Befreiung von den inneren und äußeren Fesseln des Fleisches (sarx) entspringt und ohne Eigensucht und Angst, sine ira et studio liebt, darum konnte die *apatheia* als Ermöglichungsgrund dieser Liebe aufgenommen und durch sie erfüllt werden. Liebe entsteht aus Geist und Freiheit, nicht aus Trieb oder Angst. Der apathische Gott konnte darum als der zu sich befreiende und freie Gott begriffen werden. Man nahm die mit der *apatheia* ausgedrückte Verneinung von Not, Trieb und Zwang auf und erfüllte sie mit einem neuen positiven Inhalt[154]. Die *apathetische Theologie* der Antike wurde als Vorbereitung der trinitarischen Theologie der Liebe Gottes und des Menschen aufgenommen. Erst eine lange jüdische und christliche Sprachgeschichte hat die Worte verändert und in einen anderen Bedeutungshof gestellt. Sie hat Leidenschaft mit der Liebe aus Freiheit zum anderen und ungleichen verbunden und den Sinn des Leidens der Liebe aus der Passionsgeschichte Israels und Christi zu verstehen gelehrt. Diese Veränderungen müssen beachtet werden, will man der apathetischen Theologie der Antike und ihrer jüdischen und christlichen Aufnahme gerecht werden. Dennoch bleibt die Frage offen, ob das Positive des neuen Gottesverhältnisses nicht auch den Rahmen der vorausgesetzten Negation des Negativen sprengen mußte und muß.

---

153. Ebd. 17 ff.
154. Eine Sonderstellung nimmt *Gregor Thaumaturgos* ein, sofern für ihn die Leidensunfähigkeit Gottes für die Leiden zum Leiden wird und sich in ihrer Überwindung zeigt. Gottes Mitleid ist nicht im griechischen Sinne ein pathos. Vgl. *V. Ryssel*, Gregor Thaumaturgos. Sein Leben und seine Schriften, 1880, und *U. W. Knorr*, Gregor der Wundertäter als Missionar, EMM 110, 1966, 70–84, bes. 76.

b) Das Pathos Gottes und die Sympathie des Menschen

Es war Abraham Heschel, der zuerst in Auseinandersetzung mit dem Hellenismus und der von ihm beeinflußten jüdischen Religionsphilosophie Jehuda Halevis, Maimonides' und Spinozas die Gottesverkündigung der Propheten als *pathetische Theologie* bezeichnet hat[155]. Die Propheten hatten keine »Idee« Gottes, sondern verstanden sich und das Volk in der *Situation Gottes*. Diese Situation Gottes nennt Heschel das *Pathos Gottes*. Es hat nichts mit den irrationalen menschlichen Regungen wie Begierde, Zorn, Angst, Neid oder Mitleid zu tun, sondern bezeichnet seine Betroffenheit durch Ereignisse und menschliche Handlungen und Leiden in der Geschichte. Er ist durch sie betroffen, weil er an seiner Schöpfung, seinem Volk und seinem Recht interessiert ist. Das Pathos Gottes ist intentional und transitiv, nicht auf sich selbst, sondern auf die Geschichte des Bundesvolkes bezogen. Schon mit der Schöpfung der Welt »im Anfang« ist Gott aus sich herausgegangen. Im Bund geht er auf die Welt und das Volk seiner Wahl ein. Die »Geschichte« Gottes kann darum nicht von der Geschichte seines Volkes getrennt werden. Die Geschichte des göttlichen Pathos ist in diese Geschichte der Menschen eingebettet. Weil Schöpfung, Bund und Geschichte Gottes aus seiner Freiheit entspringen, ist sein darin wirksames *Pathos* ein ganz anderes als das der launischen, neidischen und heldischen Götter der mythischen Göttersagen, die ihrerseits dem Schicksal (ananke) unterworfen sind. Es ist das Pathos seiner freien Beziehung zur Schöpfung, zum Volk und zur Geschichte. Die Propheten haben Gottes Pathos niemals mit seinem Wesen identifiziert, denn es war für sie nicht etwas Absolutes, sondern die Form seiner Relation zum anderen. Das göttliche Pathos spricht sich in der Beziehung Gottes zu seinem Volk aus. Der Begriff eines apathischen Gottes mußte ihnen fremd bleiben. Prophetie ist darum im Kern nicht eine Voraussicht der Zukunft, wie sie im unabänderlichen Schicksal oder in einem prädestinierten Heilsplan Gottes vorgezeichnet ist, sondern Einsicht in das gegenwärtige Pathos Gottes, in sein Leiden an Israels Ungehorsam und seine Leidenschaft für sein Recht und seine Ehre in der Welt. Ist das göttliche Pathos in seiner Freiheit begründet, so ist es jedoch auch nicht reiner Wille wie im islamischen Gottesbegriff. Es ist vielmehr sein Interesse an seiner Schöpfung und seinem Volk, wodurch Gott sein Sein in die Geschichte seiner Beziehung und seines Bundes mit den Menschen verlagert. Gott nimmt den Menschen so ernst, daß er unter den Aktionen der Menschen leidet und durch sie verletzt werden kann. Im

---

155. *A. Heschel*, Die Prophetie, 1936; The Prophets, 1962. Ich zitiere im folgenden nach der englischen Ausgabe.

Herzen der prophetischen Verkündigung steht die Gewißheit, daß
Gott bis zum Punkt des Leidens an der Welt interessiert ist.
Wie A. Heschel im Vergleich mit der griechischen Philosophie, mit
Konfuzianismus, Buddhismus und Islam zeigt, ist das israelitische Verständnis des Pathos Gottes singulär[156]. Doch hat ganz parallel zur
christlichen Theologie auch die jüdische Scholastik im Mittelalter versucht, sich der Idee des theos apathes anzupassen. »Jede Leidenschaft
ist übel.« Darum meinte Jehuda Halevi, daß Mitleid und Mitleiden in
Wahrheit nur Zeichen seelischer Schwäche sein können und Gott nicht
angemessen sind. »Er verordnet Armut dem einen und Reichtum dem
anderen ohne Veränderung in seiner Natur, ohne Gefühle von Sympathie mit dem einen oder Zorn auf den anderen. Er ist der gerechte Richter.«[157] Nach Maimonides darf kein Prädikat, das Leiblichkeit und
Leidensfähigkeit enthält, auf Gott angewendet werden. »Gott ist frei
von Leidenschaften, er ist weder vom Gefühl der Freude noch des
Schmerzes bewegt.« Darum behauptete Spinoza, daß, strikt gesprochen, »Gott weder liebt noch haßt«[158]. So wurde lange Zeit der apathische Gott auch für jüdische Theologie zum fundamentalen Prinzip.
Geht man aber vom Pathos Gottes aus, so denkt man Gott nicht in
seiner Absolutheit und Freiheit, sondern versteht seine Leidenschaft
und sein Interesse aus der Bundesgeschichte. Je mehr der Bund als Gottesoffenbarung ernst genommen wird, desto tiefer versteht man die
Geschichtlichkeit Gottes und die Geschichte in Gott[159]. Hat Gott im
Bund mit dem Volk sein Herz offenbart, so wird er durch Ungehorsam
verletzt und leidet am Volk. Was das Alte Testament den *Zorn Gottes*
nennt, gehört nicht in die Kategorie der anthropomorphen Übertra-
gungen niedriger menschlicher Affekte auf Gott, sondern in die Kategorie des göttlichen Pathos. Sein Zorn ist verletzte Liebe und also eine
Weise seiner Reaktion auf den Menschen. Die Liebe ist die Quelle und
der Möglichkeitsgrund für den Zorn Gottes. Das Gegenteil von Liebe
ist nicht Zorn, sondern Gleichgültigkeit. Indifferenz gegenüber Recht
und Unrecht wäre ein Rückzug Gottes aus dem Bund. Sein Zorn aber
ist Ausdruck seines bleibenden Interesses am Menschen. Zorn und Liebe
halten sich darum nicht die Waage. »Sein Zorn währt einen Augen-

---

156. Allerdings gibt es auch im Islam Ansätze in dieser Richtung, wie *H. Corbin*
gezeigt hat: Sympathie et Théopathie chez les Fidèles d'amour en Islam, Eranos
XXIV, 1956, 199–301. Im neuen Dialog zwischen Christen und Muslim kam es zu
einem Augenblick der Konvergenz, als Schi'iten erklärten, sie fänden in ihrem überlieferten Glauben an den souveränen Gott nicht den »Gott, der leidet«, und würden
deshalb mit dem Problem des Leidens nicht fertig. Vgl. *H. J. Margull*, Dialog mit
anderen Religionen, 1972, 87.
157. Ebd. 252.
158. *Spinoza*, Ethik V, XVII.
159. *Heschel*, aaO. 277.

blick«, und, wie die Jonageschichte zeigt, nimmt Gott in Reaktion auf menschliche Umkehr um seiner Liebe willen seinen Zorn zurück. Als verletzte Liebe ist der Zorn Gottes nicht zuerst ein Zufügen, sondern ein göttliches Erleiden von Übel. Er ist ein Schmerz, der durch sein offenbartes Herz geht. Er leidet an seiner Leidenschaft für sein Volk[160].

In der Sphäre des apathischen Gottes entfaltet sich der Mensch zum *homo apatheticus*. In der Situation des Pathos Gottes aber wird der Mensch zum *homo sympatheticus*[161]. Das göttliche Pathos spiegelt sich in des Menschen Teilnahme, seinen Hoffnungen und Gebeten wider. Sympathie ist die Offenheit einer Person für die Gegenwart einer anderen. Sie hat dialogische Struktur. Im Pathos Gottes wird der Mensch vom Geist Gottes erfüllt. Er wird zum Freund Gottes, empfindet Sympathie mit Gott und für Gott[162]. Er kommt nicht in eine *unio mystica*, sondern in eine *unio sympathetica* mit Gott. Er zürnt mit Gottes Zorn. Er leidet mit Gottes Leiden. Er liebt mit Gottes Liebe. Er hofft mit der Hoffnung Gottes. A. Heschel hat seine Theologie des göttlichen Pathos als eine *dipolare Theologie* entfaltet. Gott ist in sich selbst frei und in seiner Bundesbeziehung zugleich interessiert und von menschlicher Geschichte betroffen. Er hat in dieser Bundesbeziehung vom Pathos Gottes und der Sympathie des Menschen gesprochen und hier eine zweite Dipolarität eingeführt. Denn die Sympathie des Menschen antwortet dem Pathos Gottes im Geist. Der Prophet ist ein isch-haruach, ein vom Geist Gottes getriebener und ermutigter Mensch. Darin deutet sich wohl der Gedanke einer Zwei-Personalität Gottes an. Beide Gedanken lassen sich in der Theologie der Rabbinen weiter verfolgen und durch sie noch vertiefen.

Die Rabbinen der Zeitwende sprachen, wie P. Kuhn nachgewiesen hat[163], von mehreren Stufen der Selbsterniedrigung Gottes: in der Schöpfung, in der Berufung Abrahams, Isaaks und Jakobs und der Geschichte Israels, im Exodus und im Exil. Psalm 18, 36 – nach Luthers Übersetzung »Wenn du mich demütigst, machst du mich groß« – verstanden sie so: »Groß erweisest du an mir deine Selbsterniedrigung.« Gott wohnt im Himmel und bei denen, die niedrig und demütigen Geistes sind. Er ist der Gott der Götter und schafft Witwen und Waisen Recht. Er ist erhaben und blickt zugleich auf das Niedrige. So ist er zwiefach und im Gegensätzlichen gegenwärtig. Schon bei der Schöpfung im Anfang verzichtet Gott auf seine Ehre. Wie ein Diener trägt er Israel in der Wüste die Fackel voran. Wie ein Knecht trägt er Israel und seine Sünden auf seinem Rücken. Er steigt herab in den Dorn-

160. Ebd. 209 ff.
161. Ebd. 307 ff.
162. Vgl. *E. Peterson*, Der Gottesfreund, ZKG 42, 1923, 172 ff.
163. *P. Kuhn*, Gottes Selbsterniedrigung in der Theologie der Rabbinen, 1968.

busch, in die Bundeslade und in den Tempel. Er begegnet Menschen im
Beschränkten, im Niedrigen und Kleinen. In diesen *Akkomodationen*
Gottes an die Grenzen menschlicher Geschichte liegen zugleich die *Antizipationen* seiner zukünftigen Einwohnung in seiner ganzen Schöpfung, wenn am Ende alle Lande seiner Ehre voll sein werden. Er geht
nicht nur auf die Situation des beschränkten Geschöpfes, sondern auch
auf die Situation des schuldigen und leidenden Geschöpfes ein. Seine
Klage und Trauer um Israel im Exil zeigen, daß Gottes ganze Existenz
mit Israel im Leid ist. Israel ist sein »Augapfel«. Er kann Israels Leiden nicht vergessen, er müßte denn »seiner eigenen Rechten vergessen«.
Darum geht Gott mit Israel ins babylonische Exil. An seiner »Einwohnung« im Volk leidet er mit dem Volk, geht mit ins Gefängnis, empfindet mit den Märtyrern die Schmerzen. Befreiung Israels bedeutet
deshalb umgekehrt auch eine Befreiung jener »Einwohnung Gottes«
von ihrem Leiden. In seiner *Schekhinah* teilt der Heilige Israels Leiden
und Israels Erlösung, so daß in dieser Hinsicht gilt: »Gott hat sich
selbst aus Ägypten erlöst, zusammen mit seinem Volk: ›Für mich und
für euch gilt die Erlösung.‹ Gott selbst ›wurde (mit Israel aus Ägypten)
herausgeführt‹.«[164] Weil er seinen Namen mit Israel verbunden hat,
wird Israel dann erlöst, wenn Gott sich selbst erlöst, d. h. seinen Namen
verherrlicht; und zwar ist das Leiden Gottes das Mittel, durch welches
Israel erlöst wird. Gott selbst ist »das Lösegeld« für Israel[165].

Einen erschütternden Ausdruck für die theologia crucis, die in der rab-
binischen Theologie der Selbsterniedrigung Gottes angelegt ist, gibt
E. Wiesel, ein Überlebender von Auschwitz, in seinem Buch
»Night«[166]:

»Die SS erhängte zwei jüdische Männer und einen Jungen vor der versammelten
Lagermannschaft. Die Männer starben rasch, der Todeskampf des Jungen dauerte
eine halbe Stunde. ›Wo ist Gott? Wo ist er?‹ fragte einer hinter mir. Als nach langer
Zeit der Junge sich immer noch am Strick quälte, hörte ich den Mann wieder rufen:
›Wo ist Gott jetzt?‹ Und ich hörte eine Stimme in mir antworten: ›Wo ist Er? Hier
ist Er ... Er hängt dort am Galgen ...‹«

Jede andere Antwort wäre Blasphemie. Es wird auch keine andere
christliche Antwort auf die Frage dieser Qual geben. Hier von einem
leidensunfähigen Gott zu sprechen, würde Gott zum Dämon machen.
Hier von einem absoluten Gott zu sprechen, würde Gott zum vernichtenden Nichts machen. Hier von einem indifferenten Gott zu sprechen,
würde Menschen zur Gleichgültigkeit verurteilen.

Die theologische Reflexion aber muß die Konsequenzen aus solchen Erfahrungen des Leidens Gottes im menschlich unbeantwortbaren Leid

---

164. Ebd. 89.
165. Ebd. 90.
166. *E. Wiesel*, Night, 1969, 75–76.

ziehen. Die rabbinische Rede von der Selbsterniedrigung Gottes drängt auf die Unterscheidung in Gott zwischen Gott selbst und seiner »Einwohnung« (Schekhinah), zwischen Gott und dem einwohnenden Geist Gottes. Das Judentum der rabbinischen Epoche hat den Gedanken einer solchen Zwei-Personalität in Gott entwickelt, um die Erfahrung des Mitleidens Gottes mit Israel ausdrücken zu können und um im Leiden jene »Religion der Sympathie«, die Offenheit für Gott gegen die Verfluchung Gottes (Hiob 2,9), gegen die Erstarrung des Herzens und gegen die Preisgabe der Hoffnung zu bewahren. Das innere theologische Problem aber entsteht, wenn man sich fragt, woran der mit dem gefangenen, verfolgten und ermordeten Israel leidende Gott leidet. Leidet er nur an menschlichem Unrecht und menschlicher Bosheit? Leidet die *Schekhinah,* die mit Israel durch den Staub der Straßen wandert und in Auschwitz am Galgen hängt, an dem Gott selbst, der die Enden der Erde in seiner Hand hat? Dann würde das Leiden Gottes Pathos nicht nur von außen treffen, so daß man sagen könnte, Gott selbst leidet an der menschlichen Geschichte von Unrecht und Gewalt, sondern das Leiden wäre wie die Geschichte mitten in Gott selbst. Es geht hier nicht darum, Paradoxien aufzustellen, sondern zu fragen, ob nicht die Erfahrungen der Leidenschaft und des Leidens Gottes in das innere Geheimnis Gottes selbst hineinführen, in dem Gott sich selbst gegenübersteht.

c) Die Fülle des Lebens in der trinitarischen Geschichte Gottes

Der christliche Glaube glaubt nicht an eine neue »Idee« Gottes. In der Gemeinschaft des Gekreuzigten findet er sich selbst in einer neuen »Situation Gottes« und nimmt an ihr mit seiner ganzen Existenz teil.

Christliche Theologie kann die Erkenntnis und die Sehnsucht der *apathetischen Theologie* des Hellenismus nur als Voraussetzung für die Erkenntnis der Freiheit Gottes und der Befreiung des gebundenen Menschen in sich aufnehmen. Kommt sie zu ihrer Sache, so kehrt sie die Richtung jener Theologie grundsätzlich herum: nicht der Aufstieg des Menschen zu Gott, sondern die Offenbarung Gottes in seiner Selbstentäußerung im Gekreuzigten öffnet den Lebensraum Gottes zur Entfaltung des Menschen in ihm. Diese Situation ist der jüdischen Situation verwandt, denn das von den Propheten wahrgenommene und verkündete Pathos Gottes ist die Voraussetzung für das christliche Verständnis des lebendigen Gottes aus der Passion Christi. Die *pathetische Theologie* des Judentums muß aber vom Bund Gottes mit dem Volk und von der Zugehörigkeit zu diesem Volk Gottes ausgehen. Darum gibt es für sie eine Unmittelbarkeit in der Korrespondenz zwischen dem Pathos Gottes und der Sympathie des Menschen. Auf Grund der vorausgesetzten Erwählung zum Bund und Volk braucht nur eine dipolare Theologie entwickelt zu werden, die von Gottes Leidenschaft und dem Trieb des Geistes in den Leiden und Hoffnungen des Menschen spricht. Für den Christen, zumal den Heidenchristen, ist diese Voraussetzung nicht gegeben. Wo für Israel die Gottunmittelbarkeit im vorausgesetzten Bund steht, steht für den Christen Christus selbst, der die Vaterschaft Gottes und die Kraft des Geistes vermittelt. Christliche Theologie kann darum keine dipolare Theologie der Wechselwirkung zwischen dem rufenden Gott und dem antwortenden Menschen entwickeln, sondern muß eine trinitarische Theologie entwickeln, denn erst in und durch Christus wird jene dialogische Gottesbeziehung eröffnet. Durch Christus schafft Gott selbst die Bedingungen, in jene pathetisch-sympathetische Beziehung einzutreten. Durch ihn schafft er sie denen, die diese Bedingungen nicht mitbringen können: den Sündern, Gottlosen und Gottverlassenen. Christlich ist darum kein von dieser Person und ihrer Geschichte abgelöstes Verhältnis der Gottunmittelbarkeit der Menschen denkbar. Indem aber Gott durch seine Selbsterniedrigung im Tod des Gekreuzigten und durch seine Erhöhung des Menschen in der Auferweckung Christi selbst die Bedingungen für die Gottesgemeinschaft schafft, wird diese Gemeinschaft eine gnädige, voraussetzungslose und universale Gemeinschaft Gottes mit allen Menschen in ihrem gemeinsamen Elend. Um der Bedingungslosigkeit und der Universalität der gnädigen Gottesgemeinschaft willen muß deshalb christliche Theologie christozentrisch und trinitarisch zugleich denken. Erst der einseitig von Gott gestiftete und im Kreuz Christi allen eröffnete Bund macht die dialogischen Bundesverhältnisse im Geist, in der Sympathie und im Gebet möglich. »Gott war in Christus« – das ist die Voraussetzung für die Gottesgemeinschaft der Sünder und Gottlosen, denn sie eröffnet den Lebensraum Gottes für den ganzen Menschen und für alle Menschen. »Wir leben in Christus« – das ist die Konsequenz für den Glauben, der in der Christusgemeinschaft die volle Gottesgemeinschaft erfährt.

Wie aber läßt sich dieser in Christus eröffnete Lebensraum Gottes beschreiben? Ist er dem Spielraum der apathischen Freiheit Gottes oder dem Kraftfeld des Pathos Gottes vergleichbar?

Die christliche Theologie spricht nach Phil. 2 von der endgültigen und vollendeten Selbsterniedrigung Gottes in dem Menschen und der Person Jesu. Damit geht Gott in dem Sohn in die begrenzte, endliche Situation des Menschen ein. Er geht nicht nur in sie ein, läßt sich nicht nur auf sie ein, sondern nimmt sie auch an und umfängt das ganze menschliche Dasein mit seinem Sein. Er wird nicht Geist, so daß der Mensch sich erst zum Geist aufschwingen müßte, um an Gott teilzuhaben. Er wird nicht nur zum Bundespartner eines erwählten Volkes, so daß man durch Beschneidung und Bundesgehorsam zu diesem Volk gehören muß, um in seine Gemeinschaft zu kommen. Er erniedrigt sich und nimmt das ganze Menschsein ohne Grenzen und Bedingungen an, so daß jeder mit seinem ganzen Leben an ihm teilhaben kann.

Wird Gott in Jesus von Nazareth Mensch, so geht er aber nicht nur auf die Endlichkeit des Menschen ein, sondern im Tode am Kreuz auch auf die Situation der Gottverlassenheit des Menschen. Er stirbt in Jesus nicht den natürlichen Tod endlicher Wesen, sondern den gewaltsamen Verbrechertod am Kreuz, den Tod der vollendeten Gottverlassenheit. Das Leiden im Leiden Jesu ist die Verlassenheit, die Verwerfung durch Gott, seinen Vater. Gott wird nicht eine Religion, so daß man durch entsprechende religiöse Gedanken und Gefühle an ihm teilhat. Gott wird nicht das Gesetz, so daß man durch Gesetzesgehorsam an ihm teilhat. Gott wird nicht ein Ideal, so daß man durch immer strebendes Bemühen in seine Gemeinschaft kommt. Er erniedrigt sich und nimmt den ewigen Tod des Gottlosen und Gottverlassenen auf sich, so daß jeder Gottlose und Gottverlassene seine Gemeinschaft mit ihm erfahren kann.

Der menschgewordene Gott ist der Menschlichkeit eines jeden Menschen und zwar der vollen menschlichen Leibhaftigkeit gegenwärtig und erfahrbar. Keiner muß sich verstellen und anders erscheinen als er ist, um die Gemeinschaft des menschlichen Gottes mit sich wahrzunehmen. Er kann vielmehr alle Verstellungen und jeden Schein ablegen und in diesem menschlichen Gott werden, wer er in Wahrheit ist. Der gekreuzigte Gott aber ist darüber hinaus in der Verlassenheit eines jeden Menschen ihm nahe. Es gibt keine Einsamkeit und keine Verworfenheit, die er in Jesu Kreuz nicht auf sich und angenommen hätte. Es bedarf keiner Rechtfertigungsversuche und auch keiner selbstzerstörerischen Selbstanklagen, um sich ihm zu nahen. Der Gottverlassene und Verworfene kann sich selbst annehmen, wo er den gekreuzigten Gott erkennt, der bei ihm ist und ihn schon angenommen hat. Hat Gott den Tod am Kreuz auf sich genommen, so hat er das ganze Leben und das wirkliche Leben, wie es unter Tod, Gesetz und Schuld steht, angenommen. Er ermöglicht damit die Annahme des ganzen und wirklichen Lebens und des ganzen und wirklichen Todes. Ohne Grenzen und Bedingungen wird der Mensch in das Leben und Leiden, in den Tod und die Auferstehung Gottes hineingenommen und nimmt im Glauben leibhaftig an der Fülle Gottes teil. Es gibt nichts, was ihn aus der Situation Gottes zwischen dem Schmerz des Vaters, der Liebe des Sohnes und dem Trieb des Geistes ausschließen könnte[167].

---

167. Das meinte wohl *D. Bonhoeffer,* wenn er sagte: „Gott ist mitten in unserem Leben jenseitig... Christus aber faßt den Menschen in der Mitte seines Lebens« (Widerstand und Ergebung, 1951, 182, 227).

Das Leben in der Gemeinschaft Christi ist volles Leben in der trinitarischen Situation Gottes. In Christus gestorben und zu neuem Leben erweckt, wie Paulus Röm. 6,8 sagt, nimmt der Glaubende real an den Leiden Gottes in der Welt teil, weil er an der Leidenschaft der Liebe Gottes teilnimmt. Umgekehrt nimmt er an den konkreten Leiden der Welt teil, weil Gott sie im Kreuz seines Sohnes zu seinen Leiden gemacht hat[168]. Der im Gekreuzigten begegnende menschliche Gott bringt den Menschen so in eine realistische Vergottung (Theosis). In der Gemeinschaft Christi kann es deshalb wirklich heißen, daß Menschen *in Gott* und *aus Gott* leben, daß sie »in ihm leben, weben und sind« (Apg. 17,28). Pantheistisch verstanden, wäre das ein Traum, der von dem Negativen in der Welt wegsehen müßte. Eine trinitarische Kreuzestheologie aber nimmt Gott im Negativen und das Negative darum in Gott wahr und ist auf diese dialektische Weise panentheistisch. Denn auf die verborgene Weise der Erniedrigung bis zum Kreuz ist alles Seiende und alles Vernichtende schon in Gott aufgehoben, und beginnt Gott, »alles in allem« zu werden. Gott im Kreuz Christi zu erkennen, heißt umgekehrt, das Kreuz, das ausweglose Leiden, den Tod und die hoffnungslose Verwerfung in Gott zu erkennen.

Eine »Theologie nach Auschwitz« mag denen als Unmöglichkeit oder Blasphemie erscheinen, die sich am Theismus oder ihrem Kinderglauben genug sein ließen und ihn verloren. Es gäbe auch keine »Theologie nach Auschwitz« in rückschauender Trauerarbeit und Schulderkenntnis, wenn es keine »Theologie in Auschwitz« gegeben hätte. Wer nachträglich in unlösbare Probleme und Verzweiflung kommt, muß sich daran erinnern, daß in Auschwitz das Sch'ma Israel und das Vaterunser gebetet wurden.

Er muß sich an die Märtyrer erinnern, um nicht abstrakt zu werden. Von ihnen und von den stummen Opfern gilt im real übertragenen Sinne, daß Gott selbst am Galgen hing, wie E. Wiesel sagen konnte. Nimmt man das ernst, dann muß auch gesagt werden, daß, wie das Kreuz Christi, auch Auschwitz in Gott selbst ist, nämlich hineingenommen in den Schmerz des Vaters, in die Hingabe des Sohnes und in die Kraft des Geistes. Das bedeutet niemals eine Rechtfertigung von Auschwitz und ähnlich grauenhaften Orten, denn das Kreuz ist ja der Anfang der trinitarischen Geschichte Gottes. Erst mit der Auferweckung der Toten, der Ermordeten und Vergasten, erst mit der Heilung

---

168. *D. Bonhoeffer*, ebd. 242 f: »Die Bibel weist den Menschen an die Ohnmacht und das Leiden Gottes; nur der leidende Gott kann helfen ... Der Mensch wird aufgerufen, das Leiden Gottes an der gottlosen Welt mitzuleiden ... Nicht der religiöse Akt macht den Christen, sondern die Teilnahme am Leiden Gottes im weltlichen Leben.« Es ist das »Hineingerissenwerden in das messianische Leiden Gottes in Jesus Christus«. Ähnlich auch *D. Sölle*, Stellvertretung, 1965, 202 ff.

der Verzweifelten und lebenslänglich Verwundeten, erst mit der Abschaffung aller Herrschaft und Gewalt, erst mit der Vernichtung des Todes wird der Sohn das Reich dem Vater übergeben, wie Paulus 1. Kor. 15 sagt. Dann wird Gott seinen Schmerz in ewige Freude verwandeln. Damit ist die Vollendung der trinitarischen Geschichte Gottes und das Ende der Weltgeschichte, die Überwindung der Leidens- und die Erfüllung der Hoffnungsgeschichte der Menschheit angezeigt. Gott in Auschwitz und Auschwitz in dem gekreuzigten Gott – das ist der Grund für eine reale, sowohl weltumspannende wie weltüberwindende Hoffnung und der Grund für eine Liebe, die stärker ist als der Tod und das Tote festhalten kann. Er ist der Grund dafür, mit den Schrecken der Geschichte und des Endes der Geschichte zu leben und dennoch in der Liebe zu bleiben und dem Kommenden offen für die Zukunft Gottes entgegenzusehen. Er ist der Grund dafür, mitschuldig und mitleidend für die Zukunft des Menschen in Gott zu leben.

VII. Wege zur psychischen Befreiung des Menschen

1. Psychologische Hermeneutik der Befreiung

Entfaltet der Mensch seine Lebendigkeit im Verhältnis zur Göttlichkeit seines Gottes, so müssen wir nun fragen: Wer ist der Mensch angesichts des ausgestoßenen und in die Freiheit Gottes auferweckten Menschensohns? Wie entfaltet er seine Lebendigkeit im Kraftfeld der Leidenschaft des gekreuzigten Gottes? »Christus ist das Ende des Gesetzes«, erklärt Paulus (Röm. 10,4). Was bedeutet das für die Befreiung des Menschen?

Versuchen wir die Konsequenzen aus der Theologie des gekreuzigten Gottes für die Anthropologie zu ziehen, so kann das nicht im Monolog einer theologischen Anthropologie, sondern muß im Dialog mit anderen Menschenbildern geschehen. Versuchen wir der Befreiung des Menschen auf die Spur zu kommen und ihre Spuren aufzuweisen, so ergibt sich von selbst ein Dialog mit jener anthropologischen Wissenschaft, die von sich aus auf die Therapie des kranken Menschen ausgerichtet ist. Das ist vorzugsweise die *Psychoanalyse* von *Sigmund Freud.* Das theologische Gespräch mit Freud ist erst in den letzten Jahrzehnten wirklich in Gang gekommen. Für eine kritische Theologie ist die Auseinandersetzung mit Freuds Religionskritik deshalb wichtig. Natürlich ist dieser Dialog nur ein Ausschnitt aus der ganzen vielschichtigen Szene der notwendigen Weltoffenheit christlicher Anthropologie heute und kann darum keine Vollständigkeit beanspruchen. Doch scheint es wichtiger zu sein, die Konsequenzen der Kreuzestheologie an einem Punkt darzustellen, als in abstrakter Allgemeinheit zu verharren[1].

Wer mit Paulus von der Freiheit der Söhne Gottes im Glauben an Christus spricht, muß diese Freiheit auch in konkreten psychischen und politischen Wirkungen aufsuchen und darstellen. Er kann nicht nur theologisch korrekt zu sagen sich bemühen, was im theologischen Zirkel wahrer Glaube heißen muß, sondern muß eben dieses in der konkreten Auseinandersetzung mit allgemeinen psychischen Religionsphänomenen, besonderen pathologischen Erscheinungen und therapeutischen Versuchen der heilenden Befreiung des Menschen von psychischen

---

1. Zu anderen Formen christlicher Anthropologie in den Konflikten der Gegenwart vgl. *J. Moltmann,* Mensch, 1971.

Zwängen sagen. Die Freiheit des Glaubens würde sonst nur in der Freiheit theologischer Reflexion, nicht aber als neue Lebendigkeit im Zwielicht der Verdrängungen und Zwangshandlungen zur Sprache kommen. Es ist hier also eine *psychologische Hermeneutik* des Wortes vom Kreuz, des Geistes der Freiheit und der Geschichte Gottes notwendig. Psychologische Hermeneutik ist eine Interpretation, keine Reduktion. Ebenso wie die *politische Hermeneutik* ist sie die Übersetzung der theologischen Sprache der Befreiung auf ein bestimmtes Gebiet und in eine bestimmte Dimension des Lebens. Da menschliches Leben komplex ist und in mehreren Dimensionen und Bereichen zugleich gelebt wird, ist eine Mehrzahl hermeneutischer Prozesse erforderlich. Es gibt nicht den einen hermeneutischen Schlüssel und nicht das eine hermeneutische Schlüsselerlebnis. Der Prozeß der Übersetzung geht in verschiedene Erfahrungs- und Praxisfelder ein. Er muß sich an die jeweils verschiedenen Verhältnisse, Umstände und Vorgänge der Praxis und der Sprache anpassen. Das bedeutet keine Auflösung der Theologie in Psychologie, vielmehr soll die christliche Sprache auf jenem Feld von Erfahrung und Praxis ihr Eigenes zeigen. Sie würde sonst für die Psychologie uninteressant. Theologen, die zur Psychologie überwechseln und die Theologie aufgeben, sind keine Gesprächspartner mehr. Leider verderben sie auch oft die Psychologie mit ihren verdrängten und unbewußten theologischen Erwartungen des Ersatzes. In einer psychologischen Hermeneutik des Glaubens geht nichts von seiner »Substanz« verloren. Er gewinnt vielmehr eine neue Dimension seiner Inkarnation und tritt in die volle Diesseitigkeit des gelebten und verhinderten Lebens ein[2].

Die christliche Theologie denkt herkömmlich in der Dialektik von *Gesetz und Freiheit*. Eine psychologische Hermeneutik entdeckt Entsprechungen zu dieser theologischen Dialektik in den pathologischen Erscheinungen und therapeutischen Vorgängen. Sie muß darum jene theologische Dialektik auf die konkrete Ebene der Psychoanalyse und Psychotherapie hin übersetzen und hier reflektieren. Sie kommt dabei sowohl zu Konkretionen wie zu Korrekturen und Veränderungen, denn sie sieht den psychisch kranken Menschen in der Situation des gekreuzigten Gottes und sucht seine Heilung und Befreiung in dem geöffneten Freiraum dieses Gottes. Die paulinisch-reformatorische Theologie spricht von der Befreiung des Menschen vom *Zwang der*

---

2. Zur psychologischen Hermeneutik des Glaubens vgl. *P. Ricoeur*, Die Interpretation. Ein Versuch über Freud, 1969, und *J. Scharfenberg*, Religion zwischen Wahn und Wirklichkeit. Gesammelte Beiträge zur Korrelation von Psychoanalyse und Theologie, 1972. Zur neueren Religionspsychologie vgl. *F. Meerwein*, Neuere Überlegungen zur psychoanalytischen Religionspsychologie, Zeitschr. f. psychosomatische Medizin und Psychoanalyse 17, 1971, 363–380.

Werke durch Glauben. Die psychologische Hermeneutik entdeckt eine Entsprechung zu jenem Zwang in den *Zwangsvorstellungen* und *Zwangshandlungen* Kranker und sucht nach Befreiung zur Liebe und zur ungezwungenen Sympathie des Lebens. Paulus sprach Röm. 7, 7–11 von seinem Gefängnis im *Teufelskreis von Sünde, Gesetz und Tod*: »Ohne das Gesetz war die Sünde tot. Als aber das Gebot kam, wurde die Sünde lebendig, ich aber starb; und es fand sich, daß das Gebot mir zum Tode diente, das mir doch zum Leben gegeben war. Denn die Sünde nahm Anlaß am Gebot und betrog mich und tötete mich durch dasselbe Gebot.« Sünde und Gesetz treiben sich gegenseitig in die Höhe und bringen den Menschen zum Tode. Das ist die teuflische Strategie des Bösen: es nimmt das Gesetz, mit dem man gegen das Böse kämpft, in seine Regie und verstrickt den gesetzlichen Menschen noch tiefer in das Böse. Aus Angst vor der Sünde hält er sich an das Gesetz, aber er produziert damit nur mehr und größere Sünden. Dann greift er zu rigoroser Gesetzlichkeit, und das Böse wird dadurch noch stärker. Auch das Beste, das er tut, dient dem Bösen. So bringt dieser Teufelskreis aus Sünde und Gesetz den Menschen zum Tode. Er wird zum Verfallssyndrom (E. Fromm). Wenn auch heute kaum jemand an den Teufel in Person glaubt, so sprechen doch viele auf den verschiedensten Lebensbereichen von »Teufelskreisen«: vom Teufelskreis der Armut, der Gewalt, der Entfremdung, der industriellen Umweltzerstörung, vom Teufelskreis der Schwarzen, der Gastarbeiter, der Strafgefangenen, der psychisch Kranken. Was ist damit gemeint? Es sind ersichtlich Systeme psychischer, sozialer und politischer Art, die zu *tödlichen Regelkreisen* geworden sind. Es sind Ringe, in denen auch das Beste zum Schlimmeren führt. Sie sind darum ausweglos und ohne Hoffnung. Es sind negative Rückkopplungsprozesse, in denen die Orientierung auf das Leben zur Orientierung auf den Tod hin umkippt. Medizinisch gesehen, ist das Sterben ein solcher Teufelskreis, der die vorausgesetzten Regelkreise des Lebens zwischen Atmung, Gehirn, Herz und Blutkreislauf negativ vollzieht. »Zum Tode führt dieser Prozeß nur, wenn der Rückkopplungsprozeß selber zu Ende laufen kann. Das aber bedeutet, daß jede Unterbrechung des Teufelskreises dem Sterben Einhalt gebietet.«[3]

Die Strukturanalogie zwischen dem Teufelskreis aus Sünde, Gesetz und Tod, von dem Paulus und nach ihm Augustin, Luther und viele Theologen sprachen, und jenen negativen Rückkopplungsprozessen bei Sterbenden, Gefangenen, Ausgebeuteten und Unterdrückten ist leicht zu erkennen. Wie aber und in welchen Entsprechungen ist jene Befrei-

---

3. *H. Schaefer*, Der natürliche Tod, in: Was ist der Tod?, 1969, 20 f, zit. nach *E. Jüngel*, Tod, 1971, 31.

ung aus dem Teufelskreis der Sünde und des Gesetzes durch Glauben in jene begrenzten psychischen, sozialen und politischen Teufelskreise hineinzubringen, dort zu erfahren und zu praktizieren? Hier muß sich die *Freiheit des Glaubens* zur *Freiheit in Erfahrung und Aktion* entfalten, und wo sie es kann, kommt sie in Konkurrenz und Kooperation mit anderen Therapien und Befreiungsbewegungen. Wir werden im Folgenden die analytischen und aufdeckenden Begriffe des Gesetzes, des Zwanges und des Teufelskreises für die psychologische und politische Hermeneutik der christlichen Gottessituation verwenden, um die entsprechenden Vorgänge und Perspektiven der Befreiung zu finden. Der Glaube an Auferstehung wird zum aufstehenden Glauben, wo immer er todesorientierte Systeme in Psyche und Gesellschaft auf das Leben orientiert. Seine Bitte ». . . und erlöse uns von dem Bösen« wird erfahren und getan, wo Befreiung aus solchen Teufelskreisen geschieht, wo der Lebenswille wiederhergestellt wird und der Mensch seine Lebendigkeit gegen die Todesstarre der Apathie entfaltet.

2. Figuren des theologisch-psychoanalytischen Dialogs

Sigmund Freud entwickelte die Psychoanalyse in der Therapie kranker Individuen. Ihn beschäftigten aber je länger je mehr die sozialpsychologischen und kulturellen Bedingungen der Krankheiten. Obgleich er bei der Übertragung individueller Krankheitsbilder auf die Gesellschaft sehr vorsichtig war, hat er die Bedingungsverhältnisse doch immer wieder untersucht. Bei seinen Nachfolgern wie N. O. Brown, H. Marcuse und E. Fromm ist diese Vorsicht weniger spürbar[4]. Ihre Gesellschaftsanalysen mit Hilfe individueller Krankheitsbilder geraten darum oft in den Nebel der Spekulation und haben keine therapeutische Wirkung mehr. Hier liegt eine Grenze der Psychotherapie, die beachtet werden muß, will man eine nichtverifizierbare Metapsychologie vermeiden: Die Analyse zeigt am kranken Menschen oft die Krankheit der Gesellschaft auf, die Therapie kann aber nur beim Individuum einsetzen. Sie wird damit nicht überflüssig, denn Kranke können nicht mit dem Versprechen einer zukünftigen Heilung der ganzen Gesellschaft vertröstet werden. Die Therapie muß sich aber dieser Grenze ihrer Möglichkeit bewußt sein, an der psychische Teufelskreise mit sozialen und politischen Teufelskreisen verbunden sind. Es ist weder eine Übertragung individueller Krankheitsbilder auf die Gesellschaft im

---

4. Siehe *N. O. Brown*, Zukunft im Zeichen des Eros, 1962; *H. Marcuse,* Triebstruktur und Gesellschaft, 1967; *E. Fromm*, Das Menschliche in uns, 1968.

ganzen sinnvoll, noch umgekehrt die Übertragung einer Gesellschaftskritik auf den individuellen Fall. Die Dimensionen sind verschieden.
Sie bedingen sich auf komplexe Weise gegenseitig. Sie lassen sich nur in
seltenen Fällen auf einander reduzieren. Monokausale Herleitungen
sind wie bei den meisten geschichtlichen Zusammenhängen Unsinn.

Freud hat sich niemals auf eine Auseinandersetzung mit der Theologie
der Theologen seiner Zeit eingelassen[5]. Seine Religionskritik richtete
sich auf »die äußeren Religionsformen« und auf das, was »der gemeine
Mann unter Religion versteht«. Er war an den religiösen Regeln, Riten
und Symbolen und ihren psychischen Funktionen interessiert, also an
Religionsformen im Schnittpunkt des einzelnen und der Gesellschaft.
Die religiösen Erfahrungen seiner Patienten waren auf die viktoriani-
sche Religion im damaligen Wien und der bürgerlichen Welt des 19.
Jahrhunderts beschränkt. Seine eigenen religiösen Probleme reichten
aber darüber hinaus in die »mosaische Religion«, wie man damals sagte, seiner Familie und des Judentums. Darum faszinierte ihn die Gestalt des Mose aus der Überlieferung, in der Form der Statue von Mi-
chelangelo in San Pietro in Vincoli und auf der Ebene seines inneren
Schuldgefühls, das ihn von dem »gemordeten Propheten« hat sprechen
lassen[6]. Der christlichen Religion gegenüber war er zunehmend zurück-
haltender, weil er glaubte, sie nicht zu verstehen. Freud hat aber patho-
logische Formen der privaten Religion entdeckt, die sich in der Wirkungsgeschichte des Judentums und des Christentums und darüber
hinaus bei vielen Menschen finden. Seine Religionskritik entzündete
sich an ihnen im Interesse der Heilung und der Befreiung.

Es gibt verschiedene Figuren des psychotherapeutisch-theologischen
Gesprächs:

a) Der christliche Glaube kann sich mit dem identifizieren, was Freud
als »Religion« oder »Zerrbild einer Religion« kritisiert hat. Dann hält
man ihn für den nach Marx »schlimmsten Feind der Religion«, wie er
sich gelegentlich auch selbst einstufen konnte. Ein Christentum aber,
das sich so mit der angegriffenen und kritisierten Religion identifiziert,
gibt seine eigene Religionskritik preis. Die entsprechende religiöse
Theologie würde apologetisch am besten fahren, wenn sie Freud nicht
als irreligiös verwürfe, sondern in seiner Religionskritik eben jene religiösen Implikate nachweisen würde, die er selbst kritisierte. Sollte seine
Theorie selbst religiös bedingt sein, so führt sie nicht zur Aufhebung
der Religion in vernünftige Einsicht, sondern stellt einen Verschiebungsersatz für das Religiöse dar. Diese Form apologetischer Konter-

---

5. *J. Scharfenberg*, Sigmund Freud und seine Religionskritik als Herausforderung
für den christlichen Glauben, 1968, 137 ff.
6. *O. Mannoni*, Sigmund Freud, 1971, 152 ff.

kritik, die dem irreligiösen Denken verdrängtes religiöses Denken nachweisen möchte, hat heute offenbar der Positivismus übernommen. In der Theologie kommt sie nur noch selten vor. Wie H. Albert und E. Topitsch der »kritischen Theorie« der Frankfurter Schule – nicht ohne Wahrheitsgehalt – »quasitheologisches Denken« vorwarfen[7], so hat D. Wyss zu Marx und Freud erklärt:

»Es dürfte kein Zufall sein, daß Marx und Freud die Genesis des Alten Testaments vertraut war ... Die Verdrängung der Religion und ihrer Aussagen über einen gewalttätigen, mythischen Anfang und ein utopisches Ende ... scheint bei beiden in den charakteristischen religiösen, jedoch wissenschaftlich nicht verifizierbaren Momenten mythischer Konzeption und stereotyper Denkschemata wieder aufzutauchen – als ›Wiederkehr des Verdrängten‹. Die Atheisten Marx und Freud werden hier zu Opfern ihrer eigenen Verdrängung ...«[8]

Religionskritik entzieht sich nur schwer dem kategorialen Zwang ihres Gegenstandes. Theologen, die die christliche Religion gegen Freud verteidigen zu müssen meinen, und Positivisten, die mit der Religion auch die Religionskritik los werden wollen, sollten aber erkennen, daß Freud die Religion nicht mit Neurose gleichsetzte, sondern in der Neurose nur ein »Zerrbild der Religion« erkannte, so wie er die Hysterie ein Zerrbild der Kunst und die Paranoia ein Zerrbild der Philosophie nannte[9]. Es ist darum angemessener, Freuds Kritik positiv aufzunehmen, um den Glauben von den Verzerrungen seiner pathologischen Doppelgänger im Aberglauben zu befreien.

b) Der christliche Glaube muß sich ständig von seinen eigenen Religionsformen selbstkritisch unterscheiden, wenn er christlich sein will. Glaube ist dann nicht gleich Religion, sondern verhält sich zur bürgerlichen Religion und zur Privatreligion oft wie Jahwe zu den Baalim, wie der Gekreuzigte zum »Fürsten dieser Welt«, wie der lebendige Gott zu den Abgöttern der Angst. Zum Zwecke dieser Selbstunterscheidung kann die christliche Theologie die Religionskritik von Marx aufnehmen, um die Gemeinschaft Christi vom bürgerlich-kapitalistischen Geld- und Warenfetischismus zu trennen, und die Religionskritik von Freud, um den befreienden Glauben vom religiösen Aberglauben des Herzens zu trennen. Man nimmt dann diese Religionskritik als Scheidewasser auf, um auf den Schlacken der kritisch verbrannten Religion das Gold des wahren Glaubens zu zeigen. So hatte K. Barth in der Zeit der Dialektischen Theologie Glaube und Religion unterschieden: »Religion ist Unglaube, Aberglaube und Götzendienst.«[10] P. Ricoeur, G. Crespy

---

7. *H. Albert*, Traktat über kritische Vernunft, 1968; *E. Topitsch*, Die Sozialphilosophie Hegels als Heilslehre und Herrschaftsideologie, 1967.
8. *D. Wyss*, Marx und Freud, 1969, 58.
9. *J. Scharfenberg*, aaO. 139.
10. *K. Barth*, Der Römerbrief, 1922, behandelte die Grenzen, den Sinn und die Wirklichkeit der Religion in der Auslegung des Teufelskreises von Sünde, Gesetz und

und R. de Pury folgen ihm darin und benutzen Freud als Bulldozer, um den Weg für das Evangelium freizulegen[11]. Das Evangelium und die Religionskritik treffen sich darin, den »Gott« zu töten, den der Mensch zur Welt bringt[12]. Diese Konstellation »Glaube contra Religion« hat in der Tat eine biblische Vorgeschichte in der Religionskritik der Propheten, vor allem aber in der christlichen Verehrung des als »Gotteslästerer« gekreuzigten Christus. Auf der anderen Seite gründet die aufklärerische Idolkritik seit Bacon im Eindruck des alttestamentlichen Bilderverbots[13]. Das Verbot, sich Bilder und Gleichnisse zu machen, sie anzubeten und zu verehren, will die Freiheit Gottes und die Freiheit seines Ebenbildes in jedem Menschen schützen. Diese Freiheit geht dort verloren, wo die Vorurteile der Tradition oder die fixen Ideen der Ideologie den Verstand des Menschen gefangen halten. Sie geht verloren, wo Menschen ihre eigenen Werke anbeten, sich vor ihren eigenen Geschöpfen beugen, und ihre Objektivationen Macht über sie gewinnen. Aufklärung der Vorurteile ist darum Befreiung vom Vormund der Tradition. Aufklärung der entfremdeten Arbeitsverhältnisse ist darum Befreiung von der Knechtschaft durch sie. Aufklärung psychischer Komplexe, Verdrängungen und Illusionen entspricht diesen Bewegungen, durch Bildersturm sich selbst zu befreien.

c) Die Aufnahme der Freudschen Religionskritik als Negation des Negativen, um das eigene Positive darzustellen, ist theologisch legitim, doch führt die bloße Selbstunterscheidung des Glaubens von seinen Zerrbildern in öffentlicher und privater Religion oft nur zur Nichtbeachtung und Verdrängung jener religiösen Phänomene. Um sie zu überwinden, muß man sie verstanden haben. Es genügt nicht, jene neurotischen Religionsphänomene dem Teufel zuzuschreiben, um sich dagegen

---

Tod in Röm. 7: »Der Sinn der Religion ist der Tod« (235). »Sie ist das Unglück, unter dem aber wahrscheinlich heimlich jeder zu seufzen hat, der Mensch heißt« (241). »Die Wirklichkeit der Religion ist das Entsetzen des Menschen vor sich selbst« (252).

11. *P. Ricoeur*, Die Interpretation, aaO. 555; *R. de Pury*, Das Abenteuer der Freiheit. Sieben Meditationen über die Versuchung Jesu, 1969.

12. So *G. Crespy*, zit. nach *R. de Pury*, aaO. 76 f: »Der Mensch kann unmöglich dem Zwang entrinnen, selbst Religionen herzustellen. Selbstverständlich kann er seine kulturellen Anschauungen verändern, aber die Religion lebt in und mit dem Menschen fort, der sie erzeugt. Das ist zumindest die Bemerkung, die Freud in seinem Alter vernehmen ließ. Darum ist die Bemühung um eine Enthüllung dieses Sachverhalts den Anstrengungen des Sisyphus zu vergleichen. Man müßte unaufhörlich mit einer niemals aussetzenden Wachsamkeit die Versuche eines Eindringens der Religion durch den Ödipuskomplex aufzeigen, um dann ihren Sinn zu vernichten. Kurz gesagt, man hätte im Grunde genommen niemals damit aufgehört, Gott zu töten, und der Schrei Nietzsches: ›Gott ist tot, und wir haben ihn getötet!‹ müßte in jeder Generation von neuem aufgegriffen werden ... Wer kann diesen Gott töten, den der Mensch zur Welt bringt, und wer kann ihn so entscheidend töten, daß er nicht wieder aufersteht?«

13. Das haben jetzt *Chr. Gremmels* und *W. Herrmann*, Vorurteil und Utopie. Zur Aufklärung der Theologie, 1971, erneut betont.

an Jesus zu halten. Man muß auch herausfinden, warum der Mensch offenbar so »unheilbar religiös« ist, wie Berdjajew meinte, daß er ohne gewisse Zwangshandlungen und Zwangsvorstellungen oder auch nur ohne »etwas, woran er sich halten kann«, nicht existieren kann, ohne verrückt zu werden. Tatsächlich schützen Zwänge einige Patienten vor der Psychose und ihrem Realitätsverlust. Es gibt psychische Regulationssysteme, die positive und negative Erfahrungen stilisieren. Das narzißtische Regulationssystem bietet Schutz und Gefahr zugleich, indem es die aus der Frühphase stammenden unvermeidlichen positiven und negativen, zunächst konkreten Idealisierungen in einer »Symbolwelt« unterbringt, d. h. in Ideen, an die wir glauben[14]. Diese Ambivalenz psychischer Regulatoren darf nicht in einem besinnungslosen Bildersturm zerstört werden. Das würde dem Patienten keine Heilung bringen, sondern ihm eher den Bildersturm zur Zwangshandlung machen, die zum Tode führt.

Es scheint darum in einer Vermittlung der Wahrheitsmomente beider Gesprächsfiguren zunächst sinnvoll zu sein, Freuds Religionskritik als den »Versuch, die menschlichen Verstehensbedingungen um die Dimension des Unbewußten zu erweitern, aufzunehmen und seine Psychoanalyse als ›Methode der Sinnfindung‹ zu verstehen«[15]. Dann aber muß gefragt werden, wie der von Zwängen und Illusionen besessene und deshalb apathisch werdende Mensch in der Situation des gekreuzigten Gottes frei wird und seine Menschlichkeit entfaltet. Freuds Religionskritik soll dem christlichen Glauben nicht nur als Hilfswissenschaft zu einem besseren, kritischen Verständnis seiner selbst verhelfen. Seine Psychoanalyse muß ihm auch die psychischen Barrieren zeigen, an denen er seine befreiende Kraft entfalten kann. Es soll der *homo sympatheticus* im Kraftfeld des Pathos Gottes und der Passion Christi dort zur Erscheinung gebracht werden, wo psychische Regulationssysteme den Menschen zum apathischen Leben verurteilen.

3. Das Gesetz der Verdrängung

Etwa im Jahre 1907 wurde Freud auf die Parallele zwischen den Zwangshandlungen Neurotischer und den Ritualen der Religionsausübung aufmerksam[16]. Der neurotisch Kranke neigt dazu, sich einem

---

14. Diesen Hinweis verdanke ich Prof. Dr. med. *W. Loch,* Tübingen, der das Manuskript freundlicherweise kritisch durchlas.
15. So *J. Scharfenberg* in den genannten Büchern und *W. Loch,* Über die Zusammenhänge zwischen Partnerschaft, Struktur und Mythos, Psyche XXIII, 1969, 481–506.
16. Ich folge hier der Freud-Darstellung von *J. Scharfenberg,* Sigmund Freud, aaO. 137 ff. Die Freudzitate stammen aus seinem Referat.

privaten Ritual zu unterwerfen, um sich von Schmerz, Druck und Angst zu entlasten. Es gibt für ihn hervorgehobene Zeiten, die zu besonderer Beachtung zwingen. Es gibt Orte und Gegenstände, die Berührungsangst oder Beachtungszwang hervorrufen. Es gibt besondere Handlungen, die immer wieder ausgeführt werden müssen, soll der Kranke nicht in panische Angst verfallen. Zwar ist er sich des Sinnes solcher Handlungen nicht bewußt, aber er braucht sie, um zu überleben. Freud hat diese Zwangsneurose als »Zerrbild einer Privatreligion« bezeichnet und den verborgenen Sinn der Zwangshandlungen in unbewußten Motivationen ergründet. Dabei stellte sich heraus, daß diese psychischen Regulationssysteme wie Waschzwänge, Vergewisserungs- und Beachtungszwänge, bestimmte Phobien und Ähnliches dem Kranken dazu dienen, ein unerträgliches Schuldgefühl für triebhafte Impulse libidinöser Art zu beschwichtigen und zu dämpfen. Freud zog daraus die Parallele, daß die psychischen Rituale dem neurotischen Individuum offenbar dasselbe leisten, was die öffentliche Religion zu den Zeiten ihrer universalen Herrschaft der Gesellschaft und ihren Gliedern geleistet hat, nämlich die Lösung des Schuldproblems oder besser, die Überlebensmöglichkeit angesichts des tödlichen Drucks der Schuldangst. Er bemerkte ferner, daß es mit dem Schwund der Allgemeinverbindlichkeit der öffentlichen Religion zu einer Vermehrung der Neurotiker und ihrer verzerrten Privatreligion kommt. Was die Religion als öffentliches Ritual und Symbol einmal geleistet hat, nämlich den Verzicht auf sozial schädliche Impulse durch universales Schuldgefühl zu erzwingen und zugleich Entlastung von der Schuldangst zu gewähren, leistet sie nicht mehr. So sind das Schuldgefühl und die durch dieses Gefühl verdrängten Triebe noch da, und der von beidem gefolterte Mensch produziert neurotische Privatreligionen, um zu überleben. Doch findet er die entlastenden Ausgleiche in Versöhnungsritualen nicht mehr.

Diese von Freud beobachtete Parallele kann in verschiedenen Hinsichten interpretiert werden:

a) Die neurotischen Regulationen sind für den, der ihnen unterworfen ist, ohne bewußten Sinn. Die öffentlichen religiösen Handlungen sind aber symbolisch sinnvoll. Erst wenn die Gläubigen der öffentlichen Religion aufhören, nach der Bedeutung der religiösen Handlungen und Symbole zu fragen, und sie nicht mehr verstehen, werden aus Entlastungen Entfremdungen. Die Symbole werden dann zu Idolen, die Rituale zu Zwangshandlungen. Religion nimmt dann die Züge einer universalen Zwangsneurose an. Religion wird dann zum Zerrbild ihrer selbst und produziert kranke Menschen. Der kritische Satz »Religion ist eine universale Zwangsneurose« gilt für diesen Fall.

b) Umgekehrt glaubte Freud allerdings, daß die Motive, die zur Religionsausübung drängen, den Teilnehmern im Grunde meistens unbekannt seien und durch vorgeschobene theologische Motive vertreten würden. Zwar beobachtete er, daß es in der Religion immer »ruckweise Reformen« gegeben hat und gibt, die den ursprünglichen Sinnzusammenhang wieder herstellen, meistens sei es jedoch umgekehrt, daß jene unbewußten Motive dominieren. Die im Ritual erstarrte, von ihrem eigenen Sinn entfremdete Religion kann dann nach Maßgabe individueller Krankheitsbilder als »kollektive Zwangsneurose«, als »Menschheitsneurose« angesehen und oft als »Massenwahn« bezeichnet werden.

c) Wird die öffentliche Religion zum Zerrbild ihrer selbst, leistet sie nicht mehr die sinnvollen Triebverzichte, dann bringt sie den Menschen auch nicht mehr zur Reife und sozialisiert ihn nicht mehr. Sie bekommt dann regressive Funktionen. Freud hat lange geschwankt, ob das universal verbreitete Schuldgefühl und die Angst des Menschen vor sich selbst eine Grundgegebenheit menschlichen Existierens oder durch religiöse Kindererziehung hervorgerufen sei. Im zweiten Fall wurde die Religion sich als Heilmittel für eben diejenige Krankheit anbieten, die sie selbst produziert. Er hat diese Frage nicht entschieden. Sie ist auch solange nicht zu entscheiden, wie die Gegenprobe durch eine religionslose Gesellschaft nicht geliefert werden kann, die allseitige psychische Gesundheit verbreitet. Beide Thesen bleiben darum vorerst Postulate und können nur an ihrer therapeutischen Kraft verifiziert werden. Negativ gesehen, kann Religion gesellschaftlich-geschichtlich bedingte Schuldangst verewigen, aber die These der nur geschichtlichen Begründung der Religion kann den Menschen auch oberflächlich und banal machen. Daß jedoch die Religion mit ihrer Moral, ihren Ritualen und Symbolen in den Sog der Regression geraten kann, ist eine wichtige Bemerkung. Freud sah in dieser Funktion der Religion eine »regressive Erneuerung der infantilen Schutzmächte« und kam zu dem Schluß: Der persönliche Gott ist »psychologisch nichts anderes als ein erhöhter Vater«. Wer religiös ist, erspart es sich, eine individuelle Neurose zu entwickeln, also ist Religion psychologisch gesehen nichts anderes als eine »universelle Zwangsneurose«[17].

J. Scharfenberg hat in diesem Zusammenhang auf die Inkonsequenz der modernen Gesellschaft hingewiesen, die zwar die Religion der Erwachsenen zur »Privatsache« erklärt, aber zugleich mit Zähigkeit an der religiösen Kindererziehung festhält[18]. Daraus ist ein schizophrenes Bewußtsein entstanden: das Bewußtsein des Erwachsenen emanzipiert sich von der Kinderreligion, aber diese wirkt bei ihm unbewußt weiter. Das führt zu infantilen religiösen Vorstellungen bei Erwachsenen und

---

17. *J. Scharfenberg*, ebd. 140.
18. *J. Scharfenberg*, Zum Religionsbegriff S. Freuds, EvTh 30, 1970, 367 ff.

bei vielen zu einem intellektuellen Dauerkampf gegen sie. Durch die Kindertaufe produzieren deshalb die Kirchen genau jene Probleme und Aggressionen, an denen sie sich bei Erwachsenen dann aufreiben. Die religiösen Vorstellungen reifen mit dem Menschen nicht mit, und Reifung vollzieht sich deshalb oft in der Verdrängung dieses Kinderglaubens.

Das eigentliche Problem in neurotischen Regulationssystemen und in der sinnentfremdeten Religion der Idole und erstarrten Rituale scheint mir nicht in den gegenseitigen Herleitungs- und Erklärungsversuchen zu liegen, sondern in der Wirkung auf den Menschen. Wo Schuldangst, aus welchen Gründen immer sie entstanden sein mag, verdrängt wird und der Mensch in Rituale und Idole der Entlastung vom Schmerz flieht, kommt es zur Apathie, zur Unempfindlichkeit, zur Erstarrung des Lebens in Wiederholungszwängen. Das Gesetz der Verdrängungen reduziert die Lebendigkeit eines Menschen. Er kann die konkreten Erfahrungen der Schuldangst nicht akzeptieren, darum baut er sich Abwehrsysteme auf, in die er sich einschließt und die ihn psychisch immer enger umstellen. Mit Bildern richtet er zwischen sich und den unerträglichen Erfahrungen eine Wand auf. Mit rituellen Zwangshandlungen baut er sich ein System, in dem er meint, unangreifbar zu sein. Er will damit überleben. Es kostet ihn jedoch die Lebendigkeit seines Lebens. Die psychischen und religiösen Regulationssysteme sind durchaus ambivalent: sie gewähren Schutz und Entlastung vom Druck und arbeiten insofern für ihn, aber sie arbeiten zugleich auch für die Schuldangst und verstärken den Druck und machen die Angst allgegenwärtig. Sie funktionieren also zugleich für das Überleben des Kranken wie für seinen Tod. Das zeigt sich vornehmlich darin, daß die Verdrängung des unerträglichen Schmerzes den Kranken zunehmend apathisch macht. Er wird unfähig zu trauern, unfähig zur Liebe anderer, sein Interesse an seiner Umwelt erlischt, weil es nur auf die Abwehr der eigenen Bedrohung gerichtet ist. Man kann das neurotische System einen Teufelskreis nennen: es soll das Leben schützen und zerstört es doch. Alles, was der neurotische Mensch nach dem Gesetz der Verdrängungen tut, führt ihn tiefer in die Neurose hinein. Hier wird die in Kauf genommene Apathie oft schon zur Vorwegnahme des realen Todes im seelischen Tod.

Entsprechende Erscheinungen finden sich in der *Religion der Angst.* Menschen, die ihre Freiheit nicht in der Menschlichkeit Gottes gefunden haben, sondern, aus welchen Gründen auch immer, Angst vor diesem Gott und ihrer zugemuteten Freiheit empfinden, klammern sich an das Gesetz der Verdrängungen. Sie erwarten dann von haltlosen Dingen ewigen Halt. Von relativen Werten erhoffen sie Absolutes und vom vergänglichen Glück ewige Freude. Statt Konflikte zu lösen, bauen sie aggressive Feindbilder auf und verteufeln ihre Gegner, um sie seelisch zu töten. Weil der Mensch aber im Grunde weiß, daß er damit die Dinge, andere Menschen und sich selbst überfordert, bleibt die Angst. Er muß diese Angst unterdrücken, indem er seine Idole, Feindbilder und Gesetze durch beständige Wiederholungen derselben Bekenntnisformeln und Rituale am Leben erhält. Darin erstarrt sein Leben. Er verliert seine Offenheit für neue Erfahrungen und wird apathisch. Der noch nicht zu seiner Menschlichkeit gekommene Mensch, der auf Grund bedrückender Kindheitserlebnisse unreife und die Reifung verweigernde Mensch – und, sofern der Reifungsprozeß niemals als abgeschlossen angesehen werden kann, letztlich jeder Mensch – verschafft sich immer Idole und Werte, die für ihn mit seinem Selbst identisch werden, weil er seine Existenz an sie hängt. Angriffe auf seine höchsten Werte faßt er darum als Angriffe auf sich selbst auf und reagiert mit tödlicher Aggressivität. Er schafft sich Götzen, an die er sich versklavt, ohne die er auf einem bestimmten Stand seiner Entwicklung aber auch nicht leben kann, ohne innerlich zusammenzubrechen. Er braucht sie um seines seelischen Gleichgewichts willen. Das waren einmal die Götter der Macht, der Fruchtbarkeit und der eigenen Gruppe: Moloch, Baal, Astarte, Amon und andere. Das sind heute die Götzen des Vaterlands, der Rasse, der Klasse, des Profits und des Konsums oder antigesellschaftlicher Affekte[19]. Das sind aber auch Gegenstände, Gesetze und Riten der christlichen Religion, die von einzelnen Menschen und gewissen Gruppen so verwendet und damit mißbraucht werden. Werden Objekte aus der Lebensumwelt des Menschen vergötzt, so werden sie zu etwas gemacht, das vom Menschen unabhängig existieren soll und für wichtiger und höher als er gehalten wird. Diese idolisierten Realitäten sind nicht um des Menschen willen da, sondern der Mensch ist um der Aufrechterhaltung dieser Idole und Gesetze willen da. Er opfert sich und andere ihnen auf und wird von ihnen ausgebeutet und geopfert.

Es gibt keine Bedrohung des Menschen, die mehr Feindseligkeit hervorruft als die Bedrohung der Götzen eines Menschen und einer Gruppe. Solange der Mensch sein Selbst mit solchen Idolen identifiziert, ist er nicht in der Lage, als freier Mensch sich selbst und zugleich das andersartige Leben anderer zu bejahen. Er liebt nur das gleiche und anerkennt nur Menschen, die das gleiche glauben, denken, lieben und tun wie er. Menschen, die so sind wie er, bestätigen ihn, und er braucht diese Selbstbestätigung, um seine Angst zu verdrängen. Menschen, die

---

19. Auf die Parallele von »Götzendienst« und »Entfremdung« hat *E. Fromm* wiederholt verwiesen. Vgl. Die Revolution der Hoffnung. Für eine humanisierte Technik, 1971, 146: »Der Begriff der Entfremdung besagt dasselbe wie der biblische Begriff des Götzendienstes.«

anders sind als er, beunruhigen ihn, weil sie seine Idole, Gesetze und damit seine Welt in Frage stellen. Darum liebt er nur die gleichen und haßt die anderen Menschen. Das ist ein wichtiges Motiv für Fremdenhaß, Antisemitismus, Rassenhaß, Kommunisten- und Christenverfolgung und ähnliche Aggressionserscheinungen. Liebe nur zum gleichen ist narzißtisch. Die Religion der Angst geht quer durch alle öffentlichen Religionen, die wir kennen, hindurch. Sie geht auch quer durch die Ideologien und Institutionen, die wir haben, hindurch. Sie ist ein weitverbreitetes Phänomen.

Die Regulationssysteme der Verdrängung und die Idole und Gesetze der Angstreligion dürfen weder leiden noch sterben, denn sie sind ja gegen das Leiden und Sterben errichtet. Sie müssen allmächtig und ewig sein, wenn sie dem ohnmächtigen und sterblichen Menschen helfen und seine Angst beschwichtigen sollen. Wer die Idole und Gesetze verletzt, verletzt die heiligsten Güter ihrer Verehrer. Der gekreuzigte Gott aber verzichtet auf diese Privilegien eines Götzen. Er durchbricht den Bann des Über-Ich, den Menschen auf ihn legen, weil sie diesen Selbstschutz brauchen. Indem er sich erniedrigt und Fleisch wird, akzeptiert er nicht die Gesetze dieser Welt, sondern nimmt den leidenden, ängstlichen Menschen in seine Situation hinein. Indem er selbst schwach, ohnmächtig, verwundbar und sterblich wird, befreit er Menschen von der Sucht nach mächtigen Idolen und schützenden Zwängen und macht sie bereit, ihre Menschlichkeit, ihre Freiheit und ihre Sterblichkeit anzunehmen. In der Situation des menschlichen Gottes werden die Regulationssysteme der Verdrängungen überflüssig. Die Schranken der Apathie fallen. Der Mensch kann sich zum Leiden und zur Liebe öffnen. In der Sympathie mit dem Pathos Gottes wird er offen für das andere und das Neue. Die Symbole, die ihm die Situation des menschlichen und gekreuzigten Gottes zeigen, geben ihm einen Schutz, für den er seinen Selbstschutz fallen lassen kann. Die Sperren der Verdrängung werden nicht durch die Ignoranz von Schmerz, Angst und Schuld aufgehoben. Das wäre nur eine weitere Verdrängung und würde den Menschen noch apathischer machen. Sie werden durch Sympathie und Liebe, durch Annahme des sonst Unannehmbaren, also durch Leidensfähigkeit und Sensibilität aufgehoben. Wenn wir hier positiv vom Leiden sprechen, so meinen wir allgemein die Affizierung durch anderes[20].

20. Vgl. dazu die zu Unrecht vergessene Studie von *F. J. J. Buytendijk*, Über den Schmerz, 1948.

4. Das Gesetz des Vatermörders

Freud hat sehr früh die geschichtsphilosophische These der Aufklärung aufgenommen, nach der die Ontogenese als die Wiederholung der Phylogenese angesehen werden kann[21]. Die Entwicklung des Kindes wiederholt in analoger Weise die Entwicklung der Menschheit, so daß Rückschlüsse von der einen auf die andere Genese möglich sind. Das vergangene Jenseits der mythischen Weltauffassung kehrt im gegenwärtigen Jenseits der unbewußten Seelentätigkeit wieder. Metaphysik und Psychologie des Unbewußten entsprechen sich. Freud verwendete diese These – ob sie haltbar ist oder nicht, sei dahingestellt –, um zwei Beobachtungen zu klären: a) Die zur Neurose führende infantile Religion des erhöhten Vaters ist von Rebellion gegen dieses Über-Ich begleitet; b) Während eines Urlaubs in Tirol sah er jene Kruzifixe, die dort als »Herrgötter« bezeichnet werden. Diese christliche Verschmelzung des Vaters mit dem Gekreuzigten schien Freud auf dem religiösen Bedürfnis nach Depotenzierung des Vaters zu beruhen. »Damit wird ihm der Ödipuskomplex zum Kernproblem der ›Herrgötter‹ in Tirol«.

Zur Deutung dieser Vorgänge in der infantilen Seele und in der Religion zog Freud den Ödipuskomplex heran. Zwar stammt er aus der antiken Tragödie und läßt darum kaum moderne, therapiefrohe und optimistische Schlüsse zu, aber er deutet die Ambivalenz der seelischen und religiösen Systeme gut. Die Gefühlsbeziehungen zum Vater sind positiv und negativ zugleich. Die Sehnsucht nach Schutz durch den Vater ist mit Angst vor seiner Übermacht verbunden. Die positiven Gefühle führen zur Identifikation mit dem Vater und internalisieren seine Autorität im Über-Ich. Die negativen Gefühle verleihen diesem Über-Ich jedoch despotische Züge. Aus neurotischen Tierphobien bei Kindern zog Freud weiter den Analogieschluß auf die totemistischen Religionen. Hier gilt ein Tier heilig und wird doch einmal im Jahr geopfert und feierlich verspeist. Freud fand, daß dieses Totemtier ein Verschiebungsersatz für den Vater sei. Man verehrt und opfert es, um seine Kraft zu bekommen.

In Anlehnung an Darwin sprach Freud von einem mächtigen, prähistorischen Urhordenvater. Dieser verbot den Söhnen den Besitz der Mutter, d. h. er kastrierte sie und ließ sie nicht potent werden. Auch wenn es die Mutter zuließe, würden die Söhne zwar zu Vätern, jedoch nur von Gnaden des Vaters. Darin liegt die Ausweglosigkeit der Ödipussituation. Darum erheben sich die Söhne gegen den Vater und töten ihn. Die Erinnerung an diese Urschuld aber bleibt, und sie versuchen

21. *J. Scharfenberg*, aaO. 141.

darum, sich den Vater im sühnespendenden Kult einzuverleiben. »Die Totemreligion war aus dem Schuldbewußtsein der Söhne hervorgegangen als Versuch, dieses Gefühl zu beschwichtigen und den beleidigten Vater durch nachträglichen Gehorsam zu versöhnen ... Sie macht es zur Pflicht, das Verbrechen des Vatermordes in der Opferung des Totemtiers immer von neuem zu wiederholen.«[22] Die Mythologie Freuds ist an diesem Punkt merkwürdig. Er hat später seinen Kritikern gesagt, es sei »just a story«. Zwar meinte er selbst, es sei nicht möglich, »etwas so Kompliziertes wie die Religion aus einem einzigen Ursprung« abzuleiten. Dennoch hat er sich die Generalisierung erlaubt, daß alle Religionen im Grunde nur Lösungsversuche des einen Problems seien, das durch das Schuldgefühl dem Urvater gegenüber entstanden sei. Im Christentum sah er im Opfertod Christi einen solchen Weg zur Beschwichtigung des urzeitlichen Schuldgefühls: »Er ging hin und opferte sein Leben, und dadurch erlöste er die Brüderschar von der Erbsünde.« Auch das christliche Abendmahl ist unter totemistischen Gesichtspunkten eine »neuerliche Beseitigung des Vaters, eine Wiederholung der zu sühnenden Tat«.

Jedes Kind einer patriarchalischen Gesellschaft macht ontogenetisch die gleichen Konflikte durch. Es muß der väterlichen Autorität gegenüber eine intensive Phase ambivalenter Gefühlseinstellungen durchlaufen, um dann selbst zum Vater zu werden. Wenn die Phylogenese mit jener Revolution der Brüder gegen den Urvater beginnt, wird ontogenetisch eben diese Revolution zum permanenten Motor der Geschichte, denn sie wiederholt sich in den Generationen- und Autoritätskonflikten jeder Zeit. Aus dieser permanenten Revolution der Geschichte entsteht der immer wiederholte Vatermord im Traum, durch den man sich von den realen Konflikten entlastet, also die Religion. Wird diese Revolution wiederum in Realität umgesetzt, dann entsteht eine ewige Wiederkehr des Gleichen. Nach diesem epigenetischen Prinzip verwandeln sich Söhne in Väter und setzen von Generation zu Generation den ödipalen Kreislauf fort. Viele Kritiker haben Freud deshalb eine zyklische und ahistorische Geschichtsauffassung nachgesagt. »Zyklisch zwischen Auflehnung, Schuldgefühl und erneuter Verdrängung verlaufend, ahistorisch, da die Geschichte nur eine Umwelt zum Tod ist.«[23] In der Tat war Freud, wie sein ständiger Rückgriff auf antike Symbole der Tragödie zeigt, nicht fortschrittsgläubig wie das bürgerliche 19. Jahrhundert. Er stand unter dem Eindruck der Schuld, die »fortzeugend Böses muß gebären«. Mit Beharrlichkeit hat er die »an-

22. Zit. J. Scharfenberg, ebd. 143.
23. D. Wyss, aaO. 52. Diese Bemerkung ist, was das Leben zum Tode angeht, richtig, mit Reifung meinte Freud jedoch die Überwindung der ödipalen Wiederkehr des Gleichen.

geborene Neigung des Menschen zum Bösen, zur Aggression, Destruktion und damit zur Grausamkeit« dargestellt, auch wenn er wußte, daß es »die lieben Kindlein« nicht gern hören.

Das von Freud herangezogene Modell für den Vater-Sohn-Konflikt und auch für die ambivalenten Gefühle in allen theistischen Vaterreligionen stammt aus der Tragödie und trägt fatalistische Züge. »Logos und Ananke« hießen Freuds Prinzipien in der frühen Zeit. »Eros und Ananke« sagte er später: »Heilung durch Liebe«, aber durch Liebe auf dem Boden der Realität der Ananke. Man fragt sich, warum Freud zur symbolischen Deutung der Urschuld nicht die ihm auch bekannte biblische Geschichte vom Sündenfall herangezogen hat[24]. Sie spricht wesentlich differenzierter von der Schuld der Selbstvergottung, von Verschonung in der Strafe und erst danach vom Brudermord Kains und seiner Verschonung in der Strafe. In ihr spricht sich kein tragischer Fatalismus aus, denn in ihr herrscht nicht die Ananke, sondern das bleibend an des Menschen Menschlichkeit interessierte Pathos Gottes. Sie ist deshalb eine Geschichte der Schuld und der Hoffnung zugleich.

Die Deutung der Schuldangst mit der Ödipusgeschichte macht im Grunde den Vatermord zu dem Gesetz, nach dem wir angetreten sind. Der Bildersturm gegen die Autorität des Vaters wird damit leicht zur Zwangshandlung. Wie die Ananke stumm und blind und unbeeinflußbar ist, so wird der ihr unterworfene Mensch im Zwang, den Vater aus seinem Leben auszugrenzen, um zu sich selbst zu kommen, entsprechend apathisch. In Träumen und rituellen Wiederholungen muß er sich Sühne verschaffen und Versöhnung gewinnen. »Heilung durch Liebe« setzt doch sowohl Befreiung von der Autorität des Vaters voraus wie auch Befreiung vom Vatermord, seinen Wiederholungen und Sühnungen. Kann man dann aber noch »Liebe« und »Ananke« addieren? Müßte man nicht eine Liebe suchen, die auch noch die Ananke durchbricht?

Der christliche Glaube findet sich nicht in der Situation einer despotischen göttlichen Vaterautorität vor, die sowohl als Schutzmacht begehrt wie als göttliches Privileg gehaßt wird. Er findet sich in der Situation des Pathos Gottes und der Bruderschaft des Gekreuzigten. Er lebt aber faktisch zugleich in den konkreten Autoritäts- und Sühnopferreligionen, deren ödipale Struktur Freud treffend analysiert hat. Daraus folgt, daß der christliche Glaube zuerst die eigenen Kirchen von den Idolen und Tabus, den Autoritäts- und Sühnopfervorstellungen der ödipalen Religion reinigen muß, wenn er jene freie Situation im

---

24. Ebenso fragt man sich, warum Freud zur Diagnose krankhafter Selbstliebe den antiken *Narzißmythos* herangezogen hat und nicht die augustinische Figur des *amor sui* oder Luthers Bild vom *homo incurvatus in se*. Beide meinen sachlich dasselbe, stehen aber nicht in einem tragischen Kontext.

Pathos Gottes ausbreiten will. Er muß insbesondere das Symbol des Kreuzes von den Übermalungen durch ödipale Motive säubern. Er muß die autoritär-zwanghaften und gesetzlichen Strukturen der kirchlichen Praxis in die Situation des menschlichen Gottes stellen und sie damit als überflüssig beseitigen. Für das Schuldproblem im besonderen bedeutet das, den ewigen Wiederholungszwang von Schuld und Sühne durch die Erkenntnis zu durchbrechen, daß Schuld »einfürallemal« am Kreuz durch Gott selbst überwunden ist und die Schuldzwänge »einfürallemal« zerbrochen sind, so daß man ihnen nicht mehr unterworfen ist und Entsühnung auch nicht mehr selbst zu wiederholen braucht. Es bedeutet endlich, daß sich der christliche Glaube von jener Vaterreligion trennen kann, die an den Bildern Jupiters, des Caesar und anderer Väter des Vaterlands oder der Familie hängt[25]. In gewisser Hinsicht hat Freud an den gekreuzigten »Herrgöttern« in Tirol etwas Richtiges gesehen, wenn er es auch auf seine Weise deutete. Denn der »Herrgott« war niemals der »Vatergott«. Matthias Claudius sagte einmal, wenn er das Vaterunser bete, so denke er immer an seinen leiblichen Vater. Die »Herrgötter« in Tirol zwingen aber dazu, bei dem Vater Jesu Christi an den Weg Jesu und das Geschehen am Kreuz zu denken. Es handelt sich nicht um denselben Vater dort und hier. Der unbekannte Vater Jesu Christi hat nichts mit jenen Vateridolen zu tun, die zum Ödipuskomplex Anlaß geben. Der Gekreuzigte macht irdische Väter und irdische Söhne gleichermaßen zu Söhnen Gottes und bringt sie in einer Gemeinschaft zur Freiheit, die jenseits des Ödipuskomplexes liegt. Im Ursprung ist das Christentum keine Vaterreligion, sondern, wenn schon eine »Religion«, eine »Sohnesreligion«, nämlich eine brüderliche Gemeinschaft in der Situation des menschlichen Gottes ohne Privilegien und ohne die gegen sie notwendigen Rebellionen[26]. Der Vatermörder und Gottesstürmer ist auf Verneinung aus und kommt damit in Apathie. Er rebelliert gegen die Vorenthaltungen durch die Vaterautorität, aber die Rebellion befreit ihn nicht davon, zum Spiegelbild seines Widersachers zu werden. Im Ödipuskonflikt bleibt er an seinen Gegner geklammert.

Für den christlichen Glauben steht zwischen dem geschlachteten Gott und seinen apathisch-ratlosen Schlächtern der Gekreuzigte. Der Konflikt von Schuld und Angst, von schuldhafter Befreiung und notwendiger Versöhnung, von Autorität und Verneinung ist in Gott selbst ausgetragen. Gott ließ sich im Sohn erniedrigen und kreuzigen, um die Unterdrückung von Unterdrückern und Unterdrückten hinwegzunehmen und ihnen die Situation freier, sympathetischer Menschlichkeit zu

---

25. Dazu *P. Ricoeur*, Die Interpretation, 549 ff, 562.
26. So *J. Scharfenberg* nach *P. Ricoeur*, aaO. 161.

eröffnen. Bis ins Unbewußte hinein verbreitet die Erkenntnis und Annahme der neuen Situation Gottes Freiheit von den Göttern und den Antigöttern, die das allgemeine Schuldgefühl und Kompensierungsbedürfnis hervorbringen. Sicher träumen die Väter und Vatermörder in uns weiter. Kann man aber über sie lachen, so braucht man sie nicht mehr zu verdrängen. Sie sind noch da, aber sie haben ihre Macht verloren. Man kann die Freiheit im Glauben wohl als eine neue Spontaneität des Herzens bezeichnen. Sie zeigt sich jedoch erst dann, wenn die Affekte der Angst und des Hasses überwunden werden und der Mensch aus seiner ödipalen Situation heraustritt.

5. Das Prinzip der Illusion

Im Zuge seiner Traumdeutungen kam Freud zur Auffassung, daß die bewegende Kraft des Träumens die Wunscherfüllung sei[27]. Träume sind Versuche, »die Sinnenwelt, in die wir gestellt sind, mittels der Wunschwelt zu bewältigen«. Unterdrückte Wünsche und Triebe suchen sich in den Träumen ihre Erfüllung. Er kam damit zu einer fundamentalen anthropologischen Alternative: entweder bleiben Menschen am *Lustprinzip* hängen und der Prävalenz ihrer Wünsche verhaftet, oder sie reifen zur Annahme des *Realitätsprinzips* und lassen sich auf die Wirklichkeit ein. Der Weg zur Reife ist der Weg vom Lustprinzip zum Realitätsprinzip. Für die Beurteilung der Religion folgt daraus die Ansicht, daß die Religionen in ihren Mythen und Utopien die »ältesten, stärksten, dringendsten Wünsche der Menschheit« pflegen. »Das Geheimnis ihrer Stärke ist die Stärke dieser Wünsche.« Die Analogie zwischen infantilen und religiösen Wünschen liegt damit auf der Hand. Religion ist aus der kindlichen Hilflosigkeit und Bedürftigkeit der Menschheit erwachsen. Ihre Inhalte sind aus den ins reife Leben fortgesetzten Wünschen und Bedürfnissen der Kindheit zu verstehen. Im Reich der Religion scheint alles so zu sein, wie wir es uns wünschen. Wer an diesem religiösen Illusionsprinzip festhält, wird infantil gehalten und neigt durch seine Realitätsverweigerung zur Neurose. Mit Emphase verlangte Freud an dieser Stelle: »Der Mensch kann nicht ewig Kind bleiben.« Die Erfahrung lehrt uns: »Die Welt ist keine Kinderstube.« Deshalb ist »Erziehung zur Realität« notwendig. Will man in dieser Welt, in der »gemeinsamen Welt« leben, dann muß man unausweichlich die infantile, aus den Triebmodi erwachsene Wunschwelt aufgeben. Man muß aufhören, diese Welt im Sinne der infantil-triebhaften Wunschwelt zu interpretieren.

---

27. *J. Scharfenberg*, aaO. 145 ff; *P. Ricoeur*, aaO. 100 ff.

Im Blick auf die Religion ergeben sich daraus zwei Folgerungen: Religion muß entweder auf die Interpretation dieser Welt verzichten und ihr Reich in eine ganz andere Welt verlagern oder sich durch Erziehung zur Realität beerben lassen. Der Weg von der Illusion zur Realität bedeutet im zweiten Fall, die Erwartungen vom Jenseits einer Traumwelt abzuziehen und alle freigewordenen Kräfte auf das irdische Leben zu konzentrieren. Dieser Weg würde dem Feuerbachs entsprechen und Menschen aus »Kandidaten des Jenseits« zu »Studenten des Diesseits«, aus Betern zu Arbeitern machen. Die Jenseitsreligion würde in die Revolution des Diesseits transformiert werden. Für Freud tritt aber an die Stelle des Jenseits der Wunscherfüllungen keine diesseitige Utopie des erfüllten Lebens. Er wußte wohl, daß auf dem Weg zum Realitätsprinzip »nicht alle Blütenträume reifen«, sondern fast alle verwelken. Insofern steckt im revolutionären Utopismus noch zu viel schlechte Religion. An die Stelle von Religion und Utopie tritt für Freud die »weise Resignation«, mit der sich der reife Mensch in die Realität schickt und ihre Bedingungen und Grenzen annimmt. »Die Absicht, daß der Mensch glücklich sei, ist im Plan der Schöpfung nicht vorgesehen.« Auch die »außerordentlichen Fortschritte der Naturwissenschaft haben das Maß von Lustbefriedigung nicht erhöht«. Das gilt auch für das menschliche Leben in der affluent society heute. Selbst die progressive Humanisierung des Menschen und seiner Verhältnisse hielt Freud für eine »höchstwahrscheinlich utopische Hoffnung«. Er war sich der tiefverwurzelten Grausamkeit des Menschen zu sehr bewußt, um den Optimisten seiner Zeit zuzustimmen. Zwar hoffte auch er, daß »alle die Energien, die sich heute in der Produktion neurotischer Symptome im Dienste einer von der Wirklichkeit isolierten Phantasiewelt verzehren ... doch den Schrei nach jenen Veränderungen in unserer Kultur verstärken helfen, in denen wir allein das Heil für die Nachkommen erblicken können«. Doch war diese Hoffnung nicht sehr groß. Freud beharrte dagegen eher in einer Haltung, die man resignierte Tapferkeit oder tapfere Resignation nennen könnte. Es gab für ihn nur eine religiöse Transzendenzeinstellung, die mit dem Realitätsprinzip koexistieren kann, das ist der Humor oder die Weisheit Kohelets.

Wenn es richtig ist, daß der Glaube von der Psychoanalyse etwas über seine eigenen pathologischen Doppelgänger lernen kann und damit auch etwas über sich selbst lernt, so muß er seine eigenen Wünsche und Hoffnungen aufklären. Wenn umgekehrt die Psychoanalyse etwas von der Kraft des Glaubens lernen will, so muß sie an der Überwindung der unbefriedigenden Resignation arbeiten, die Freud an die Stelle der infantilen Illusionen stellte.

Eine zur Illusion verdichtete Hoffnung muß nicht notwendig im Widerspruch zur Realität stehen. Charakteristisch ist für sie nur ihr Grund im menschlichen Wünschen. Religion hat es in der Tat mit den elementaren menschlichen Wünschen und Hoffnungen zu tun, wo immer sie vom Heil spricht. Sie hat es darum auch mit jenen Wünschen zu tun, die aus kindlichem Urvertrauen und kindlicher Hilflosigkeit stammen. Genügt es aber zur Reifung des Menschen, vom Lustprinzip zum Realitätsprinzip überzugehen und sich von unerfüllten Hoffnungen zur weisen Resignation zu verstehen? Ist nicht auch noch die weise Resignation ein Verzicht auf jene Hoffnungen und also durch deren Enttäuschung bedingt? Soll der Mensch darin seine Reife zeigen, daß er sich resigniert und saturiert, wenngleich nicht ohne Humor, mit der Realität abfindet, wie sie ist? Führt diese Resignation bei aller Einsicht in die Realität und die Grenzen menschlichen Glücks nicht leicht zur stoischen Haltung der Apathie? Sie erinnert keine Wünsche mehr und erhofft nichts mehr von der Zukunft. Wie kann sie Sympathie und Offenheit für die Wünsche und Leiden anderer zeigen?

»Verachte nicht die Träume deiner Jugend«, sagt der Marquis von Posa in Schillers »Don Carlos«. Auch die Wünsche und Hoffnungen können mit dem Menschen reifen. Sie können ihre infantilen Triebgestalten und ihren jugendlichen Enthusiasmus verlieren, ohne preisgegeben zu werden. Freud interpretierte vornehmlich die Träume Kranker und die krankmachenden Träume. In ihnen fand er verdrängte Kindheit, nichterfüllte Triebe, unvollendete Erlebnisse, vergessene Wunden und Enttäuschungen. Darum sah er in der Traumarbeit jene Regression, mit der wir in die unbewältigte Vergangenheit zurückkehren, um sie zu verarbeiten. Die psychoanalytische Bewußtmachung der Träume ist in diesem Zusammenhang Erinnerungsarbeit an verdrängter Vergangenheit. Im Unbewußten staut sich das Nicht-mehr-Bewußte an. In der Erwachsenenkultur des ausgehenden 19. Jahrhunderts, in der Freud lebte, erschien solche Rückkehr in kindliche Entwicklungsphasen allerdings verwerflich und als etwas, das der reife Mensch vermeiden müsse. Heute halten wir solche temporären Perioden der Regression nicht nur für nützlich, sondern auch für bereichernd. Sie ermöglichen es, verschiedene Aspekte des Lebens wieder zu erleben, zu denen man sonst die Beziehung verlieren würde. Sie öffnen die Gegenwart wieder für die Vergangenheit und vergegenwärtigen die Vergangenheit. Der Mensch bleibt dann im Lauf seines Lebens nicht auf der Strecke punktueller Gegenwarten, die sich ablösen, sondern sammelt sich wieder zur vollen Präsenz seines vergangenen und gegenwärtigen Lebens. Die Preisgabe der infantilen Phase mit der Überwindung des Lustprinzips kann den gereiften Menschen leicht zur Apathie hinsichtlich seiner Jugend führen. Das würde ihn aber nicht reicher, sondern ärmer machen.

E. Bloch hat das nach rückwärts gewandte Interesse der Traumdeutung

Freuds kritisiert und dem resignativen Realitätsprinzip ein »Jenseits des Realitätsprinzips« entgegengestellt[28]. Menschliche Wünsche sind nicht nur aus innerer Hilflosigkeit geboren, sie sind auch protentional auf das Neue bezogen. Ihr Zeitmodus ist die Zukunft, nicht nur die Wiederkehr des Verlorenen. In menschlichen Träumen geht nicht nur die regressive Sehnsucht nach dem verlorenen Mutterschoß und nach Geborgenheit um, sondern zugleich damit die progressive Sehnsucht nach Freiheit und die Neugier nach dem Kommenden. Wünsche und Hoffnungen stellen eine gewisse offene Sympathie des Menschen für die Zukunft dar, wenn sie sich nicht auf Zerrbilder und fixe Ideen der Zukunft versteifen. Mit einer gewissen Vereinfachung kann man sagen, daß in den Träumen bei Nacht der Mensch meistens in die Vergangenheit zurückkehrt. Aber es gibt auch Tagträume, und Aristoteles nannte die Hoffnung »den Traum eines Wachenden«. Träume sind ambivalent. Es artikuliert sich in ihnen nicht nur das Nicht-mehr-Bewußte, sondern auch das Noch-nicht-Bewußte, nicht nur das regressive, sondern auch das utopische Bewußtsein. Beide bedingen sich gegenseitig: die Erinnerung an frühe Schmerzen läßt über die Gegenwart hinausträumen, und die Zukunftsträume bringen die Erinnerung an vergangenes Glück zurück. Würde man nicht nur die Träume Neurotischer in den Tiefpunkten ihrer Krankheit, sondern auch die Träume gesunder Menschen in den Gipfelerfahrungen ihres Lebens analysieren, so käme man wohl auf diese doppelte Gegenwart von Vergangenheit und Zukunft.

Nun ging es Freud mit der Überwindung des infantilen Lustprinzips durch weise Resignation um die Konstitution des Ich, d. h. um Freiheit. Auch sie ist eine Utopie, aber eine, von der er meinte, daß sie der Realität gewachsen wäre. Welcher Realität? Der Grund für Freuds Realitätssinn wird nicht nur in seiner strengen Moral gelegen haben, sondern in seiner Einschätzung des Todes und des Todestriebes im Menschen. Ein Futur, das den Tod überwindet, fand er nicht, und den Symbolen der Religion gegen Todesangst und Todestrieb traute er nicht.

Wenn wir Blochs Ergänzung zur Traumdeutung Freuds hinzunehmen, dann ist schon die Religion selbst ambivalenter, als Freud meinte. Sie bewahrt die infantilen Wünsche der Menschheit auf und bewahrt zugleich die Zukunftsoffenheit des Lebens. Sie enthält regressive und progressive Elemente. Mit den Erinnerungen der Menschheit bewahren die Religionen zugleich die Hoffnungen der Menschheit auf. Man muß hier so sauber wie möglich unterscheiden lernen, um nicht mit den Verzerrungen auch das verzerrte Gesunde zu beseitigen.

---

28. *E. Bloch*, Das Prinzip Hoffnung I, 1959, 87 ff.

a) Traumhafte Regressionen in infantile Wunschwelten können neurotisch machen, wenn sie mit Realitätsverweigerung verbunden sind. Sie können aber auch den Sinn für die gegenwärtige Realität bereichern, indem sie nicht nur den augenblicklichen Menschen, sondern den ganzen Menschen mit seiner ganzen Lebensgeschichte geistesgegenwärtig machen. Es gibt keine gegenwärtige Identität des Menschen ohne Kontinuität mit seiner Vergangenheit. Nur dann ist der Mensch mit allen Schichten seines Lebens präsent, denn seine Kindheit ist ein Teil seiner gegenwärtigen Gestalt. Zu einer auch ihre Kindheit in sich fassenden Existenz gehört dann auch die freie, nicht erzwungene und nicht verdrängte Präsenz des Lustprinzips und der Wunschwelt. Nicht weise Resignation ist hier am Platz, sondern die offene Verarbeitung infantiler Wünsche. Entfaltet sich der Mensch im Pathos Gottes zur Sympathie und meint Sympathie Offenheit, so kann der Mensch in der Situation des gekreuzigten Gottes Offenheit nach rückwärts entfalten. Es gibt keine nur gegenwärtige oder zukünftige Autorität, vor der er sich von sich selbst trennen oder seine Kindheit verleugnen müßte. »Das Infantile« ist keine moralisch abwertende Kategorie.

b) Utopische Protentionen in Utopien der Zukunft können gleichfalls zur Realitätsverweigerung führen, namentlich dann, wenn die Realitätsverweigerung sich auf utopische Gegenbilder zum nicht angenommenen Leiden an der Gegenwart des eigenen Lebens oder der Gesellschaft fixiert. Die menschgewordene Hoffnung des christlichen Glaubens muß darauf achten, daß ihre Symbole nicht zu Idolen und Fetischen der Leidensscheu und der Kreuzesverweigerung verwendet werden. Dafür ist es notwendig, stets den Grund christlicher Hoffnung im Auge zu behalten. Er liegt nicht in Ekel vor und Haß auf die Gegenwart, sondern in der Situation des gekreuzigten Gottes und wird durch Einsicht in das Pathos des liebenden und leidenden Gottes erkannt. Das Zentralsymbol christlicher Hoffnung, die Auferstehung, bezieht sich ausdrücklich auf die Annahme der ganzen menschlichen, inklusive der schuldhaft verfehlten und zum Tode verurteilten Wirklichkeit durch Gott. Sie stellt darum eine Hoffnung vor, die mit intensivstem Realitätssinn unlösbar verkoppelt ist. Aus dieser Situation ergibt sich die Freiheit, jene apathischen Bilder der Zukunft, mit denen vergangene und gegenwärtige Leiden überspielt und kompensiert werden, fahren zu lassen und in Sympathie die Leiden Gottes anzunehmen, um mit den Hoffnungen Gottes sich der Zukunft, auch dem Tode, zu öffnen. Der fixierte Utopist treibt Aberglauben mit der Zukunft. Das apathische Zukunftsbild macht ihn selbst apathisch. Einem freien und menschlichen Umgang mit der Zukunft entspricht dann das Tagträumen im Kraftfeld der Passion Gottes. Daraus folgt, daß die Zukunftsträume, die mit den noch nicht realisierten Möglichkeiten Gottes rechnen, dem Realitätsprinzip nicht widersprechen und durch den Übergang zu diesem auch nicht zerstört werden müssen. Je weiter aber die Entfaltung der Menschlichkeit in der Situation des Pathos Gottes geht und die Wirklichkeit des Leidens und des Todes in der Liebe annimmt, um so mehr können auch die infantilen Wünsche und Träume mit dem Menschen mitreifen. Aufklärung heißt nicht Abklärung. Reifung heißt nicht, zum abgeklärten, resignierten oder gar zynischen Realisten zu werden, der über die Jugend, die eigene und die anderer, nur noch mitleidig lächelt. Aufklärung der Wünsche und Hoffnungen führt zu aufgeklärten und bewußten Wünschen und Hoffnungen, nicht zum Abschied von ihnen. Das Wort »Illusion« hat zwar einen schlechten Klang, meint wörtlich aber, sich ins Zukünftige einspielen, seine Möglichkeiten durchspielen, um die realisierungswürdigen zu finden; heißt christlich aber auch, mit den Möglichkeiten in der Geschichte Gottes zu spielen und sich in sie hinein zu entfalten. Gebete können bloße Wunschprojektionen aus Realitätsverweigerung sein. Sie können aber in der Situation der Passion Gottes auch in das göttliche Leben eingreifen und Gott erinnern, mit Gott mitdenken. Die Offenheit des Gebets ist dann eine Offenheit in der Geschichte Gottes für die Zukunft Gottes. Gottes Zukunft ist in seiner Geschichte auf diese Offenheit angewiesen, denn es ist, theologisch gesprochen, das »Seufzen des Geistes«, das nach der Erfüllung und Vollendung des göttlichen Lebens in der Welt des Betenden schreit.

»Verachte nicht die Träume deiner Jugend«, sagte Schiller. Man wird hinzufügen dürfen: verdränge sie nicht und fixiere sie nicht auf ihre infantile Gestalt, sondern arbeite an ihnen und mit ihnen, und laß sie mit dir reifen! Die Offenheit für die Zukunft ist durch die Offenheit zur Vergangenheit bedingt. Die stete Treue zur Hoffnung ist wechselseitig mit der Treue zur Erde verbunden. Christlicher Glaube versteht sich eingedenk der Auferweckung Christi als Treue zur Hoffnung und eingedenk des Kreuzes Christi als Treue zur Erde. Indem er in diese Geschiche Gottes hineinführt, befreit er zur leidensfähigen und liebesfähigen Annahme des menschlichen Lebens.

Entfaltet der Mensch seine Menschlichkeit immer im Verhältnis zur Göttlichkeit seines Gottes, so kann diese Göttlichkeit und entsprechend seine Menschlichkeit sehr verschieden aussehen. Freud hat gezeigt, wie sehr die psychischen Regulationssysteme der Verdrängung, des Ödipuskomplexes, des Narzißmus und der Illusion religiösen Systemen und umgekehrt diese jenen entsprechen. Sie sind zwei Seiten derselben Medaille. Es sind psychisch-religiöse Formen gehemmter und verhinderter, kranker und zum Tode führender Menschlichkeit. Ihr durchgängiger Grundcharakter scheint die Apathie zu sein. Es sind Situationen kranker und bedrückter Menschlichkeit, und das Kränkende und Bedrükkende kommt in genau jenen Regulationssystemen zum Ausdruck, die das Leben vor Krankheit und Bedrückung schützen sollen. Verstehen wir den christlichen Glauben als Entfaltung der leidensfähigen und liebesfähigen Menschlichkeit in der Situation der Passion Gottes, so wird er von der psychoanalytischen Religionskritik nicht getroffen. Ist er von ihr deshalb nicht betroffen, weil er nicht Apathie im Immergleichen verbreitet, sondern im Gegenteil kraft der Erkenntnis der Passion Gottes menschliche Apathie überflüssig macht und abbaut, so ist er ein Partner im Versuch der Befreiung des Menschen von den Göttern und Gesetzen der Verdrängung, der Selbstliebe, des Vatermordes und der Illusion. Er bietet zur Befreiung des kranken Menschen aus seinen psychischen Teufelskreisen nicht nur jene kritische Rationalität und Ich-Stärke an, die oft gegen die psychischen Strategien des Bösen aufgeboten wird, sondern auch jene neue spontane Lebendigkeit, deren jene kritische Rationalität als ihrer Atmosphäre bedarf, um sich frei entfalten zu können. Die Logik der Instinkte ist bekanntlich anders als die Logik des Verstandes und läßt sich von dieser nicht immer beeindrucken. Darum bedarf die Logik des Verstandes einer entsprechenden Instinkt- und Gefühlsschicht, auf der sie sich frei entfalten kann. Gegen Angst und Todesbedrohung braucht es auch auf der Ebene der Gefühle eine Widerstandshaltung, d. h. eine Liebe zum Leben, die den Verstand verständig macht und orientiert. Es sind Grundentscheidungen des Interesses, die Rationalität ermöglichen und den menschlichen Gebrauch der Rationalität leiten. Auf der Ebene der Gefühle und Instinkte »denkt« der Mensch in Anschauungen und Symbolen. Rationales Denken ist für seine Freiheit auf Anschauungen und Symbole angewiesen, wie schon die Sprache zeigt, die es nicht einengen und fixieren, sondern ihm seinen Freiraum öffnen will. Die christliche Symbolik, die die Situation des Menschen in der Passion Gottes darstellt, die seine Erinnerung wach und seine Hoffnung offen hält, die seine Sympathie lebendig macht, kann recht verstanden kein abergläubisches, dogmatistisches und pathologisches Regulationssystem sein. Sie setzt nicht apathische Herrschaftsrationalität, sondern mitleidende Vernunft frei. »Wir erkennen, soweit wir lieben«, sagte Augustin und machte damit die Liebe zum Ermöglichungsgrund für die Erkenntnis. Die christliche Symbolik der Situation des Menschen im Pathos Gottes führt zum liebenden und leidenden Erkennen des Menschen. Sie kann den religionskritischen Ikonoklasmus und die psychotherapeutische Befreiung des Menschen von seinen Teufelskreisen darum nur aufnehmen und in Parallele zu ihnen die eigene, prophetische Kritik am Götzendienst entfalten.

Jede Therapie drängt auf *Gesundheit*. Gesundheit aber ist eine geschichtlich wandelbare und gesellschaftlich bedingte Norm. Sollte in der heutigen Gesellschaft Gesundheit »Arbeitsfähigkeit und Genußfähigkeit« bedeuten, wie auch Freud sagen konnte, und dieser Begriff von Gesundheit auch die Psychotherapie beherrschen, so muß die christliche Interpretation der menschlichen Situation allerdings auch den zwanghaften Götzendienst, der in diesem Begriff mit Produktion und Konsum getrieben wird, in Frage stellen und eine andere Menschlichkeit entfalten. Das Leiden an einer oberflächlichen, aktivistischen, apathischen und darin unmenschlichen Gesellschaft kann ein Zeichen von seelischer Gesundheit sein. In diesem Sinne ist dem Satz Freuds zuzustimmen: »So lange der Mensch leidet, kann er es noch zu etwas bringen.«[29]

---

29. S. Freud / Lou Andreas-Solomé, Briefwechsel, 1966, 85.

VIII. Wege zur politischen Befreiung des Menschen

1. Politische Hermeneutik der Befreiung[1]

Die psychologische Hermeneutik des Lebens in der Situation des gekreuzigten Gottes kam an ihre Grenzen, wo psychisches Leiden in gesellschaftliches Leiden und Leiden an der Gesellschaft übergeht und von ihm bestimmt wird. Sie bleibt darum unvollständig, wird sie nicht durch eine entsprechende politische Hermeneutik ergänzt. Was bedeutet die Vergegenwärtigung des gekreuzigten Gottes in den politischen Religionen der Gesellschaft? In welchen Dimensionen muß sich eine menschliche Gesellschaft im Freiraum der Geschichte dieses Gottes entfalten? Wie sehen die ökonomischen, sozialen und politischen Konsequenzen des Evangeliums des als »Aufrührer« gekreuzigten Menschensohns aus? Kreuzestheologie wurde in der Reformation als Kirchenkritik entfaltet; wie kann sie heute als Gesellschaftskritik wahrgemacht werden? War der Caesar im politischen Prozeß Jesu der äußere Grund für sein Ende am Kreuz, wie wird der auferweckte Christus zum inneren Grund für das Ende des Caesar?

Versuchen wir die Konsequenzen aus der Theologie des Kreuzes für die Politik zu ziehen, so kann sich das nicht in allgemeinen und abstrakten Verhältnisbestimmungen von Kirche und Staat oder dogmatischem Glauben und politischem Handeln erschöpfen, sondern muß konkret auf religiöse Probleme der Politik sowie auf Gesetze, Zwänge und Teufelskreise eingehen, die ökonomisch und sozial menschliches Leben und lebendige Menschlichkeit hemmen, bedrücken oder unmöglich machen. Die Freiheit des Glaubens wird in politischen Freiräumen gelebt. Die Freiheit des Glaubens drängt darum zu befreienden Aktionen,

---

1. Dieses Kapitel nimmt die Diskussion über die *politische Theologie* wieder auf und verbindet sie mit dem besonders in Lateinamerika entwickelten Gedanken der *Theologie der Befreiung.* Vgl. *J. B. Metz,* Zur Theologie der Welt, 1968; *J. Moltmann,* Theologische Kritik der politischen Religion, in: *J. B. Metz / J. Moltmann / W. Oelmüller,* Kirche im Prozeß der Aufklärung, 1970, 11–52; *J. M. Lochman,* Perspektiven politischer Theologie, 1971; *D. Sölle,* Politische Theologie. Auseinandersetzung mit R. Bultmann, 1971; Diskussion zur »Theologie der Revolution«, ed. E. Feil und R. Weth, 1969; Diskussion zur »politischen Theologie«, ed. H. Peuckert, 1969; *R. Alves,* A theology of human hope, 1969; ders., Religion. Opio o Instrumento de Liberación?, 1970; *H. Assmann,* Opresión – Liberación. Desafio a los Christianos, 1971; *G. Gutiérres-Meriono,* Hacia una Teologia de la Liberación, 1971. Als Bericht dazu *R. Frieling,* Die lateinamerikanische Theologie der Befreiung, Materialdienst des konfessionskundl. Instituts Bensheim, 23, 1972, 21–39.

weil sie selbst das Leiden an den Situationen der Ausbeutung, Unterdrückung, Entfremdung und Unfreiheit schmerzhaft bewußt macht.
Die Situation des gekreuzigten Gottes macht menschliche Situationen
der Unfreiheit als Teufelskreise offenbar, die durchbrochen werden
müssen, weil sie in ihm durchbrochen werden können. Auf dem Weg
von der Freiheit des Glaubens zur befreienden Aktion kommt es von
selbst zur Kooperation mit anderen Freiheitsbewegungen in der Geschichte Gottes. Für eine politische Hermeneutik ergibt sich daraus vorzugsweise der Dialog mit den sozialistischen, demokratischen, humanistischen und antirassistischen Bewegungen. Politische Hermeneutik
reflektiert die neue Situation Gottes in den unmenschlichen Situationen
des Menschen, um Herrschaftsverhältnisse, die ihn entmündigen, abzu-
bauen und der Entfaltung seiner Menschlichkeit zu dienen. Dabei
kommt es zur kritischen Solidarität mit jenen Bewegungen; zur Solidarität im Kampf gegen sie gemeinsam bedrohende Formen der Unmenschlichkeit und zur Kritik und Annahme von Kritik an den Zielen
und Methoden der Befreiung. Politische Hermeneutik des Glaubens
ist keine Reduktion der Kreuzestheologie auf eine politische Ideologie,
sondern ihre Interpretation in politischer Nachfolge. Sie ist keine unvermittelte Politisierung der Kirche, sondern eine Kritik an einer
schlechten, weil bedrückenden theologischen Kirchenpolitik durch eine
christliche, d. h. befreiende politische Theologie. Politische Hermeneutik will die sozioökonomischen Bedingungen der theologischen Institutionen und Sprachen erkennen, um ihren befreienden Gehalt in politische Dimensionen zu bringen und in der realen Befreiung des Menschen von seinem Elend in bestimmten Teufelskreisen relevant zu machen. Sie fragt nicht nur, welchen Sinn es habe, von Gott zu reden, sondern auch, in welcher Funktion und mit welcher Wirkung es geschieht.
Auch hier geht nichts von der sogenannten Substanz des Glaubens verloren, er gewinnt sie vielmehr in seinen politischen Inkarnationen und
überwindet seine unchristliche Abstraktion, die ihn von der gegenwärtigen Situation des gekreuzigten Gottes fern hält. Christliche Theologie
muß sich politisch darüber klar werden, ob sie Glauben oder Aberglauben verbreitet.
Es gibt zwei Modelle, in denen sich der christliche Glaube bisher seine
politische Situation und Funktion klar gemacht hat: das Modell der
Entlastung und das Modell der Entsprechung. Das *Modell der Entlastung* sagt, daß Kirche und Glaube sich von der Politik zu befreien hätten, um dadurch zugleich die Politik von der Religion zu befreien[2].

---

2. *U. Duchrow*, Christenheit und Weltverantwortung. Traditionsgeschichte und systematische Struktur der Zweireichelehre, 1970. Auf die Funktion der kritischen Unterscheidung hat treffend *G. Ebeling*, Die Notwendigkeit der Lehre von den zwei
Reichen, in: Wört und Glaube, 1960, 407–428, aufmerksam gemacht.

Die Kirche entlastet den Staat von der Religion und entlastet damit zugleich die Religion vom Staat. Je unpolitischer in diesem kritischen Sinne die Kirche wird, um so unreligiöser, weltlicher und vernünftiger wird der Staat. Je mehr der Glaube die Vernunft vom eingefleischten Aberglauben des Menschen befreit, desto vernünftiger und realistischer wird die politische Vernunft. Dieses Modell wird oft als Maxime der Trennung von Kirche und Staat, von Glaube und Politik mißverstanden. Im Grunde aber will es nur zur rechten Unterscheidung dessen anregen, was in politischer Religion und religiöser Politik praktisch immer vermischt wird. Die in jeder Situation erneut notwendige Unterscheidung der beiden Bereiche ist damit nicht unpolitisch, sondern im höchsten Maße eine politisch-kritische Aktion. Sie richtet sich sowohl gegen die theologische Idee eines Kirchenstaates wie gegen die politische Idee des Staatskirchentums, gegen theologische Politik wie gegen politische Theologie im alten Sinne. In diesem Modell steckt ein Wahrheitsmoment, das nicht übersehen werden darf. Die immer auf neue Weise notwendige kritische Unterscheidung der beiden Bereiche ist aber, wie die Geschichte zeigt, schwer durchzuhalten. Die Gefahr der unvermittelten Trennung von Glaube und Vernunft sowie von Kirche und Staat und die daraus folgende schiedlich-friedliche Addition des Glaubens und der Kirche mit jeder Form politischer Unvernunft, die sich für vernünftig erklärt, und ungerechten und rechtlosen Staatsformen liegt nahe. Die im Glauben erfahrene und in der Kirche praktizierte Freiheit kann dann mit jeder Form ökonomischer und sozialer Unfreiheit koexistieren. Es kann dann auch die im Glauben erfahrene Freiheit vor Gott zur Entlastung von der Notwendigkeit realpolitischer Befreiung in der Welt mißbraucht werden. Diese wird dann oft als Abfall von der Glaubensgerechtigkeit und als Werkgerechtigkeit diffamiert. Endlich folgen aus der nur indirekten Wirkung des Glaubens auf die Befreiung der politischen Vernunft zu ihrer vermeintlichen Vernünftigkeit keine Interessen und Kriterien für einen »menschlich« und »vernünftig« zu nennenden Vernunftgebrauch. Oft kommt es zur theologischen Segnung der positivistischen Vernunft, der bloßen Zweck-Mittel-Rationalität und der sogenannten Realpolitik. Das Modell ist im Grunde eine Überführung der alten potestas directa der Kirche in der Politik zu einer potestas indirecta. So wichtig die kritische Unterscheidung dieses Modells ist, so wenig hilft es im Einzelfall weiter, wenn die Unterscheidung getroffen ist. Man kann dann immer noch für oder gegen die Bauern im deutschen Bauernkrieg sein oder für oder gegen die amerikanische Vietnampolitik Nixons, denn was ist in einem solchen Fall »vernünftig«?

Das *Modell der Entsprechung* setzt jene kritische Unterscheidung von Glauben und Politik voraus, versucht aber, sie mit Entsprechungen,

Abbildern und Spiegelungen aus dem Bereich des freien Glaubens und der befreiten Kirche in den Bereich der Politik zu überbrücken[3]. Die Befreiung des Glaubenden aus dem Gefängnis von Sünde-Gesetz-Tod geschieht durch Gott, nicht durch Politik, ruft aber nach Entsprechungen im politischen Leben, so daß die Befreiungen aus den Gefängnissen des Kapitalismus, Rassismus und der Technokratie als Gleichnisse der Glaubensfreiheit verstanden werden müssen. In diesem Modell wird zwischen der »großen Hoffnung« des Evangeliums und den für die nächste Zukunft auf Erden notwendigen »kleinen Hoffnungen« unterschieden[4]. Es wird zwischen dem »Letzten«, das der Glaube glaubt, und dem »Vorletzten«, das der Glaube tut, unterschieden[5]. Diese Unterscheidung meint keine quantitative, sondern eine qualitative Differenz. Gott ist Gott und der Mensch ist Mensch. Darum kann sie nur durch Analogien von der Seite Gottes, der Kirche und des Glaubens her überbrückt werden. Das läßt keine Gleichungen, sondern nur Gleichnisse zu, keine bruchlose Kontinuität, sondern nur Kontinuität in der Diskontinuität. Gerade deshalb aber entdeckt der Glaube diese Gleichnisse der Freiheit Christi und des Reiches Gottes nicht nur in seinen eigenen Programmen und Taten, sondern auch in anderen Bewegungen in der Geschichte. Das Reich Gottes kann Sozialismus sein, aber damit ist der Sozialismus noch nicht das Reich Gottes[6]. Er kann als Spiegelung und Gleichnis des »Friedens, der höher ist als alle Vernunft«, aufgefaßt werden. Die Kirche kann in der demokratischen Bewegung ein Gleichnis ihrer eigenen bruderschaftlichen Christokratie entdecken und umgekehrt sich selbst in ihrer Ordnung und ihrer ökumenischen Gemeinschaft als Vorbild für Entsprechungen in der Sozialpolitik und der internationalen Politik anbieten. Auch dieses Modell enthält einen Wahrheitskern, der nicht vergessen werden darf. Die kritische Unterscheidung des qualitativ Verschiedenen bleibt wirkungslos, wenn es nicht zu Entsprechungen kommt. Das Modell der Gleichnisse und Entsprechungen führt den Glauben befreiend ins politisch bedrückte Leben hinein und bewahrt ihn zugleich vor Vermessenheit und Selbstpreisgabe. Dennoch ist das Modell der Entsprechung häufig zu hierarchisch gedacht. Angesichts der qualitativen Differenz von Gott und Mensch gehen die Entsprechungen von oben nach unten und werden oft beliebig. Wird die Differenz auf das Verhältnis von »Christen-

---

3. So *K. Barth*, Die Kirche und die Kultur (1926), in: Die Theologie und die Kirche, 1928, 364–391; Rechtfertigung und Recht, 1938; Christengemeinde und Bürgergemeinde, 1946; Die Ordnung der Gemeinde, 1955. Dazu jetzt *Fr. W. Marquardt*, Theologie und Sozialismus. Das Beispiel Karl Barths, 1972, und *H. Gollwitzer*, Reich Gottes und Sozialismus bei K. Barth, ThEx NF 169, 1972.
4. *K. Barth*, Kirchliche Dogmatik III,4,626.
5. *D. Bonhoeffer*, Ethik, 1949, 75 ff.
6. *H. Gollwitzer*, aaO. 9 f.

gemeinde und Bürgergemeinde« übertragen, so wird die Kirche zum
Vorbild der Gesellschaft idealisiert. Ihre Befreiung ist schon vorausgesetzt, während sie praktisch doch erst zusammen mit der Gesellschaft,
in der sie lebt, frei wird. Wird endlich die Differenz auf Glauben und
Handeln übertragen, so wird der Glaube leicht als jene mächtige Idee
verstanden, vor der es die Wirklichkeit nicht aushalten kann, ohne sich
ihr anzupassen und ihr zu entsprechen. Es wäre wohl geschichtlicher
gedacht, jene Entsprechungen nicht als Gleichnisse des Vollkommenen,
sondern als Antizipationen und Verheißungen im Prozeß aufzufassen,
in denen sich das Letzte im Vorletzten und das Unbedingte im Beding-
ten ankündigt[7]. Identität und Differenz von Gott und Mensch, von
Reich Gottes und Befreiungsgeschichte wären dann dialektischer miteinander verbunden. Es ist die Geschichte des Gekreuzigten, die Gott
und Mensch verbindet und unterscheidet. Was Gott in Christus real
zusammengefügt hat, soll der Mensch nicht idealistisch trennen.

Das Modell der Entlastung und das Modell der Entsprechung sind so
grundsätzlich entworfen, daß sie nur mit Mühe in die menschliche Befreiungsgeschichte Gottes hineinführen. Beide lassen die Freiheit in Aktion im Möglich-Beliebigen. Sie verstehen das christliche Befreiungsgeschehen allgemein und fragen erst dann nach »Konkretionen« des Abstrakten. Gott und Welt, das Absolute und das Relative, das Letzte
und das Vorletzte recht zu unterscheiden, ist eine Sache. Nach Entsprechungen zu Gott in der Welt, zum Letzten im Vorletzten, zu der großen Hoffnung in den kleinen Hoffnungen zu fragen, ist eine zweite
Sache. Müssen wir aber nicht darüber hinausgehen und von vornherein
Gott *in* der Welt, das Jenseitige *im* Diesseits, das Universale *im* Konkreten und das Eschatologische *im* Geschichtlichen begreifen, um zu
einer politischen Hermeneutik des Gekreuzigten und einer Theologie
der realen Befreiungen zu kommen?[8] Das würde über Differenz und
Gleichnis gedanklich und sprachlich hinaus zu einem synekdochischen

---

7. *K. Barth,* Der Christ in der Gesellschaft (1919), in: Das Wort Gottes und die
Theologie, 1929, 33–69. Hier verstand Barth die Entsprechungen und Gleichnisse
noch in der geschichtlichen Bewegung des Lebens Gottes. Sie waren nicht nur Spiegelungen der vollendeten Versöhnung, sondern zugleich Zeichen und Antizipationen
der unvollendeten Zukunft Gottes in der Welt. Sie hatten deshalb nicht nur Abbild-,
sondern auch Verheißungscharakter.
8. Ich nehme damit den Gedanken einer *politischen Hermeneutik des Evangeliums*
wieder auf, den ich 1968 geäußert habe. Vgl. Existenzgeschichte und Weltgeschichte,
in: Perspektiven der Theologie, 1968, 128–148. Inzwischen hat auch *D. Sölle* die
»Politische Theologie als Hermeneutik« dargestellt, aaO. 71 ff. Der Vorteil liegt darin, daß Differenz und Vermittlung von Reich Gottes und Welt nicht idealistisch aus-
gemacht werden, indem Göttliches und Menschliches, Letztes und Vorletztes unterschieden und verbunden werden, sondern man von der konkreten Geschichte Christi
ausgeht, die irdisch mit dem Kreuz endet und eschatologisch die Befreiung aller Dinge
eröffnet.

Verstehen der »explosiven«, befreienden Gegenwarten Gottes in den Teufelskreisen unmenschlichen Elends führen. Wir müßten dann die Inkarnationen und Antizipationen der Gegenwart Gottes in einer Geschichte der »Wandlungen Gottes« begreifen. Das würde über Differenz und Gleichnis hinaus zur Wahrnehmung der Identifikationen Gottes in der Geschichte führen. Kriterium der Wahrnehmung wäre die Identifikation Gottes mit dem Gekreuzigten. Horizont der Wahrnehmung wäre dann das Reich der vollendeten Einwohnung Gottes in der neuen Schöpfung, also die Vollendung des trinitarischen Geschichtsprozesses Gottes. Die Geschichte ist das »Sakrament« christlicher Ethik, nicht nur ihr Material.

2. Politische Religion

Besinnt sich christliche Theologie auf ihre politischen Dimensionen, so findet sie diesen Bereich immer schon von politischen Religionen und politischen Theologien besetzt, in denen politische Interessen Religion, Theologie und Kirchentümer beherrschen[9]. Ohne Selbstbefreiung der christlichen Theologie von den Bedürfnissen und Forderungen herrschender politischer Religionen kommt es zu keiner befreienden Theologie. Ohne christliche Religionskritik kommt es andererseits in den Gesellschaften nicht zur Befreiung der Menschen.
Der christliche Glaube hat von Anfang an mit den politischen Religionen der Gesellschaften, in denen er sich ausbreitete, zu kämpfen gehabt. Die Stoa unterschied drei Klassen von Göttergestalten: die als göttliche Personen vorgestellten Naturkräfte, die Götter der Staatsreligion und die Götter des Mythos. Entsprechend unterschied sie drei Formen der Theologie: die metaphysische Theologie der Philosophen, die politische Theologie der Staatsmänner und die mythische Theologie der Dichter[10]. Die politische Theologie lehrt die Gesellschaft, welche Götter man von Staats wegen anerkennen und durch welche Symbole und Riten man sie verehren muß. Weil es nach antiker Staatslehre der höchste Staatszweck ist, den Göttern des Vaterlands die angemessenen Ehren zu erweisen, damit diese ihrerseits Wohlfahrt und Frieden des Landes segnen, verbanden sich die Bürger mit Hilfe gemeinsamer Religion. Religion wurde zum obersten Band der Gesellschaft. Aus der politi-

9. Dazu historisch E. Peterson, Monotheismus als politisches Problem (1935), in: Theologische Traktate, 1951, 45–148; A. A. T. Ehrhardt, Politische Metaphysik von Solon bis Augustin I: Die Gottesstadt der Griechen und Römer, 1959; C. Schmitt, Politische Theologie I, 1922; II, 1970.
10. M. Pohlenz, Die Stoa I, 1964³, 198.

schen Religion Roms stammt die alte und beharrliche Trilogie von Religion, Autorität und Tradition[11]. Es sind die den Bestand gegen das Chaos sichernden Symbole der Macht. Christen, die in jenen antiken Gesellschaften nicht mehr am Staatskult teilnahmen, galten als »Atheisten« und »Feinde des Menschengeschlechts«[12]. Ihre Unterlassung der pflichtmäßigen Beobachtung staatsreligiöser Kultübungen machte sie des crimen laesae religionis schuldig. Im Martyrium folgen sie ihrem als »Gotteslästerer« und »Staatsfeind« hingerichteten Herrn. Als jedoch durch die Gesetzgebungen der christlichen Kaiser Theodosius und Justinian das Christentum zur Staatsreligion erhoben wurde (religio licita), kehrte sich der politische Atheismusvorwurf gegen Juden, Heiden und Häretiker. Das zeigt den politischen Charakter der Religion und auch den unausweichlich politischen Charakter des christlichen Glaubens.

Das Christentum hat seit Konstantin und in der Christianisierung Europas die Rolle der politischen Religion der Gesellschaft übernommen. Es hat die vorhandenen Staatsreligionen zwar christianisiert, wurde damit aber im Gegenzuge nach Maßgabe der geltenden Staatsraison politisiert.

In Restbeständen ist diese Form der christlichen Staats- und Volksreligion noch vorhanden. Das zeigt die Geschichte des Gotteslästerungsparagraphen im Strafgesetzbuch von der Carolina 1532 bis zur deutschen Strafrechtsreform der Gegenwart. Das zeigt weiter die immer wieder geforderte theonome Begründung der Todesstrafe und das religiös verwurzelte Sühnestrafrecht[13]. Auch im Bereich des staatlich geschützten christlichen Religionsunterrichts drängt sich immer wieder die politische Religion der Gesellschaft in den Vordergrund. Religion soll in die Bedürfnisse der herrschenden Gesellschaft integriert werden und ihrerseits soziale Integration leisten[14].

Auch auf dem Boden demokratischer Trennung von Kirche und Staat kann es zur Ausbildung neuer bürgerlicher Religionen kommen. Sie sehen je nach Geschichte und Struktur der Gesellschaft verschieden aus. Der Nationalismus des 19. Jahrhunderts hat patriotische Religionen hervorgerufen, die ihre eigenen Symbole, Opfer und Altäre pflegen. Nationale Gedenkstätten und Feiertage, Schulbücher und Präsidentenreden kultivieren diese Nationalreligionen, denn sie leisten die symbolische und rituelle Integration der verschiedenen Bevölkerungsgruppen

---

11. *H. Arendt,* Über die Revolution, 1963, 150.
12. Dazu *A. v. Harnack,* Der Vorwurf des Atheismus in den drei ersten Jahrhunderten, 1905, 10 ff.
13. Vgl. Die deutsche Strafrechtsreform, ed. L. Reinisch, 1967.
14. *K. E. Nipkow,* Braucht unsere Bildung Religion? Zur gesellschaftlichen Verwendung religiöser Erziehung und zur Gesellschaftsferne der Religionspädagogik, in: Gedenkschrift für I. Röbbelen, ed. H. Horn, 1972.

und Klassen und ihre geistige Mobilisierung im Konfliktfall. Es gibt
ferner politische Religionen des Imperialismus, der »Vorherrschaft
weißer christlicher Zivilisation«, des Kapitalismus und leider auch des
Sozialismus. Imperialistische Religionen sind durchweg monotheistisch,
um die Zentralgewalt religiös zu stützen. Patriotische Religionen sind
meistens polytheistisch, weil jedes Vaterland seine besonderen Götter
hat. Im Sozialismus neigen die politischen Religionen zum pantheisti-
schen Materialismus. Der Kapitalismus zeigt wiederum primitive Formen des Geld- und Warenfetischismus. Als Träger der Gesellschaftsreligion sind die christlichen Kirchen stets der einen oder anderen Reli-
gionsform unterworfen. Wenn sie sich dann selbst für unpolitisch oder
apolitisch halten, beruht das nur auf dem gesellschaftlichen Verblen-
dungszusammenhang, in dem sie stecken.

J. J. Rousseau hat die Form der réligion civile klassisch analysiert[15].
Er unterscheidet die Religion des Menschen von der Religion des
Staatsbürgers. Die erste findet er im Christentum, das nicht als Nationalreligion entstanden ist. Sie besteht in der inneren Verehrung des
höchsten Gottes und den einfachen Lehren des Evangeliums Jesu. Das
ist für ihn der wahre Glaube und das göttliche Naturrecht. Die zweite
aber ist auf ein Land beschränkt und gibt diesem seine speziellen Götter und Schutzpatrone. Jeder dem Vaterland geleistete Dienst ist ein
dem Schutzgott dargebrachtes Opfer. Auch in der positiven Religion
des Staatsbürgers gibt es Dogmen. Sie sind einfach, gering an Zahl,
bestimmt ausgedrückt und bedürfen keiner Erklärung. Sie müssen sich
wie das Gesellschaftliche »von selbst verstehen«. Rousseau nennt vier:
1. das Dasein des Allmächtigen, 2. die allumfassende Vorsehung, 3. ein
zukünftiges Leben, 4. die Belohnung der Guten und die Bestrafung der
Gottlosen. Dabei handelt es sich nicht eigentlich um Religionslehren,
sondern um allgemeine Ansichten, ohne deren Befolgung man weder
ein guter Bürger noch ein treuer Untertan sein kann. Rousseau meinte,
es sei der Beweis zu führen, daß es noch nie einen Staat gegeben habe,
dem nicht diese Art von Religion als Grundlage diente. Er erkannte
auch, daß weniges dem gesellschaftlichen Geist dieser Religion mehr
widerstreitet als das Christentum. Es ist nicht als Nationalreligion entstanden und kann darum auch keine werden. Es fesselt die Herzen der
Bürger nicht an den Staat, sondern zieht sie von ihm ab. Es trennt das
theologische System vom politischen und beunruhigt die Völker. Darum sahen die Heiden die Christen immer als »echte Empörer« an.
Rousseau hielt darum die wahre Religion des Evangeliums zwar für
ein Ideal, politisch aber für unpraktikabel und sogar schädlich. Darum
siedelte er die »Religion des Staatsbürgers« nur im Gesellschaftsvertrag

---

15. *J. J. Rousseau,* Contrat social, Buch 4, Kapitel 8.

an und ließ die »Religion des Menschen« dem Individuum im Rahmen der geltenden Gesetze frei.

Die neuere Religionssoziologie[16] hat Rousseaus Grundgedanken der gesellschaftlich notwendigen bürgerlichen Religion aufgenommen. Sie kann entsprechende Staatsshintos in kapitalistischen und sozialistischen Gesellschaften nachweisen. Sie zeigt, wie funktional die etablierten christlichen Kirchen der jeweiligen civil religion angepaßt sind. Man wird darum in der Annahme nicht fehl gehen, daß auch moderne Gesellschaften politische Religionen brauchen und produzieren, – wenn nicht mit Hilfe der etablierten Kirchen, dann ohne oder gegen sie. Für eine politische Hermeneutik folgt daraus zunächst ein Dilemma: je mehr die Kirchen zu Abteilungen der bürgerlichen Religion werden, um so stärker müssen sie die Erinnerung an den politischen Prozeß Christi verdrängen und ihre Identität als christliche Kirchen verlieren, denn die Erinnerung an ihn gefährdet ihre religionspolitische Relevanz. Ziehen sie sich jedoch aus dem sozialen topos »bürgerliche Religion« zurück, so werden sie zu irrelevanten Sekten am Rande der Gesellschaft und überlassen jenen Platz anderen. Zwischen irrelevanter christlicher Identität und sozialer Relevanz ohne christliche Identität geht der Weg einer gesellschaftskritischen Kreuzestheologie. Sie muß die Götzen der bürgerlichen Religion an ihrem eigenen Ort überflüssig machen und zerstören. Sie muß am Ort der rituellen Integration eines Volkes, einer Rasse oder Klasse und ihrer symbolischen Selbstbestätigung Offenheit für die Anerkennung anderer und eine von Angst und Selbstruhm freie Menschlichkeit verbreiten. Am Ort der bürgerlichen Religion in einer Gesellschaft macht die Vergegenwärtigung des im Namen einer solchen Religion einst Gekreuzigten die Kirchen zu Institutionen gesellschaftskritischer Freiheit[17], die sich auf seine Weise dysfunktional verhalten. Das geschieht theoretisch durch Kritik an den Idolen, Tabus, Feindbildern und Selbstrechtfertigungen der politischen Religionen und praktisch durch Parteinahme für die jeweils »anderen«, die zu Opfern jener herrschenden politischen Religionen geworden sind.

3. Politische Kreuzestheologie

Die frühe Christenheit wurde sowohl von der römischen Staatsgewalt wie von heidnischen Philosophen als gottlos und staatsfeindlich verfolgt. Um so eifriger waren christliche Apologeten bemüht, diese Vor-

---

16. *P. Berger,* The Noise of Solemn Assemblies. Christian Committment and the Religious Establishment in America, 1961; *R. Bellah,* Civil Religion in America, Daedalus 1967.
17. *J. B. Metz,* aaO. 107 ff.

würfe zu entkräften und die christliche Religion als die wahre staatser-
haltende Religion herauszustellen. Schon vor Konstantin, dann aber
ausdrücklich in der Kaisertheologie Eusebs von Caesarea kam es zur
Ausbildung einer christlich-imperialistischen politischen Theologie. Mit
ihr sollten die Autorität des christlichen Kaisers und die geistige Einheit
des Imperiums gesichert werden. Sie bestand aus zwei Grundgedanken,
einem hierarchischen und einem geschichtsphilosophisch-chiliastischen.
Die Autorität des Kaisers wurde durch den Einheitsgedanken gesichert:
ein Gott – ein Logos – ein Nomos – ein Kaiser – eine Kirche – ein Reich.
Sein christliches Reich wurde chiliastisch als das verheißene Friedens-
reich Christi begrüßt. Pax Christi und Pax Romana sollten durch die
providentia Dei miteinander verbunden sein. Damit wurde das Christentum zur Einheitsreligion des römischen Einheitsstaates. Die Erinnerung an das Schicksal des Gekreuzigten und seiner Nachfolger trat
zurück. Aus Verfolgten wurden, wie oft in der Geschichte, Herrschende. E. Peterson und H. Berkhof haben gezeigt[18], wie dieser erste Versuch einer christlichen politischen Theologie an der Kraft des christlichen Glaubens selbst scheiterte, und zwar an zwei Punkten in der
Theologie und an einem in der Praxis. Der politisch-religiöse Monotheismus wurde durch die Ausbildung der Trinitätslehre im Gottesbegriff überwunden. Das Geheimnis der Dreieinigkeit gibt es nur in Gott,
nicht abbildlich in der Kreatur. Mit der Trinitätslehre beschreibt die
christliche Theologie die wesentliche Einheit Gottes des Vaters mit dem
menschgewordenen, gekreuzigten Sohn im heiligen Geist. Darum kann
dieser Gottesbegriff nicht zur religiösen Hintergrundsbildung für einen
göttlichen Kaiser verwendet werden. Die Identifizierung der Pax Romana mit der Pax Christi scheiterte an der Eschatologie. Kein Caesar,
sondern allein Christus gewährt jenen Frieden Gottes, der höher ist als
alle Vernunft. Daraus folgte politisch der Kampf um die Freiheit und
Selbständigkeit der Kirche vom christlichen Kaiser. Trinitarische Theologen wie Athanasius und Lucifer von Cagliari haben darum Ver-
bannung und Verfolgung auf sich genommen.

Nach E. Peterson hat die christliche Theologie mit der Ausbildung der
Trinitätslehre, der Eschatologie und dem Kampf um die Freiheit der
Kirche im christlichen Staat mit jeder politischen Religion und ihrer
Ideologie in politischer Theologie grundsätzlich gebrochen. Christlicher
Glaube kann nicht mehr zur Rechtfertigung einer politischen Situation
mißbraucht werden[19]. Das theologische und das politisch-religiöse Sy-
stem sind grundsätzlich getrennt.

---

18. *H. Berkhof*, Kirche und Kaiser. Eine Untersuchung der Entstehung der byzantinischen und der theokratischen Staatsauffassung im vierten Jahrhundert, 1947.
19. Das ist der Schlußsatz und das Fazit der Untersuchung *E. Petersons* über den
Monotheismus gegen C. Schmitt, aaO. 148.

Die neue »politische Theologie« und »politische Hermeneutik« setzen die altkirchliche Kritik an der politischen Theologie politischer Religionen voraus. Sie werden aber radikaler, wenn sie aus der biblischen Tradition das Bewußtsein vom anhängenden Prozeß zwischen der eschatologischen Botschaft Jesu und der gesellschaftlich-politischen Wirklichkeit zu reklamieren suchen.

»Das Heil, auf das sich der christliche Glaube in Hoffnung bezieht, ist kein privates Heil. Die Proklamation dieses Heils trieb Jesus in einen tödlichen Konflikt mit den öffentlichen Mächten seiner Zeit ... Diese Öffentlichkeit kann nicht zurückgenommen, aufgelöst oder beschwichtigt werden ... Jede eschatologische Theologie muß daher zu einer politischen Theologie als einer (gesellschafts)kritischen werden.«[20]

Christliche Theologie, die sich der gegenwärtigen politischen Bedingungen und Funktionen ihrer Sprache, ihrer Riten, ihrer Institutionen und Praxis bewußt werden will, tut darum gut, sich der politischen Kreuzigung und der Auferweckung des als »Aufrührer« hingerichteten Christus durch Gott zu erinnern und die Konsequenzen der Nachfolge zu ziehen. Die *memoria passionis et resurrectionis Christi* ist gefährlich und befreiend zugleich. Sie gefährdet eine politisch-religiös angepaßte Kirche und bringt sie in Zeitgenossenschaft mit den Leidenden ihrer Zeit. Sie befreit die Kirche von politisch-religiöser Kirchenpolitik zu einer christlich-kritischen politischen Theologie. Der neuen politischen Theologie geht es nicht um die Auflösung der Kirche in rechte oder linke Politik, sondern um die Christianisierung ihrer politischen Situation und Funktion im Sinne der Freiheit Christi.

Die christliche Theologie hat die Geschichte Christi, der im Namen des Gesetzes verurteilt wurde und an dessen Erhöhung durch Gott deshalb das Gesetz mit seinen Forderungen an den Menschen zum Ende kommt, immer wieder soteriologisch ausgelegt: der Mensch wird nicht durch Werke des Gesetzes vor Gott gerecht, sondern aus Gottes Gnade im Glauben. Glaube befreit vom Zwang der Werke. Eine theologische Auslegung der politischen Dimension der Kreuzigung und Auferweckung Jesu fehlt aber. Aus Gründen der Anpassung an den Staat wird die Kirche diese Dimension unausgelegt gelassen haben. Der Tod Christi aber war auch ein politischer Verbrechertod. Kreuzigung war nach der Wertskala der Gesellschaft jener Zeit Entehrung und Schändung. Ist dieser Gekreuzigte auferweckt und zum Christus Gottes erhöht, dann ist das in der allgemeinen Vorstellung Niedrigste, was der Staat zum Entehrenden bestimmt hat, zum Höchsten verkehrt[21]. Die Glorie

---

20. *J. B. Metz,* aaO. 104 f; *J. Moltmann,* aaO. 35 ff; *J. M. Lochman,* aaO. 23 ff: »Das Kreuz des Glaubens und der Glaube des Kreuzes sind das Vorzeichen einer legitimen politischen Theologie und Praxis der Kirche.« *D. Sölle,* aaO. 89 ff, reflektiert dagegen mehr den historischen Jesus, was aber im Zusammenhang des geschichtlichen Prozesses Jesu keinen Widerspruch zur politischen Kreuzestheologie darstellt.
21. *G. W. F. Hegel,* Philosophie der Religion, Jubiläumsausgabe 16, 2, 298 ff.

Gottes leuchtet dann nicht auf den Kronen der Mächtigen, sondern auf dem Angesicht des Gekreuzigten. Die Autorität Gottes wird dann nicht mehr unvermittelt von den Hohen, Mächtigen und Reichen vertreten, sondern von dem ausgestoßenen Menschensohn, der zwischen zwei Elenden starb. Die Herrschaft und das Reich Gottes spiegeln sich dann nicht mehr in politischer Herrschaft und Weltreichen wider, sondern im Dienen des Christus, der sich selbst erniedrigte bis zum Tod am Kreuz.

Daraus folgt für die christliche Theologie, daß sie kritisch gegen politische Religionen in Gesellschaften und Kirchen vorgehen muß. Politische Kreuzestheologie muß den Staat vom politischen Götzendienst und die Menschen von politischer Entfremdung und Entmündigung befreien. Sie muß danach trachten, Staat und Gesellschaft zu entmythologisieren. Sie muß der Umwertung aller Werte, die in der Erhöhung des Gekreuzigten liegt, im Abbau politischer Herrschaftsverhältnisse den Weg bereiten. Nun entstehen politische Repräsentationen und Herrschaft-Knechtschaft-Verhältnisse immer, wenn ein Volk im Medium der Geschichte handlungsfähig wird. Die Bürger geben das Recht der Selbstbestimmung an ihre Repräsentanten ab, damit diese für sie handeln. Mit solchen Entlastungsvorgängen im politischen Handeln sind Entfremdungen der Entlasteten verbunden. »In repräsentativen Institutionen gibt es immer die Unterwerfung unter ein sichtbares Image; und das ist Idolatrie.«[22] Politischer Götzendienst und politische Entfremdung entstehen dann, wenn die Repräsentanten denen über den Kopf wachsen, die sie repräsentieren sollen, und wenn sich das Volk vor seiner eigenen Regierung beugt. Entfremdung zwischen Regierung und Volk zeigt sich dann in der um sich greifenden Apathie des Volkes gegenüber »denen da oben«. Weil die Repräsentanten ihnen aus der Kontrolle geraten, fallen die Bürger in eine Passivität zurück, die weiteren Machtmißbrauch ungehindert zuläßt. Die demokratische Bewegung hat den Zusammenhang zwischen politischem Götzendienst mit folgender Apathie der Untertanen und politischer Entmündigung deutlich gesehen. »Demokratie hat keine Monumente. Sie prägt keine Medaillen. Sie trägt nicht das Haupt eines Mannes auf ihren Münzen. Ihr wahres Wesen ist Bildersturm.«[23] Soll das Wesen der Demokratie im politischen Bildersturm liegen, so liegt ihre Wirklichkeit im Abbau der Herrschaftsverhältnisse, in der Begrenzung und Kontrolle politischer Machtausübung und in der Aktivierung des Volkes aus der Untertanenapathie zu verantwortlicher Partizipation an den politischen Entscheidungsprozessen.

---

22. *N. O. Brown*, Love's Body, 1968, 122.
23. *J. Q. Adams*, zit. nach *N. O. Brown*, ebd. 114.

Wurde der Christus Gottes im Namen der politisch-religiösen Autorität seiner Zeit hingerichtet, so ist für den Glauben diesen und ähnlichen Autoritäten die Rechtfertigung von oben entzogen. Politische Herrschaft kann dann nur noch »von unten« gerechtfertigt werden. Wo immer das Christentum sich ausbreitete, veränderte sich die Staatsauffassung. Politische Herrschaft wurde nicht mehr als gottgegeben hingenommen, sondern als eine Aufgabe verstanden, deren Erfüllung ständig gerechtfertigt werden muß. Staatstheorie ist nicht mehr feststellendes, sondern rechtfertigendes und kritisches Denken.[24] Die Alte Kirche verwarf den Kaiserkult und ersetzte ihn durch die machtbegrenzende Fürbitte für den Kaiser. Mittelalter und Reformation relativierten die politischen Ordnungen zu Notordnungen in der Welt, die dem Wohl, nicht aber dem Heil dienen. Der Puritanismus schaffte die Standesherrschaft ab und ersetzte sie durch den Staatsvertrag, den *covenant* oder die *constitution* der freien Bürger[25]. Auf diesem Weg der Entsakralisierung, der Relativierung und der Demokratisierung muß eine kritische politische Theologie heute vorangehen. Werden die Kirchen zu »Institutionen gesellschaftskritischer Freiheit«, dann müssen sie nicht nur den privaten Götzendienst, sondern auch den politischen Götzendienst überwinden und die Freiheit des Menschen in der Situation des gekreuzigten Gottes nicht nur in der Überwindung psychischer Apathiesysteme, sondern auch in der Überwindung politischer und religiös mystifizierter Herrschaftssysteme, die apathisch machen, ausbreiten.

Das Christentum ist nicht als National- oder Klassenreligion entstanden. Als herrschende Religion der Herrschenden muß es seinen Ursprung im Gekreuzigten verleugnen und seine Identität verlieren. Der gekreuzigte Gott ist in der Tat ein staatenloser und klassenloser Gott. Aber es ist darum kein unpolitischer Gott. Er ist ein Gott der Armen, der Unterdrückten und Erniedrigten. Die Herrschaft des politisch gekreuzigten Christus kann nur in Befreiungen von entmündigenden und apathisch machenden Herrschaftsformen und den sie stabilisierenden politischen Religionen ausgebreitet werden. Die Vollendung seines Freiheitsreiches soll nach Paulus die Vernichtung aller Herrschaft, Obrigkeit und Gewalt, die hier noch unvermeidlich sind, bringen und damit auch die Überwindung der entsprechenden Apathien und Entfremdungen. Christen werden nach Maßgabe der vorhandenen Möglichkeiten im Abbau der Herrschaft und im Aufbau der politischen Lebendigkeit eines jeden die Zukunft Christi zu antizipieren suchen.

---

24. Darauf hat *R. Smend* aufmerksam gemacht: Das Problem der Institution und der Staat, ZEE 6, 1962, 66.
25. *K. Wolzendorff*, Staatsrecht und Naturrecht in der Lehre vom Widerstandsrecht des Volkes gegen rechtswidrige Ausübung der Staatsgewalt, 1916.

4. Teufelskreise des Todes

Politische Hermeneutik ist nicht nur eine theoretische Weiterbildung der Tradition und vollzieht sich nicht nur auf ideologisch-religiöser Ebene. Sie will eine Hermeneutik des Lebens in der Situation der Passion Gottes sein und schließt darum Praxis und Veränderungen der Praxis ein. Befreiung zur sympathetischen Menschlichkeit wird immer in konkreten Teufelskreisen praktiziert, die Menschen nicht Menschen sein lassen. So wie es krankmachende psychische Regulationssysteme gibt, so gibt es auch hoffnungslose ökonomische, soziale und politische Regulationssysteme, die das Leben zum Tode treiben. Es gibt in einer Situation immer mehrere solcher Teufelskreise, die zusammenwirken. Darum hat es keinen Sinn, von einer »Theologie der Befreiung« zu reden. Man muß von Befreiungen im Plural sprechen und die Prozesse der Befreiung in mehreren Dimensionen der Bedrückung zugleich vorantreiben. Man kann nicht auf einem Gebiet befreien, indem man auf anderen Diktaturen errichtet. Wir suchen die Spuren der Befreiung des Menschen darum im folgenden in einer Reihe von Bereichen und Dimensionen. Es werden nur solche aufgeführt, die sich nicht auf andere reduzieren lassen. In jedem konkreten Fall wirken diese Dimensionen zusammen. Sie zu unterscheiden, soll Richtpunkte für das Handeln im Einzelfall hergeben. Es ist damit keine pyramidenhafte Stufenfolge der Wirklichkeit gemeint und auch keine geschichtliche Reihenfolge mit Prioritäten. Doch läßt sich in den meisten Fällen ein gegenseitiger Bedingungszusammenhang beobachten.

a) In der ökonomischen Dimension des Lebens gibt es den *Teufelskreis der Armut*[26]. Er besteht aus Hunger, Krankheit, früher Sterblichkeit und wird durch Ausbeutung und Klassenherrschaft hervorgerufen. Es gibt Teufelskreise der Armut in einzelnen Gesellschaften wie auch zwischen den fortgeschrittenen Industrienationen und den zurückgesetzten Agrarländern, den früheren Kolonialländern. Die Wirtschaftssysteme, in denen gearbeitet und produziert wird, bringen immer ungleiche, ungleichzeitige und ungerechte Fortschritte hervor. Zwar steigt aufs Ganze gesehen das Pro-Kopf-Einkommen, aber die Gewinne kommen nicht allen gerecht zugute. Für einzelne und ganze Bevölkerungsgruppen entsteht daraus ein Ring von Armut, Arbeit, Krankheit und Ausbeutung. Millionen von Gastarbeitern in Nordeuropa sind in diesem hoffnungslosen Zirkel gefangen. Die meisten Schwarzen in den USA stecken in einem ähnlichen Ring, der Armut, Polizei, Gerichte und Gefängnisse miteinander verkoppelt. In diesem Teufelskreis entstehen wieder engere, die Armut, Rauschgift, Verbrechen, Gefängnis

26. *E. Eppler*, Der Teufelskreis der Armut, Neues Hochland 64, 1972, 38–42.

und weitere Armut verkoppeln. Global gesehen arbeiten die Weltwirt-
schaftssysteme in einer Spirale, die reiche Nationen reicher und arme
Nationen ärmer macht. Die Preise für Agrarprodukte fallen, die Preise
für Industrieprodukte steigen. Damit verschulden jene Länder immer
mehr und kommen nicht zur Freiheit.

b) Im Teufelskreis der Armut steckt in der politischen Dimension zugleich der *Teufelskreis der Gewalt*[27]. Ihn gibt es in einzelnen Gesellschaften durch Diktatur, Klassen- und Privilegienherrschaft. Es gibt ihn
auch zwischen mächtigen und ohnmächtigen Nationen. Institutionali-
sierte Gewaltherrschaft erzeugt Gegengewalt. Menschenrechte der
Selbstbestimmung und der politischen Mitbestimmung werden unterdrückt und können dann nur revolutionär behauptet werden. Auch
hier entstehen hoffnungslose Spiralen: nach fehlgeschlagenen Reformen
oder Revolutionen wird die Unterdrückung besser organisiert, und erfolgreiche Rebellionen organisieren oft neue Unterdrückung. Das An-
wachsen organisierter Gewalt und spontaner Gegengewalt ist ein be-
drohliches Zeichen. Nicht weniger bedrohlich ist der »teuflische Regelkreis« des internationalen Rüstungswettlaufs[28]. Haben bisher militäri-
sche Abschreckungssysteme den Frieden gesichert, so führt ihre Eskala-
tion heute in eine Phase der Instabilität. Der voraussagbare Verlauf
des Wettrüstens ist »eine offene Spirale abwärts ins Nichts«[29]. Miß-
trauen und Hegemonieinteressen machen die Rüstungsspirale zu einer
tödlichen Bedrohung für die ganze Welt.

c) Im Teufelskreis der Armut und Gewalt steckt der *Teufelskreis rassischer und kultureller Entfremdung*. Menschen werden angepaßt und
beherrschbar, wenn sie ihrer Identität und Eigenart beraubt und zu
manipulierbaren Faktoren im System degradiert werden. Sie werden
dann nach dem Bild der Herrschenden geprägt[30]. Es gelingt keine
Überwindung der Armut und der Unterdrückung ohne Befreiung des
Menschen aus seiner rassischen, kulturellen und technokratischen Entfremdung. Oft wird die Überwindung der Armut und politischer Unterdrückung nur auf Kosten von Entfremdungen dieser Art erreicht.
Menschen überleben dann in relativer Freiheit, aber sie wissen nicht
mehr, wer sie eigentlich sind. Sie werden zu apathischen Teilchen einer
technokratischen Mega-Maschine[31].

d) Die Teufelskreise der Armut, der Gewalt und der Entfremdung

27. *D. Senghaas*, Abschreckung und Frieden. Studien zur Kritik organisierter Friedlosigkeit, 1969; Weltfrieden und Revolution, ed. H. E. Bahr, 1968.
28. *J. W. Forester*, Der teuflische Regelkreis, 1970.
29. *J. B. Wiesner*, Friedensforschung, ed. E. Krippendorf, 1970², 216.
30. *J. H. Cone*, Schwarze Theologie. Eine christliche Interpretation der Black-Power-
Bewegung, 1970; *P. Freire*, Pädagogik der Unterdrückten, 1971.
31. *E. Fromm*, Die Revolution der Hoffnung. Für eine humanisierte Technik, 1971;
Texte zur Technokratiediskussion, ed. Cl. Koch und D. Senghaas, 1970.

sind heute zu einem größeren Ring verbunden, dem *Teufelskreis der industriellen Naturzerstörung*[32]. Der besinnungslose Fortschrittsglaube hat durch Industrialisierung die Gleichgewichte der Natur irreparabel zerstört. Es werden »die Grenzen des Wachstums« errechenbar[33]. Kommt es nicht zu einem weisen Ausgleich von Fortschritt und sozialem Gleichgewicht, so ist der ökologische Tod nicht bloß zu befürchten. Im Teufelskreis der ökologischen Krise kommt das großartige Unternehmen der industriellen Revolution an sein Ende. Die Zerstörung der natürlichen Umwelt, die Ausbeutung der Natur wird die gesamte industrielle Welt und das restliche Leben auf Erden dazu ruinieren. Die einseitige ökonomische Wertorientierung und die Hoffnungen auf Selbstbefreiung, die frühere Generationen mit oft messianischem Pathos in die Arbeit, die Maschine, den Profit und den Fortschritt investiert haben, bringen heute das menschlich-natürliche System zum Umkippen von der Orientierung auf das Leben zur Orientierung auf den Tod.

e) In den ökonomischen, politischen, kulturellen und industriellen Teufelskreisen steckt, sieht man tiefer, ein noch umfassenderer Zwang: *der Teufelskreis der Sinnlosigkeit und Gottverlassenheit*. Wir werden die Welt zur Hölle machen, sagen manche angesichts der aussichtslosen Situation. Die Zukunft ist dunkel geworden. Darum wird man in der Gegenwart ratlos, entmutigt, und viele Menschen bekommen Zielerkrankungen. Wie das Kaninchen vor dem Blick der Schlange erstarrt, so erstarren heute Menschen vor dem Schock der Zukunft und werden apathisch. Manche flüchten in den Genuß der Gegenwart. Andere suchen Frieden in Traumwelten. Wieder andere nehmen den Untergang terroristisch vorweg. Die allgemeine Entmutigung wird in verschiedenen Situationen verschieden erfahren. Sie aber macht es, daß man die genannten Bereiche des Elends als hoffnungslose »Teufelskreise« ansieht. Aus der Erfahrung der Sinnlosigkeit entsteht die Apathie, und aus der Apathie folgt häufig ein unbewußter Todestrieb.

5. Lebensrichtungen der Befreiung

Wo immer die genannten fünf Teufelskreise zusammenwirken, entsteht ein allgemeines Verfallssyndrom. Die Teufelskreise wirken als Verbundsystem zusammen und bringen das menschliche Leben darin

---

32. Humanökologie und Umweltschutz, Studien zur Friedensforschung 8, ed. E. v. Weizsäcker, 1972.
33. *D. Meadows,* Die Grenzen des Wachstums, 1972.

zur Unmenschlichkeit und zum Tod. Befreiendes Handeln muß darum einmal diese teuflischen Regelkreise lokalisieren und zum anderen ihr Zusammenwirken erkennen. Es muß in diesen fünf Dimensionen zugleich wirksam werden, um das ganze Leben von Bedrückung zu erleichtern.

a) In der *ökonomischen Dimension des Lebens* heißt Befreiung Befriedigung der materiellen Bedürfnisse des Menschen nach Gesundheit, Nahrung, Kleidung und Wohnung. Dazu gehört soziale Gerechtigkeit, die allen Gliedern der Gesellschaft einen befriedigenden und gerechten Anteil am Arbeitsprodukt verschafft. Sofern der Teufelskreis der Armut durch Ausbeutung und Klassenherrschaft hervorgerufen wird, kann soziale Gerechtigkeit nur durch eine Umverteilung wirtschaftlicher Macht gewonnen werden. Die Privilegierung des Kapitals gegenüber der Arbeit festigt jenen Teufelskreis der Armut. Er wird durch wirtschaftliche Mitbestimmung und Kontrolle der wirtschaftlichen Macht durch die Produzenten durchbrochen. Sozialfürsorge für wirtschaftlich Schwache und Entwicklungshilfe für sogenannte unterentwickelte Völker sind als Übergangsmaßnahmen notwendig, um Menschen am Leben zu erhalten, die sonst zugrunde gehen würden. Sie werden aber erst durch eine Sozialpolitik gerechtfertigt, die den Armen, Ausgebeuteten und Schwachen soziale Gerechtigkeit bringt. Wenn und so weit Sozialismus in diesem Sinne Befriedigung der materiellen Bedürfnisse und soziale Gerechtigkeit in einer materialen Demokratie meint, ist *Sozialismus das Symbol für die Befreiung des Menschen aus dem Teufelskreis der Armut.*

b) In der *politischen Dimension des Lebens* heißt Befreiung aus dem Teufelskreis der Unterdrückung darüber hinaus Demokratie. Wir meinen damit menschliche Würde in Übernahme von politischer Verantwortung. Dazu gehören die Partizipation an und die Kontrolle von wirtschaftlicher und politischer Machtausübung. Der Teufelskreis der Gewalt kann nicht anders als durch die politische Belastung jedes einzelnen mit Verantwortung und seine aktive Beteiligung an den Entscheidungsprozessen durchbrochen werden. Anders wird Machtausübung nicht von Privilegien und Hegemonien bestimmter Klassen und Gruppen befreit. Nur durch gleichmäßige und gerechte Verteilung der politischen Lasten kann die Entfremdung des Volkes von der politischen Macht und seine politische Apathie überwunden werden. Als Maßstab für demokratische Gerechtigkeit kann die *Allgemeine Erklärung der Menschenrechte* gelten. Sie stammt in den bisher gültigen Formulierungen aus den bürgerlichen Revolutionen des 18. und 19. Jahrhunderts und ist insofern ergänzungsbedürftig. Demokratie bedeutet die Anerkennung der Menschenrechte als Grundrechte der Bürger in einem Staat. Das Ziel der demokratischen Bewegung, denn von einer

Bewegung, nicht von einem Zustand oder Ideal wird man sprechen müssen, ist die Ermöglichung und Verwirklichung menschlicher Würde durch Befreiung von politischer Unterdrückung und Entmündigung. Wenn und sofern die demokratische Bewegung Abbau von Vorherrschaft und Aufbau politischer Menschenrechte meint, ist *Demokratie das Symbol für die Befreiung des Menschen aus dem Teufelskreis der Gewalt.* Das gilt nicht nur innerhalb eines Staates, sondern auch zwischen konkurrierenden Staaten für den Abbau militärischer Abschreckungssysteme und den Aufbau politischer Friedens- und Kontrollsysteme.

c) In der *kulturellen Dimension des Lebens* heißt Befreiung aus dem Teufelskreis der Entfremdung Identität in der Anerkennung anderer. Wir meinen damit die »menschliche Emanzipation des Menschen« (Marx), in der Menschen Selbstachtung und Selbstvertrauen in Anerkennung anderer und Gemeinschaft mit ihnen gewinnen. Zwar geht der Streit hier immer um Integration oder Identität. Das sind aber keine Widersprüche. Die Anerkennung rassischer und kultureller und persönlicher Differenzen und das Bewußtsein der eigenen Identität gehören zusammen. Integration kann nicht zu einer grauen Masse gleichförmiger Menschen führen. Identität kann nicht endgültige Separation meinen. Identität und Anerkennung gehören zusammen und sind nicht ohne einander möglich. Die menschliche Emanzipation der Menschen aus Selbstentfremdung und entfremdendem Umgang miteinander wird dann möglich, wenn verschiedenartige Menschen sich ohne Angst, Überheblichkeit und ohne verdrängte Schuldgefühle begegnen und ihre Differenzen für fruchtbar halten und produktiv verarbeiten. Wenn und sofern Emanzipation Personalisation in Sozialisation und Identitätsfindung in Anerkennung anderer heißt, ist *Emanzipation das Symbol für Befreiung aus dem Teufelskreis der Entfremdung.*

d) Im *Verhältnis der Gesellschaft zur Natur* bedeutet Befreiung aus dem Teufelskreis der industriellen Naturzerstörung Frieden mit der Natur. Es gelingt keine Befreiung des Menschen aus ökonomischer Not, politischer Unterdrückung und menschlicher Entfremdung ohne Befreiung der Natur von unmenschlicher Ausbeutung und ohne ihre Befriedung. Aus der ökologischen Krise führt, so weit wir heute sehen können, nur eine radikale Veränderung des Menschen im Verhältnis zur Natur heraus. Die Modelle der Selbstbefreiung von der Natur und der Herrschaft über sie durch Ausnutzung führen zum ökologischen Tod der Natur und der Menschheit. Sie müssen darum durch neue Modelle der Kooperation mit der Natur ersetzt werden. Das Verhältnis des arbeitenden Menschen zur Natur ist nicht das Verhältnis von Herr und Knecht, sondern ein Kommunikationsverhältnis des Zusammenspiels mit Rücksichtnahme. Die Natur ist nicht Objekt, sondern Umwelt des Menschen und hat darin ihre eigenen Gleichgewichte und Rechte. An die Stelle der apathischen und oft feindlichen Naturbeherrschung muß deshalb ein sympathetisches und partnerschaftliches Verhältnis des Menschen zur natürlichen Umwelt treten. Die Hominisierung der Natur im Herrschaftsbereich des Menschen führt nur dann zur Humanisierung des Menschen, wenn dieser zugleich »naturalisiert« wird[34]. Nach der langen Phase der Befreiung des Menschen von der Natur im »Kampf ums Dasein« muß darum eine Phase der Befreiung der Natur vom Unmenschen treten im Einsatz für den »Frieden im Dasein«. Sofern der Übergang von der ökonomischen und ökologischen Wertorientierung, von der Steigerung der Quantität des Lebens zur Einschätzung der Qualität des Lebens und damit vom Besitzen der Natur zur Freude am Dasein in ihr die ökologische Krise überwinden kann, ist *Frieden mit der Natur das Symbol für die Befreiung des Menschen aus diesem Teufelskreis.*

e) Im Verhältnis von Menschen, Gesellschaft und Natur zum *Sinn des Lebens* bedeutet Befreiung sinnvolles und vom Sinn des Ganzen erfülltes Leben. Eine Gesellschaft, die von ökonomischen, politischen, kulturellen und industriellen Teufelskreisen bedrückt ist, ist immer auch eine »Entmutigungsgesellschaft«[35]. Im Untergrund des persönlichen und des öffentlichen Bewußtseins verbreiten sich Ratlosigkeit, Resignation und Verzweiflung. Diese innere Vergiftung des Lebens breitet sich nicht nur in Elendsgesellschaften, sondern auch in Wohlstandsgesellschaften aus. Sie wird darum durch Überwindung der ökonomischen Not, der politischen Unterdrückung, der kulturellen Entfremdung und der ökologischen Krise noch nicht überwunden. Sie läßt sich auch nicht auf jene Bereiche und Dimensionen reduzieren. Die Sinnkrise bedrückt ein unerfülltes Leben und auch ein sonst erfülltes Leben, jedoch auf verschiedene Weise. Auch in der besten aller denkbaren Gesellschaften bleibt diese Wunde offen[36]. Sie wird nur geheilt durch die Gegenwart des Sinnes selbst in allen Vorgängen und Verhältnissen des Lebens.

---

34. *K. Marx,* Frühschriften, ed. Landshut, 235, 237: »Also die *Gesellschaft* ist die vollendete Wesenseinheit der Menschen mit der Natur, die wahre Resurrektion der Natur, der durchgeführte Naturalismus des Menschen und der durchgeführte Humanismus der Natur.« Dieser Gedanke wurde positiv aufgenommen in: Humanökologie und Umweltschutz, aaO. 53.
35. Vgl. dazu *G. Picht,* ebd. 92.
36. *E. Bloch,* Naturrecht und menschliche Würde, 1961, 310 f: »Wohl wird eine nicht antagonistische Gesellschaft alle weltlichen Geschicke fest in der Hand halten, sie setzt ökonomisch-politische Situationslosigkeit, Schicksalslosigkeit, doch eben deshalb treten die Unwürden der Existenz desto fühlbarer hervor, vom Kiefer des Todes herab bis zu den Lebensebben der Langeweile, des Überdrusses. Die Boten aus Nichts haben ihre bloßen Valeurs aus der Klassengesellschaft verloren, tragen ein neues, jetzt noch weitgehend unvorstellbares Gesicht, doch die in ihnen abgebrochene Zweckreihe frißt ebenfalls auf neue Art.« Bloch nennt das »die metaphysische Frage«.

Die Abwesenheit des Sinnes mit den entsprechenden Folgen eines erstarrten und absurden Lebens wird in der theologischen Sprache als
Gottverlassenheit bezeichnet, die Gegenwart des Sinnes die Gegenwart
und Einwohnung Gottes in einer neuen Schöpfung genannt. Ist in ihr
»Gott alles in allem«, so nehmen Mensch und Natur dann an der Sinn-
und Möglichkeitsfülle Gottes teil. Die Freiheit der Söhne Gottes und
die Befreiung der geknechteten Kreatur (Röm. 8,19 ff) werden in der
Ankunft der vollen und universalen Einwohnung Gottes vollendet. In
der Situation der Gottverlassenheit und Sinnlosigkeit gibt die Erkenntnis der im Kreuz des gottverlassenen Christus verborgenen Gegenwart
Gottes hier schon jenen »Mut zum Sein« trotz des Nichts und aller
vernichtenden Erfahrungen[37]. Die Hölle liegt nicht vor den Menschen.
Sie ist im Kreuz überwunden. In der allgemeinen Sinnlosigkeit gewinnen Leben und Einsatz für das Leben gegen den Tod hier ihren Sinn.
Der »Mut zum Sein« wird so zum »Schlüssel für das Sein«. Der Glaube
wird zur Hoffnung auf Sinnerfüllung. In der Situation der Entmutigungsgesellschaft wird christlicher Glaube deshalb zur »Rechenschaft
der Hoffnung« und wird durch Befreiung von Panik und Apathie, von
Ausflucht und Todeslust bewiesen. Er führt dann zu dem Mut, entschlossen und geduldig in den erwähnten Teufelskreisen das Notwendige zu tun.

6. Die Wandlungen Gottes in den Befreiungen des Menschen

Gehen wir zunächst auf die Bedingungsverhältnisse zwischen den Be-
freiungsprozessen ein, versuchen wir, die Gegenprobe zu machen, so
werden wir feststellen, daß es keinen Sozialismus ohne Demokratie und
keine Demokratie ohne Sozialismus in dem genannten Sinn geben
kann[38]. Würde man soziale Gerechtigkeit mit Hilfe einer elitären Er-
ziehungsdiktatur oder nationalistischer Diktaturen herstellen wollen,
so würde man nur einen Teufel mit einem anderen austreiben. Es würden sich, wie die Geschichte zeigt, demokratische Bewegungen in sozialistischen Diktaturen einstellen. »Es gibt so wenig menschliche Würde

---

37. *P. Tillich*, Der Mut zum Sein, 1958³, bes. 119 ff. Hier wird das Recht der heute
viel kritisierten »metaphysischen Theologie« im sozialpolitischen Zusammenhang
deutlich. Es ist oberflächlich und macht apathisch, aus antireligiösem Affekt heraus,
neben dem physischen und dem moralischen Übel das metaphysische Übel zu übersehen. Nur wer das metaphysische Bedürfnis dogmatistisch befriedigt, leugnet das metaphysische Übel.
38. *Rosa Luxemburg*, zit. nach *E. Bloch*, Naturrecht und menschliche Würde, 13, womit der Kampf gegen einen undemokratischen Sozialismus ebenso notwendig wird
wie der Kampf gegen eine unsoziale Demokratie.

ohne Ende der Not, wie es menschgemäßes Glück ohne Ende alter und neuer Untertänigkeit gibt.«[39] Würde man umgekehrt politische Demokratie auf Kosten sozialer Gerechtigkeit herstellen, so würde sie unglaubhaft werden und zur Aristokratie der ökonomisch Privilegierten geraten. Sozialistische Bewegungen würden sich, wie die Geschichte zeigt, bald einstellen. Soziale Gerechtigkeit und Demokratie sind also wechselseitig aufeinander angewiesen. Eine menschliche Emanzipation des Menschen, ja selbst schon rassische Identität, kommt nicht zustande, wenn man die ökonomischen und politischen Verhältnisse übersieht[40]. Der Rassismus ist zu eng mit sozialer Ungerechtigkeit und politischer Entmündigung verbunden. Umgekehrt kommen soziale Demokratie oder demokratischer Sozialismus nicht zum Zuge, wenn sie nicht mit rassischer, kultureller und persönlicher Identität in Anerkennung anderer verbunden sind. Keine soziale Demokratie ohne Identität in Anerkennung, keine menschliche Emanzipation ohne soziale und politische Demokratie! Es wird weiter nicht zum Aufbau einer menschlichen Gesellschaft kommen, die den Namen verdient, ohne Frieden mit der Natur. Es wird umgekehrt nicht zu einem kooperativen Friedenssystem mit der Natur kommen, so lange die Menschheit sich nicht in einer menschlichen Gesamtgesellschaft organisiert. Eine technokratische Lösung der Menschheitsprobleme ohne Lösung des ökologischen Problems führt nicht zum Leben. Endlich wird es kaum Frieden zwischen Mensch und Mensch sowie zwischen der Menschheit und der Natur geben ohne die Überwindung der Entmutigung durch die Hoffnung auf die Einwohnung des Sinnes in allem. Umgekehrt wird es zu keiner Gegenwart des Sinnes und keinem darin sinnvollen und erfüllten Leben kommen ohne die Befreiung aus den genannten Nöten. In jeder konkreten Situation bedingen sich die Teufelskreise wechselseitig und werden dadurch ausweglos. In jeder konkreten Situation muß darum Befreiung in diesen fünf Dimensionen zugleich gesucht werden. Wer hier zu kurz greift, bleibt in den Ringen des Todes. Wer hier allgemein und abstrakt wird, richtet nichts aus. Es genügt für das befreiende Handeln, sich diese fünf Dimensionen als Richtpunkte ständig zu vergegenwärtigen.

Für eine *Theologie der Befreiungen* folgt daraus, daß man das Universale *im* Konkreten und das Eschatologische *im* Geschichtlichen verstehen muß. Anders läßt sich nicht konkret denken, ohne pragmatisch zu werden, und nicht universal denken, ohne abstrakt zu werden. Wir haben bisher den Begriff *Befreiung* jene Dimensionen der Bedrückung

---

39. *E. Bloch*, aaO. 14.
40. In der Unterschätzung dieser Zusammenhänge liegt die Grenze antirassistischer Befreiungsbewegungen und -theologien.

durchlaufen lassen und gefunden, daß Befreiung dann im Teufelskreis
der Armut soziale Gerechtigkeit, im Teufelskreis der Gewalt demo-
kratisches Menschenrecht, im Teufelskreis der Entfremdung Identität
in Anerkennung, im ökologischen Teufelskreis Frieden mit der Natur
und im Teufelskreis der Sinnlosigkeit Mut zum Sein und Glaube heißt.
Wir haben diese Identifikationen *Symbole* genannt, weil sie Befreiung
in verschiedenen Bereichen real zeigen und zugleich zum Weiterdenken
einladen. Das konkrete Symboldenken ist dabei geeignet, den allgemeinen Begriffsfetischismus, mit dem man Vorgänge im Prozeß definiert, um sie festzustellen, und zugleich damit den Prozeß stillegt, zu
überwinden. Das Wort »Befreiung« verliert damit ebenso wie die
Worte »Revolution« und »Establishment« seinen Beschwörungscha-
rakter. Das in der Negation festmachende, in der Position aber weiterführende Symboldenken ist sprachikonoklastisch. Es überwindet die
Idolatrie der ideologischen Fixierung ebenso wie ihr Gegenteil, die Idolatrie mit der normativen Kraft des Faktischen. Die Sache der Befreiung steht gerade nicht fest, sondern liegt im Prozeß und wird nur
durch beteiligtes, dialektisches Denken erfaßt.
Dem Symbol im Denken entspricht die Auffassung der Realität als
Sakrament, d. h. als einer durch Gottes Wort qualifizierten und zum
Träger seiner Gegenwart gemachten Wirklichkeit. Diese Realitäten
sind nicht das von Gott getrennte, andere Reich und auch nicht nur
Gleichnisse und Entsprechungen zu seinem Reich. Sie sind synekdo-
chisch, um Luthers Sprache aufzunehmen, Realpräsenzen seiner kommenden Allgegenwart. In diesem Sinne kommt eine Theologie der Befreiung, will sie nicht idealistisch bleiben, nicht ohne entsprechende Ma-
terialisierungen der Gegenwart Gottes aus. Die Identifikationen der
Gegenwart Gottes mit der Materie, um die es in den Befreiungen aus
den Teufelskreisen geht, sind für sie Realsymbole, Realchiffren und
materielle Antizipationen der leiblichen Gegenwart Gottes. Es sind Inkarnationen, die über sich hinausweisen. Sie stehen in Parallele zu den
tradierten Realpräsenzen Gottes in den Sakramenten und ersetzen diese nicht. Lassen wir die theologische Sprache von der Realpräsenz Gottes jene Dimensionen des Elends durchlaufen, so kommen wir zu folgender Identifikationenfolge: Im Teufelskreis der Armut heißt es:
»Gott ist nicht tot. Er ist Brot.« Als das Unbedingt-Angehende, als
der gegenwärtige Sinn ist Gott als Brot präsent. Im Teufelskreis der
Gewalt wird die Gegenwart Gottes als Befreiung zu menschlicher Würde und Verantwortung erfahren. Im Teufelskreis der Entfremdung
wird seine Präsenz in der Erfahrung von menschlicher Identität und
Anerkennung wahrgenommen. Im Teufelskreis der Naturzerstörung
ist Gott gegenwärtig in der Freude am Dasein und im Frieden zwischen Mensch und Natur. Im Teufelskreis der Sinnlosigkeit und Gott-

verlassenheit endlich tritt er in der Gestalt des Gekreuzigten entgegen, der Mut zum Sein vermittelt.

Nach der theologischen Tradition kann man diese realen und über sich hinausweisenden Präsenzen Gottes als die Geschichte der durch den Staub wandernden Schekhina, als Geschichte des Geistes auffassen, der auf alles Fleisch kommt. Wir verstehen sie hier im Prozeß der trinitarischen Geschichte Gottes. Die Realpräsenzen Gottes bekommen damit den Charakter der »praesentia explosiva«. Bruderschaft Christi bedeutet leidende und aktive Teilnahme an der Geschichte dieses Gottes. Ihr Kriterium ist die Geschichte des gekreuzigten und auferweckten Christus. Ihre Kraft ist der seufzende und befreiende Geist Gottes. Ihre Vollendung liegt im alles befreienden und mit Sinn erfüllenden Reich des dreieinigen Gottes.

Namenregister

Corrigenda zur 3. Auflage:

S. 17, 9. Zeile von unten: fragte R. Augstein im *Spiegel* 1969[8].
S. 22, Fußnote 14: Die Notwendigkeit einer Veränderung der Philosophie, ...
S. 37, letzte Zeile des Gedichtes: Das schroffe Holz mit Weichheit ...
S. 37, Fußnote 9: Aussage Zelters zit. nach *K. Löwith*, ...
S. 84, 7. Z. v. u.: ... Fülle der Gottheit leibhaftig« (Kol. 2,9). Er ...
S. 103, 22. Z. v. u.: Johannes (5,12) sagt, ...
S. 194, 6. u. 7. Z. v. o.: Der Erkenntnisweg, den er hier kritisiert, ist der Erkenntnisweg der theologia naturalis nach dem Sentenzenwerk des Petrus ...
S. 228, letzte Zeile: Wendung »dahingegeben« (Röm. 1,24 ff) als ...